A CASA NO LAGO

THOMAS HARDING

A CASA NO LAGO

Tradução: Angela Lobo de Andrade

UMA HISTÓRIA DA ALEMANHA

ANFITE
ATRO

Título original
THE HOUSE BY THE LAKE
A Story of Germany

Copyright © Thomas Harding, 2015

Thomas Harding assegurou seus direitos de ser identificado como autor desta obra em conformidade com Copyright, Designs and Patents Act, 1988.

'Berlin is still Berlin'. Música: Will Meisel. Letra: Bruno Balz
© 1949 by Edition Meisel GmbH
'Groß Glienicke, du meine alte Liebe'. Música: Hermann Krome. Letra: Pflanzer
© 1951 by Edition Meisel GmbH

Nenhuma parte desta obra pode ser reproduzida ou transmitida por qualquer forma ou meio eletrônico ou mecânico, inclusive fotocópia, gravação ou sistema de armazenagem e recuperação de informação, sem a permissão escrita do editor.

Direitos para a língua portuguesa reservados
com exclusividade para o Brasil à
EDITORA ROCCO LTDA.
Av. Presidente Wilson, 231 – 8º andar
20030-021 – Rio de Janeiro – RJ
Tel.: (21) 3525-2000 – Fax: (21) 3525-2001
rocco@rocco.com.br
www.rocco.com.br

Printed in Brazil/Impresso no Brasil

Preparação de originais
THADEU C. SANTOS

CIP-Brasil. Catalogação na fonte.
Sindicato Nacional dos Editores de Livros, RJ

H238c   Harding, Thomas
           A casa no lago / Thomas Harding; tradução de Angela Lobo de Andrade.
           1ª ed. – Rio de Janeiro: Anfiteatro, 2017.
           il.

           Tradução de: The house by the lake: a story of Germany
           ISBN 978-85-69474-18-0 (brochura)
           ISBN 978-85-69474-19-7 (e-book)

           1. Harding, Thomas, 1968- – Família. 2. Judeus – alemães – Autobiografia. 3. Edifícios históricos – Potsdam (Alemanha). I. Andrade, Angela Lobo de. II. Título.

16-37970   CDD-920.9943
                                                             CDU-929:94(43)

Para Elsie

SUMÁRIO

Lista de ilustrações · 11

Árvores genealógicas · 14

Mapas · 16

Nota do autor · 23

Prólogo · 25

Parte I: Glienicke
1. Wollank, 1890 · 35
2. Wollank, 1913 · 45
3. Alexander, 1927 · 55
4. Alexander, 1928 · 71
5. Wollank, 1929 · 79
6. Alexander, 1930 · 88
7. Schultz, 1934 · 103
8. Alexander, 1934 · 108

Parte II: A Casa do Lago ... 121
Agosto de 2013 ... 123
   9. Meisel, 1937 ... 127
  10. Meisel, 1937 ... 137
  11. Meisel, 1942 ... 148
  12. Hartmann, 1944 ... 159
  13. Hartmann, 1945 ... 165
  14. Hartmann, 1945 ... 171
  15. Meisel, 1946 ... 179
  16. Meisel, 1948 ... 191
  17. Meisel, 1949 ... 197

Parte III: Lar ... 207
Dezembro de 2013 ... 209
  18. Fuhrmann, 1952 ... 213
  19. Fuhrmann e Kühne, 1958 ... 220
  20. Fuhrmann e Kühne, 1959 ... 227
  21. Fuhrmann e Kühne, 1961 ... 233
  22. Fuhrmann e Kühne, 1962 ... 239

Parte IV: Villa Wolfgang ... 245
Janeiro de 2014 ... 247
  23. Kühne, 1965 ... 251
  24. Kühne, 1970 ... 262
  25. Kühne, 1975 ... 272
  26. Kühne, 1986 ... 280
  27. Kühne, 1989 ... 287
  28. Kühne, 1990 ... 295
  29. Kühne, 1993 ... 304
  30. Kühne, 1999 ... 311

Parte V: Lotes Números 101/7 e 101/8 ... 319
Fevereiro de 2014 ... 321

31. Cidade de Potsdam, 2003	325
32. Cidade de Potsdam, 2004	328
33. Cidade de Potsdam, 2014	336

Epílogo   341

Pós-Escrito   345

Notas   349

Bibliografia   389

Agradecimentos   393

LISTA DE ILUSTRAÇÕES

A casa do lago, julho de 2013 (Thomas Harding)	26
Otto Wollank (Arquivo da família Wollank)	36
Dorothea von Wollank (Ullstein/Topfoto)	49
Lago Groß Glienicke, fotografia de Lotte Jacobi, 1928 (Arquivo da família Alexander)	56
A casa do lago, fotografia de Lotte Jacobi, 1928 (Arquivo da família Alexander)	68
Henny Alexander na varanda da casa do lago (Arquivo da família Alexander)	73
Alfred Alexander no jardim da casa do lago (Arquivo da família Alexander)	73
Alfred (na frente, no centro), Elsie e Bella (atrás, à esquerda) e amigos no lago, em 1928 (Arquivo da família Alexander)	78
O cortejo fúnebre de Otto e Dorothea von Wollank, 1929 (Groß Glienicke *Chronik*)	81
Robert von Schultz (Landesarchiv, Berlim)	83
Joseph Goebbels conclama o povo a um boicote aos negócios dos judeus, Berlim, 1º de abril de 1933 (USHMM/National Archives, College Park)	95

Fritz Munk com Alfred e Henny Alexander, Groß Glienicke
(Arquivo da família Munk) 101
Placa de sinalização: "É proibida a entrada de judeus",
Wannsee, 1935 (SZ Photo/Scherl/Bridgemann Images) 114
Will Meisel (Edição Meisel GmbH) 130
Eliza Illiard em *Paganini* (Stiftung Deutsche Kinemathek Museum
für Film und Fernsehen) 134
Will Meisel na casa do lago (Edição Meisel GmbH) 138
Hanns Hartmann (WDR/Liselotte Strelow) 159
Campo de pouso de Gatow, vendo-se o extremo norte do lago Groß
Glienicke no alto, à esquerda (National Archive, Londres) 192
Wolfgang Kühne (Bernd Kühne) 222
Casa do lago, anos 1960 (Bernd Kühne) 228
Cerca da fronteira de Berlim, lago Groß Glienicke, 1961
(Groß Glienicke *Chronik*) 234
Layout do Muro de Berlim (Der Bundesbeauftragte für die
Unterlagen des Staatssicherheitsdienstes der ehemaligen
Deutschen Demokratischen Republik) 237
Muro de Berlim visto do lago de Groß Glienicke (Der
Bundesbeauftragte für die Unterlagen des Staatssicherheitsdienstes
der ehemaligen Deutschen Demokratischen Republik) 242
Pioneiros Thälmann cumprimentam soldados em Groß Glienicke
(Groß Glienicke *Chronik*) 255
Muro de Berlim com vista para o lago e ilhas de Groß
Glienicke (AKG) 262
Intershop, Berlim Oriental, 1979 (AKG) 275
Azulejos Delft na sala da casa do lago (Thomas Harding) 283
Cena do assassinato de Ulrich Steinhauer, com seu corpo à esquerda
(Der Bundesbeauftragte für die Unterlagen des
Staatssicherheitsdienstes der ehemaligen Deutschen
Demokratischen Republik) 284
Passagem da fronteira aberta em Groß Glienicke, 1989
(Andreas Kalesse) 292
O filho de Bernd Kühne na faixa da fronteira, 1989 (Bernd Kühne) 294

LISTA DE ILUSTRAÇÕES

A casa vista da margem do lago, anos 1990 (Arquivo da família Alexander) 300
Inge Kühne, Elsie Harding e Wolfgang Kühne (da esquerda para a direita) na casa do lago, 1993 (Arquivo da família Alexander) 306
Casa do lago, anos 1990 (Arquivo da família Alexander) 311
Marcel, Matthias e Roland, da esquerda para a direita (Marcel Adam) 315
Quarto dos meninos (Thomas Harding) 326
Árvores crescendo entre tijolos do terraço (Thomas Harding) 331
Dia da Faxina, abril de 2014 (Sam Cackler Harding) 338
Cerimônia de *Denkmal*, agosto de 2014 (Sam Cackler Harding) 342
Lago Groß Glienicke (Thomas Harding) 343

ÁRVORES GENEALÓGICAS

WOLLANK

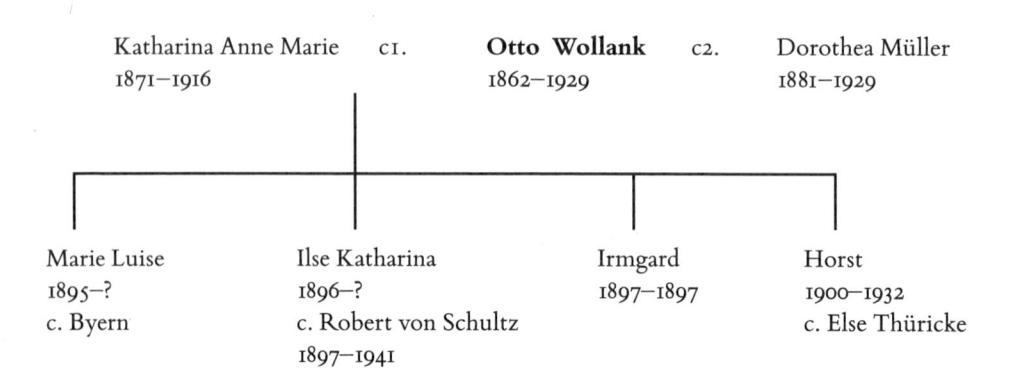

Katharina Anne Marie   c1.   **Otto Wollank**   c2.   Dorothea Müller
1871–1916   1862–1929   1881–1929

Marie Luise	Ilse Katharina	Irmgard	Horst
1895–?	1896–?	1897–1897	1900–1932
c. Byern	c. Robert von Schultz		c. Else Thüricke
	1897–1941		

ALEXANDER

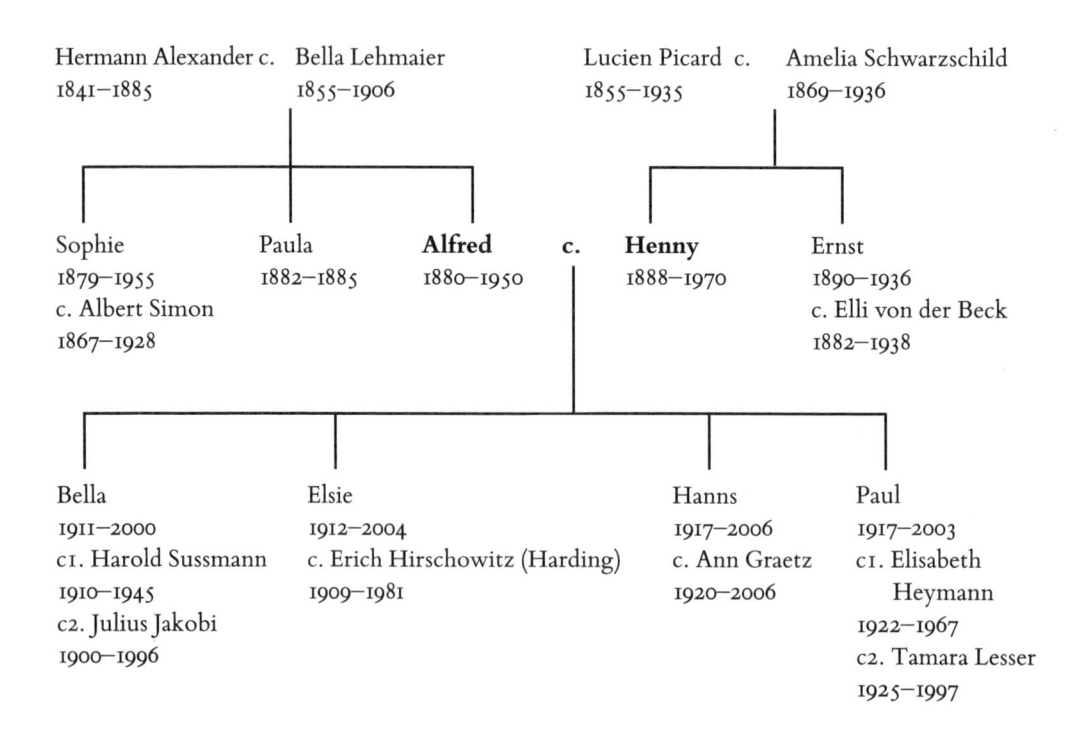

Hermann Alexander c. Bella Lehmaier   Lucien Picard c. Amelia Schwarzschild
1841–1885   1855–1906   1855–1935   1869–1936

Sophie	Paula	**Alfred**	c.	**Henny**	Ernst
1879–1955	1882–1885	1880–1950		1888–1970	1890–1936
c. Albert Simon					c. Elli von der Beck
1867–1928					1882–1938

Bella	Elsie	Hanns	Paul
1911–2000	1912–2004	1917–2006	1917–2003
c1. Harold Sussmann	c. Erich Hirschowitz (Harding)	c. Ann Graetz	c1. Elisabeth
1910–1945	1909–1981	1920–2006	Heymann
c2. Julius Jakobi			1922–1967
1900–1996			c2. Tamara Lesser
			1925–1997

MEISEL

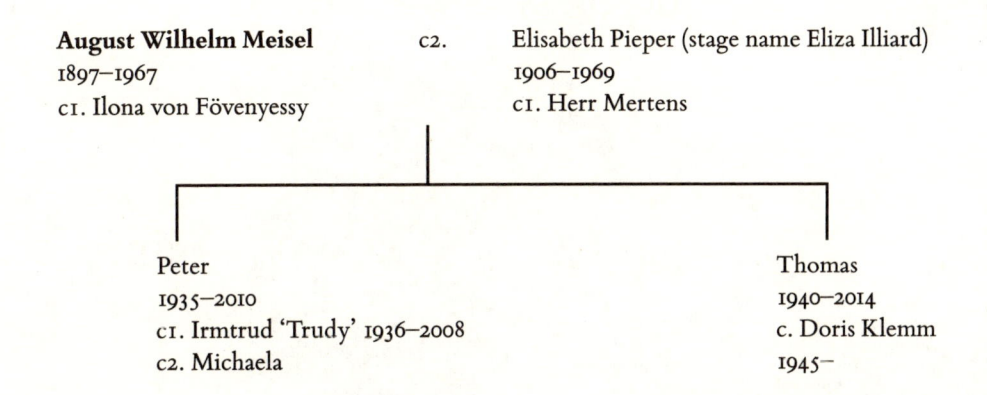

August Wilhelm Meisel c2. Elisabeth Pieper (stage name Eliza Illiard)
1897–1967   1906–1969
c1. Ilona von Fövenyessy   c1. Herr Mertens

Peter
1935–2010
c1. Irmtrud 'Trudy' 1936–2008
c2. Michaela

Thomas
1940–2014
c. Doris Klemm
1945–

FUHRMANN

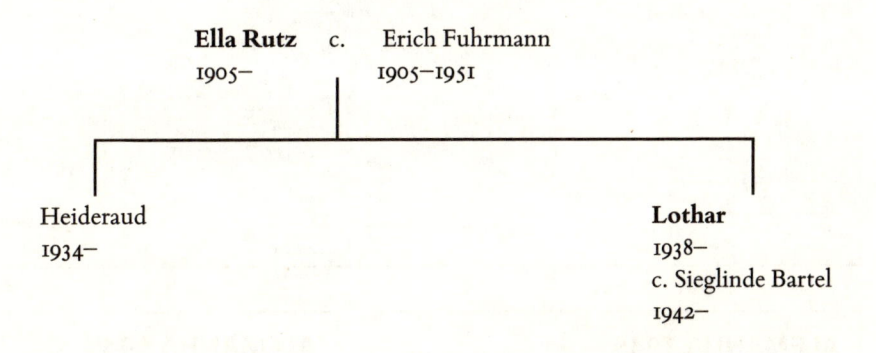

Ella Rutz c. Erich Fuhrmann
1905–   1905–1951

Heideraud
1934–

Lothar
1938–
c. Sieglinde Bartel
1942–

KÜHNE

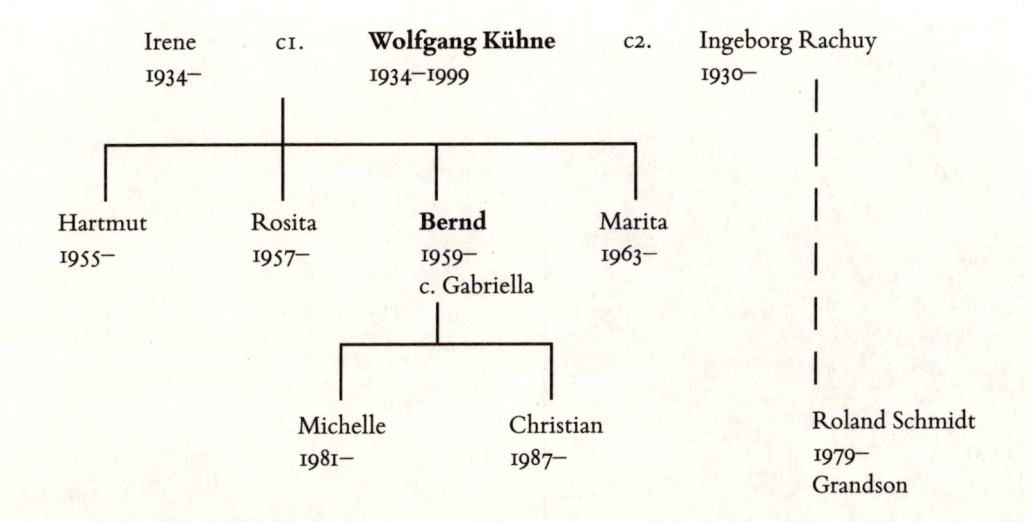

Irene   c1.   **Wolfgang Kühne**   c2.   Ingeborg Rachuy
1934–   1934–1999   1930–

Hartmut   Rosita   **Bernd**   Marita
1955–   1957–   1959–   1963–
                       c. Gabriella

Michelle   Christian
1981–   1987–

Roland Schmidt
1979–
Grandson

ALEMANHA
SUÉCIA
DINAMARCA
Mar Báltico
N
Rügen
Mar do Norte
Hamburgo
Sachsenhausen
Berlim
Groß Glienicke
Potsdam
HOLANDA
POLÔNIA
Dortmund
Essen
ALEMANHA
Hagen
Düsseldorf
Colônia
Bruxelas
BÉLGICA
Weimar
Leipzig
Dresden
Chemnitz
Tanna
Theresienstadt
Praga
Auschwitz
Frankfurt
Ketschendorf
REPÚBLICA TCHECA
LUXEMBURGO
Heidelberg
Nuremberg
Paris
Stuttgart
ESLOVÁQUIA
FRANÇA
Müllheim
Munique
Viena
Basel
ÁUSTRIA
0 50 100 mi
0 100 200 km
LIECHTENSTEIN
HUNGRIA
SUÍÇA
ITÁLIA

ALEMANHA 1945
Francês
Soviético
Britânico
Americano
Mar do Norte
Bremerhaven (US)
Bremen (US)
ADMINISTRAÇÃO POLONESA
HOLANDA
Berlim
Groß Glienicke
ZONA BRITÂNICA
ZONA SOVIÉTICA
ALEMANHA
TCHECOSLOVÁQUIA
ZONA
ZONA AMERICANA
LUX.
SAARLAND
FRANÇA
FRANCESA
ÁUSTRIA
LIECHT.
SUÍÇA
ITÁLIA

ALEMANHA 1949
Berlim Oriental
Berlim Ocidental
Mar do Norte
POLÔNIA
HOLANDA
Berlim
Groß Glienicke
DDR (ALEMANHA ORIENTAL)
ALEMANHA
OCIDENTAL
TCHECOSLOVÁQUIA
LUX.
SAARLAND
FRANÇA
ÁUSTRIA
LIECHT.
SUÍÇA
ITÁLIA

BERLIM

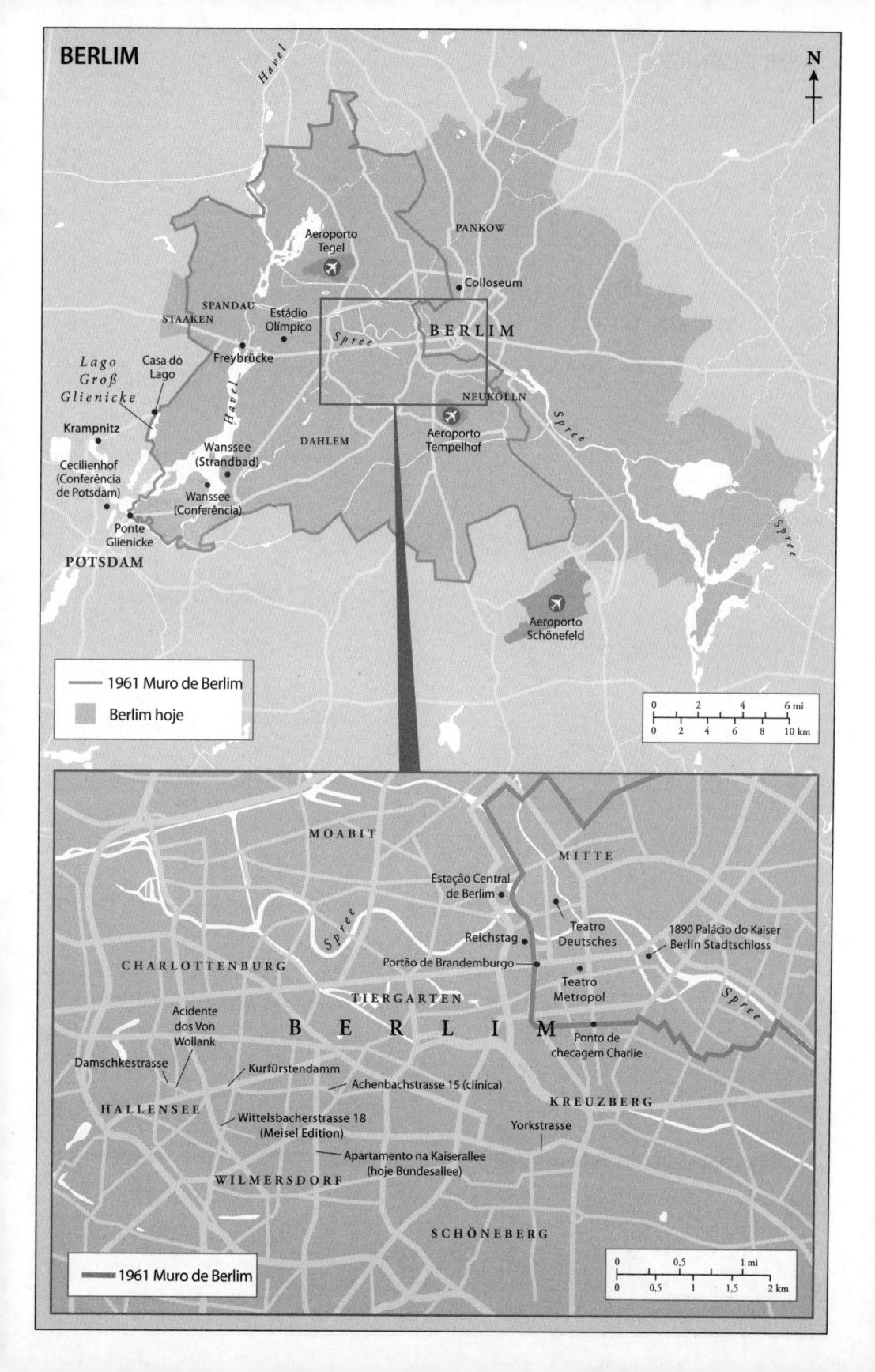

N

- 1961 Muro de Berlim
- Berlim hoje

Aeroporto Tegel
PANKOW
Colloseum
SPANDAU
STAAKEN
Estádio Olímpico
Freybrücke
Spree
BERLIM
Casa do Lago
Lago Groß Glienicke
Krampnitz
NEUKÖLLN
Cecilienhof (Conferência de Potsdam)
Wanssee (Strandbad)
DAHLEM
Aeroporto Tempelhof
Wanssee (Conferência)
Ponte Glienicke
POTSDAM
Spree

Aeroporto Schönefeld

0   2   4   6 mi
0   2   4   6   8   10 km

MOABIT
MITTE
Spree
Estação Central de Berlim
Teatro Deutsches
1890 Palácio do Kaiser Berlin Stadtschloss
Reichstag
CHARLOTTENBURG
Portão de Brandemburgo
TIERGARTEN
Teatro Metropol
Spree
Acidente dos Von Wollank
B E R L I M
Ponto de checagem Charlie
Damschkestrasse
Kurfürstendamm
Achenbachstrasse 15 (clínica)
KREUZBERG
HALLENSEE
Yorkstrasse
Wittelsbacherstrasse 18 (Meisel Edition)
Apartamento na Kaiserallee (hoje Bundesallee)
WILMERSDORF
SCHÖNEBERG

- 1961 Muro de Berlim

0   0,5   1 mi
0   0,5   1   1,5   2 km

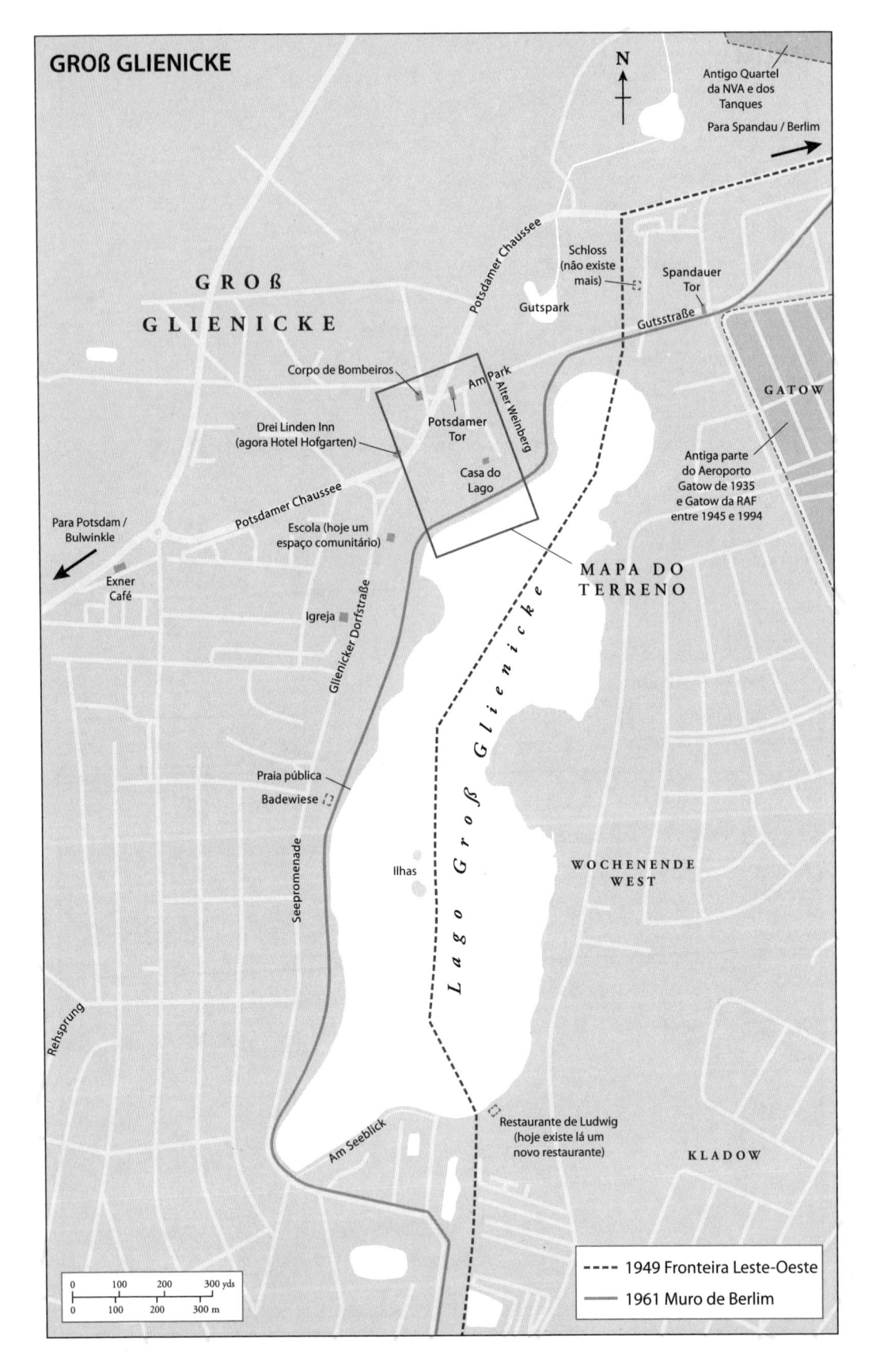

GROß GLIENICKE

GROß GLIENICKE

Antigo Quartel da NVA e dos Tanques

Para Spandau / Berlim

Potsdamer Chaussee

Schloss (não existe mais)

Gutspark

Spandauer Tor

Gutsstraße

GATOW

Corpo de Bombeiros

Am Park

Alter Weinberg

Drei Linden Inn (agora Hotel Hofgarten)

Potsdamer Tor

Casa do Lago

Antiga parte do Aeroporto Gatow de 1935 e Gatow da RAF entre 1945 e 1994

Potsdamer Chaussee

Escola (hoje um espaço comunitário)

MAPA DO TERRENO

Para Potsdam / Bulwinkle

Exner Café

Igreja

Glienicker Dorfstraße

Praia pública
Badewiese

Seepromenade

Ilhas

Lago Groß Glienicke

WOCHENENDE WEST

Rehsprung

Am Seeblick

Restaurante de Ludwig (hoje existe lá um novo restaurante)

KLADOW

0 100 200 300 yds
0 100 200 300 m

--- 1949 Fronteira Leste-Oeste
— 1961 Muro de Berlim

O TERRENO

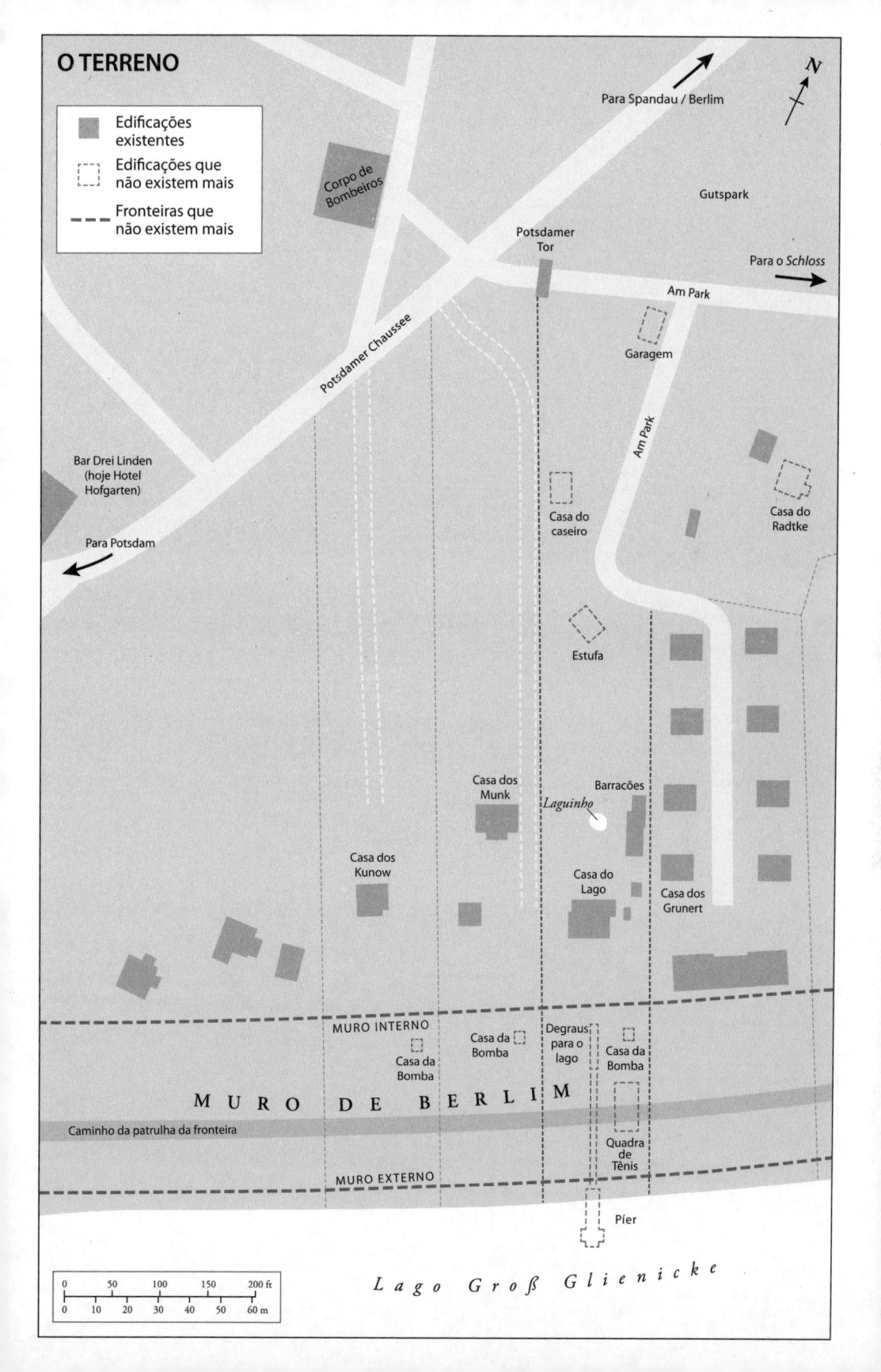

- ▮ Edificações existentes
- ⬚ Edificações que não existem mais
- – – Fronteiras que não existem mais

Para Spandau / Berlim

N

Corpo de Bombeiros

Gutspark

Potsdamer Tor

Para o *Schloss*

Am Park

Potsdamer Chaussee

Garagem

Am Park

Bar Drei Linden (hoje Hotel Hofgarten)

Para Potsdam

Casa do caseiro

Casa do Radtke

Estufa

Casa dos Munk

Barracões

Laguinho

Casa dos Kunow

Casa do Lago

Casa dos Grunert

MURO INTERNO

Casa da Bomba

Casa da Bomba

Degraus para o lago

Casa da Bomba

M U R O   D E   B E R L I M

Caminho da patrulha da fronteira

MURO EXTERNO

Quadra de Tênis

Píer

0   50   100   150   200 ft
0 10 20 30 40 50 60 m

L a g o   G r o ß   G l i e n i c k e

Nas areias de Brandemburgo fluíam as fontes da vida, ainda fluem por toda parte, cada pedacinho de chão tem uma história para contar e conta — mas é preciso querer escutar suas vozes quase sempre emudecidas.

Theodor Fontane, 2 de dezembro de 1863

NOTA DO AUTOR

Para contar a história da casa do lago, me ative basicamente aos relatos das *Zeitzeugen*, testemunhas da época – pessoas com algum conhecimento da casa e sua história –, bem como das *Augenzeugen*, testemunhas oculares que vivenciaram os eventos descritos. Todos os esforços foram feitos para corroborar e confirmar cada relato.

Ao longo do texto usei nomenclaturas de lugares com grafias mais familiares aos leitores de língua inglesa. Contudo, esta é a história da Alemanha e por isso fiz algumas importantes exceções à regra – especialmente "DDR" [RDA, nesta tradução], em vez da sigla inglesa "GDR" para designar a Alemanha Oriental e "Groß Glienicke" em vez de "Gross Glienicke" para designar a cidade no coração deste livro.

PRÓLOGO

Em julho de 2013, viajei de Londres a Berlim para visitar a casa de fins de semana construída por meu bisavô.

Aluguei um carro no aeroporto Schönefeld, no extremo sul da cidade, e segui pelo rodoanel até tomar a saída próxima a uma torre de rádio um pouco parecida com a torre Eiffel. Passei por placas indicando o antigo estádio olímpico, o subúrbio de Spandau, e contornei um grande posto de gasolina, entrando na área rural. Minha rota atravessava uma espessa floresta de bétulas. Ocasionalmente as árvores se espaçavam revelando planícies cultivadas, desimpedidas. A certa distância, à minha esquerda, eu sabia que o rio Havel corria paralelo à estrada, mas a floresta o escondia. Fazia vinte anos desde minha última vinda a esse lugar e não achei nada familiar.

Quinze minutos depois, virei à direita, num semáforo, e vi uma placa de boas-vindas à cidade de Groß Glienicke.[1] Alguns metros adiante, outra placa indicava uma antiga travessia de fronteira entre Berlim Ocidental e a Alemanha Oriental. Segui devagar, quase parando. A meio quilômetro dali, achei o marco que estava procurando, Potsdamer Tor, um arco de pedra, todo de cor creme, defronte a um pequeno posto de corpo de bombeiros. Passei por baixo do arco e estacionei.

Eu não sabia ao certo aonde ir. Não tinha mapa da região e não havia ninguém por ali para me dar informações. Tranquei o carro, andei um pouco por uma estradinha tomada pelo mato e então vi uma placa verde de rua indicando Am Park. Era ali? A estradinha não era de areia? Eu me lembrava vagamente de uma horta e um canil, um jardim muito bem-cuidado, com canteiros caprichados. Mais quinze metros e a estradinha acabava de repente em um largo portão de metal avisando "Particular". Estava receoso por invadir, mas me agachei sob o arame farpado e consegui atravessar para um capinzal na altura dos ombros, seguindo instintivamente em direção ao lago.

À esquerda havia uma fileira de casas de alvenaria. À direita se estendia uma cerca viva abandonada. E lá estava a casa da minha família. Era menor do que eu me lembrava, pouco maior que uma sala de jogos ou uma garagem dupla, escondida entre arbustos, trepadeiras e árvores. As janelas estavam tapadas por retalhos de compensado. O telhado quase chato estava rachado e coberto de gravetos. As chaminés de tijolos pareciam estar se desfazendo, prestes a desmoronar.

A casa do lago, julho de 2013.

Devagar, fui abrindo caminho em volta da casa, tocando a pintura descascada, as soleiras barradas com tábuas, até que achei uma janela quebrada. Pulei para dentro, iluminando o caminho com meu iPhone, e me deparei com monturos de roupas sujas, almofadas encardidas, paredes cobertas pi-

PRÓLOGO

chadas e empapadas de mofo, utensílios espatifados e fragmentos de mobílias, tábuas podres no piso, garrafas de cerveja vazias. Um quarto parecia ter sido usado como ponto de drogas, repleto de isqueiros quebrados e colheres manchadas de fuligem. Pairava uma tristeza no lugar, a melancolia de uma construção abandonada.

Escalei a janela de volta e caminhei até a casa vizinha, esperando encontrar alguém para conversar. Tive sorte, pois havia uma mulher trabalhando no jardim. Apresentei-me, hesitando com meu alemão capenga, e ela respondeu em inglês. Expliquei que era membro da família que tinha vivido na casa. Perguntei se ela sabia o que tinha acontecido com o imóvel, a quem pertencia agora. "Está vazia há mais de uma década", ela me falou e depois apontou para o lago. "O Muro de Berlim foi construído ali, entre a casa e o lago. A casa já viu muita coisa, mas agora ninguém quer nem olhar para ela." Estranhamente, eu parecia ser o foco da raiva da mulher. Apenas assenti, voltando a olhar para a casa.

Toda minha vida ouvi contar da casa do lago, ou "Glienicke". Era uma obsessão de minha avó, Elsie, que falava nela maravilhada, evocando uma época em que a vida era fácil, divertida e simples. Ela dizia que era seu lugar da alma.

Minha família, Alexander, prosperou na Berlim liberal dos anos 1920. Judeus abastados e cosmopolitas, seus valores eram os mesmos da Alemanha: trabalhavam duro e se divertiam assistindo às últimas exposições, peças, concertos, fazendo longos passeios pelos campos dos arredores. Logo que puderam, construíram uma pequena casa de madeira perto do lago, símbolo de seu sucesso. Passavam todos os verões em Glienicke, aproveitando a vida rústica, simples: cuidavam do jardim, nadavam no lago, davam festas no terraço. Eu guardei da casa uma imagem mental extraída das fotografias em tons de sépia que me mostravam desde a primeira infância: um lago cintilante, uma sala com painéis de madeira, lareira e cadeira de balanço, um gramado perfeito, uma quadra de tênis.

Com a ascensão dos nazistas, eles foram forçados a fugir e se mudar para Londres, onde lutaram para começar uma vida nova. Escaparam quando muitos não conseguiram, mas partiram levando quase nada. Na minha família, era essa a história de Glienicke: um lugar que foi amado, depois roubado, localizado num país agora injuriado.

Desde que me recordo, minha família rejeitou tudo o que fosse alemão. Não compramos carros alemães, nem máquinas de lavar roupas nem geladeiras alemãs. Passávamos férias em toda a Europa – na França, Suíça, Espanha, Itália –, mas nunca na Alemanha. Na escola, aprendi espanhol, francês, até latim, tudo menos alemão. A geração mais velha – meus avós e tios-avós – não falavam da vida deles em Berlim nem dos anos antes da guerra. Era um capítulo encerrado. Qualquer conexão emocional com sua vida nos anos 1920 fora amputada. Relutantes em explorar o passado, eles preferiram focar no seu novo país, tornando-se mais britânicos que os próprios britânicos, mandando os filhos para as melhores escolas, estimulando-os a se tornarem médicos, advogados, contadores.

Quando fiquei mais velho, percebi que nossa relação com a Alemanha não era tão em preto e branco quanto me levaram a crer. Meu avô se recusou a dizer qualquer palavra em alemão desde o dia em que pisou na Inglaterra, mas minha avó manteve sua fala alemã, cicerroneando regularmente grupos de turistas alemães pelo país, intencionalmente enaltecendo Shakespeare, a Magna Carta e o que ela chamava de "fair play britânico". De suas lembranças, comentários e ocasionais piadas, captei traços de uma vida agora perdida.

Foi em 1993, quatro anos após a queda do Muro de Berlim, que vi pela primeira vez a casa. Eu tinha 25 anos e fui passar o fim de semana na Alemanha com Elsie e meus primos. Finalmente ela estava disposta a nos mostrar a cidade de sua infância. Para nós, da geração mais jovem, era uma alegre excursão familiar, um passeio pelas lembranças de minha avó. Só no avião para Berlim comecei a ver o que realmente significava a viagem – o que fora aquela outra vida. A meio caminho do voo, minha avó veio pelo corredor e sentou-se no braço da minha poltrona. "Querido", disse ela com seu forte sotaque alemão, "quero que você veja isto" e me entregou um envelope marrom. Continha dois passaportes verde-oliva da era nazista, pertencentes a seu marido e seu sogro, e um pedaço de pano amarelo bordado com um J em preto. Eu sabia que os nazistas tinham forçado os judeus a usar marcas

PRÓLOGO

assim. A mensagem era clara: esta é a minha história e esta é a sua história. Não se esqueça.

E eu não me esqueci. Quando voltei a Londres, comecei a fazer perguntas, buscando informações sobre o passado de nossa família e por que havia sido encoberto tão cuidadosamente. Meu interesse nunca arrefeceu. Foi por isso que, duas décadas depois, reservei um voo para Berlim e estava agora de volta à casa, para descobrir o que havia acontecido com o "lugar da alma" de minha avó.

No dia seguinte, fui de carro de Groß Glienicke até os escritórios do governo local em Potsdam, vinte minutos ao sul da cidade. Lá, no porão do tribunal, encontrei um balcão de informações a cargo de uma idosa atarefada com um computador. Sacando meu dicionário, pedi aos solavancos uma cópia dos registros oficiais da casa. A mulher me informou que eu precisava da permissão do proprietário do imóvel para ver os documentos. Quando expliquei que meu bisavô morrera em 1950, ela apenas deu de ombros. Tentei implorar e, depois de apresentar meu passaporte e cartões de crédito, além de rascunhar uma árvore genealógica, a mulher finalmente cedeu e desapareceu numa sala nos fundos. Acabou reaparecendo com um maço de papéis. Fincando o dedo na página de cima, ela explicou que a casa e o terreno eram agora propriedade da cidade de Potsdam. Perguntei o que significava – o que aconteceria com a casa? Ela voltou ao computador, digitou o número do lote e da quadra, depois girou o monitor para que eu visse. "*Es wird abgerissen*", ela disse. Ela será demolida. Após uma ausência de 21 anos, pelo jeito eu tinha voltado bem na hora de ver a casa vir abaixo.

Saindo do escritório dela, olhei a lista de departamentos governamentais fixada na parede do saguão. Um deles me chamou a atenção: *Einsichtnahme in historische Bauakten und Baupläne*. Meu alemão era suficiente para entender que *Bau* significava prédio e *historische* tinha algo a ver com história. Fui ao andar de cima, entrei por um corredor cheio de portas brancas iguais, escolhi uma delas e bati. Lá dentro encontrei dois preservacionistas de arquitetura, uma mulher alta e magra nos seus quarenta anos e um homem baixo e barbudo da mesma idade. Primeiro perguntei se falavam inglês, depois contei o pouco que sabia sobre a casa e os planos da cidade para sua demolição. Apesar da minha aparição súbita e minha explicação confusa, eles foram educados e se mostraram interessados em ajudar. O homem arrancou da estante um livro de estatutos e folheou até encontrar a página com a seção que estava procurando. A "Cláusula do Castelo", ele falou, estendendo o livro para mim. Se eu não queria que demolissem a casa, ele prosseguiu, teria que provar que ela tinha relevância cultural e histórica.

Antes de deixar Berlim, voltei à casa. Poderia mesmo ser salva? Fiquei pensando. Seria uma tarefa enorme, para não dizer dispendiosa. Identifiquei novos detalhes – janelas quebradas no chão, ralos enferrujados, árvores crescendo no terraço de tijolos. Eu morava a centenas de quilômetros dali e falava pouco alemão. Minha vida era bastante ocupada. Eu não tinha tempo para assumir outro projeto e, de qualquer modo, talvez tivesse chegado tarde demais.

Porém, mais que isso, será que a casa deveria ser poupada? Ali na minha frente, parecia tão sem graça, um fragmento de alguma lembrança meio esquecida. Não era mesmo nada, pouco mais que uma casca. Ainda assim, havia algo na casa, intangível, fascinante. Acima de tudo, tinha sido o foco da atenção de minha avó por todo o tempo em que a conheci. Para ela tinha um imenso significado e deixara claro que também devia significar muito para nós, seus netos. Dar as costas seria simples demais.

Esta é a história de uma casa de madeira construída na margem de um lago perto de Berlim. Uma história de nove cômodos, uma pequena garagem, um longo gramado e uma horta. É uma história de como veio a existir, como foi transformada por seus habitantes e como, por sua vez, também os transformou.

É a história de uma construção que foi amada e perdida por cinco famílias. Uma história dos momentos do dia a dia que fazem da casa um lar – tarefas matinais, refeições da família à volta da mesa da cozinha, cochilos nas tardes de verão e fofocas acompanhadas de café com bolo. É uma história de tragédias e triunfos domésticos – de casamentos e nascimentos, encontros secretos e traições, doenças, intimidações e assassinato.

PRÓLOGO

Também é a história da Alemanha durante um século de turbulências. A história de uma edificação que aguentou as mudanças sísmicas que abalaram o mundo. Pois, à moda própria, quieta e esquecida, a casa esteve na linha de frente da história – a vida de seus habitantes cortada e refeita repetidamente, tão somente por causa do lugar em que viviam.

Acima de tudo, é uma história de sobrevivência, reconstituída a partir de material arquivado e plantas de construção, documentos recentemente liberados, cartas, diários, fotografias e conversas com historiadores, arquitetos, botânicos, chefes de polícia e políticos, moradores da cidade, vizinhos e, os mais importantes, seus ocupantes.

Esta é a história da casa do lago.

Parte I

GLIENICKE

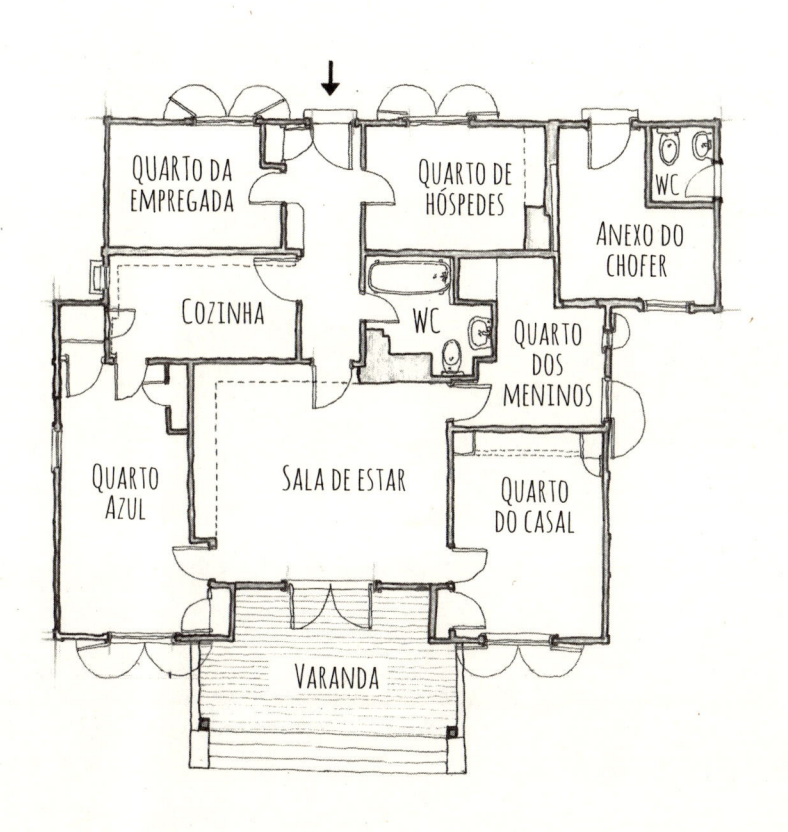

I
WOLLANK
1890

Montado em seu cavalo, Otto Wollank passou lentamente por uma estreita aleia de videiras amadurecendo e seguiu em direção a um lago rebrilhando à primeira luz da manhã. O chão era arenoso, traiçoeiro, e ele precisava cuidar para que a égua não escorregasse entre tantas pedras, e não se arranhasse nos galhos nodosos e retorcidos que marcavam seu caminho. Mas não havia pressa, pois Otto estava com uma disposição contemplativa, considerando a aquisição da propriedade por onde passeava.

De estatura mediana, queixo redondo e físico nada imponente, aos 28 anos ele deixaria uma impressão pouco marcante não fosse pelo enorme bigode exibido sob o chapéu fedora branco ajeitado de lado.

De uma elevação na beira do vinhedo, ele olhou as terras em volta. No centro da propriedade ficava o belo lago Groß Glienicke. Com dois quilômetros e meio de comprimento e quinhentos metros de largura, o lago era grande o bastante para passear de bote, embora fosse menor que a maioria dos outros cursos d'água que pontilhavam os arredores de Brandemburgo. Disseram a Otto que a pesca ali era boa: podiam ser encontradas carpas, enguias ou – com certa perícia – um lúcio de até um metro e meio, que nadava nas partes mais fundas do lago.

Otto Wollank

A leste e a oeste do lago uma espessa floresta abraçava a margem: uma mistura de negros amieiros, árvores altas com troncos escuros que escondiam o céu atrás de copas triangulares, salgueiros que lançavam galhos até a beira do lago. Abaixo, crescendo no solo arenoso, espalhava-se o perfume adocicado de um lençol de pequenas angélicas, lilases e írises. Nos remansos do lago ondulavam capins alternados com um mosaico de lírios de largas folhas onde sobressaíam flores cor-de-rosa, brancas e amarelas.

Ao norte do lago havia um pântano e depois uma floresta antiga cheia de carvalhos e pinheiros-da-escócia. Esses bosques abrigavam uma rica variedade de vida selvagem — veados, javalis e raposas vermelhas —, alvos atraentes para um caçador. Além da floresta, a oeste, se estendia a Döberitzer Heide, uma várzea descampada que fora usada pelos soldados prussianos por mais de cem anos como campo de treinamento.

Às margens do lago, ainda inexploradas, não havia nenhuma casa, píer ou doca. Não era de surpreender que a área fosse um santuário de pássaros: brancas cegonhas gigantes vindas da Sibéria e da Escandinávia seguiam rumo à Espanha, alcaravões gritavam em revoada dos densos juncais, cisnes nadavam aos pares e pica-paus perfuravam as árvores mais próximas.

Anunciada como um dos maiores lotes de Brandemburgo, a propriedade continha boa parte das terras mais belas e produtivas do estado. Mesmo sendo uma área notadamente rural, ficava a apenas uma manhã de viagem para duas grandes cidades, Berlim e Potsdam. A propriedade tinha muitos nomes. Alguns a conheciam como "Propriedade dos Ribbeck", por causa da renomada família Ribbeck, proprietária de 1572 a 1788.[1] Mas os Ribbeck não tinham morado ali por mais de cem anos e, como a terra tinha mudado de mãos tantas vezes desde então, muitos vizinhos passaram a chamá-la de "Propriedade dos Nobres de Groß Glienicke", ou simplesmente "propriedade". Nos últimos sessenta anos a terra pertencera aos Landefeldt, uma família local com sangue de fazendeiros nas veias. Mas após anos de má administração e quedas nos lucros, viram-se forçados a vender.

Em uma das ofertas constavam quatro mil *Morgen* de terras, sendo um *Morgen* igual à área que um homem ou boi poderia arar em uma manhã, mais ou menos equivalente a dois terços de um acre. Ao todo, a propriedade tinha dois quilômetros e meio de comprimento e quatro quilômetros de largura. A transação incluía uma série de construções de fazenda, mais o gado, porcos, bodes, gansos e cavalos que povoavam campos e estábulos, o maquinário e a colheita daquele ano.

Otto virou o cavalo e voltou pelo mesmo caminho para a cidade de Groß Glienicke, no extremo sul da margem oeste. Era um assentamento antigo, dos mais velhos da região, datando de 1297, e o lugar era isolado, habitado por famílias que lá moravam havia gerações, conheciam as ocupações dos vizinhos e temiam forasteiros. À exceção de um casal católico, todos os cerca de trezentos cidadãos de Glienicke eram protestantes.[2] As pequenas casas de pedra foram construídas ao longo da Dorfstraße, a rua da cidade, uma estrada que corria a cem metros da margem oeste do lago. Havia uma mercearia e uma padaria, uma pequena escola de fachada de pedra e um moinho. No centro da cidade ficava a Drei Linden Gasthof, uma taberna de dois andares que por séculos tivera a função de poço para a população e tinha na frente três limeiras. Na Alemanha, como em outros países europeus, a limeira era uma árvore sagrada que protegia contra má sorte.

No extremo norte do lago, a duzentos metros da margem, ficava o *schloss*, o casarão senhorial, ou sede. Com três andares, o *schloss* fora construído com tijolos brancos, tinha um telhado raso, uma torre, mais de vinte quartos de dormir e dezesseis lareiras. As salas de estar e de jantar tinham piso de tábuas largas de carvalho, a escada tinha degraus de mármore polido e as paredes eram revestidas com excelente massa de emboço. O teto do saguão frontal era adornado com afrescos coloridos: um mostrava um homem em vestes sumárias disparando uma flecha na direção de um bando de cegonhas voando; em outro, uma mulher com seios nus olhava recatada para o lado, enquanto anjos derramavam pétalas sobre ela e a embalavam ao som de uma harpa dourada.

Prosseguindo no passeio pela propriedade, Otto viu os trabalhadores atarefados. Mulheres de lenço branco, tamancos e longo vestido cinzento tiravam de um forno grandes tabuleiros quadrados de metal, garantindo infindáveis pães de forma para a cidade. Uma fileira de camponeses ajoelhados num vasto campo enlameado guardava pequenas batatas em cestos de madeira de fundo redondo. Homens de chapéu cinzento, colete e camisa brandiam chicotes compridos para tocar os cavalos que aravam um dos muitos campos. Enquanto isso, outros amarravam fardos gigantescos de trigo com cordões e por trás deles via-se o moinho, as quatro pás batendo o ar. Todos os rostos pareciam velhos, maltratados pelo clima, sem sorriso.

Essa terra atraiu Otto. Era um lugar calmo, cheio de potencial, ainda pouco povoado, sem pressa, e mergulhado na tradição.

Groß Glienicke ficava quinze quilômetros a oeste dos limites de Berlim. Se a vida mudara pouco nessa cidadezinha de Brandemburgo, o mesmo não se podia dizer de Berlim, que, em 1890, já se estabelecera como a cidade mais importante da Alemanha.

Dezenove anos antes, Berlim fora declarada capital de um novo império germânico.[3] Até então, a Alemanha era um país fragmentado, sem uma efetiva estrutura central econômica, militar ou política. A partir de 1871, a Alemanha e seus 25 reinos, principados, grão-ducados e cidades tinham se juntado em um único império sob o reinado do kaiser Guilherme I.

Também em 1871, Berlim foi escolhida como sede do Reichstag, o parlamento do império. Os membros do Reichstag eram eleitos diretamente por homens acima de 25 anos e liderados por um chanceler designado pelo kaiser. Como sede do governo, a cidade atraiu grandes investimentos de legiões de profissionais trazendo seus próprios séquitos, famílias e empregados domésticos. E havia os militares, com sua influente classe de oficiais, uma presença sentida em todos os lugares de Berlim. Quase todos os dias uma tropa de soldados passava marchando pelas ruas. As fardas eram usadas pelos homens em serviço ou não e tinham se tornado um indicativo tanto da moda quanto da posição social. Dezenas de milhares de soldados moravam em quartéis dentro e em torno de Berlim e da cidade próxima, Potsdam.

Nesse tempo, Berlim se estabelecera como um dos centros europeus de excelência intelectual e cultural. A Universidade Friedrich Wilhelm se gabava de uma lista impressionante de ex-alunos e acadêmicos, incluindo Arthur Schopenhauer, Georg Hegel, Karl Marx e Friedrich Engels.[4] O Kaiser Friedrich Museum de Berlim era um dos melhores da Europa, expondo extraordinárias antiguidades bizantinas e egípcias, bem como pinturas dos mestres Rafael e Giotto, Rembrandt e Holbein.

Em 1888, o kaiser Guilherme foi sucedido pelo filho, Frederico III, que morreu de câncer na laringe após reinar durante 99 dias. O filho de Frederico, Guilherme II, com apenas 29 anos, assumiu o trono. Desde aquela época, Guilherme II governava em um enorme palácio barroco de pedras brancas às margens do rio Spree, em Berlim. Centralizando o controle e o comando real, o palácio era frequentado por milhares de cortesãos e burocratas, contabilistas e engenheiros, artistas e banqueiros.

Acompanhando essas mudanças momentosas, a cidade imperial em poucos anos se transformou de sonolenta cidadezinha provinciana em uma das principais metrópoles da Europa. Atraídos pela rápida expansão econômica e as oportunidades oferecidas, surgiram levas de recém-chegados. A população de Berlim dobrou de 800 mil, em 1871, para mais de 1,6 milhão, em 1890.

Parte dessa expansão se manifestou no desenvolvimento ocorrido em muitas terras nas franjas da cidade. A vasta maioria era de prédios de blocos de apartamentos, muitas vezes construídos às pressas e com baixo custo, e não tardou para que dois terços dos residentes na cidade fossem inquilinos. Muitos empreiteiros vieram de estratos da classe média e fizeram grandes fortunas. Um desses empreiteiros era Otto Wollank.

Nascido em 18 de setembro de 1862, em Pankow, um subúrbio no norte de Berlim, Otto era o mais velho de cinco filhos. A tragédia o abateu cedo, quando seu pai, Adolf Friedrich Wollank, morreu aos 34 anos. Otto contava apenas 5. Para sorte da família, Adolf deixou uma grande herança graças à compra de centenas de acres em Pankow nos meados do século XIX, quando os preços ainda estavam baixos, antes da explosão populacional em Berlim.

Completando a graduação em 1881, Otto entrou para uma escola de agricultura em Berlim, adquirindo experiência de trabalho em várias fazendas do Norte da Alemanha. Nesse período, ele viajou por França, Itália, Norte da África, Grécia e Turquia. Aos 20 anos, ingressou no serviço militar, alistando-se no segundo regimento da Guarda dos Dragões, onde aperfeiçoou suas habilidades de equitação e praticou técnicas militares básicas. Depois se juntou aos hússares da "Caveira" de Danzig, conhecida por incorporar alguns dos melhores cavaleiros da Alemanha e fornecer conselheiros militares ao kaiser Guilherme.

Ao deixar a cavalaria, Otto assumiu o negócio de imóveis do pai, aumentando-o rapidamente nos anos seguintes. Era relativamente fácil ganhar dinheiro. Ele só precisava achar compradores, tarefa simples dada a escassez de novas moradias na cidade. Dentro de pouco tempo seus lucros eram enormes. A questão era: como investi-los?

Otto era um homem ambicioso. Desejava progredir além do status do pai comerciante. No período de oficial do exército, depois vendendo imóveis em Berlim, Otto aprendera que os corredores do poder eram controlados pela aristocracia. Obter favores políticos era quase impossível para quem não fazia parte da nobreza, por mais que acumulasse riquezas. Para contornar esse problema, ele pensou em comprar uma propriedade rural, na esperança de que isso o habilitasse a se casar com alguém de família nobre. E por isso Otto Wollank foi examinar a propriedade em Groß Glienicke.

Em 18 de fevereiro de 1890, dando-se por satisfeito com o que encontrara, Otto Wollank fez uma oferta para comprar a propriedade.[5] Quatro dias depois, em 22 de fevereiro, o proprietário Johann Landefeldt e o comprador Otto Wollank se encontraram no tribunal da corte de Spandau, dez quilômetros ao norte de Groß Glienicke. Às 11:15 da manhã, assinaram o contrato de compra: em troca de 900 mil marcos, Otto Wollank era agora o *Rittergutsbesitzer*, ou senhorio, de Groß Glienicke.

Nos anos seguintes, Otto trabalhou incansavelmente, mergulhando na modernização da propriedade. Ansioso para aplicar os métodos científicos que aprendera na faculdade, ele reorganizou a fazenda senhorial. Usando fertilizantes e pesticidas, aumentou a produção de grãos. Construiu um novo moinho movido a vapor para moer o trigo com mais eficiência. Introduziu a pasteurização na produção de leite, aumentando seu tempo de armazenamento, e abriu uma rede de lojas em Berlim para vender o produto. Depois construiu uma olaria e, diversificando a produção, fornecia tijolos para as casas em suas terras e na cidade próxima, gerando mais lucros do que uma fazenda tradicional.

Acompanhando as areias da margem norte do lago, Otto plantou um vinhedo. Mudas de videiras foram dispostas em longas fileiras, apoiadas em treliças que se estendiam desde a entrada da propriedade, no Potsdamer Tor, até uma elevação de onde se via o lago. Uma vez amadurecidas, os trabalhadores colhiam as uvas, que eram esmagadas para extrair o suco, depois fermentado em grandes tonéis de metal instalados num estábulo.

Preocupado com o bem-estar de seus empregados, Otto converteu uma velha construção da fazenda em uma creche. À medida que os filhos dos trabalhadores foram crescendo, a creche ganhou um jardim de infância e depois uma escola. De início, os senhores de terras das redondezas permaneceram hesitantes quanto ao empreiteiro de Berlim que havia comprado seu acesso àquele círculo social rarefeito, mas os aldeões simpatizaram com seu novo senhor. Em uma história não publicada da família, um membro do clã dos Wollank mais tarde recordou que Otto era um bom senhor, que cuidava de seus trabalhadores. Mais que isso, ele era considerado *"gütig und mitfühlend"*, ou "gentil e bondoso".[6]

Em 15 de junho de 1894, quatro anos depois de chegar à cidade e já com 31 anos, Otto casou-se com Katharina Anne Marie, com 23 anos, de uma família estabelecida de Brandemburgo. Um ano depois, tiveram a primeira filha, Marie Luise, e onze meses depois outra filha, Ilse Katharina. A terceira filha, Irmgard, nasceu quase exatamente um ano depois, mas morreu com apenas dois dias. Por fim, tiveram um filho, nascido no 23º dia do primeiro mês do novo século. Foi batizado no *schloss*, recebendo o nome de Horst Otto Adolf. Otto deu graças por ter finalmente gerado um herdeiro varão.

O *schloss* era um lugar maravilhoso para as crianças crescerem. Estudando em casa, Marie, Ilse e Horst tinham muito tempo para brincar nos campos e bosques. O pai construiu para eles uma casinha de madeira, com estrutura caprichosamente esculpida, alta o suficiente para um adulto ficar de pé e larga o bastante para servir chá aos amigos.

Quando tinham idade suficiente, podiam nadar e remar no lago, explorando ilhas, cavernas e praias escondidas. Embora Horst raramente pudesse participar das atividades recreativas mais árduas devido a um persistente estado doentio, aprendeu a cavalgar, atirar com pistola de ar comprimido e mais tarde com um rifle de caça. As meninas se contentavam com lições de canto no salão.

WOLLANK, 1890

Todos os anos, em outubro, os aldeões e os Wollank se reuniam para a *Erntedankfest*, o festival de Ação de Graças, para comemorar o fim da colheita e a boa sorte da cidade. Aglomerados no pátio do *schloss*, os aldeões aguardavam a chegada do senhorio. Os homens vestiam seus melhores trajes domingueiros: os mais ricos usavam chapéu fedora e gravata, outros usavam um capuz pontudo. As mulheres vinham de vestido formal, acompanhadas pelos meninos de calças curtas de couro com suspensórios e pelas meninas de vestido comprido. Compareciam também os membros da brigada de incêndio com cintos de fivelas brilhando, o pastor religioso e o guarda noturno, que morava em uma casa vizinha à Drei Linden e garantia a segurança da cidade, já que não havia uma força policial.

Em seguida, a família senhorial juntava-se à multidão nos degraus da frente do *schloss*, saudada pelos aldeões. Momentos depois, algumas crianças eram levadas à frente carregando o *Erntekrone*, grandes argolas entremeadas de trigo e flores, amarradas em compridos bastões de onde pendiam fitas multicoloridas. Depois de agradecer a todos por terem vindo, o senhor das terras os conduzia para fora do *schloss*, com sua família na frente, caminhando pela estradinha arenosa que contornava a ponta norte do lago, passando pelas construções da fazenda e pelo novo vinhedo. No fim da estrada passavam por baixo do Potsdamer Tor, o arco de pedra que marcava a entrada do *schloss* e seu parque senhorial, onde estava esculpido o brasão da família Wollank: uma cabeça de lobo negro e uma coroa pintada nas cores vermelha e branca de Groß Glienicke. Na Potsdamer Chaussee, a procissão virava à esquerda no corpo de bombeiros e seguia para a igreja de pedra do século XIV.

Enquanto as demais pessoas entravam na igreja pelas largas portas de madeira na face norte da nave, os Wollank chegavam pela porta destinada exclusiva do senhor das terras, no lado leste do prédio. O interior da igreja cintilava graças à reforma recente paga por Wollank: uma coroa de alabastro debruada de ouro pendia sobre o púlpito profusamente colorido – pintado em alegres verdes, azuis e vermelhos. Uma enorme pintura a óleo de Cristo ficava atrás do altar com a inscrição das palavras *Ecce Homo*. Em outra pintura a óleo, da Última Ceia, um proprietário anterior, Hans Georg Ribbeck, era retratado como um dos discípulos. No centro do teto, o sol aparecia através de um furo na pintura das nuvens, onde estava escrita a palavra hebraica para Deus, יהוה.

Quanto a Wollank, a situação parecia estável e segura. A propriedade estava se desenvolvendo muito bem. A colheita tinha sido boa. Os aldeões estavam bem alimentados; sua mulher e três filhos eram saudáveis e felizes. Sentado em seu trono de senhor ornado com o brasão da família, à esquerda do altar, defronte e acima dos bancos da igreja, cantando as canções do festival da colheita, a vida de Otto estava melhor que nunca.

2

WOLLANK

1913

Em 1913, a propriedade já era um lugar digno de nota, uma fazenda-modelo que finalmente estava dando dinheiro.

Impressionados com os incansáveis esforços de Otto, os acres produtivos, os admiráveis rebanhos e a beleza da propriedade em si, os proprietários locais de terras passaram, a contragosto, a prestar seus respeitos a Otto. Ele e a família começaram a ser convidados para jantares e outros eventos sociais. Suas filhas adolescentes eram cortejadas pelos jovens de famílias importantes. Seu filho estudou no ginásio de Potsdam, com a finalidade de fazer parte do corpo de oficiais e, talvez mais tarde, ter um cargo no funcionalismo público.

Não tardou para que a transformação de Groß Glienicke e as realizações de seu senhor fossem conhecidas em Berlim. Dizia-se que a fazenda de Otto Wollank se tornara um *"Mustergut"*, uma propriedade exemplar. Em 16 de abril de 1913, Otto Wollank escreveu uma petição direta ao kaiser Guilherme II solicitando um título de cavaleiro da nobreza. Isso era típico naquele tempo, quando jovens emergentes proprietários de terras eram promovidos à corte. Como parte dos requisitos para a solicitação, Otto enviou um sumário de sua biografia. Sob o cabeçalho de "Visão Política", relatou que fora "criado em uma família profundamente conservadora" e era leal ao kaiser "com a mais profunda convicção interna". Prosseguiu dizendo que, "apesar do incitamento de trabalhadores locais por agitadores de Spandau", ele acreditava ter "servido com sucesso à causa [do kaiser] em meus arredores".

A petição do título de cavaleiro foi processada primeiramente pelo escritório do presidente do estado de Brandemburgo, baseado em Potsdam. No relatório, confirmaram que Otto havia dito a verdade e listaram seus ativos, que incluíam a propriedade de mil acres em Groß Glienicke (1,5 milhão de marcos), três casas em Berlim (418.638 marcos), várias propriedades no subúrbio de Pankow, em Berlim (645.667 marcos), e outros ativos em capital (2.127.250 marcos).

Três dias depois, em 19 de abril, o kaiser Guilherme instruiu seus oficiais a aceitarem a petição de Otto Wollank com a condição de que pagasse 4.800 marcos pelo título de cavaleiro.[1] Cinco meses mais tarde, em 1º de setembro, Otto recebeu a confirmação de seu título de nobreza por meio de um diploma emitido pelo Escritório de Heráldica. O anúncio oficial foi feito na publicação do estado, o *Staatsanzeiger*, bem como no *Gothaer*, um periódico da nobreza alemã. Embora não tenha havido nenhuma cerimônia com o próprio kaiser, Otto celebrou a ocasião com amigos e a família no *schloss*.

A partir de então, ele seria conhecido como Otto *von* Wollank. Isso lhe trouxe não só respeito e status, mas também responsabilidades. Pois sendo membro da nobreza local, esperava-se que Otto demonstrasse liderança sobre os cidadãos de Groß Glienicke. Ele não precisou esperar muito para isso.

Na manhã de 29 de junho de 1914, Otto von Wollank estava em sua sala de jantar lendo o jornal grande, em papel creme, que fora entregue mais cedo. Diferente dos mais liberais *Berliner Tageblatt* e *Vossische Zeitung*, o *Norddeutsche Allgemeine Zeitung* que Otto lia era um jornal conservador, que dava apoio total ao kaiser.

Otto ficou pasmo. Na primeira página, leu que o arquiduque Francisco Ferdinando da Áustria e sua mulher tinham sido mortos a tiros na véspera por um nacionalista sérvio na capital da Bósnia, Sarajevo. A Áustria-Hungria era considerada um dos mais importantes aliados do kaiser; muitos veriam um ataque à família real austro-húngara como um ataque à Alemanha.

O *Norddeutsche Allgemeine Zeitung* noticiava que "o arquiduque Francisco Ferdinando sempre tivera uma relação de mútua afeição com nosso imperador" e a duquesa era "muito conhecida na corte de Berlim (...), assim, nossa casa imperial é atingida pelo doloroso passamento do arquiduque e sua mulher". O artigo concluía dizendo que "a mais calorosa compaixão se volta para os três filhos, agora órfãos" pelo assassinato, e que o kaiser Guilherme estaria presente ao funeral em Viena.

Nos dias e semanas seguintes, Otto leu as notícias em crescente trepidação: jornalistas demandavam a prisão dos assassinos, governos davam ultimatos ameaçadores, tropas eram mobilizadas. Em 28 de julho, a Áustria-Hungria declarou guerra à Sérvia; em 1º de agosto, a Alemanha declarou guerra à Rússia. Em 5 de agosto de 1914, os jornais de Otto trouxeram manchetes nefastas: "Grã-Bretanha declara guerra à Alemanha" e "Agora contra os russos, os franceses e os ingleses!". A Primeira Guerra Mundial havia começado.

Segundo as reportagens dos jornais, provavelmente a Alemanha logo seria vitoriosa. Com um número esmagador de tropas, treinamento militar inigualável e técnicas modernas, era difícil, segundo os editoriais, imaginar um conflito prolongado. Para um firme patriota fiel ao kaiser como Otto, esses argumentos certamente teriam sido convincentes. No entanto, como oficial da cavalaria, ele deve ter refletido sobre a imprevisibilidade dessa guerra com tantos países envolvidos e forças militares não conhecidas.

Em meados de agosto, o exército alemão tinha se expandido de 800 mil para mais de três milhões e meio de soldados. Esse salto se devia principalmente aos reservistas, mas incluía também 185 mil voluntários. Na ocasião, moravam em Groß Glienicke pouco mais de 120 homens aptos. Destes, oitenta se alistaram, reduzindo em dois terços a força de trabalho masculina. A propriedade de Otto começou a sofrer com a queda de mão de obra. As mulheres tiveram que cumprir as funções dos maridos, irmãos, pais e filhos, e naquele verão fizeram o grosso da colheita. O declínio da população masculina ficou ainda mais visível na celebração de Ação de Graças em outubro, dois meses após o início da guerra, deixando vazias fileiras de bancos na igreja.

Aos 52 anos, Wollank já estava velho para lutar. Contudo, ansioso por servir a seu país, ele se voluntariou para o Terceiro Depósito Central da

Cavalaria, em Potsdam, um grande depósito de material de cavalaria, assumindo o posto de capitão. Mais tarde, foi transferido para o Alto-Comando em Berlim, ficando responsável pela distribuição de alimentos e provisões para os hospitais.

Considerando o passado militar e a lealdade de Otto ao kaiser, supunha-se que seu filho de 14 anos, Horst, se alistaria logo que pudesse. Horst já vira duas turmas acima da dele serem recrutadas para o exército logo após a graduação. Alguns colegas de classe, com apenas 14 ou 15 anos de idade, se voluntariaram. Apesar disso, Horst continuou seus estudos.

Atento às notícias de jornais e a seus contatos em Berlim, Otto se mantinha atualizado quanto ao progresso da guerra. Desde dezembro de 1914, uma frente de batalha em larga escala estava instalada na França com a Quinta Armada alemã, composta de centenas de milhares de soldados contra as forças francesas. Na tentativa de quebrar o impasse, o exército alemão iniciou um grande ataque perto da cidade de Verdun, em fevereiro de 1916. Após vitórias iniciais, a batalha chegou a um empate sangrento, resultando em mais de 300 mil baixas nas fileiras do kaiser. Para Otto, já estava claro que a guerra não iria terminar tão cedo.

Conservador por natureza, Otto von Wollank não mandou as filhas para a escola, nem as envolveu na administração da propriedade. As moças ficavam em casa com a mãe, entretidas em seus bordados, lendo e recebendo convidados. Enquanto Horst, se a saúde permitisse, iria cursar a faculdade de agricultura e cumprir um estágio na própria fazenda, o único plano para as moças era encontrar maridos adequados.

As atividades sociais eram menos frequentes, mas as pessoas mais velhas e as mocinhas ainda compareciam a eventuais chás da tarde ou almoços de domingo. O problema de arranjar casamento para Marie Luise e Ilse era a ausência da maioria dos rapazes disponíveis, que estavam em treinamento nas academias militares ou no front. Essa situação piorou quando, em 11 de novembro de 1916, a mulher de Otto morreu de repente, aos 45 anos. Não há registro da causa da morte. Após um breve serviço fúnebre na igreja assistido por muitos da cidade, Katharina foi enterrada no parque vizinho ao *schloss*.

WOLLANK, 1913

★ ★ ★

Otto passou o restante da guerra fazendo o melhor possível para tocar a propriedade. Em 29 de janeiro de 1918, ele se casou com Dorothea Müller, da nobreza de Berlim, dezenove anos mais nova que ele. As filhas compareceram ao casamento, além de Horst, que, agora formado, tinha escapado ao recrutamento por causa de sua condição doentia.

Com a mudança da nova esposa para o *schloss*, ajudando a administrar os empregados domésticos e a cuidar dos três filhos, a disposição de Otto melhorou. Segundo moradores que se lembravam dela, Dorothea era uma pessoa amigável, calorosa, que foi rapidamente aceita e amada por todos. Sua chegada trouxe a esperança de que as coisas estavam prestes a dar uma virada para melhor.

Dorothea von Wollank

Em 11 de novembro chegou à cidade a notícia de que a guerra tinha terminado. Uma delegação alemã, composta por dois oficiais militares e dois políticos, havia assinado um armistício com as delegações da Inglaterra e da França. O alívio de Otto logo se transformou em ansiedade ao saber que, após uma série de revoltas de trabalhadores e soldados por todo o país, o kaiser tinha sido forçado a abdicar e fugira com a família para os Países Baixos. A partida do kaiser, a quem Otto era tão dedicado, deixou-o preocupado com o que isso iria significar, não só para a propriedade, mas para sua posição na comunidade.

Em novembro e dezembro de 1918, integrantes do Partido Social Democrata (PSD) e membros das forças armadas se uniram para preencher o vácuo político. Formaram um governo provisório, mas não conseguiram manter a ordem por muito tempo. A pressão pela democracia parlamentar foi contestada por grupos de esquerda inspirados pela revolução soviética do ano anterior. Os protestos culminaram com o chamado Levante Espartaquista, iniciado em 4 de janeiro de 1919, quando os manifestantes ergueram barricadas nas ruas de Berlim e invadiram vários escritórios de jornais, inclusive o órgão do PSD. Em apoio à ação, o Partido Comunista alemão conclamou uma greve geral. Mais de meio milhão de pessoas protestaram em Berlim. Uma das principais exigências dos radicais era a redistribuição de terras, principalmente das propriedades de nobres recentes, como Otto. Nos dias seguintes, os manifestantes se chocaram brutalmente com grupos de veteranos nas ruas e centenas morreram. Os veteranos saíram triunfantes, recapturando o centro da cidade com apoio das forças governamentais. Estabeleceu-se um frágil equilíbrio.

O medo de Otto diminuiu um pouco quando, após as eleições em 19 de janeiro de 1919, uma assembleia nacional foi convocada na cidadezinha de Weimar, trezentos quilômetros a sudoeste de Berlim, com o intuito de estabilizar o país. Nessa assembleia, foi aprovada uma nova Constituição, que trazia mudanças significativas na estrutura de poder da Alemanha. Agora, as mulheres poderiam votar, bem como todos os homens com mais de 20 anos (a idade mínima anterior era 25). Também pela primeira vez o país teria um presidente como chefe de Estado. Um ponto crítico era que o presidente poderia indicar ou dispensar o chanceler e, pelo Artigo 48, tinha o poder de suspender liberdades civis, como o *habeas corpus*. Outras grandes mudanças foram a implantação de uma corte suprema nacional e a substituição da bandeira imperial em preto, branco e vermelho por outra tricolor em preto, vermelho e dourado. Além disso, foi instituído um conjunto de "direitos básicos" para os cidadãos, declarando no Artigo 115, por exemplo, que "um lar alemão é um asilo e é inviolável".

Com nova Constituição, bandeira e parlamento, os políticos anunciaram uma nova era: uma república alemã. Posteriormente, esse período ficaria conhecido como "República de Weimar". O *Kaiser Reich*, que começara com a unificação da Alemanha em 1871, adotando o sistema de reinado sob um soberano, estava oficialmente terminado.[2] Com ele, foi-se a nobreza. Otto foi informado de que não podia mais se intitular cavaleiro, mas ainda podia usar "von" antes do sobrenome e manter sua propriedade.

Os esforços dos políticos para manter a ordem foram anulados pelo acordo que assinaram com as potências aliadas em 28 de junho de 1919, que ficou conhecido como o Tratado de Versalhes. Grupos nacionalistas e de direita se sentiram ultrajados pelos termos do tratado, que consideravam tanto uma traição quanto uma humilhação. A Alemanha agora teria que pagar aos Aliados indenizações substanciais pelos danos da guerra e foi forçada a dar grandes extensões de terras, inclusive ceder a Alsácia-Lorena para a França e partes da Alta Silésia para a Polônia. Talvez o pior, ao menos para os soldados e oficiais que haviam lutado na guerra, a Alemanha foi forçada a reduzir seu exército a 100 mil homens, seu Estado-Maior foi dissolvido e só puderam ficar com dois colégios militares, para o exército e a marinha.

Berlim ficou tumultuada pelas brigas de rua. Outras rebeliões estouraram em Hamburgo e Frankfurt. Uma república no estilo soviético foi declarada em Munique, mas foi brutalmente rechaçada pelos grupos paramilitares de direita. Milhares morreram naquela ação violenta. Na noite de 12 de março de 1920, uma brigada do exército marchou para o centro de Berlim, numa tentativa de tomar o governo. Esse *coup d'état* ficou conhecido como *Kapp Putsch,* em homenagem a um de seus líderes, Wolfgang Kapp. Em resposta, a Assembleia Nacional fugiu para Dresden e daí para Stuttgart. Para demonstrar que ainda tinham o apoio do povo, os políticos conclamaram uma greve geral e foram recompensados em 14 e 15 de março, quando mais de doze milhões de pessoas se recusaram a ir trabalhar. O impacto econômico foi imediato, pois os transportes emperraram até parar e os fornecedores de utilidades públicas, como gás, água e eletricidade, ficaram impossibilitados de prover seus serviços. Dias depois, viu-se que o golpe falhara e o governo retornou a Berlim. Apesar desse sucesso, os eventos revelaram um país profundamente dividido entre as facções de direita e esquerda.

Embora os políticos retomassem o controle, logo se defrontaram com outro problema crítico: o país estava ficando sem dinheiro. As reservas nacionais haviam sangrado à exaustão por causa da guerra e a fraca situação econômica e a instabilidade política exacerbaram o problema. O cenário piorou quando a Alemanha começou a pagar as enormes indenizações financeiras aos Aliados, drenando o país da tão necessitada moeda estrangeira. A instabilidade política e econômica pouco ajudou a propriedade de Groß Glienicke, que ainda estava se recuperando das dificuldades suportadas durante a guerra. Mais de vinte homens morreram no conflito, muitos outros ficaram gravemente feridos e a população de trabalhadores homens ficou reduzida em mais de 30%.[3]

Em 1923, após sucessivas tentativas de liberalizar a economia, o país foi estrangulado por uma inflação desenfreada. No final de 1921, um marco de ouro valia dez notas de papel de marco; um ano depois, um marco de ouro valia 10 mil notas de marcos, e em 1923 a razão era de 1 para 100 milhões. Essa hiperinflação teve um impacto direto na propriedade de Groß Glienicke. O preço dos produtos agrícolas entrou em colapso, enquanto os preços de fertilizantes, rações e os salários subiram vertiginosamente. Para Otto, era impossível pagar a seus empregados, dadas as flutuações exponenciais da moeda. Sem compensações, os trabalhadores ficaram desmoralizados, muitos se recusando a comparecer ao trabalho. A propriedade estava diante da ruína.

Se havia alguma felicidade para Otto, era sua família. No espaço de quatro anos a partir de 1920, todos os seus filhos se casaram. A filha mais velha, Marie Luise, casou-se com um dono de terras da Bavária e um ano depois Horst se casou com uma moça de 22 anos, vinda de Oranienburg, uma cidadezinha ao norte de Berlim. De todos eles, o que Otto mais apreciava era o noivo de Ilse Katharina, Robert von Schultz.

Nascido em 1897, na ilha de Rugen, na costa alemã do Báltico, numa família de latifundiários aristocratas, Robert von Schultz era um homem enraizado nas tradições conservadoras.[4] Aos 17 anos, ele lutara como voluntário na Primeira Guerra Mundial e, com três ferimentos graves, recebeu a Cruz de Ferro de Segunda Classe e a Cruz Militar Austríaca de Terceira Classe por sua bravura. Ao fim da guerra, como muitos de seus antigos camaradas, ele se envolveu nas brigas de rua entre comunistas e grupos de veteranos de direita em Berlim. Depois, buscando um meio de ganhar a vida, dedicou-se ao estudo da agricultura. Era um homem baixo e rotundo, de testa alta e queixo duplo, que transmitia confiança e bravura.

Otto estava satisfeito com seu novo genro. Ambos eram monarquistas fervorosos, tinham servido às forças armadas e eram apaixonados por agricultura. Após o casamento com sua filha, Otto convidou Robert para trabalhar com ele ao lado de Horst. Algum dia, um desses rapazes seria escolhido para administrar a propriedade. Até o momento, que fique claro que Otto ainda não tinha se decidido pelo filho ou pelo genro.

Em pouco tempo, a propriedade se encheu de babás e carrinhos de bebê. O que Otto mais gostava era se sentar no terraço, olhando seus netinhos perambulando pelo gramado da frente ou perseguindo gansos e patos na beira do lago. Gradualmente, com a redução das penúrias da guerra, a propriedade e a cidade retomaram seu antigo ritmo. Havia maior participação nas celebrações de Ação de Graças, na Páscoa e no serviço de Natal na igreja. Uma das mulheres que trabalhava com laticínios na propriedade, uma certa Frau Mond, abriu uma loja em frente à Drei Linden, vendendo leite, queijo e manteiga. E um açougueiro de Kladow, uma cidadezinha na margem leste do lago, abriu uma filial em Groß Glienicke, fornecendo cortes de alta qualidade de carne de boi, costeletas de porco e salsichões. A cidade vivia tempos melhores.

Apesar da melhora na economia em geral, as finanças na propriedade de Groß Glienicke nunca se recuperaram totalmente, prejudicada como estava pelas perdas no ano anterior. Em 1926, bem avançado em sua sétima década e enfraquecido por uma série de doenças, Otto viu que precisava reajustar sua contabilidade. Com o apoio dos filhos, genros e nora – que compreenderam a dura situação financeira – Otto planejou diminuir a saída de dinheiro cortando algumas despesas domésticas e pedindo ao administrador da propriedade para aumentar a produção da colheita daquele ano.

Mas Otto sabia que essas medidas seriam insuficientes. Já tinham sido experimentadas e resultariam em ganhos modestos. Para garantir resultados mais expressivos, ele decidiu arrendar uma parte das terras. Por seus amigos em Berlim, ficara sabendo de um apetite crescente por uma segunda casa, uma casa no campo. Por que não atrair alguns berlinenses ricos para Groß Glienicke? Afinal, o lugar era lindo e pouco distante do centro da cidade.

3
ALEXANDER
1927

Certa manhã de primavera, em março de 1927, o dr. Alfred Alexander e a família entraram no seu Mercedes-Benz modelo S azul-marinho conversível em frente ao apartamento na parte oeste de Berlim e saíram em direção a Groß Glienicke.

Alfred e sua mulher, Henny, agasalhados em paletó de inverno e casaco de mink, chapéus e luvas, foram sentados na frente e os quatro filhos – Bella, Elsie, Hanns e Paul – se espremiam no banco de trás. Alfred gostava de dirigir, por isso deram o dia de folga ao chofer. O trajeto passava pelas apinhadas ruas da cidade, pela Heerstrasse – a via principal de saída para oeste da cidade – sobre a estreita Freybrücke, a ponte de ferro no rio Havel, e depois à esquerda para Potsdamer Chaussee, que, após um longo trecho de reta através de bosques, os trouxe a Groß Glienicke. A viagem durou apenas quarenta minutos.

A cidade pareceu pequena a Alfred, um lugar de outros tempos, com suas casas modestas, estábulos de pedra e igreja medieval, tão diferente dos altos prédios de apartamentos, ruas agitadas e lojas sofisticadas do oeste de Berlim. No centro da cidade, ele virou à esquerda no posto do corpo de bombeiros, passou por baixo do Potsdamer Tor e estacionou a poucos metros do início de uma estrada de terra. Ali se encontraram com um administrador da propriedade.

O lote de terras que o administrador lhes mostrou tinha forma retangular, com trinta metros de largura e duzentos de comprimento, indo desde a parede externa do Potsdamer Tor e descendo até a beira do lago Groß Glienicke. Era uma faixa estreita, longa o bastante para dar privacidade, mas pequena o bastante para ser administrável. No conjunto, havia três seções: uma área plana e alta que fizera parte do antigo vinhedo, cheia de videiras enroscadas e treliças tortas, que seguia por uns 150 metros e terminava em uma elevação de onde se via o lago, um barranco quase vertical coberto de pedras e árvores e, por fim, uma área plana arenosa embaixo, com 25 metros de comprimento, onde cresciam amieiros e salgueiros. O melhor de tudo era o lago, na base do lote.

Lago Groß Glienicke

Os Alexander pararam na elevação para apreciar a vista do lago, depois foram descendo até a beira d'água. O lago era pequeno, mas seria um lugar maravilhoso para nadar no verão. À esquerda eles viam o casarão senhorial, bem escondido pelas árvores. À direita, no centro do lago, havia duas pequenas ilhas cobertas de árvores. Se tivessem um barco, poderiam ir remando e talvez até acampar lá.

Alfred John Alexander tinha começado muito bem. Nasceu em 7 de março de 1880, em Bamberg, uma pitoresca cidadezinha da Baviera às margens do rio Regnitz, na Alemanha central. Sua família era de classe média, composta de médicos e advogados. Eram todos bem-vistos na comunidade, honestos, trabalhadores e frequentavam a sinagoga local.

Mesmo assim, os primeiros anos de Alfred o marcaram com uma melancolia da qual nunca conseguiu se livrar completamente. Quando ele tinha 5 anos, sua irmã Paula morreu de pneumonia. Meses depois, pouco antes do Natal de 1885, ficou sabendo que seu pai, Hermann, aos 44 anos, morrera de leucemia. No dia seguinte, Alfred foi levado para ver sua mãe, Bella. Seu cabelo castanho tinha ficado branco, embora ela só tivesse 30 anos.

Alfred era um menino gentil, mas sério, sem senso de humor. Estudava com afinco e frequentemente obtinha notas que o colocavam no topo da classe. Era sensível, dado a chorar à menor provocação, fosse por outra criança magoá-lo, ou ouvindo uma peça musical especialmente bonita. Acima de tudo, vivia desesperado para ter a aprovação da mãe e quando ela demonstrava seu orgulho pelo menino, ele ficava mais feliz que nunca.

Aos 15 anos, Alfred comunicou à mãe que queria ser médico e achar a cura para a doença do pai, a leucemia. Por mais louvável que isso fosse, a mãe ficou desapontada. Ela queria que ele estudasse para ser um advogado como o pai. Dada a persistência de Alfred, a mãe pediu ao pai e aos irmãos dela que o persuadissem, mas ninguém conseguiu fazê-lo mudar de ideia. Quando Alfred tinha 17 anos, ela finalmente lhe deu sua bênção, embora relutante e, como ele mais tarde recordava, com uma condição: "Prometa que você vai ser um bom médico!" Por bom médico ela queria dizer alguém no auge da profissão, que trabalhasse em clínica geral, em vez de pesquisas, e que ajudasse a todos os pacientes, em qualquer situação financeira.

Foi assim que, saindo da escola, Alfred foi estudar medicina na Friedrich Wilhelm University, em Berlim, e, depois, na Ludwig Maximilian University, em Munique. De altura mediana, ombros largos, lábios cheios, cabelo crespo escuro e um bigode fino, a aparência de Alfred não desagradava, embora seu olhar intenso e o jeito sério tivessem afastado a maioria das mulheres.

Ele se esforçou muito, passou no primeiro exame de *Physicum* com as notas mais altas e completou seu *Staatsexamen* final em três anos. Bella ficou contentíssima com seu filho *"wunderkind"*, maravilhoso, e às 10:45 da manhã de 19 de junho de 1903 chegou um telegrama para Alfred no posto telegráfico de Munique:

CONGRATULAÇÕES POR ESSA FELIZ SURPRESA, CALOROSÍSSIMAS SAUDAÇÕES – MAMÃE.

Qualificado, Alfred aceitou um emprego em Odelzhausen, uma cidadezinha cinquenta quilômetros a noroeste de Munique, onde iniciou suas pesquisas científicas na esperança de chegar à cura da leucemia. Quando recebeu o primeiro cheque do salário, enviou o dinheiro para a mãe. Dois anos depois, em 1905, ofereceram ao jovem dr. Alfred Alexander o prestigioso emprego de primeiro assistente do diretor do Hospital Universitário de Freiburgo. Uma cláusula foi estipulada: para assumir aquele cargo, Alfred deveria se converter ao cristianismo. Sua alternativa era ficar numa posição inferior, com um salário muito mais baixo, em Berlim. Ele aceitou o emprego em Berlim.

No ano seguinte, Bella caiu de cama com graves ataques cardíacos e de asma. Ela tinha 51 anos. Ao receber a notícia, Alfred pediu ao supervisor uma licença e correu para a cabeceira da mãe. Ficou chocado com o estado dela: a respiração entrecortada, o peito encolhido de dor, uma profunda fraqueza. Depois de ver a mãe, foi procurar os médicos dela, dr. Guntzberg, que ele não conhecia bem, e o dr. Julius Kahn, com quem ele já tivera contato e em quem confiava. Perguntou sobre o prognóstico e ficou sabendo que não havia mais esperanças. Alguns dias depois, a mãe lhe implorou ajuda. Tempos depois, Alfred escreveu em suas memórias:

> Perguntei aos conselheiros médicos dela se havia alguma chance de prolongar sua vida, que para mim era a coisa mais preciosa na Terra, mas eles apenas deram de ombros. Então eu soube o que fazer. O amor e a gratidão

que eu sentia por aquela mulher maravilhosa me levaram a implorar ao meu amigo Julius Kahn que administrasse morfina, que eu sabia, com base nas opiniões médicas daquele tempo, que não só iria aliviar sua dor, mas também dar fim a sua vida.

O dr. Guntzberg se sentiu ultrajado por aquela sugestão "danosa", mas Julius Kahn aplicou a injeção que rapidamente a acalmou e pouco tempo depois ela adormeceu sem sentir mais nenhuma dor. Ela olhou para mim de um modo que eu jamais esquecerei e disse: "Obrigada, menino querido." Foram suas últimas palavras e, embora sua morte fosse para mim um forte golpe, nunca me arrependi de ter tomado aquela decisão e hoje sou ainda mais grato ao meu caro amigo Julius Kahn. Não havia possibilidade de salvá-la, mas pude me tranquilizar por ela ter morrido sem dor pelo ato de eutanásia. Com seu passamento, uma mulher maravilhosíssima deixou este mundo.

Após a morte da mãe, Alfred resolveu desistir de suas pesquisas científicas e se tornar o "bom médico" que ela queria.[1] Voltou a Berlim disposto a estabelecer uma clínica geral. Três anos depois, em 1909, Alfred conheceu Henny Picard durante uma visita a Frankfurt. Henny era uma mulher robusta, de rosto redondo e braços fortes. Longe de ser esbelta ou elegante, era uma figura atraente pelo agudo senso de humor e brilho no olhar. Enquanto Alfred vinha de uma família de classe média de médicos e advogados, Henny descendia de duas das mais bem-sucedidas famílias judaicas da Europa: seu pai, Lucien Picard, era um banqueiro altamente respeitado, diretor do Commerz Bank e cônsul da Suíça em Frankfurt; a mãe, Amelia, era uma Schwarzschild, uma das mais poderosas famílias de judeus em Frankfurt, atrás apenas dos Rothschild.

Alfred e Henny se apaixonaram imediatamente e, apesar das preocupações dela com os maus humores dele, casaram-se poucos meses depois de se conhecerem. Henny instalou-se no pequeno apartamento de solteiro de Alfred na Kurfürstendamm, movimentada rua comercial. Um ano depois, ficou grávida e eles se mudaram para ali perto. Era um apartamento grande, que ocupava todo o primeiro andar na Kaiserallee 219/220, hoje chamada Bundesallee, um dos endereços mais elegantes do oeste de Berlim. O apartamento tinha 22 cômodos, com cinco quartos, três salas, um banheiro, dois quartos de empregadas e uma cozinha grande. A sala da frente era da largura do apartamento inteiro, grande o bastante para acomodar confortavelmente quarenta pessoas para jantar e tinha duas varandas com vista para a Kaiserallee.

Em 18 de março de 1911, tiveram a primeira filha, que chamaram de Bella, em homenagem à tão amada mãe de Alfred. Cerca de vinte meses depois, em 3 de dezembro de 1912, nasceu a segunda filha, que chamaram de Elsie. Alfred trabalhava muito atendendo seus pacientes e consolidando sua clínica, enquanto Henny passava o tempo com as crianças, organizando o lar. Administrava uma grande equipe: uma empregada para serviços gerais, uma cozinheira, uma empregada para a limpeza, um motorista e até um homem que vinha toda semana dar corda nos relógios.

Embora criada num ambiente de riqueza, Henny não era mimada e permaneceu modesta e contida, exercendo uma calma influência sobre seu marido, de temperamento estourado. Alfred escreveu em suas memórias:

> Minha querida mãe certamente teria aprovado você e, se ela a tivesse conhecido, teria nos dado sua bênção. Você é tão parecida com ela, de muitas maneiras, em seus lindos olhos, seu sorriso e em todo o seu ser – essa compreensão gentil, a pronta disposição para ajudar não só a sua família, mas a todos que vêm a você pedindo apoio. Você tem tanto entendimento de tudo, tanta paciência; e eu devo confessar que, embora eu a ame de todo meu coração, nem sempre facilitei as coisas para você devido ao meu comportamento agitado e frequentemente tempestuoso.

Cinco anos depois de casados e em seguida à deflagração da guerra em 1914, Alfred foi recrutado para o corpo médico do Exército Alemão e enviado para a Alsácia, onde se encarregou de um hospital de campo para vítimas de ataques com gás. Sempre que podia, ele pegava um trem até Berlim para ver Henny e as crianças. Durante uma dessas breves visitas de tempos de guerra, Henny ficou grávida de novo e, em 6 de maio de 1917, deu à luz gêmeos idênticos, Hanns e Paul – sendo Hanns quinze minutos mais velho que o irmão. Quando Elsie e Bella viram os meninos pela primeira vez, pensaram que eram bonequinhos vermelhos e correram até a mãe para agarrar os bebês como se fossem de brinquedo. Elsie escolheu Paul, Bella escolheu

ALEXANDER, 1927

Hanns e esse senso de divisão de responsabilidade pelos meninos persistiu pelo resto da vida.

Reconhecendo sua contribuição durante a Primeira Guerra Mundial, o Exército conferiu a Alfred a Cruz de Ferro de Primeira Classe.[2] Ele foi um dos poucos judeus a receber essa honraria. Quando a guerra acabou, em novembro de 1918, Alfred voltou para Berlim e se dedicou a reestruturar seu trabalho. Em poucos anos tinha uma boa clientela, tornando-se um dos médicos mais proeminentes de Berlim. Em 1922, instalou uma clínica na Achenbachstrasse 15, um prédio de quatro andares na parte oeste de Berlim. Contando com os mais modernos equipamentos, inclusive aparelhos de raios X, um laboratório e um terraço aberto onde os clientes podiam se recuperar ao ar livre, os leitos do sanatório estavam sempre ocupados. Alfred mantinha salas particulares para consultas em seu apartamento na Kaiserallee. Entre seus pacientes estavam Albert Einstein, Marlene Dietrich e Max Reinhardt, diretor do Deutsches Theater de Berlim.

Em 1927, depois de atravessar os anos turbulentos da década, com toda a hiperinflação e incerteza econômica, Alfred estava exausto. Ainda sob o peso de suas feridas da infância, ele ansiava por um lugar para descansar.

Certo dia de primavera de 1927, Dorothea von Wollank foi ao consultório do dr. Alexander em Berlim. Após o exame médico, Dorothea mencionou que seu marido estava arrendando lotes de terra ao longo das margens do lago Groß Glienicke e perguntou se por acaso o médico conhecia alguém que estivesse interessado.

Naquela noite, ao jantar, Alfred comunicou à esposa e aos filhos que gostaria de construir uma casa no lago a oeste da cidade. Seria um lugar para fins de semana, talvez até para passar um verão inteiro. Alfred não era o único a desejar uma *Weekend-Haus* (casa de fim de semana) – muitos de seus amigos e contatos comerciais já tinham casas de campo. O pintor Max Liebermann tinha uma grande casa de pedra perto do lago Wannsee e o arquiteto Erich Mendelsohn tinha uma casa magnífica à beira de um lago poucos quilômetros ao norte. A ideia de Alfred era especial porque ele queria construir um pequeno chalé de madeira e não uma casa grandiosa.

Elsie e seus irmãos já conheciam bem os lagos nas cercanias de Berlim. No verão, quando a temperatura chegava aos 35 graus, os pais os levavam ao Wannsee Strandbad, o maior parque aquático aberto da Europa. Lá, uma margem de areia tinha sido transformada em praia frequentada por famílias, com mais de um quilômetro de comprimento e oitenta metros de largura – um *Strand* que recebia mais de 900 mil berlinenses por ano: homens de terno e mulheres em longos vestidos tomavam chá em quiosques com telhado de palha, crianças faziam castelos de areia com os pais, mulheres usando saias curtas se banhavam escandalosamente nas águas rasas com homens sem camisa.

Mas Alfred estava em busca de solidão, queria uma trégua da vida agitada e barulhenta de Berlim e longe das multidões coloridas do Wannsee. Elsie, agora com 14 anos, ficava preocupada, imaginando se ia passar longos fins de semana solitários com os pais – ou pior, com os amigos antiquados deles –, presa numa cabana na floresta, longe da animação da cidade.

Em 30 de março de 1927, pouco depois da primeira ida da família a Groß Glienicke, Alfred voltou lá e chegou a um acordo com Otto von Wollank: os Alexander iriam arrendar o lote por quinze anos. Ficou entendido que poderiam construir uma casa, usar o lago e teriam a opção de compra do terreno, quando e se Wollank decidisse vender.

Naquele dia, Alfred Alexander conheceu o professor Fritz Munk, que tinha arrendado o lote vizinho. Como os Alexander, os Munk tinham escolhido aquele lugar por causa da vista para o lago e pelo magnífico carvalho junto à elevação do terreno. Quase da mesma idade de Alfred, Fritz também era um médico renomado. Diretor do Martin Luther Hospital, em Berlim, tinha Otto von Wollank como um dos seus pacientes particulares, bem como o político Franz von Papen e o filho do kaiser deposto, o príncipe Guilherme. De estatura mediana, rosto redondo e flácido, farto bigode e óculos de aro fino, Fritz Munk era um homem de muita formalidade e costumava usar ternos o tempo todo, mesmo no campo. Eles se conheciam de nome, mas ainda não tinham se encontrado.

Agora, conversando em Groß Glienicke, os dois médicos viram que tinham o mesmo projeto. Ambos queriam construir uma casa de veraneio diferente da opulência dos altos pés-direitos de suas casas em Berlim. Desejavam uma estrutura simples, de andar térreo, com materiais naturais da região e construída na elevação do terreno, privilegiando a vista para o lago.

Combinaram ir juntos à feira de casas de fins de semana, *Wochenende*, que estava acontecendo no centro de exposições de Berlim. Como parte do evento, havia uma série de chalés de madeira construídos em fileiras ordenadas. Projetadas por alguns dos mais renomados arquitetos da Alemanha e feitas com materiais de excelente qualidade, eram casas de campo oferecidas a preços acessíveis para a crescente classe média alta de Berlim. Examinando cada modelo, Alfred e Fritz discutiram as várias plantas: qual modelo lhes convinha? Quantos quartos eram necessários? Como seria o aquecimento? Quais alterações precisariam fazer nos modelos básicos?

Uma vez selecionados seus projetos preferidos, eles contrataram Otto Lenz, um empreiteiro de Berlim que se tornou conhecido por construir belos chalés de madeira. Em 28 de maio de 1927, a licença da obra de Fritz Munk foi concedida pela administração do condado, localizada em Nauen, 38 quilômetros a oeste de Berlim. A licença da obra dos Alexander foi concedida no dia seguinte.

No começo do verão de 1927, um grupo de homens chegou à propriedade de Groß Glienicke logo ao raiar do dia. Chegaram cedo para começar a trabalhar, antes que a temperatura passasse dos trinta graus, o que era comum naquela estação. Como era típico dos membros da liga dos carpinteiros de Brandemburgo, os homens vestiam calça preta de bombazina grossa e forte para resistir ao trabalho pesado, camisa branca de cânhamo com colarinho aberto, colete de lã preta com botões brancos, sapatos pretos de couro e chapéu de feltro preto de abas largas para proteger do sol o rosto e o pescoço.

Otto Lenz, o empreiteiro, chegou logo depois. Lenz era o supervisor geral, mas o dia a dia da construção seria supervisionado pelo carpinteiro-chefe.[3] Enquanto os homens descarregavam as ferramentas da carroça e do cavalo, Lenz e o carpinteiro-chefe andavam pela propriedade, discutindo as peculiaridades do terreno e as especificações desejadas pelos Alexander.

Quando se deu por satisfeito, vendo que o empregado compreendera tudo, Lenz lhe entregou os croquis, desejou boa sorte à equipe e voltou a seu escritório na Yorkstrasse 40, em Berlim.

A primeira tarefa dos operários era limpar o terreno, a começar pelas vinhas que desciam em fileiras pela espinha dorsal do espaço. Era um trabalho de rachar as costas. As raízes das videiras atingiam mais de um metro de profundidade e, ao longo dos anos, tinham ficado grossas e emaranhadas. Com picaretas, pás e cavadeiras, os homens se esfalfavam para alavancar as raízes fibrosas para cima do solo arenoso e, em seguida, ajeitavam a terra até que estivesse lisa e livre de pedras grandes. A limpeza durou uma semana. Somente as árvores mais maduras, na parte baixa da propriedade, perto do lago, foram poupadas: um carvalho, dois pinheiros e um salgueiro.

A construção seguiu o padrão. Primeiro os homens delimitaram o perímetro da casa. Com um barbante amarrado em estacas de madeira, marcaram um retângulo de nove metros de largura por onze de comprimento. Com pás e picaretas, cavaram valas e despejaram dentro delas uma argamassa de areia misturada com calcário, que tinham trazido de Berlim em sacas e com água retirada do lago em baldes. Enquanto um grupo preenchia as fundações, outro escavava o porão. Em seguida, cavaram um grande buraco bem afastado, a nordeste da quina da casa, com pelo menos três metros de profundidade e um metro de diâmetro, para servir de fossa.

Tendo a fundação, o porão e a fossa prontos, os homens começaram a assentar a primeira camada de tijolos vermelho-rosados, que tinham sido feitos na propriedade e estavam empilhados caprichosamente ao lado da obra. Depois de alguns dias de trabalho lento e metódico, as paredes estavam no lugar e ao longo delas foram colocadas colunas e vigas horizontais de pinho. Em seguida os operários colocaram as tesouras, grandes peças triangulares de madeira para sustentação do telhado. Depois estruturaram as paredes internas, martelando as aberturas para portas e janelas, e erigiram as vigas de sustentação do teto. Fizeram as estruturas dos armários e estantes embutidos e os nichos para as mesas e camas dobráveis, seguindo à risca o que fora especificado pelos Alexander.

Duas semanas após o início da construção, a casa estava completamente estruturada e o interior ia tomando forma. Nove cômodos tinham sido encaixados na planta da pequena casa, sendo cinco quartos, uma sala, um banheiro, uma cozinha e um anexo com quarto e banheiro para o motorista da família.

Quando assentaram o telhado sobre as vigas e caibros, foi chegada a hora da *Richtfest*, a festa da cumeeira. Embora a casa estivesse longe de ser habitável – o outro lado do lago ainda era visível através do robusto esqueleto –, era uma tradição dos operários se reunirem em frente à casa com a família do proprietário para comemorar esse estágio da construção. Foram arrumadas mesas com aguardente de maçã, cerveja, frios, pães, queijos e bolos.

Em certo ponto do ritual, um operário subiu por uma escada até o topo do telhado e lá prendeu um *Richtkrone*, uma grande coroa de folhas e flores, de onde pendiam fitas coloridas. Como era costume, o mestre de obra ergueu seu copo para o céu, desejando boa sorte à casa e aos donos. Depois bebeu o restante da aguardente e jogou o copo no chão, sob aplausos do grupo.

Como os Alexander nunca planejaram morar na casa o ano inteiro, Otto Lenz não tinha colocado isolamento térmico nas paredes, no teto, no porão e ninguém falara em sistema adequado de aquecimento. De fato, o projeto apresentado ao departamento local de planejamento era encabeçado pela *Sommerhaus*, casa de veraneio. Mas a família precisava de um mínimo de aquecimento para a água do banho e para as semanas mais frias da primavera e do outono.

Seguindo a planta de Otto Lenz, os homens ergueram duas chaminés de tijolos, uma para a cozinha e outra para a sala.[4] Instalaram também uma rede de canos recobertos por tijolos refratários que, correndo desde uma fornalha de metal no porão e passando por baixo do piso da casa, conduziam ar quente para a sala e para os quartos. Uma vez completado o serviço dos encanadores e eletricistas, os carpinteiros assumiram o acabamento do interior, usando madeira, conforme as instruções do arquiteto quanto ao uso de materiais simples, naturais. O piso foi revestido com tábuas estreitas de pinho, da direita para a esquerda, com a única exceção do piso do banheiro, feito de concreto. As paredes de tábuas de pinho encaixadas no sistema macho-fêmea tinham por trás folhas de jornal, o que marcava a data da construção da casa e fornecia algum isolamento térmico. A maior parte do teto também foi coberta de pinho no mesmo sistema, diferente da grande sala no centro da casa e do quarto do casal, cobertos com painéis de madeira mais caros.

Por fora, o chalé foi revestido com tábuas em verniz escuro sobrepostas horizontalmente para impedir a entrada da chuva. Grandes janelas de uma vidraça inteira foram inseridas nas aberturas nas paredes e equipadas com grossos puxadores e fechos de metal. Duas portas de entrada pintadas de preto foram colocadas na face norte da casa: uma delas, no centro, levava ao corpo principal, a outra dava para o anexo do chofer e ambas tinham uma janelinha em losango, no nível dos olhos. As janelas tinham venezianas pintadas de azul escuro, decoradas com um losango branco para combinar com o motivo das portas de entrada.

Depois foi a vez do telhado. Ralos e calhas de metal foram instalados. As calhas terminavam afastadas da casa, para evitar umidade nas fundações. Foi construída uma varanda na parte de trás da casa com um telhado simples de madeira apoiado em duas colunas brancas. Ali, na beira da elevação, a família podia se sentar para contemplar o lago.

No sopé da inclinação do terreno os operários construíram uma casinha de alvenaria para guardar a bomba-d'água, facilitando a irrigação do jardim. Essa casa da bomba também serviria como depósito – para cadeiras de jardim, equipamentos do barco, bicicletas – e a cobertura era um terraço, onde a família poderia tomar um drinque à noite.

Faltava um trabalho considerável para completar o lado de fora: o paisagismo do jardim, a construção de uma quadra de tênis no terreno plano perto do lago, os recortes ajardinados na descida do terreno, um caminho de pedras de dois metros de largura desde a área de estacionamento no topo da propriedade e descendo até a casa. Os Alexander também tinham pedido várias construções auxiliares – uma casa de madeira para o caseiro morar, uma grande estufa e uma garagem. Mesmo assim, apesar da longa lista de pendências e passados um pouco mais de dois meses desde o início da obra, a casa agora estava pronta para ser ocupada.

Antes de entrar na casa pela primeira vez, os Alexander se reuniram em frente à porta de entrada. Em uma das mãos Alfred segurava um martelo e alguns pregos trazidos de Berlim. Na outra tinha uma mezuzá, contendo um pequeno rolo com as antigas palavras em hebraico: "Ouve, Israel, o

Senhor nosso Deus é o único Senhor." Após dizer uma pequena prece, ele afixou a mezuzá no lado direito da entrada principal.

Em seguida, abrindo a porta de madeira pintada de preto, Alfred convidou os filhos a explorar a casa. Deliciados, Bella, Elsie, Hanns e Paul correram na frente. Imediatamente após a entrada, havia um corredor com duas portas de cada lado. À direita, encontraram o quarto de empregada e a cozinha. À esquerda, o quarto de hóspedes e o banheiro. Abrindo e batendo as portas, correndo ruidosamente, eles descobriram a sala no final do corredor, a sala de estar, o maior cômodo e o coração da casa. As paredes eram revestidas com lambris encerados, debruados por faixas pintadas em verde-menta. O teto era cor de salmão, formado por pequenos quadrados de retalhos de madeira. O efeito geral era simples e chique. No canto da direita, os carpinteiros tinham feito um banco em L contornando uma grande mesa de madeira vermelha envernizada, suficiente para a família se sentar ao jantar. No canto da esquerda havia uma lareira aberta emoldurada por um arco de tijolos, com a extensão da base também feita com tijolos para proteção do piso de madeira.

Da sala de estar, as crianças descobriram que podiam entrar em três outros cômodos. Uma porta levava ao "Quarto Azul", onde as meninas iriam dormir. Elsie não estava feliz por dividir o quarto com a irmã, mas ficou maravilhada com o cômodo. O teto fora pintado de azul-celeste, os dois armários embutidos – um para cada menina – eram azul-cobalto e as paredes de madeira ficaram ao natural. Duas camas dobráveis, normalmente presas na parede, estavam cobertas com mantas quadriculadas cor de creme, equidistantes entre as janelas e a porta. O melhor de tudo era a vista das janelas duplas para o lago.

Entrando por uma porta junto à lareira da sala, os meninos acharam seu quarto. Era o menor da casa, cabendo apenas uma cadeira, uma mesa e uma cama beliche. Também era o mais escuro, com duas janelas retangulares pequenas. Estava claro que os Alexander não esperavam que os meninos passassem muito tempo dentro da casa.

A última porta na sala dava para o quarto do casal, onde dormiriam os pais. Continha uma grande cama de castanheira instalada num recesso da parede no fundo do quarto. Os armários embutidos ficavam acima e ao lado da cama. Duas grandes janelas, combinando com as do Quarto Azul, se abriam em frente à cama, proporcionando uma gloriosa vista do lago.

Na parede ao fundo da sala, foram instaladas portas-janelas que davam para a varanda de trás. Dali, largos degraus precipitavam-se até a parte reservada para ser o gramado e, cinquenta metros adiante, ondulava o lago.

A casa continha mais dois cômodos, mas as crianças só chegaram lá correndo por fora da casa e passando por outra porta, à esquerda da entrada principal. O "anexo do chofer" tomava um dos cantos da casa quadrada e era suficiente para caber uma cama, uma mesa e uma cadeira para ele deixar as roupas. Ao lado havia um pequeno banheiro, mas a entrada também era por fora da casa, em outra porta, no lado leste da casa.

Vista por trás da casa do lago, fotografia de Lotte Jacobi, 1928.

Vista de fora ela parecia compacta, mas lá dentro havia uma quantidade inesperada de espaço. Otto Lenz conseguira construir uma casa que transmitia modéstia e se mesclava à natureza em volta, mas era grande o bastante para abrigar todo o clã dos Alexander, seus empregados e convidados. O efeito era mágico.

Quando a casa ficou pronta, a equipe de Otto Lenz passou para a casa vizinha, dos Munk. O projeto era similar, um andar só, madeira, terraço

ALEXANDER, 1927

com vista para o lago, casa de bomba e jardim. Tinha até o mesmo motivo de losangos nas portas e janelas.

A casa dos Alexander e a dos Munk foram os primeiros retiros de fim de semana construídos em Groß Glienicke. Em seguida, veio a casa do dr. Martin Wall, um juiz que mantinha seu gabinete particular na Kurfürstendamm, perto do apartamento dos Alexander, em Berlim. E Ewald Kunow, farmacêutico nos subúrbios de Berlim, construiu um pequeno chalé de madeira no lado oposto ao dos Munk. Depois veio o advogado de Otto von Wollank, Erwin Koch. Nos meses seguintes, mais casas foram construídas nos terrenos arrendados para outros conhecidos dos Wollank.

Otto e Dorothea logo começaram a anunciar os terrenos em revistas e jornais. Fecharam contratos com desconhecidos, todos eles moradores da cidade grande que buscavam refúgio da agitada vida urbana. Inspirados pelo sucesso obtido no antigo vinhedo, Otto instruiu seus corretores a vender uma seção inteira da propriedade para empreiteiros, desta vez seguindo a margem leste do lago. Conhecida como *Wochenende West* – do ponto de vista dos berlinenses ficava a oeste –, a área foi subdividida e os lotes anunciados em folhetos que circulavam pela capital do país.

Observando o sucesso dos Wollank com a venda de terras, alguns fazendeiros locais colocaram suas propriedades no mercado. Logo surgiram novas casas ao longo da margem sul do lago Groß Glienicke. Agora eram construídas não só casas de fim de semana, mas residências permanentes, de dois andares, feitas de tijolos cobertos de estuque e com aquecimento central, moradias adequadas para o ano inteiro. Essas casas se pareciam mais com mansões do que com chalés de fins de semana.

Para os moradores de Groß Glienicke, os recém-chegados – médicos e advogados, estrelas de cinema e diretores de bancos, atores e compositores – eram *Ortsfremde*, forasteiros. Pareciam estrangeiros, com seus carros grandes, ternos caros, fala rápida e sotaque da capital. Não estavam acostumados a ver mulheres e homens se banhando juntos na praia pública da cidade, com shorts sumários e trajes de banho.

Groß Glienicke ficou dividida em três partes: a propriedade de Groß Glienicke, onde moravam os Wollank e seus empregados; a vila propriamente, com as lojas onde trabalhavam famílias inteiras, as pequenas casas de pedra, a escola e a igreja; e agora a comunidade dos novos moradores, que crescia rapidamente com casas enfeitadas, motoristas e festas nos fins de semana.

Com o tempo, os moradores foram se acostumando com os novos vizinhos e muitos deles conseguiram trabalho como pedreiros e auxiliares e, mais tarde, como jardineiros, faxineiros, cozinheiros, babás e guardas de segurança. Aos poucos, os mundos da cidade e do campo começaram a se mesclar.

4
ALEXANDER
1928

Aos 15 anos, Elsie Alexander tinha desenvolvido uma personalidade forte. De raciocínio rápido e confiante nas próprias crenças, ela jamais tinha medo de emitir uma opinião. Contudo, era também encantadora e um sorriso suavizava sua língua afiada. Muitos a achavam bonita, com seus olhos de azul intenso, rosto oval, cabelos castanhos em longas tranças que chegavam abaixo da cintura. Ela, porém, se considerava sem graça, até mesmo feia.

Aparentemente amigas, Elsie e a irmã mais velha, Bella, não poderiam ser mais diferentes. Enquanto Elsie era direta e assertiva, Bella era diplomática e cautelosa. Elsie era ambiciosa, sonhava em se tornar uma médica como o pai; Bella falava em se casar com um rico e simpático homem de negócios e se tornar dona de casa como a mãe. Desde cedo as meninas competiam — pela atenção dos pais, pelos melhores presentes, pelo namorado mais bonito. Mais tarde, Elsie recordaria que Bella era a mais bonita das duas e chegava atrasada nas festas para que todos a vissem, enquanto ela, Elsie, ia diretamente para algum canto, evitando chamar atenção.

A vida na casa de veraneio era simples; eles dormiam, comiam e passavam o tempo no lago. A família raramente saía da propriedade e, quando saía, geralmente era para comprar comida. Enquanto as irmãs liam revistas, escreviam cartas ou conversavam com amigos que tinham sido convidados, seus irmãos, com 12 anos, passavam o máximo de tempo que podiam ao ar livre: faziam brincadeiras barulhentas no terraço, subiam em árvores e afiavam suas habilidades com a bola no gramado da frente.

Se fossem judeus que observassem os mandamentos da religião, os Alexander ficariam na cidade para comparecer à sinagoga na Fasanenstrasse nos serviços das noites de sexta-feira e manhãs de sábado. Mas eles se intitulavam "judeus três dias por ano", indo à sinagoga apenas nos dois dias de Rosh Hashaná e no dia do Yom Kippur. Nessas ocasiões, os Alexander saíam sistematicamente de casa na sexta-feira de tardinha e só voltavam na segunda-feira de manhã.

No começo do verão, se a temperatura estivesse alta e a poluição da cidade fosse insuportável, eles ficavam o tempo todo na casa do lago. Em dias de aula, os quatro irmãos acordavam às seis horas para nadar no lago. Tomando cuidado para não acordar os pais, eles passavam nas pontas dos pés pela sala de estar e saíam pela varanda, desciam os degraus rústicos de madeira e atravessavam o gramado cintilando de orvalho para, no fim do píer, arrancar as roupas e mergulhar na água. Depois, enquanto se secavam, admiravam os cisnes deslizando entre os juncos ou bandos de gansos voando alto na formação em V. As crianças adoravam essa hora do dia.

Depois de se vestirem, o motorista os levava à escola, na parte oeste de Berlim. Era numa corrida curta, de quarenta minutos. Ele tinha instruções para estacionar a certa distância da entrada da escola, pois as crianças ficavam constrangidas se zombassem delas por serem ricas.

Em fins de semana, ou em férias de verão, as crianças dormiam até as oito. Quando acordavam com a luz do dia ou por um dos galos do pai, eles preparavam seu próprio desjejum, pois a cozinheira e as empregadas ficavam no apartamento em Berlim e a mãe deles gostava de dormir mais um pouco. A comida simples do campo ficava armazenada na despensa da cozinha: pão escuro e pesado da cidade, queijo macio da fazenda local e compota de cerejas feita com as frutas do jardim.

Quando não estavam na escola, as crianças deviam cuidar de si mesmas. Um passatempo favorito era o jogo das cerejas, em que os quatro corriam para o pomar que havia crescido no terreno plano entre o Potsdamer Tor e a casa, competindo para ver quem conseguia enfiar mais cerejas na boca. Geralmente, Bella ganhava. Numa ocasião ela deu um jeito de colocar 34 cerejas na boca e passou dias com as bochechas doendo.

ALEXANDER, 1928

Os gêmeos saíam em exploração dos bosques ou iam passear de bicicleta quando as irmãs se cansavam deles. Vagavam livres pela beira do lago ou na floresta atrás do *schloss*. O lugar era perfeito para dois meninos bagunceiros, pois havia poucos vizinhos para perturbá-los e pouca chance de darem queixa deles.

Quando os irmãos saíam, as meninas geralmente jogavam tênis. Inteiramente vestidas de branco – blusa branca, calças compridas brancas, meias e sapatos brancos –, elas passavam horas na quadra. Nenhuma das duas batia com muita força na bola. Os saques eram frouxos e as rebatidas eram curtas. Isso acontecia, em parte, por falta de habilidade, mas também porque quem jogasse a bola dentro do lago teria que ir lá buscá-la. Mesmo assim, os jogos eram ferozmente competitivos e as meninas se equiparavam.

Alfred, por sua vez, se ocupava na horta. Tinha cavado, revolvido e arado uma longa faixa de solo macio – a terra ali era basicamente argila e areia – e semeado várias fileiras: alfaces, tomates, pepinos e feijões. Perto destes, ele cultivava um longo canteiro de aspargos. Entre aspargos e feijões rasteiros, baldes e enxadas, vestido em bermuda de couro e camisa larga, Alfred passava as manhãs escavando a terra e regando as plantas. Não contente com apenas uma horta, Alfred construiu uma enorme estufa, que ele chamava de sua *orangerie*, numa referência à rebuscada construção que dominava os jardins do palácio real de Sanssouci, em Potsdam, a alguns quilômetros ao sul. Com fundação de concreto, lareira, chaminé, janelas retráteis e doze metros de extensão, a estufa era maior que a própria *Weekend-Haus*.

Alfred Alexander   *Henny Alexander*

Henny acordava tarde, a tempo de preparar o almoço, e chamava a família tocando um sino que pendia do teto da varanda. Se o tempo estivesse bom, eles comiam lá fora, no terraço que dava para o lago, numa mesa comprida coberta com uma toalha branca. Longe do decoro de Berlim, os meninos ficavam sem camisa e descalços. Esses almoços costumavam ser arranjos simples de frios e queijos, saladas da horta, ovos cozidos e arenque em conserva.

Depois do almoço, Henny gostava de se embrenhar nas cidadezinhas das redondezas à procura de objetos de decoração para o chalé. Desconfortável com a formalidade sufocante que tinha que aturar na cidade, Henny queria o interior do chalé aconchegante e despretensioso. Para a sala, ela comprou uma cadeira de balanço e duas cadeiras simples de madeira, de espaldar alto. Colocou na parede uma prateleira com oito pratos de estanho. Na quina da parede, junto à lareira, foi afixado um relógio de latão, regulado por dois pesos tubulares que pendiam da base. O piso da sala era quase todo coberto por um tapete com um desenho de séries de quadrados cada vez menores. Numa estante ficava aberto um livro de convidados, pronto para os visitantes. O revestimento interno em madeira permaneceu sem pintura.

O ponto alto eram os antigos azulejos Delft que Alfred tinha comprado quando passou pela Holanda e pela Bélgica e Henny tinha mandado fixar sobre a lareira da sala. Eram trinta azulejos em azul e branco arrumados em cinco fileiras de seis, com antigas cenas românticas dos Países Baixos – uma criança num cavalinho de balanço, um homem regando plantas, um moinho num morro dando para um lago, um carpinteiro fazendo uma caixa, uma mulher com um grande chapéu passeando no jardim – refletindo o idílio bucólico a que os Alexander aspiravam.

Enquanto Henny se ocupava com os afazeres domésticos e Alfred dormia na cadeira debaixo de uma limeira, os filhos passavam a tarde no lago. Depois de trocar de roupa e vestir os trajes de banho numa tenda vermelha e branca na praia, eles corriam pelo píer, aos gritos e gargalhadas, e pulavam nas águas frescas do lago.

Ao fim das atividades do dia, Elsie voltava ao Quarto Azul a fim de se vestir para a noite. Elsie amava aquele quarto, que ela e a irmã tinham decorado com capricho. Na parede, havia um grande espelho, onde conferiam os cabelos e a maquiagem. Ao lado de cada cama havia uma mesinha cor-de-rosa e uma cadeira, frequentemente coberta de roupas. Além das camas dobráveis para encaixar na parede, havia um banco estofado onde elas liam livros e uma mesa dobrável onde escreviam cartas.

Sentada na cama, Elsie cuidava do álbum de fotografias da família. Era de papel-cartão com uma capa de juta e continha retratos de ondas batendo no píer, do carro da família estacionado no caminho sulcado, da mãe comendo à mesa, das galinhas e gansos no gramado, dos juncos na água. Na frente desse álbum, Elsie escreveu algumas linhas:

> Na casa pequena, a vida é feliz,
> O tempo vai passando, agradável,
> Com esportes, jogos e muito riso.
> Podemos nadar nas águas frescas do lago,
> Tão perfeitas depois do calor do dia.
> E quando o sino bate para o jantar
> A gente se sente renovada, jovem e bela.
> Aproveitando a vida em Glienicke.

A casa proporcionava aos filhos dos Alexander um belo cenário para festas de aniversário. Bella foi a primeira a tirar vantagem disso, convidando um seleto grupo de amigos para seu aniversário de 17 anos, em março. Dois meses depois, Hanns e Paul deram sua festa, com uma multidão de meninos vindos de Berlim. Foi uma bagunça estridente, com campeonatos de corridas, brincadeiras no lago e gritaria de índios e caubóis. Como o aniversário de Elsie caía em dezembro, ela era a única que não podia dar uma festa na casa do lago. Nessa data, embora recebesse os amigos no apartamento da família para um evento mais sofisticado, ela também gostaria de comemorar o aniversário em Groß Glienicke.

Chegando ao final da década, Alfred foi designado para a presidência da Câmara dos Médicos de Berlim, uma grande honra para o médico judeu vindo de Bamberg. Sua reputação cresceu, assim como o número e a notoriedade de seus pacientes. Elsie e os irmãos passaram a ver filas de pessoas importantes entrando e saindo da sala de consultório do pai, que tinha porta para o hall de entrada do apartamento em Berlim. O médico ganhador do Prêmio Nobel, James Franck, se consultava com o dr. Alexander, bem como os atores Paul Wegener, Max Pallenberg e Sybille Binder. Às vezes os meninos viam entrar a cantora Sabine Kalter ou o poeta Walter Hasenclever.

Esses luminares frequentavam o apartamento também em ocasiões sociais. Certa noite, por exemplo, Albert Einstein e a mulher vieram jantar. Pela porta da sala de jantar, Elsie e os irmãos puderam ver que o professor estava usando seus chinelos de ficar em casa. Aparentemente, eram verdadeiras as histórias sobre ele ser um professor distraído. Depois do jantar, os homens tomaram café no salão, onde Alfred esperava poder perguntar a Einstein sobre a teoria da relatividade. Mais tarde, naquela noite, Alfred disse a Henny que os dois tinham ficado tão empolgados discutindo os mais recentes romances de detetives, uma paixão em comum, que ele tinha se esquecido de perguntar sobre a relatividade.

Muitos pacientes e amigos de Alfred eram convidados a Groß Glienicke para passar o dia no lago e depois jantar no terraço. Alguns, como Einstein, também tinham casas de fim de semana nas redondezas.[1] Outros, de nomes tais como Leon e Ritscher, Mendelboom e Bergmann, Strauss e Levi, vinham de carro de Berlim.

Uma visitante foi a fotógrafa Lotte Jacobi, muito conhecida por suas fotos de cientistas e atores famosos.[2] Como Alfred, ela às vezes trabalhava no Deutsches Theater – ele como médico, ela como fotógrafa –, onde provavelmente se conheceram. Em 12 de junho de 1928, Jacobi tirou uma série de retratos. Num desses, o pai de Henny, Lucien Picard, estava segurando o *Vossische Zeitung* e as manchetes da manhã declaravam que tinha sido formado um novo gabinete. Ela tirou outra fotografia do lago, uma serena paisagem aquosa onde não se via nenhuma casa nas margens, somente a igreja com seu campanário sobressaindo acima das árvores. As outras fotos eram da casa: o interior da sala, a casa inteira vista por trás e uma tirada da beira do lago, vendo-se os degraus do jardim até o terraço. Em suas imagens, Jacobi captura um lugar encantador, bom para se viver, repousante, convidativo para passar o fim de semana.

ALEXANDER, 1928

★ ★ ★

À medida que os Alexander prosperavam, o mesmo se dava em Berlim. Em meados da década de 1920, com a paz e a segurança oferecidas por controles de preços, de taxas de câmbio e empréstimos do estrangeiro, a economia da Alemanha havia estabilizado e estava começando a inchar. Em nenhuma outra parte isso era mais evidente do que na capital. No fim da guerra, Berlim tinha 1,6 milhão de habitantes, mas em 1928 já comportava mais de quatro milhões. A expansão era parcialmente devida à grande incorporação ocorrida em 1920, quando a cidade absorvera subúrbios como Spandau, Charlotemburgo e Neukölln. De fato, o crescimento urbano foi tão rápido que o limite da capital agora estava a apenas um quilômetro a leste do lago Groß Glienicke.

A expansão de Berlim refletia a recém-descoberta riqueza econômica da cidade. A Siemens tinha eletrificado as ferrovias e, em novembro de 1928, foi fundada a Companhia de Transporte de Berlim, a maior empresa de transportes urbanos do mundo. Foram construídos novos canais, estradas e fábricas, escolas e parques. Essa transformação econômica propiciou um renascimento cultural. Foi o período de dançarinas e clubes de jazz, representado de modo tão colorido no livro *Goodbye to Berlin*, de Christopher Isherwood. Viu-se emergir uma nova onda de diretores de cinema, como Fritz Lang e sua *Metropolis*, advertindo sobre os perigos da automação e cidades modernas. Foi também o começo do movimento Bauhaus, que promoveu o design discreto, elegante e funcional, em vez do adornado e opulento. Milhões de marcos foram investidos em centros culturais, como a Deutsche Oper. Os teatros da capital tornaram-se mundialmente famosos por sua experimentação, abrindo caminhos tanto para o expressionismo como para obras baseadas na realidade, como as peças de Bertholt Brecht. Os berlinenses tinham dialeto próprio, em tons truncados, abreviados e frequentemente com uma forte dose de ironia. Alguns chegaram a falar na existência de um "ar de Berlim". Foram os chamados "anos dourados" da República de Weimar. Em pouco tempo, as ruas da capital estavam apinhadas de pedestres e veículos. A praça principal, Potsdamer Platz, era agora a mais intensa interseção de tráfego da Europa.

À medida que a economia continuava a melhorar, com a clínica de Alfred não era diferente. O número de pacientes aumentou, juntamente com a disposição de pagar em dia. Entretanto, mesmo apreciando sua boa sorte e se divertindo com o teatro e a ópera, Alfred achava cansativos a congestão e o barulho da cidade. Os Alexander começaram a passar verões inteiros em Groß Glienicke, longe do frenesi e do calor sufocante de Berlim. Quando o outono passava ao inverno e o inverno virava primavera, eles contavam os dias que faltavam para fazer as malas e viajar para o oeste.

Para os Alexander, a *Sommerhaus* tinha se tornado um refúgio, um porto seguro.

Alfred (na frente, ao centro), Elsie e Bella (atrás, à esquerda) e amigos no lago, em 1928.

5
WOLLANK
1929

Depois do loteamento das terras por Otto von Wollank, as finanças de sua propriedade de Groß Glienicke tinham estabilizado. O mesmo não se podia dizer da saúde do proprietário. No começo de 1929, Otto sofreu um derrame. Incapaz de administrar seu imóvel, ele pediu ao genro, Robert, para supervisionar as operações do dia a dia.

Naquele verão, a mulher de Otto, Dorothea, também ficou doente. Marcaram uma consulta médica e, em 23 de setembro de 1929, foram levados para a cidade por seu chofer, Alfred Pohl, onde Dorothea ficou numa clínica na Halensee. De acordo com as notícias dos jornais na ocasião, pouco depois de três da tarde Otto buscou a mulher e uma enfermeira, Augusta Riesel, e seguiram de carro pela agitada Kurfürstendamm em direção ao centro da cidade.

O carro virou à esquerda na Droysenstraße, uma rua mais calma, que os levava ao norte para Charlotemburgo, em direção a casa. A um quarteirão da Kurfürstendamm, dirigindo com extrema cautela, o carro atravessou para a Küstrinerstraße (hoje conhecida como Damschkestrasse), uma via com entroncamento em ângulo agudo. A meio caminho, na interseção, o carro dos Wollank colidiu com um carro vindo da direita em alta velocidade. A batida foi tão forte que o carro capotou duas vezes antes de bater num caminhão estacionado junto ao meio-fio.

Os quatro ocupantes do carro dos Wollank ficaram presos sob o que restava dele. A enfermeira morreu no local, o motorista conseguiu sair rastejando ileso enquanto os bombeiros retiravam Otto e Dorothea das ferragens, vivos, mas terrivelmente feridos.[1] Dorothea foi levada para a clínica do dr. Alexander, ali perto, na Achenbachstrasse, mas morreu às oito horas da noite. Durante algum tempo, os médicos acharam que podiam salvar Otto, que tinha fraturas no crânio, mas seus ferimentos eram graves demais para suportar uma cirurgia. No início da manhã de 24 de setembro, ele foi declarado morto. Otto estava com 67 e Dorothea com apenas 48 anos.

Segundo Miltmann, o detetive da polícia a cargo da investigação, não havia evidências de que um dos dois carros tivesse tentado frear antes do impacto. Quem dirigia o segundo carro era Otto Grojel, representante comercial de uma empresa de carvão. Ao avistar o outro veículo, Grojel calculou mal a distância entre os carros e não freou. Não foi preso porque a polícia não achou que ele fosse fugir. Os dois carros foram levados à delegacia de polícia para uma análise posterior. De alguma forma, os motoristas sobreviveram e, mais tarde, acusados de direção imprudente, foram condenados e presos.

Dado que a nobreza estava envolvida, a batida dos carros atraiu ampla publicidade. O *Vossische Zeitung* trouxe uma história abaixo da manchete "Batida de carros em Charlotemburgo" e outra, no dia seguinte, com a chamada "Proprietário de terras Wollank morre em acidente de carro".[2] Assumindo uma posição editorial, o jornal ressaltou que a esquina das ruas Küstrinerstraße e Droysenstraße era conhecida há muito tempo por ser perigosa e apelava ao governo para resolver o problema de modo que outro acidente não voltasse a ocorrer. O artigo concluía dizendo que Otto von Wollank morava em Groß Glienicke, onde havia plantado um vinhedo ao longo da margem norte do lago, e que esta era "uma das mais belas propriedades localizadas perto de Berlim".

Poucos dias após o acidente, em 26 de setembro de 1929, os caixões de Otto e Dorothea von Wollank foram levados em dois coches pretos puxados por cavalos pelas ruas de Groß Glienicke. Uma multidão assistia à passagem do cortejo, que foi acompanhado por uma banda de metais. Entre os enlutados estavam o dr. Alfred Alexander e o professor Fritz Munk. Os homens vestiam casaca e cartola, as mulheres usavam véus e longos vestidos pretos.

Os coches levaram o senhor das terras e sua esposa pela Potsdamer Chaussee, passaram sob o Potsdamer Tor e chegaram a um cemitério no bosque perto do *schloss*. Posteriormente seria erigido um monumento para registrar a perda dos Wollank, gravado com as palavras: "Não sabemos em que lugar estão nossos entes queridos – sabemos em que lugar eles não estão."

O cortejo fúnebre dos Wollank, com o Potsdamer Tor visível ao fundo.

Em 1º de outubro, quatro dias depois do enterro, os três filhos de Otto se reuniram no escritório do advogado da família, dr. Koch, na Alexanderstraße 16, em Berlim, para a leitura do último desejo e testamento de seu pai.[3] Também estavam presentes o marido de Ilse Katharina, Robert von Schultz, e a mulher de Horst, Else. Marie Luise havia se divorciado três anos antes e veio sozinha. Cada um dos filhos trouxe um advogado. A leitura do testamento foi um momento de tensão. Havia muito em jogo, pois o pai era proprietário de uma quantidade significativa de imóveis em Berlim, além das terras de Groß Glienicke.

O dr. Koch entregou cópias das certidões de óbito aos herdeiros, sentados à sua frente. Depois da leitura das certidões, cada filho recebeu uma cópia lacrada do testamento do pai, datado de 30 de junho de 1925. Era um documento extenso e complicado, que nomeava vários beneficiários. Um ponto-chave era que, se Otto von Wollank morresse antes da mulher – o que parecia provável, sendo ela dezenove anos mais nova que ele –, ela herdaria a maior parte de seus bens. Entretanto, como explicou o dr. Koch, de acordo com a hora da morte de cada um registrada nas certidões, não foi o que aconteceu. Otto morrera algumas horas depois da esposa. Assim, seguindo a lógica serpenteante do testamento, a herança seria dividida em três partes: 2/12 para o filho que morasse e administrasse a propriedade e 5/12 para cada um dos outros.

Estranhamente, o testamento não indicava qual filho deveria herdar a fração de 2/12 da propriedade. Talvez Otto quisesse que sua prole decidisse. Após alguma discussão, ficou acordado que Horst e Marie Luise herdariam as frações maiores e Ilse Katharina iria morar no *schloss*. É provável que Marie Luise não estivesse interessada na propriedade, já que não era casada nem tinha experiência com fazendas. Por que Horst escolheu não assumir a propriedade não é tão claro. Talvez, preocupado com sua saúde frágil, ele receasse não ser capaz de assumir a administração da propriedade. Sejam quais forem as razões, os três filhos pareceram satisfeitos com o resultado do testamento.[4]

Ilse agora era a dona da propriedade de Groß Glienicke. Na prática, isso significava que as operações cotidianas, abrangendo as terras da fazenda, as florestas e a várzea a oeste do lago, bem como os lotes arrendados aos pioneiros vindos de Berlim, tudo estava sob o controle de seu marido, Robert von Schultz. E Robert von Schultz tinha uma personalidade muito diferente do bondoso e bem-amado, ainda que ligeiramente desorganizado como homem de negócios, Otto von Wollank.

Enquanto Otto tinha raízes nos valores do *Kaiser Reich* – comprometido com as forças armadas, a família real e a tradição –, Robert era produto das batalhas de rua dos anos 1920, acreditava na derrubada do governo por meio da violência, na supremacia do povo alemão e na importância da raça. Acima de tudo, o novo senhorio dos Alexander nutria um ódio ardente por um grupo de pessoas que ele culpava por tudo o que havia de errado no país: os judeus.

WOLLANK, 1929

Robert von Schultz

Na ocasião em que se tornou senhor das terras em Groß Glienicke, Robert von Schultz era um líder regional da Stahlhelm Bund der Frontsoldaten, uma das muitas organizações de direita então em atividade na Alemanha. O Stahlhelm, que significa "capacete de aço", foi criado em 1918, por Franz Seldte, um oficial alemão que perdera o braço lutando na Primeira Guerra Mundial e exigia que o país tivesse condições de reconstruir sua força militar. Profundamente conservador e apoiador da monarquia, Seldte desejava ver o kaiser Guilherme II voltar do exílio nos Países Baixos e retomar o trono. Em 1930, o Stahlhelm tinha mais de 500 mil seguidores e era o maior grupo paramilitar na Alemanha.

Robert von Schultz tinha entrado para o Stahlhelm em 1926. Por ser membro de uma proeminente família local, foi rapidamente promovido à posição de líder regional e ficou encarregado do recrutamento e treinamento dos rapazes de Groß Glienicke e redondezas. Como todos os membros do Stahlhelm, seu uniforme consistia em um boné de lã cinza com bico preto e decorado com a etiqueta de identificação do grupo, "*Der Stahlhelm*", jaqueta comprida cinzenta atravessada por uma faixa de couro com uma miniatura de capacete de aço gravada na fivela, calças de lã cinzenta e botas pretas.

No cerne da ideologia de Robert estava o orgulho pela pátria e seu povo. Ele desejava livrar o país dos judeus e comunistas, que considerava responsáveis pela abdicação do kaiser em novembro de 1918 e culpados da hiperinflação e do alto nível de desemprego na República de Weimar. Um dos que ele desprezava em particular era Ernst Thälmann, 39 anos, presidente do Partido Comunista e que fora candidato à presidência da Alemanha em 1925, mas felizmente, no que tocava a Robert, perdera para o antigo chefe do Estado-Maior do Exército, Paul von Hindenburg. Nas reuniões e publicações, o Stahlhelm frequentemente confluía o ativismo de esquerda com o fato de ser judeu, usando as palavras com o mesmo sentido. Um artigo publicado no editorial do *Der Stahlhelm*,[5] em 1925, por exemplo, declarava que "comunicamos nossas aspirações com honestidade e franqueza brutal e essas aspirações são altamente perigosas para a corja judaico-marxista. Não queremos nada além do que eles já possuem, ou seja, o poder no Estado".[6]

Desde que ele se tornara o líder regional do Stahlhelm, era muito comum ver Robert von Schultz passando por Groß Glienicke na traseira de um caminhão da fazenda, junto com outros voluntários trajando uniformes paramilitares. Saindo do *schloss*, eles seguiam pela estrada arenosa na face norte do lago, passavam pelo portão da propriedade dos Alexander, pelo Potsdamer Tor e percorriam a Potsdamer Chaussee gritando palavras de ordem e acenando com as armas no alto. Havia rumores de sequestros, interrogatórios à meia-noite e até mesmo torturas. A maioria dos moradores da vila não queria ter nada a ver com a turba de Robert. A violência os apavorava. Contudo, alguns rapazes locais se sentiam atraídos pelo uniforme e a ideologia, pelas bebedeiras e altercações barulhentas. Em resultado, o tamanho da brigada dos Stahlhelm em Groß Glienicke ia crescendo.

Em momentos de folga, Robert von Schultz e seus camaradas do Stahlhelm se apinhavam nos bares, especialmente na Drei Linden, a imponente taberna de dois andares e fachada de pedra situada duzentos metros ao sul do Potsdamer Tor e da entrada para a propriedade dos Alexander. Durante séculos, a Drei Linden servira como poço de água para a vila e funcionava como albergue, com quartos para viajantes e um grande pátio para suas carruagens. Era ali, no bar com lambris de madeira, que os homens de Robert tocavam uma música no piano enquanto outros meio gritavam, meio entoavam as velhas cantorias das brigas de rua. Mais tarde, erguendo imensos copos de cerveja, gritavam "Expulsem os filisteus!" e "Afiem a faca!", referindo-se aos políticos que estavam no poder, além de vários slogans antissemitas, tais como "Alemanha para os alemães" e "Estrangeiros e judeus só têm direitos de visitantes".

Robert frequentemente estava no centro dessas delinquências. Às vezes, a reunião saía da Drei Linden para o *schloss*. Trabalhadores que moravam por perto diziam ouvir "*Prunk-und Zechgelage rauschende Feste*", isto é, bebedeira e festejos grosseiros na casa de Robert.[7] Havia também relatos de disparos e excessos tarde da noite, perturbando a calma do campo.

O antissemitismo e o nacionalismo virulentos professados por Robert von Schultz e seus camaradas eram uma raridade na Alemanha de 1929. Houve perseguição aos judeus no começo do século XIX, mas esses ataques já tinham quase desaparecido. A melhora no status da população judaica aparecia claramente nas leis que garantiam seus direitos e prerrogativas. Em 1812, a Prússia lançara uma lei de emancipação e foi seguida por Hanover, em 1842. Depois, em 1871, a completa emancipação da população judaica foi preservada com a introdução da primeira Constituição alemã. Mesmo assim, ainda existia antissemitismo na Alemanha. Um judeu não podia ser promovido a oficial do exército e era muito difícil se tornar professor universitário ou ocupar outros cargos públicos sem antes se converter ao cristianismo. Em 1916, o exército alemão tinha realizado uma contagem de judeus em suas fileiras (o *Judenzählung*, ou censo judaico), após persistentes acusações de que os judeus não estavam cumprindo seus deveres e os soldados judeus evitavam servir na linha de frente. Mas esses casos de antissemitismo eram mais exceção do que a regra. Afinal, mais de 100 mil soldados judeus haviam servido ao exército alemão durante a Primeira Guerra Mundial e mais de 30 mil – inclusive Alfred Alexander – tinham sido condecorados por bravura. Por isso, nas duas primeiras décadas do século XX, a maioria das famílias judaicas que moravam na Alemanha, como os Alexander, se considerava alemã por nacionalidade e judia pela religião; seu dia a dia não era restrito pela etnia ou por preconceitos.

Em breve isso iria mudar. Em 24 de outubro de 1929, três semanas após a leitura do testamento de Otto no escritório do advogado, a Bolsa de Valores de Nova York teve uma forte queda, de 11% em um dia. Após anos de excesso de especulação, circulava uma série de más notícias – resultados corporativos decepcionantes, recessão agrícola cada vez maior, queda de atividade dos consumidores –, deteriorando a confiança do mercado. Quatro dias depois, em 28 de outubro, a Bolsa caiu 13% e mais outros 12% no dia seguinte. Isso marcou o início de três anos de colapso da Bolsa, que resultou em uma perda de 89% no valor geral do mercado em julho de 1932.

A Quinta-Feira Negra, como ficou conhecida a derrocada de Wall Street, teve profundas consequências para a economia da Alemanha, bem como para a política. Quando os bancos americanos, que poucos anos antes prontamente emprestaram dinheiro à República de Weimar, passaram a cobrar, os devedores alemães não conseguiram pagar. Quase da noite para o dia, a Alemanha tinha perdido suas principais fontes de investimento. O comércio internacional alemão caiu a 50% com relação ao ano anterior, os preços dos grãos caíram 60% e a taxa de desemprego subiu para 14% da população em idade produtiva, somando cerca de 3,2 milhões de pessoas.

Em meio a essa crise, muitos se voltaram para os grupos políticos de extrema direita, agora expressivos, que atribuíam a culpa pelo colapso econômico da Alemanha à traição do Tratado de Versalhes, aos oportunistas que lucravam com a guerra, aos comunistas e, mais que todos, aos judeus. Um desses grupos era o Partido Nacional Socialista dos Trabalhadores Alemães (NSDAP) ou Partido Nazista. Originalmente fundado como Partido dos Trabalhadores Alemães (DAP) em janeiro de 1919, com sede em Munique, o partido era um dentre dúzias de organizações *volkisch*, "do povo", grupos ostensivamente de extrema direita que passaram a agir na Alemanha pós-guerra. Esses grupos angariavam considerável apoio promovendo ideias de supremacia nacional e pureza étnica e, por extensão, antieslavas e antissemitas. Em setembro de 1919, quando Adolf Hitler fez seu primeiro comício no DAP, só havia quarenta pessoas presentes. Em julho de 1921, Hitler tinha assumido a liderança do partido e, em dois anos, as adesões tinham subido para mais de 20 mil pessoas. Desde então, o Partido Nazista havia se disseminado pelo país e agora era uma força política significativa.

Foi assim que, nas eleições de setembro de 1930, o Partido Nazista surpreendeu a todos quando obteve mais de seis milhões de votos, 18% do total, tornando o partido de Hitler o segundo maior no Reichstag. Pela primeira vez o antissemitismo foi uma ideologia que ajudava a ganhar eleições. As ideias de Robert von Schultz, até então minoritárias, de repente passaram a ser dominantes.

Algumas semanas depois das eleições de 1930, não muito depois de ter assumido o controle da propriedade de Groß Glienicke, Robert foi visitado por um veterano da Sturmabteilung (SA), chamados de camisas-marrons – a ala paramilitar do Partido Nazista – pedindo para usar sua propriedade de Groß Glienicke como local de treinamento. Embora não fosse membro do partido, Robert consentiu e os brutamontes de camisa marrom não tardaram a ser vistos participando de práticas com rifles, manobras de tropas e luta livre nos terrenos da propriedade, a poucas centenas de metros da casa de fim de semana dos Alexander.

6

ALEXANDER

1930

Era outono em 1930. Elsie chegou para seu primeiro dia de aula na Friedrich Wilhelm University de Berlim. Com notas excelentes, ela poderia estudar onde quisesse, mas escolheu ficar em Berlim, em parte porque poderia morar com os pais e em parte porque fora ali que o pai estudara medicina.

Elsie empurrou as largas portas duplas e se viu em um enorme anfiteatro. À sua frente, longas filas de bancos de madeira desciam até uma grande escrivaninha de madeira, um atril e um quadro-negro. Tudo que podia ver eram as costas de centenas de colegas, jovens alemães que, como ela, cursavam medicina. Para Elsie, a aula às sete horas da manhã já era um sofrimento, dada sua propensão a dormir muito. Para piorar, todos os lugares estavam ocupados e ela foi forçada a ficar de pé no fundo com os outros retardatários, esforçando-se para ouvir o professor balbuciar explicações básicas sobre a anatomia humana.

Nos dias seguintes, Elsie foi acordando cada vez mais cedo, na esperança de conseguir um lugar para se sentar. Acabou descobrindo que a única maneira de garantir uma vaga na frente do anfiteatro era se levantar às seis. Agora que podia de fato ouvir a aula, percebeu que não estava lá muito interessada. Grande parte do curso exigia decorar nomes latinos das partes do corpo, os vários elementos do sistema circulatório, estruturas celulares e subcelulares, o que era cansativo. Tendo crescido rodeada de artistas, diretores de teatro, fotógrafos, Elsie descobriu que estava muito mais inclinada a estudar a filosofia de Kant e os romances de Goethe do que a forma de curar sífilis ou quando remover um nervo ótico.

Ela sempre fora uma pessoa curiosa e, inspirando-se no trabalho de muitos correspondentes judeus que conhecera por meio do pai ou apenas por artigos no jornal, decidiu estudar jornalismo. Muitos dos grandes jornais do país pertenciam e eram administrados por judeus e, mesmo que a maioria dos jornalistas fossem homens, havia algumas notáveis exceções.[1] Eram as heroínas de Elsie: jornalistas como Bella Fromm, por exemplo, que trabalhava como correspondente diplomática para os jornais Ullstein, e Elisabeth Castonier, que escrevia sátiras para um jornal semanal chamado *Die Ente*, o pato.

Chegando ao fim do ano letivo, Elsie conversou com seu supervisor para saber se poderia trocar de curso. Quando ele disse que sim – era bastante comum os alunos mudarem de curso e de universidade –, Elsie informou aos pais que não queria mais ser médica, ia se mudar para Heidelberg e estudar jornalismo. Heidelberg era a universidade mais antiga da Alemanha, situada no sudoeste do país, a uma hora de carro da fronteira francesa e a dez horas de Berlim, viajando de trem.

Na primeira semana de outubro de 1931, Elsie e a família se reuniram na Anhalter Bahnhof, uma das principais ferrovias de Berlim, conhecida como "portal para o sul". Era evidente que os pais iriam ter saudades, mas isso talvez não se aplicasse à irmã. Fazia alguns meses que Bella se ocupava com o novo namorado, Harold, um belo rapaz inglês que estava em Berlim estudando operações bancárias alemãs. Levando a máquina de escrever Olympia Erika preta em uma mão e uma mala na outra, Elsie entrou no trem e acenou adeus à família.

Ela tinha escolhido aquela universidade não só pelo curso de jornalismo, mas também pela fama de liberal, já que era liderada por professores como o filósofo Karl Jaspers e o economista Alfred Weber. Heidelberg era uma cidadezinha aninhada entre o rio Rhine e as montanhas Königstuhl, notável pela beleza das paisagens ao redor e pelo pitoresco centro da cidade, com um castelo romântico, a ponte antiga de pedras vermelhas e a praça medieval de mercado. Não era Berlim, mas ela estava preparada para algo diferente.

Aos 19 anos, morando fora de casa pela primeira vez, Elsie começou a escrever um diário. Era um caderno simples, encapado de couro preto, pautado com linhas finas azuis. Muitas de suas preocupações eram típicas das moças naquela idade. Ela pensava se teria amigos e por que se sentia tão sozinha, apesar do amor dos pais. Escreveu que o pai era um "homem íntegro, cheio de amor, bondade e senso de dever", e perguntava por que havia "tão poucas pessoas com essas qualidades". Afirmava que era a mais amada dos filhos, mas notava que a melancolia do pai criava uma distância entre eles. "Ele tem também muito orgulho de mim, por quê? Porque sou inteligente? Não posso evitar, é só que o dever me chama para fazer alguma coisa."

No diário, Elsie documentou seu crescente desconforto:

> Afinal, por que estou aqui? Eu não quis de verdade, devo agora admitir, "viver". E sinto tamanho pavor da vida. Tantos indivíduos não vivem realmente como gostariam. Eles comem, dormem e para ter alguma coisa precisam ganhar dinheiro, trabalhar sem parar. Esse trabalho passa a ser o conteúdo da vida, a coisa fica circular, comer para poder trabalhar, trabalhar para poder comer. Eu chamo a isto existir. E a vida? Pappi vive, como viveram Goethe, Mozart, Rilke, Beethoven. Será que foram felizes? O que realmente significa ser feliz. Sou feliz? Algum dia já fui?

Gradualmente, Elsie foi se ajustando a viver longe de casa e se adaptou à nova vida em Heidelberg. Em julho de 1932, nove meses após sua chegada à universidade, houve uma eleição nacional na Alemanha. Pela primeira vez, Elsie estava apta a votar e empolgada com a perspectiva. Horrorizada com o Partido Nazista e, como tantos de sua classe, chocada com a retórica radical do Partido Comunista e seu líder, Ernst Thälmann, Elsie votou nos sociais-democratas. Mas ficou desapontada com o resultado. Pela primeira vez, o Partido Nazista obteve a maioria, com 37% dos votos. Nos dias que se seguiram, porém, nem Adolf Hitler, nem qualquer outro partido conseguiu apoio suficiente para formar um governo.

A falta de clareza do resultado foi tamanha que Paul von Hindenburg – que permanecia no exercício da presidência desde 1925 – declarou que seria necessário convocar outras eleições ainda naquele ano, a serem realizadas em 6 de novembro de 1932. Enquanto Elsie se ocupava com os estudos, ferozes campanhas políticas aconteciam por toda parte. Entre 11 de outubro e o dia da eleição, Adolf Hitler fez mais de cinquenta comícios, às vezes três num mesmo dia. Em 1º de novembro, por exemplo, ele discursou para mais de 40 mil pessoas em Karlsruhe, uma cidadezinha a menos de uma hora de carro de Heidelberg. Muitos colegas da classe de Elsie compareceram ao evento.

Em 6 de novembro, Elsie votou de novo, juntamente com 36 milhões de cidadãos alemães. Apesar de a votação no Partido Nazista cair para 33%, novamente ficou na liderança e novamente não conseguiu apoio suficiente dos outros partidos para assumir o governo. Na época de Natal e início do Ano-Novo, o presidente Hindenburg se esforçou para formar uma coalizão.

Enquanto isso, o diário de Elsie continuava focado na família, particularmente nas novidades sobre o recente noivado de Bella e Harold:

5 de janeiro de 1933

1933: O que trará de novo? Não sei. Mas o que vai tirar de mim, isso eu sei: minha irmã. Bella está noiva e deve se casar neste verão. Vai para Londres. Isso significa o fim não só da infância dela, mas da minha também. Pois mesmo que eu não conte isso para ninguém, sou tão estreitamente ligada a ela que não consigo imaginar um lar sem Bella.

Mas Bella merece ser feliz. Tivemos uma infância esplêndida. E essa lembrança ela deveria levar consigo e pensar nela sempre que aparecerem nuvens. E se ela for muitíssimo feliz, deve considerar que os fundamentos de sua boa sorte foram o sol em Glienicke, a infância em casa. E eu, o que vou fazer? Estou com medo deste ano.

Elsie mantinha contato com a família por telefone e cartas, lia os jornais para acompanhar de perto os eventos políticos. Durante as primeiras semanas de 1933, o presidente Hindenburg continuou tentando formar um governo que não incluísse Hitler, mas logo se viu que suas tentativas eram inúteis, pois não havia possibilidade de uma coalizão estável sem incluir o Partido Nazista.

Em seguida, Franz von Papen e Hitler se engajaram numa série de duras negociações para resolver quem iria liderar o próximo governo. Foi então que o fundador do Stahlhelm, Franz Seldte, concordou em apoiar o Partido Nazista e unir suas tropas à Sturmabteilung (SA). Tendo agora centenas de milhares de membros do Stahlhelm aliados ao Partido Nazista, Papen pressionou Hindenburg para designar Hitler como chanceler e Seldte faria parte do gabinete como ministro do Trabalho. Após muitas considerações, Hindenburg concluiu que não tinha escolha e, em 30 de janeiro de 1933, muito a contragosto, nomeou Adolf Hitler chanceler.

Nos dias que se seguiram à indicação, não contente em liderar um governo de minoria, Hitler convocou mais uma rodada de eleições nacionais para 5 de março. Grupos paramilitares nazistas lançaram uma série de ataques violentos aos outros partidos. Jornais que criticavam o governo foram invadidos, seu maquinário destruído e fecharam. Os camisas-marrons irromperam em reuniões dos sociais-democratas e do católico Partido do Centro, espancando os palestrantes e todos os presentes. O líder do Partido Comunista, Ernst Thälmann, foi preso, acusado de fomentar uma violenta derrubada do governo.

Desolada e enfurecida pelo crescente poder do Partido Nazista e desejando que ouvissem suas ideias, Elsie enviou artigos e colunas de opinião para os jornais de Berlim no início de fevereiro de 1933. Esses textos só eram indiretamente críticos ao regime, pois Elsie se preocupava em não chamar muita atenção. Para sua surpresa, alguns de seus artigos foram publicados, inclusive um sobre a Winterhilfswerk, uma campanha caritativa do Partido Nazista que instava as pessoas a comer menos carne e o dinheiro poupado seria doado aos pobres durante o inverno. Em seu artigo, Elsie tachava a campanha de hipócrita, observando que as pessoas mais afluentes tinham condições de dar dinheiro e continuar comendo as melhores iguarias.

Contudo, a promissora carreira de Elsie acabou cedo. Em 27 de fevereiro de 1933, irrompeu um incêndio no Reichstag. A polícia foi chamada e encontraram na cena do crime um jovem comunista holandês chamado Marinus van der Lubbe. Ele admitiu ter ateado fogo e foi preso. Dentro de poucas horas, Adolf Hitler entrou em contato com o presidente Hindenburg e insistiu que ele suspendesse liberdades civis a fim de proteger a Alemanha contra o Partido Comunista. Embora a verdadeira identidade dos incendiários fosse veementemente contestada na ocasião – e continua sendo –, no dia seguinte, em 28 de fevereiro, o presidente assinou o Decreto do Incêndio do Reichstag, suspendendo liberdades civis como o *habeas corpus*, o direito à livre associação, o sigilo dos correios e a liberdade de imprensa. A futura profissão de Elsie tinha sido cortada antes mesmo que ela chegasse à graduação. A Alemanha agora era governada como em uma ditadura.

A eleição de 5 de março ocorreu apenas seis dias após o incêndio do Reichstag. Nos dias que a precederam, mais de quatro mil comunistas foram para a prisão, suprimindo uma quantidade considerável de votos antinazistas. No dia da eleição, mais de 50 mil "monitores", pertencentes à SA, ficaram de guarda nos postos de votação, intimidando os que chegavam para votar. Na contagem de votos, viu-se que o Partido Nazista tinha aumentado sua cota de 33% para 44%, o que significava mais de 17 milhões de alemães votando no Partido Nazista. Angariando rapidamente o apoio do Partido Popular Nacional Alemão (DNVP), que ficara com 8% dos votos, Adolf Hitler passou a líder da maioria.

Na esperança de unir o país, aparentando uma ligação entre os nazistas e seus antecessores imperiais, Hitler fez uma convocação geral para Potsdam em 21 de março. Ele entendia que, mesmo tendo se passado quinze anos da derrubada do kaiser, uma grande parte da população ainda tinha em alta conta a família imperial e cultuavam suas tradições. De fato, muitos ansiavam pela estabilidade e pelo poderio militar representados pelo imperador. Potsdam era a estância de verão da família imperial e considerada por muitos como o centro espiritual do Império Germânico.

O chamado "Dia de Potsdam" foi noticiado com riqueza de detalhes tanto pelos alemães como pelos correspondentes estrangeiros. Naquele dia, quando Hitler chegou em carro aberto, a cidade estava enfeitada com milhares de flâmulas, bandeiras com a suástica do Partido Nazista e com a tricolor em preto, branco e vermelho da Alemanha imperial. Dezenas de milhares de cidadãos margeavam as ruas para ver o novo chanceler passar lentamente de carro, seguido pelas colunas de tropas da SA e da Stahlhelm, marchando em perfeito uníssono.

Naquele mesmo dia, Hitler visitou o destituído príncipe coroado Guilherme – filho do kaiser deposto – em Cecilienhof, a casa do príncipe em Potsdam. Estando seu pai ainda exilado nos Países Baixos, Wilhelm era o membro de mais idade da família imperial ainda na Alemanha. O príncipe já era membro do Stahlhelm, apoiava o Partido Nazista e, nesse encontro, declarou publicamente seu endosso a Hitler, convergindo desse modo a causa monárquica e a nazista.

Por fim, num momento coreografado meticulosamente, Hitler e Hindenburg se encontraram na rua, cercados pela multidão festiva.[2] O chanceler vestia um terno clássico escuro e o presidente sua farda militar completa, desde o capacete pontudo à túnica cheia de medalhas. Deram um aperto de mãos, com as de Hitler nuas e as de Hindenburg enluvadas. Ainda com a mão presa no cumprimento, Hitler baixou ligeiramente a cabeça, parecendo humilde diante do presidente da Alemanha. Foi um dia altamente simbólico, um esforço do chanceler para se agasalhar no passado prussiano e militar da Alemanha.

Dois dias depois, o parlamento se reuniu em Berlim, na Ópera Kroll, onde o Legislativo tinha se reorganizado desde o incêndio no Reichstag, e passou o "Ato de Habilitação", dando efetivamente ao chanceler o poder de promulgar leis sem consultar o parlamento. Hitler havia assumido o controle absoluto do processo político.

Em 1º de abril, menos de duas semanas após o Dia de Potsdam, Elsie voltou a Berlim para as férias de Páscoa. O festival da Páscoa dos judeus começaria dali a poucos dias e ela esperava um período de paz e diversão no apartamento da família na Kaiserallee.

No rádio, os Alexander ouviram Joseph Goebbels, ministro da Propaganda, incitando a um boicote de alcance nacional aos negócios dos judeus. Sem saber o que esperar, eles permaneceram no apartamento. De manhã cedo, a família viu uma comoção em frente ao prédio. Havia um pequeno grupo de pessoas reunidas na calçada, perto da placa de bronze anunciando que ali se localizava o consultório do dr. Alexander. Tinha sido fácil achá-lo. O catálogo telefônico geral relacionava os detalhes, assim como a lista telefônica dos judeus, que não só dava o endereço de Alfred, mas também destacava que ele era chefe da Câmara dos Médicos de Berlim.

ALEXANDER, 1930

Uma hora depois, a multidão crescera. As pessoas apontavam para o apartamento dos Alexander, exclamando que ali moravam e trabalhavam judeus. A família olhava nervosamente pela janela de onde conseguiam ver a turba. Muitos manifestantes vestiam a camisa marrom da SA, outros tinham faixas com a suástica no braço. Se permanecessem ali, seria impossível a um paciente de Alfred vir a uma consulta naquele dia.

Joseph Goebbels conclama o povo a um boicote aos negócios dos judeus, Berlim, 1º de abril de 1933.

Aos gritos de "Judeus sujos" e "Não comprem dos judeus", a malta se lançou à frente, ameaçando invadir o prédio. Foi então que Otto Meyer, amigo da família e antigo colega de Alfred no exército, postou-se à frente da multidão, dizendo-lhes com calma e firmeza que se dispersassem, que estavam atacando um homem que havia recebido a Cruz de Ferro de Primeira Classe. A turba saiu resmungando à procura de outro alvo.

Os Alexander tiveram sorte. Até o fim do dia, os judeus e seus estabelecimentos foram alvos de ataques em toda a Alemanha. Milhares de lojas foram pichadas com estrelas de Davi amarelas e "Os judeus são nossa desgraça". Naquela noite, Goebbels escreveu em seu diário: "Há uma indescritível excitação no ar. A imprensa agora trabalha em total unanimidade. O boicote é uma grande vitória moral para a Alemanha. Mostramos ao resto do mundo que conseguimos conclamar toda a nação sem provocar turbulência. O Führer mais uma vez tocou exatamente a nota certa." No dia seguinte, os jornais de Berlim celebraram o patriotismo daqueles que participaram do boicote e atacaram as organizações judaicas internacionais que ameaçavam a nação. Não houve um artigo nem uma opinião publicada criticando o que havia sido uma violenta perseguição sancionada pelo governo.

Chocada com a súbita virada nos acontecimentos, Elsie anotou em seu diário:

5 de abril de 1933

Um quarto de ano atrás o caminho individual da vida estava em primeiro lugar nos meus pensamentos. E agora? Agora não se trata mais de mim ou da minha família, mas de todo mundo. As grandes mudanças políticas que começaram em 30 de janeiro influenciaram o mundo inteiro. Meio milhão de pessoas, 556 mil judeus na Alemanha foram a causa de grandes debates no Reichstag – no mundo. A preocupação com o destino dessas pessoas de repente operou um milagre. Todos os judeus no mundo inteiro tomaram consciência de serem judeus – e sentiram orgulho disso. A comunidade internacional de judeus é realmente o único poder *internacional*. Só falta um grande líder que reconheça e capitalize os aspectos afortunados que derivam desse fato. Acredito que nenhum país, inclusive a Alemanha, possa prescindir da ajuda dessa Internacional. Quem, por exemplo, está na posição de obter grandes créditos financeiros de outros países? O judeu internacionalmente respeitado como chefe de um grande banco, com suas extensas conexões no estrangeiro. Enquanto os chefes das maiores casas bancárias em todo o mundo forem judeus, a Alemanha não pode dispensar os judeus.

Porém, todas essas considerações não alteram o fato de que milhares de judeus empregados, médicos, advogados ficaram empobrecidos no intervalo de poucas horas. De que vão viver essas pessoas? Pessoas que durante a guerra lutaram e sangraram por sua pátria alemã, que perderam todo seu dinheiro na inflação da Alemanha e que finalmente conseguiram com muito esforço achar trabalho na vida – agora estão à beira do abismo. 1933. Liberdade, igualdade, fraternidade, direitos humanos, amor ao próximo. Palavras vazias, tão verdadeiras para cada um dos leitores dos livros escolares, mas difíceis de acreditar na vida real. Sempre senti orgulho de ser judia. Hoje eu teria vergonha de ser uma cristã alemã.

Em 7 de abril de 1933, o governo nazista promulgou a Lei para a Restauração do Serviço Público Profissional. A partir de então, os judeus foram banidos dos empregos no governo. Isso abrangia não só burocratas e assessores administrativos, mas também professores, juízes e catedráticos. Foi feita uma exceção, não se sabia por quanto tempo, para os veteranos da Primeira Guerra Mundial. Contudo, essa foi a primeira grande lei a restringir os direitos da população judaica, afetando dezenas de milhões de judeus.

Duas semanas depois, em 25 de abril, o governo alemão promulgou uma lei limitando o número de estudantes judeus que poderiam frequentar escolas e universidades. Essa lei, conforme declararam as autoridades, resolveria a superlotação nos estabelecimentos de ensino do país. A partir desse dia, os estudantes judeus ficaram limitados a 1% da população universitária.

Ao contrário de muitos de seus amigos, porém, Elsie teve permissão para continuar em Heidelberg. Embora fosse judia, mais uma vez o histórico de guerra de seu pai foi vital e Elsie recebeu tratamento especial. Mas não escapou ilesa. Em 17 de maio, membros e alunos da faculdade de Heidelberg removeram da biblioteca livros escritos por comunistas, judeus ou outros autores considerados inaceitáveis pelo Partido Nazista, empilharam todos no centro da Universitätsplatz e atearam fogo. O slogan da universidade foi trocado de "O Espírito Vivo" para "O Espírito Alemão". Em seguida, para assegurar que todos soubessem o que Elsie era, marcaram as lombadas dos livros dela com faixas amarelas.

Foi por volta dessa ocasião que Elsie escreveu pela última vez no diário:

Nós judeus nos esforçamos ao extremo para sermos vistos como alemães. Em 1914, éramos vistos como alemães e também durante a inflação. Mas hoje? Um povo que demonstrou, no 1º de abril de 1933 [boicote às lojas dos judeus], em qual degrau de civilização se situa não precisa me rejeitar. A esse povo eu não *quero* pertencer. Mas então o quê? Sem pátria? Fora da lei? E o que será de meus futuros filhos? A quem eles vão pertencer? E mesmo assim eu amo esta terra, amo este mundo, mas odeio as pessoas. Não, eu as desprezo e a todos os que permitem essa mancha na civilização. Querem que eu tenha vergonha de ser judia. Não, tenho orgulho de minha judaicidade e tenho vergonha de minha germanidade. Nestes tempos, as terras estrangeiras nos olham com pena: *A German Jew!* [as três últimas palavras estavam em inglês, um judeu-alemão!]. Mas e depois de tudo? Então eu deverei ser de novo uma alemã, uma cidadã do povo que celebrou o 1º de abril de 1933. Destino! Mas quem pode trazer um filho ao mundo, quem pode assumir uma responsabilidade de tais proporções?

Semanas depois, em 4 de junho de 1933, a família se reuniu na sinagoga de Friedenstempel, em Berlim, para o casamento de Bella e Harold.[3] Quatrocentas pessoas compareceram.

No andar de baixo, os homens se sentaram em longos bancos de madeira, todos de cartola e casaca. No andar de cima, no balcão, também em longos bancos de madeira, sentaram-se as mulheres, com chapéus e vestidos formais. Em frente à Arca, a câmara ornamental que continha as Torás, a noiva e o noivo ficaram de pé sob a chuppá, uma tenda de pano azul e creme apoiada em quatro colunas de madeira enfeitadas com guirlandas de flores. Ela usava um belíssimo vestido de noiva em tom marfim e tinha o rosto coberto por um véu. O noivo vestia casaca, como os outros homens. Ao lado deles, estavam os pais e mães – a família de Harold tinha viajado de Londres – junto com o rabino Joachim Prinz, que oficiava a cerimônia. Depois de trocarem os votos, Harold pisou com força num copo embrulhado num pano. Ao som do vidro sendo quebrado, a congregação gritou *mazel tov*!

Os convidados seguiram para uma recepção no Adlon Hotel, um sólido prédio de pedras amarelas, de cinco andares, na Unter den Linden, conhecido por seu interior luxuoso e excelência do serviço. Enquanto era servido o café, depois que o noivo fez um discurso – muito longo, seguindo a tradição inglesa, mas que surpreendeu um pouco os alemães ali presentes – Elsie ficou de pé para congratular o casal e leu um poema escrito em homenagem a eles, captando a textura agridoce do momento:

> Quatro palavras quero dizer a vocês dois.
> Meras quatro palavras: desejo a vocês sorte,
> Por esta celebração aqui hoje,
> Por todos os dias que ainda virão,
> Desejo a vocês sorte, desejo a vocês sorte!
>
> Só três palavras vocês dois devem reter,
> Só três palavras: Vocês se amem
> Apesar de todas as forças externas,
> Vocês se amem, vocês se amem!
>
> Por fim digo duas palavras de todo coração a vocês:
> *Auf Wiedersehen*.
> Vamos esperar ansiosamente os dias
> Em que nos reencontraremos alegremente!

Ao fim da noite, os convidados se reuniram em frente às portas douradas da entrada principal do hotel para dar adeus a Bella e Harold, que partiam para a lua de mel em Veneza. Por ora, a semelhança com a vida normal conseguia ser mantida, mas por quanto tempo, ninguém sabia.

Após uma folga de verão em Glienicke, nadando no lago, dormindo até tarde e tomando sol no gramado, Elsie voltou a Heidelberg para o período de outono de seu terceiro ano. Mal havia se instalado quando seus estudos foram interrompidos, em 4 de outubro, com a notícia da nova lei anunciada em Berlim: daquele dia em diante, os judeus não poderiam mais trabalhar como jornalistas, nem ser editores de jornais. Qualquer pessoa considerada culpada de quebrar essa lei poderia ser presa por até um ano. Era difícil para Elsie se motivar e estudar para uma carreira da qual fora banida. No fim do ano acadêmico, em julho de 1934, apesar de ter obtido excelentes resultados, Elsie foi informada de que não seria mais bem-vinda na universidade. Amargamente desapontada, ela fez as malas e voltou a Berlim, reunindo-se à família em Glienicke.

Um dos afazeres menos agradáveis para Elsie era ir à leiteria buscar leite. Perfeitamente ciente de que o senhor do *schloss*, Robert von Schultz, era membro do Partido Nazista (ele tinha aderido em 28 de abril de 1933), assim como muitos de seus empregados, Elsie tentava evitar contato. Mas a leiteria era o lugar mais perto para se comprar leite e assim, com o coração pesado, carregando um pequeno latão, ela ia lá diariamente no fim da tarde. Certa vez, logo ao cair da noite, ao passar pelo *schloss*, ela viu muitos veículos militares estacionados no pátio. Vendo os homens com uniformes da SA, ela desviou o olhar e apressou o passo. Com o latão cheio, ela voltou para casa por um caminho alternativo, margeando o lago.

Embora viessem a Groß Glienicke regularmente há mais de seis anos, os Alexander ainda eram tratados como forasteiros. Às vezes, Henny falava com moradores antigos, quando encomendava laticínios a Frau Mond, dona da leiteria, cortes de carne ao açougueiro ou um bolo especial ao padeiro se estivessem com hóspedes na casa. A não ser por isso, os moradores da vila e os Alexander não interagiam. Dado o clima antissemita cada vez intenso, eles preferiam chamar menos atenção.

Nessa época, a vila de Groß Glienicke já contava com um pouco mais de setecentas pessoas. A maioria morava na cidade, com um negócio próprio ou trabalhando em Potsdam; 28% da população trabalhavam na propriedade e 20% dos restantes eram "colonos", profissionais de Berlim que passavam os fins de semana no lago. Em nota sobre a história da vila, o advogado dos Wollank, Erwin Koch, escreveu que "há muitas opiniões diferentes sobre os colonos na cidade".[4]

Nessa ocasião, Robert von Schultz ofereceu ao professor Munk a oportunidade de comprar o terreno de sua casa de fim de semana. Como os Alexander, o professor Munk havia arrendado seu lote em 1927, mas os Alexander não foram convidados a comprar as terras. Quase certamente essa atitude se devia às inclinações políticas de Von Schultz, que era abertamente antissemita. Não fosse por isso, ele ficaria felicíssimo de vender o terreno ao dr. Alexander, dada a desesperada necessidade de dinheiro para sua propriedade.

ALEXANDER, 1930

Por essa época, Elsie disse aos pais que, mesmo sem poder estudar, ela iria trabalhar como jornalista. Forjou um conjunto de credenciais de imprensa com a máquina de escrever e partiu em busca de reportagens. No começo, ela andou pela vila tirando fotos do lago, das casas e das lojas. Depois, sentindo-se mais ousada, aos 21 anos confrontou a mãe que implorava que ela desistisse do projeto e se aventurou ao centro de Berlim. Certa vez, ela subiu numa árvore para fotografar a SA de Hitler marchando na Unter den Linden. Henny ficou furiosa quando descobriu e lhe disse para não se arriscar mais. Mas o conselho da mãe surtiu pouco efeito em Elsie, que não tardou a voltar às ruas para tirar fotografias.

A situação política ficava cada vez mais perigosa e as conversas ao jantar eram pesadas. Recém-casada, de volta da lua de mel, Bella disse estar pronta para sair da Alemanha, assim como Elsie. O pai discordava, acreditando que o povo alemão iria recuperar o bom senso. Eles ficariam na Alemanha, ele disse, mas precisavam ser recatados, sem chamar atenção.

Fritz Munk com Alfred e Henny Alexander, Groß Glienicke.

O professor Munk concordava com Bella e Elsie. Em julho, num final de tarde quente de verão, Munk foi até a cerca do jardim e chamou Alfred

Alexander. Alfred interrompeu o que estava fazendo e, notando certa urgência na voz de Munk, chamou Henny para irem ao encontro do vizinho. Depois de trocarem amabilidades, o professor Munk falou francamente sobre a situação política.[5] Disse que, em seu trabalho como diretor do Martin Luther Hospital, em Berlim, tinha muito contato com altos representantes do governo. Eles haviam comentado que os judeus-alemães iriam achar a vida cada vez pior. Um médico famoso como o dr. Alexander era um alvo certo dos nazistas.

— Dr. Alexander, vamos enfrentar tempos difíceis agora — disse Fritz Munk. — Eu recomendo que o senhor saia imediatamente da Alemanha.

— Por quê? — respondeu Alfred Alexander. — Fui soldado e oficial na guerra e recebi a Cruz de Ferro. Nada vai acontecer comigo.

— Não conte com isso — o professor respondeu. — Não posso ajudá-lo.

Não convencido, mas grato pela preocupação do vizinho, Alfred agradeceu ao professor Munk, dizendo acreditar que os problemas logo desapareceriam. Após mais algumas palavras, os vizinhos se despediram e voltaram cada um para seu lado da cerca.

7

SCHULTZ

1934

Na noite de 30 de junho de 1934 um comboio de veículos percorreu a longa estradinha de cascalho da propriedade de Groß Glienicke. Saltou deles uma tropa de homens de camisa preta, empurraram a larga porta de carvalho e invadiram o *schloss*. Eram membros do corpo de segurança de elite de Hitler, Schutzstaffel, a SS.

Minutos depois, dois homens saíram do casarão de pedra branca segurando um homem baixo, musculoso, com o rosto vermelho de fúria e as mãos algemadas nas costas. Era Robert von Schultz. Jogaram Robert num caminhão e voltaram para o quartel da SS em Potsdam, a dez quilômetros dali.

A prisão de Robert foi uma dentre milhares que aconteceram em toda a Alemanha naquela semana. Era parte de uma campanha nacional clandestina organizada por Hitler para eliminar oposições ao seu regime. A operação ficou conhecida como a Noite das Facas Longas, cujo objetivo principal era esmagar a independente SA, vista por Hitler como potencial ameaça dada sua história de violência nas ruas e as ambições de seu líder, Ernst Röhm. Aproximadamente 85 líderes da SA foram executados naquela limpeza, inclusive o próprio Ernst Röhm, morto com três tiros na cela da prisão. Muitos outros membros da SA foram detidos e interrogados. Robert foi duramente interrogado, acusado de traição contra o Estado e, talvez ainda pior, contra o Führer.

★ ★ ★

Enquanto Robert estava detido, Ilse von Schultz recebeu a visita de um funcionário público de Berlim. Vinha como representante do ministro da Aviação do Reich, Hermann Göring, trazendo uma requisição de venda de uma grande área das terras da família Schultz a leste do lago Groß Glienicke.

Para Ilse, aquilo pareceu um golpe de sorte. Com o marido na cadeia, as finanças da propriedade iam de mal a pior. Desde o início dos anos 1930, sua maior produção era o trigo. Robert enviava parte da colheita ao moinho da vila, onde virava farinha, e o resto ele punha a fermentar em enormes tonéis e destilava para produzir *Korn*, uma aguardente à base de cereal. Mas a fortuna da família vinha sofrendo um declínio significativo desde o começo daquele ano, quando o regime de Hitler impôs restrições de preços à produção particular de álcool. Isso não queria dizer que a propriedade não tinha valor. De acordo com os registros de impostos da época, eles possuíam 49 cavalos, 132 vacas, 140 porcos, 147 coelhos, 230 patos e gansos, 1.714 galinhas, 29 perus e 16 colmeias. Os Schultz, porém, não conseguiam sobreviver com a venda de mel, coelhos, ovos de galinhas e patas.

Ilse entendeu que a oferta do ministro da Aviação poderia salvá-los da ruína. Para o ministério, a compra era parte importante de um programa secreto de rearmamento. Desde a assinatura do Tratado de Versalhes, em 1919, a Alemanha era proibida de ter uma força aérea. Mas Göring tinha a firme intenção de construir a Luftwaffe (Força Aérea) do país e vira em Groß Glienicke e seus arredores uma localização privilegiada. Era uma zona plana, perto de Berlim, livre de edificações altas, adequada para aterrisagens e decolagens.

Após mais de trinta dias de prisão, Robert von Schultz finalmente foi a julgamento em fins de agosto de 1934.[1] Se quisesse evitar perseguição, teria que demonstrar ser um "bom nazista". A primeira testemunha foi o proprietário da Drei Linden, Herr Krause, que disse "Acho que Schultz está tentando convencer as pessoas a pensarem mal do Führer". Em seguida, um membro da brigada de Robert no Stahlhelm, um certo Alfred Eichel, disse que ouvira Robert comentar em Potsdam, em 1º de maio de 1933, que "o Führer não ia durar muito".

SCHULTZ, 1934

Uma terceira testemunha acusou Robert von Schultz e seus homens de darem "festas turbulentas" no *schloss* e dispararem armas nos bares. Outra o acusou de ter um relacionamento próximo demais com Karl Ernst – o líder da SA em Berlim que, como Robert, fora preso em 30 de junho e depois executado por um esquadrão – e de ter sido beneficiado financeiramente por aquele relacionamento. Veio ainda outra testemunha, Fritz Müller, membro da SA, dizendo que Robert e sua gangue certa vez bateram nele até ficar inconsciente. Por fim, Herr Steek, um famoso comunista local, acusou Robert de aparecer em sua casa uma noite, agredi-lo com socos no rosto e, junto com dois homens da SA, lhe dar uma surra de açoite com pequenas bolas nas pontas até que ele perdeu a consciência.

Robert negou as acusações. Numa declaração dada em 9 de setembro de 1934, ele disse que nunca "fizera piada" com o Führer, argumentando que "não faz parte da minha personalidade sujar o ninho onde nasci". Reconheceu que frequentemente visitava com seus homens os bares da área, mas que nunca havia testemunhado disparos de armas, embora confessasse ter ouvido dizer que seu mordomo dera um tiro, mas fora punido por isso "de acordo com as regras do Stahlhelm". Sim, confirmou que tinha se encontrado com frequência com o antigo líder do grupo, Karl Ernst, mas jamais tivera lucro com esse relacionamento.

Robert admitiu que Fritz Müller tinha apanhado, mas que ele nem estava no lugar quando ocorreu o espancamento. Quanto ao comunista Herr Steek, Robert recordou que o prisioneiro tinha sido "muito grosseiro" durante seu interrogatório e precisou ser "contido". "Admito sem hesitação", ele atestou, "que em alguns casos, lidando com rapazes maus, eu os puni, mas não concordo que qualquer desses casos fosse desproporcional à situação."

Para mostrar que era leal a Hitler, Robert passou à corte documentos comprovando que havia entrado para o Partido Nazista em 28 de abril de 1933 e, para confirmar que aderira à causa nacional-socialista, apresentou declarações de amigos e associados. Que outras provas mais eram requeridas de sua lealdade a Adolf Hitler?, ele perguntou.

Na conclusão do inquérito de Robert von Schultz, o julgamento chegou ao fim. Ele foi declarado inocente, apesar da demissão da SA, e solto em 27 de outubro. Quando voltou a Groß Glienicke, soube que sua esposa tinha aceitado a oferta do Ministério da Aviação. Quase um quarto da propriedade fora vendido aos militares.

No início de 1935, começaram as obras do novo campo de aviação, a poucas centenas de metros da ponta nordeste do lago Groß Glienicke. Conhecido como Berlim-Gatow, seria o local de instalação de uma das quatro escolas de treinamento da força aérea de Göring, que se expandia rapidamente. E como esse campo ficava mais perto da capital, era destinado a ser o melhor de todos. Estava prevista a construção de uma escola de treinamento para técnicos e uma academia para formação de pilotos. O projeto das edificações foi feito por Ernst Sagebiel, o mesmo arquiteto que tinha projetado o Ministério da Aviação em Berlim e, posteriormente, o aeroporto de Tempelhof, perto do limite sul da cidade. Mais de quatro mil operários, muitos de Groß Glienicke e redondezas, começaram a trabalhar, primeiro construindo a pista e depois os prédios.

Em 2 de novembro de 1935, Adolf Hitler compareceu à inauguração oficial de Berlim-Gatow.[2] Daí em diante ele usava frequentemente esse campo de pouso para suas viagens pessoais, inclusive para seu retiro nas montanhas em Berchtesgaden, devido ao grau de privacidade que dificilmente teria nos aeroportos de Berlim. Meses depois, em 21 de abril de 1936, Göring participou da cerimônia do Dia da Luftwaffe em Gatow. Para o evento, ele convidou oficiais militares do mundo inteiro para conhecer o campo de aviação, exibindo orgulhosamente o que era uma flagrante contravenção do Tratado de Versalhes.

Robert voltou ao *schloss*, alquebrado, paranoico e esmagado pelos débitos que se avolumavam. Sabendo que a venda de lotes de terras não iria resolver seus problemas financeiros e temendo uma nova temporada na prisão, Robert e Ilse entraram no carro com os filhos e foram embora de Groß Glienicke. Era o fim de uma era, pois ninguém da família Wollank jamais voltaria a habitar o *schloss*. A administração da propriedade ficou a cargo de um supervisor.

SCHULTZ, 1934

Deixando a propriedade, os Schultz percorreram trezentos quilômetros para o norte, chegaram à costa do Báltico e atravessaram o Stralsund Crossing para a ilha de Rügen. Ali, Robert e a família se instalaram na antiga casa senhorial de seu pai, longe do turbilhão político e econômico que assolava a Alemanha.

8
ALEXANDER
1934

Decididos a aproveitar o verão, os Alexander organizaram uma festa de aniversário para Lucien Picard, avô de Elsie. Para guardar a lembrança daquele dia no novíssimo filme em preto e branco de 16mm, Alfred andou por toda parte gravando a ocasião em sua filmadora.[1]

De manhã, longas mesas com cadeiras dobráveis foram dispostas no gramado. As mesas foram cobertas com toalhas brancas e arrumadas com a melhor prataria da família, levada de sua casa na cidade. Logo depois chegaram os músicos: cinco homens de fraque, camisas engomadas e sapatos de couro preto envernizado, carregando violinos, oboés e um pequeno tambor. Postaram-se no terraço acima da casa da bomba.

Lucien vestia um terno bem talhado em risca de giz, camisa branca de colarinho alto, gravata listrada e colete, um traje similar aos que vinha usando todos os dias em seus quarenta anos de carreira no banco. Elsie e Bella estavam muito diferentes. Sempre na última moda, Bella tinha cortado os cabelos bem curtos, partidos de lado, e vestia uma camisa branca de mangas curtas enfiada dentro das calças compridas. Em contraste, Elsie tinha penteado os cabelos em duas longas tranças e vestia uma discreta saia branca e sapatos brancos simples.

Os convidados logo chegaram e enquanto os músicos tocavam sucessos dos mais quentes espetáculos de cabarés de Berlim os aperitivos eram servidos na varanda. Em seguida, foram almoçar: homens e mulheres se sentaram em lugares alternados e os casais foram separados, para estimular a conversa entre pessoas que não se conheciam.

Antes do café, Alfred fez um discurso para celebrar a vida longa de seu sogro e ergueu um brinde em sua homenagem. "A Lucien Picard", ele bradou. Os demais convidados ficaram em pé, ecoando as palavras, e apenas o idoso permaneceu sentado. Então, como era tradição na família, Elsie, Bella e os irmãos se reuniram na cabeceira da mesa e cantaram uma melodia popular, mas trocando a letra para fazer graça com o avô. Bella tinha a melhor voz, Elsie tinha escrito a letra. As pessoas comentaram o charme e talento dos filhos dos Alexander.

Alfred caminhou pela festa todo o tempo com a câmera em punho, captando o clima: um grande grupo de judeus cultos, jovens e velhos, médicos, advogados, artistas, cantores e atores, mães e pais, filhos e filhas, alegres, sorridentes, gargalhando, relaxados e despreocupados – pelo menos até então – com o futuro.

Semanas depois, Elsie convidou um grupo de amigos da universidade para irem a Glienicke. Com eles estava Rolf Gerber, um homem grande e bonito da África do Sul, que estava passando o ano em Berlim para estudar alemão. Elsie e Rolf gostaram instantaneamente um do outro, jogaram longas partidas de tênis e caminharam pela margem do lago. Essa amizade floresceu na volta a Berlim, onde iam a muitos bailes e festas juntos, acompanhados por Bella.

Por causa disso, os negócios de Alfred com a clínica estavam ameaçados. Os jornais, o rádio e as ruas estavam cheios de propaganda nazista e muitos pacientes não judeus pararam de se consultar com ele. Em 17 de maio de 1934, numa jogada para apertar o cerco, o governo proibiu o reembolso de médicos judeus com o fundo de seguro da saúde pública, reduzindo expressivamente seus ganhos. O prefeito de Munique proibiu médicos judeus de atenderem pacientes não judeus e parecia apenas questão de tempo até Berlim seguir o exemplo.

Durante o café da manhã, almoço e jantar, os Alexander discutiam a piora da situação. Henny achava que era hora de saírem do país. Muitos de seus amigos já tinham partido ou estavam fazendo planos para isso. Dos mais de 500 mil judeus que moravam na Alemanha quando os nazistas tomaram o poder, mais de 37 mil tinham fugido.

Os filhos concordavam com a mãe, mas Alfred persistia em achar que a situação política iria melhorar, agarrando-se à fé de que seu país de nascimento – mais que isso, o país pelo qual tinha lutado – iria voltar à razão e derrubar os nazistas do poder. Mesmo que decidissem ir embora, como iriam lidar com a partida? O que iam fazer com a clínica? Para onde iriam? Em vista da posição de Alfred, só restava à família monitorar os eventos.

À medida que o clima político na Alemanha ficava mais sombrio e seu romance se intensificava, Elsie e Rolf começaram a conversar sobre onde deveriam morar. Elsie sugeriu Londres, dado que Bella e Harold já estavam na Inglaterra e Rolf tinha automaticamente direito a morar lá como cidadão sul-africano. Rolf, porém, disse que queria voltar para a Cidade do Cabo, a fim de ficar perto da família. Qualquer das soluções exigiria que eles se casassem para que Elsie ganhasse um visto de entrada, mas Rolf deixou claro que não estava pronto para tal compromisso.

Contrariada pela rejeição de Rolf, Elsie tentou fazê-lo mudar de ideia, mas não conseguiu. Pouco depois, Rolf voltou para a África do Sul. "Eu não fiquei zangada", Elsie recordou mais tarde. "Eu estava apaixonada. O que se há de fazer?" Ela estava com o coração partido.

Elsie passou o resto daquele lânguido verão na casa do lago. Muitas vezes, dormia até tarde e depois, se tivesse energia, caminhava em volta do lago e pelos bosques. Nas tardes, ficava de olho no avô, que padecia com problemas digestivos e precisava de atenção médica frequente.[2] À noitinha ela jantava com os pais e os convidados e depois jogavam cartas, algum jogo de vazas ou bridge, quase sempre a dinheiro.

Chegando o fim do verão, o tédio de Elsie foi interrompido quando Bella chegou de Londres. Apesar da precariedade da situação política, Bella estava grávida de cinco meses e tinha voltado para Glienicke. Sendo a sra. Harold Sussmann, tinha passaporte britânico e permissão para entrar e sair da Alemanha sem problemas. Elsie percebeu que estava com inveja, tanto do bebê como do casamento da irmã. Para piorar, Bella se sentava toda noite no terraço e a mesa chacoalhava enquanto ela datilografava e ia lendo alto as longas cartas ao marido na Inglaterra. Nessas cartas, Bella se queixava de se sentir com "dez meses de gravidez" e tratava Harold com adoração, usando termos diversos – "meu querido maridinho", "meu querido *schnucke*", "meu querido *schnuckeltier*" –, gabando-se do bebê, que ela já chamava de "Sigi", comentando interminavelmente como era gloriosa a Inglaterra e como tinham passado horas maravilhosas lá.

Certa manhã, a família ouviu no rádio que Paul von Hindenburg tinha morrido. Para os Alexander, a notícia era preocupante, pois consideravam Hindenburg um dos poucos a conter os impulsos de Hitler. Contudo, Bella não pareceu se importar com a morte do presidente, que mereceu apenas menções sumárias em sua carta seguinte para Harold. Ela acreditava que "tudo será como tiver que ser" e passou a manhã na cidade para ajustar um vestido e comprar um par de sapatos azuis.

Em dezembro de 1934, receberam notícias de Berlim de que Bella tinha dado à luz um menino, chamado Peter. Na primavera seguinte, empolgado por agora ser avô, Alfred se sentou a uma mesa na casa do lago e escreveu uma carta para Harold e Peter. Escreveu em inglês, idioma em que não se sentia seguro.

> Meu caro neto
> Fiquei muito satisfeito, meu caro Harold, de receber sua carta e saber que você e o doce Peter estão bem. Estou ansioso para em breve tomar conhecimento dele e prometo a você que irei tratá-lo muito bem. Como surpresa de boas-vindas, devo escrever a vocês em inglês, pois Peter não compreenderia outra língua.
> Você vai ficar contente de receber uma carta inglesa de mim, eu pretendia comprar um dicionário de inglês, mas Elsie se esqueceu de mandá-lo

para mim, portanto fui compelido a escrever esta sem ajuda e você deve desculpar este estilo bastante "alemão".

Aqui tudo está tão agradável e belo quanto nos anos precedentes e você vai admirar não só meu idioma, mas também os excelentes arredores.

Com meu mais sincero amor por você e o primeiro neto e as melhores saudações para toda a família.

Eu permaneço aqui, sinceramente seu,

Avô

Com Bella morando na Inglaterra e motivada em parte pelo tédio, Elsie se voluntariou em período integral para a Associação Cultural dos Judeus-Alemães. Desde abril de 1933, quando o Partido Nazista promulgou a Lei para a Restauração do Serviço Público Profissional, os judeus cantores, dançarinos, escritores e músicos foram proibidos de se apresentar nos principais eventos culturais de Berlim. Em vista disso, foi criada a associação para permitir aos artistas se apresentarem para plateias judaicas. Mesmo sem remuneração, Elsie ajudava no escritório, datilografando cartas e auxiliando nas tarefas administrativas. Em compensação, ela podia assistir de graça a concertos, peças e óperas.

Num concerto à noite, Elsie conheceu um jovem judeu negociante de couros, Erich Hirschowitz. Ele tinha um sorriso simpático, testa alta e cabelos castanhos penteados para trás com muita brilhantina. Elsie acabou descobrindo que uma colega de trabalho tinha promovido o encontro, arranjando lugares contíguos para os dois. Em conversa com Erich, ficou sabendo que ele tocava violino e, como ela, apreciava música e cultura. Ele a convidou para sair e passaram a ir juntos aos concertos. Ela não estava tão enfeitiçada quanto ficara por Rolf, mas Erich era divertido e de atitude gentil.

No devido tempo, Elsie convidou Erich para ir a Groß Glienicke, conhecer a casa e família. Certo dia, no lago, Erich contou que passava muito tempo viajando entre Berlim e Londres, onde estava montando uma empresa de couros para o pai.[3] E convidou Elsie a ir com ele para a Inglaterra. Bella, é claro, já morava lá e Elsie pensou que a permissão britânica de entrada e os contatos de Erich poderiam ser úteis se ela precisasse fugir da Alemanha. Não tardou para que Elsie e Erich anunciassem seu noivado, em 1º de abril.

Ao saber da notícia, Rolf escreveu da África do Sul implorando a Elsie para reconsiderar.⁴ Mas ela estava decidida e, em 28 de julho de 1935, casou-se com Erich em Berlim. A grande cerimônia que tinham planejado foi cancelada por causa das restrições do governo a aglomerações de judeus. Ofereceram, então, uma pequena recepção para uma dúzia de familiares no apartamento da Kaiserallee.

Depois do almoço, enquanto tomavam café, era costume lerem em voz alta os telegramas de votos à noiva e ao noivo. Como muito poucas pessoas puderam comparecer, Elsie e Erich receberam mais de duzentos telegramas. Alguns foram lidos, inclusive um da Cidade do Cabo:

AS MAIS CALOROSAS CONGRATULAÇÕES TUDO DE MELHOR – ROLF GERBER

No dia seguinte, dirigindo um Austin 7 preto, Erich e Elsie partiram de Berlim para a lua de mel.⁵ Rumaram a sudoeste, para a Suíça, pelas rodovias principais, passando por Leipzig e Nuremberg. Decidiram ver paisagens mais belas e saíram da estrada principal, em direção à Floresta Negra. Ao chegarem a uma cidadezinha na Baviária, viram uma placa de madeira logo na entrada, "*Juden verboten*": proibido a judeus. Chocados com o antissemitismo ostensivo, Elsie e Erich acharam uma via contornando a cidadezinha, mas encontraram placas similares nos arredores. Aborrecidos, continuaram a viagem para a Suíça, onde passaram dias tranquilos em Basel, antes de seguirem para a Itália.

Voltaram a Berlim no fim de agosto e se mudaram para um apartamento que suas famílias já tinham preparado para eles. Localizado na Kurfürstendamm 103, ficava a pouca distância de caminhada até o apartamento dos pais de Elsie na Kaiserallee. Ao menos por enquanto, concordaram em permanecer na Alemanha.

Em 15 de setembro, medidas adicionais de discriminação foram anunciadas na assembleia anual do Partido Nazista em Nuremberg. A Lei de Cidadania do Reich era dirigida aos que supostamente não tinham sangue alemão, chamados "não arianos", definição esta que incluía os judeus. Esses "não arianos" passavam a ser considerados *Staatsangehörige*, sujeitos do Estado, enquanto aqueles de sangue alemão, os "arianos", eram *Reichsbürger*, cidadãos alemães. Outra medida, a Lei para Proteção do Sangue Alemão e da Honra Alemã, declarava que judeus e não judeus não poderiam mais se casar nem ter relações extraconjugais. Uma pessoa imediatamente afetada era um bom amigo de Elsie que trabalhava como assistente do pai dela. Esse homem amava uma moça de família aristocrática não judaica e agora enfrentariam perigos concretos se mantivessem o relacionamento. Desejosa de ajudar, Elsie convidou o casal a usar discretamente o novo apartamento dela e de Erich. Fazendo isso, Elsie assumia um grande risco: as penalidades por quebrar essas leis iam desde trabalhos forçados até aprisionamento.

Praia de Wannsee, 1935.

Nas semanas seguintes, a onda de antissemitismo se aproximava cada vez mais de Elsie e sua família. Seus irmãos foram obrigados a sair da escola porque eram judeus e ambos eram chamados de "judeus sujos" nas ruas de Berlim. Em Wannsee Strandbad, um balneário público perto de Groß Glienicke que a família ainda visitava às vezes, foi colocada uma grande placa na entrada declarando que *"Juden ist der Zutritt untersagt"*: é proibida a entrada de judeus.

Oito anos antes, em 1927, os Alexander tinham sido a primeira família judaica a morar em Groß Glienicke. Não tardaram a chegar outros e, em 1935, havia 25 famílias judaicas registradas como moradoras em tempo integral ou parcial em torno do lago, compondo quase um quarto da população total da vila. Eram berlinenses de várias profissões: médicos, contadores, advogados, dentistas, diretores de empresas, atores e cantores. Havia até um judeu jogador de hóquei no gelo. Em seguida ao anúncio das Leis de Nuremberg, porém, a maioria dessas famílias cessou as idas, mais dedicadas a planejar a fuga da Alemanha do que a passar fins de semana à beira do lago. Alfred ainda se agarrava à fé em seus compatriotas, pensando que iriam voltar à razão, que finalmente iriam compreender a loucura de Hitler e seus comparsas.

No início de 1936, Alfred viajou a Londres para ver Bella e o bebê. Enquanto ele estava fora, Henny recebeu um telefonema de Otto Meyer, o velho colega de Alfred no Exército Alemão que tinha protegido a casa deles durante o boicote aos judeus em 1933. Ele disse ter notícias urgentes sobre Alfred. "Eles vão buscá-lo e você precisa dizer para ele se esconder imediatamente." A Gestapo tinha elaborado uma lista dos judeus que planejavam prender, os mais proeminentes de Berlim, e o nome de Alfred estava no alto da lista. Agradecendo a Meyer pela preocupação, Henny imediatamente mandou uma mensagem a Alfred para que ficasse em Londres. Em seguida, discutiu a situação com Elsie, Hanns e Paul e eles rapidamente concordaram em partir assim que possível.

Nessa ocasião, o governo nazista estava encorajando as famílias judaicas a emigrar. Obter documentos de saída era relativamente fácil. Muito mais difícil era conseguir visto de entrada no país para onde esperavam se refugiar. Os primeiros a partir foram Lucien e a mulher, Amelia. Como ela tinha nascido em Basel, a mudança para a Suíça foi desimpedida. O seguinte foi Paul. Por meio dos contatos bancários de Lucien, Paul conseguiu emprego e visto de entrada na Suíça.

Semanas depois, na primavera de 1936, Hanns tomou um ônibus para o Consulado Britânico em Berlim. Chegou cedo e entrou na fila com centenas de outros que esperavam obter visto de entrada na Grã-Bretanha. Por sorte, a família de Harold tinha arrumado emprego para Hanns num banco de Londres, e assim, ao contrário de muitos candidatos naquele dia, Hanns saiu de lá com seus documentos prontos. No final de maio, Hanns deu adeus a Henny e Elsie, embarcou num trem em Berlim e partiu para a Suíça, onde tomaria um avião para a Inglaterra. Em 2 de junho, ele chegou ao aeroporto de Croydon, em Londres, onde foi recebido por sua irmã Bella.

Enquanto isso, Erich já estava na Inglaterra. Como já administrava a empresa de couros do pai em Londres havia alguns anos, seus papéis estavam em ordem e ele podia entrar e sair do país à vontade. Essa situação do marido simplificou a obtenção do visto de entrada para Elsie na embaixada britânica. Mas Henny só poderia sair da Alemanha se pagasse a *Reichsfluchtsteuer*.[6] Oficialmente, a taxa de embarque era imposta a qualquer pessoa que tivesse mais que 200 mil reichsmarks em ativos e quisesse deixar o país, porém, na prática, era uma maneira simples de tosquiar as riquezas dos judeus. A única forma de Henny conseguir pagar aquela taxa seria vender a clínica de Alfred na Achenbachstrasse. A venda da clínica não foi tão simples quanto Henny pensava. De acordo com as leis nazistas, ele não poderia vender para um judeu, nem seria fácil vender para algum simpatizante do Partido, que não ficaria nada ansioso para assumir uma clínica de judeus, com pacientes judeus.

Chegou o verão e Henny conseguiu achar um comprador, mas no último minuto a oferta foi retirada e o negócio não se realizou. Elsie e Henny começaram a entrar em pânico. Sabendo que a situação política iria piorar em setembro, quando terminariam os Jogos Olímpicos e a mídia mundial iria embora de Berlim, elas combinaram que, se não conseguissem achar comprador até lá, Elsie iria partir. Elsie não queria abandonar a mãe, mas não tinham muita escolha. Para Henny, a situação parecia desesperadora.

Sediar os Jogos Olímpicos era a chance de Hitler não só exibir para o mundo inteiro a superioridade atlética de seu país, mas também de convencer a todos do quanto eram infundadas as reportagens sobre os maus-tratos aos judeus e críticos do governo da Alemanha. Nos dias que antecederam a cerimônia de abertura, e com a mídia mundial na cidade, o regime recuou quanto às medidas antissemitas mais drásticas. A maioria das placas antissemitas foi removida das lojas e postes e os jornais baixaram o tom da retórica contra os judeus. Até a placa que proibia a entrada de judeus em Wannsee Strandbad foi retirada por instrução do Ministério do Exterior. Muitos achavam que o arrefecimento dessas políticas antissemitas seria rapidamente revertido quando terminassem os jogos. Alguns, inclusive Henny e Elsie, achavam que em setembro seus passaportes seriam recolhidos.

Parte dos preparativos para os Jogos foi a construção de uma Vila Olímpica na antiga área militar prussiana em Döberitzer Heath, cerca de dez quilômetros a noroeste de Groß Glienicke.[7] Havia 140 casas para os competidores, inclusive o corredor Jesse Owens. Todas as suas refeições, chuveiradas e sessões de treino seriam acompanhadas pela imprensa internacional, empolgada com a ideia de que um atleta afro-americano poderia ameaçar a arrogância da nação anfitriã.

A Olimpíada chegou ainda mais perto de Groß Glienicke. Havia grande animação em torno da pista de ciclismo em estrada, que pela primeira vez teria uma largada coletiva. O trajeto de 100 quilômetros partiria do circuito de corridas de Avus, em Berlim, e, atravessando os subúrbios a oeste da cidade, percorreria a Potsdamer Chaussee e entraria em Groß Glienicke passando pelo Potsdamer Tor, pela entrada da propriedade dos Alexander, depois voltaria pelos campos de Brandemburgo até Berlim. Poucas semanas antes da corrida, o conselho da vila teve ordem de alargar a estrada principal, preparando-a para a corrida, e, obedientemente, cortaram as três limeiras que por mais de um século ficaram em frente a Drei Linden Gasthof.

No começo de julho, esperando finalizar as providências para a viagem, Elsie e a mãe buscaram refúgio na casa do lago. Agora que todos tinham partido, a casa estava quieta, abandonada. Ninguém para jogar tênis. Ninguém para nadar junto. Os pepinos, os tomates e as batatas se esparramavam crescidos além da conta, sem que ninguém os colhesse da horta. Elas faziam as refeições na mesa dobrável da cozinha. Comer na grande mesa vermelha na sala de estar ou fora, na varanda, teria sido deprimente.

Durante todo esse tempo, Henny redobrava os esforços para achar comprador, mas, quando outro negócio surgiu e não se concretizou, a situação delas ficou ainda mais precária. Finalmente, no início de agosto, Henny recebeu uma oferta. Havia um casal "misto" – o marido era judeu, a mulher, não. Estavam, portanto, legalmente autorizados a efetuar a compra, ainda mais atraente devido à pesada desvalorização do imóvel. Henny concordou e usou esse dinheiro para pagar a taxa de embarque. Obteve o carimbo de saída no serviço alemão de imigração e depois de um dia inteiro na fila do Consulado Britânico conseguiu garantir um visto de entrada na Inglaterra. Enfim estavam prontas para partir.

Juntas, Elsie e a mãe fecharam o chalé. Primeiro, fizeram um inventário de tudo o que estavam deixando na casa, móveis e porcelanas, quadros e utensílios de cozinha. Em seguida, recolheram o barco do lago, retiraram a rede de tênis e guardaram tudo, junto com os móveis de jardim, na casa da bomba. Depois de cobrir os móveis com lençóis e trancar portas e janelas, Henny e Elsie voltaram a Berlim, onde entregaram a chave da casa e o inventário do conteúdo ao advogado da família, dr. Goldstrom. "Tome conta da casa do lago", elas lhe falaram.

No final de agosto de 1936, Elsie tomou um trem para Amsterdã, com os dedos carregados de anéis de ouro e outras joias costuradas por dentro do casaco de mink. Ela carregava a máquina de escrever Erika, preta, em uma das mãos e um edredom na outra.[8] Chegando à principal estação de Amsterdã, encontrou Erich na plataforma. Ao ver o que ela trazia, perguntou:

– Você sempre viaja levando seu edredom?

Elsie respondeu:

– Não estou em viagem, eu cheguei para ficar, não vou voltar!

Isso surpreendeu Erich, ainda ansioso para voltar à Alemanha e ao trabalho, alheio aos possíveis perigos que poderia enfrentar.[9] Mas já que sua esposa decidira, ele não iria voltar. Tristonho, disse a Elsie que nem tinha se despedido dos amigos. Dias depois, Elsie e Erich tomaram uma barca a vapor em Hook of Holland para Folkestone e depois seguiram de trem para Londres.

Logo depois chegou Henny. Tinha vindo sozinha por trem e balsa a vapor, atravessando a Alemanha, a França e os Países Baixos até chegar a Londres, onde foi recebida pela família. Bella, que já estava no país havia alguns anos, estava morando com Harold e Peter num apartamento pequeno em West Kensington. Henny e Alfred encontraram acomodações temporárias na área central e Elsie se mudou para um apartamento que Erich tinha encontrado no sul de Londres. Sobraram os rapazes, Hanns e Paul, que ficaram em quartos de pensão no centro de Londres.

O clã dos Alexander se reagrupou na Inglaterra. Agora eram refugiados.[10]

Parte II
A CASA DO LAGO

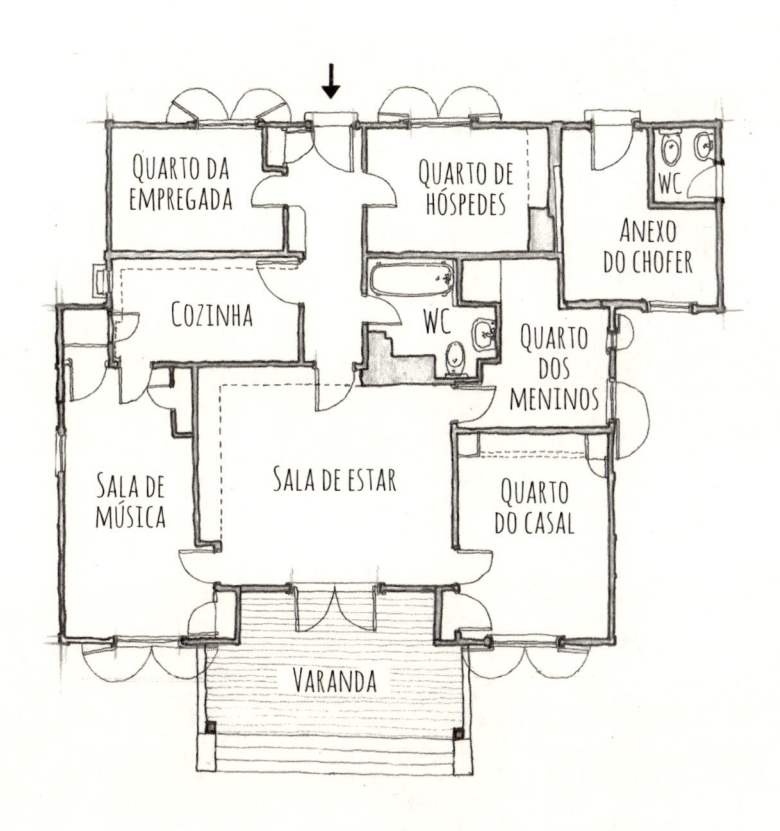

Floor plan of the lake house with rooms labeled: Quarto da empregada, Quarto de hóspedes, WC, Anexo do chofer, Cozinha, WC, Quarto dos meninos, Sala de música, Sala de estar, Quarto do casal, Varanda.

Agosto de 2013

Está escuro quando minha esposa e eu chegamos a Groß Glienicke. Viajamos mais de quinze horas, saindo da Inglaterra de manhã cedo. Estamos mais que ansiosos para a viagem terminar. Nosso carro está cheio de malas, equipamentos fotográficos e laptops – suprimentos suficientes para as cinco semanas de nossa estadia.

Levamos menos de dois minutos para cruzar a vila de um lado a outro, por ruas parcamente iluminadas, tentando encontrar na escuridão nosso hotel, o Hofgarten. Fizemos o retorno e voltamos pela rua principal, passando por uma venda de kebab, um café, um pequeno supermercado e umas poucas casas.

Acabamos encontrando o Hofgarten. Como todo o resto de Groß Glienicke, está completamente às escuras, sem sinal de vida. Acho um número de telefone colado na porta e ligo – ninguém responde. Desesperado por uma cama e um banho quente, ligo para Sonja, uma moradora que concordou em me ajudar na pesquisa. Felizmente, ela atende e se oferece para chamar o proprietário. Minutos depois, eles chegam, em carros separados. Apresentando nossos passaportes, pergunto como é o quarto, tem wi-fi, a que horas é o café da manhã? Quando fica evidente que o hoteleiro não fala uma palavra de inglês e fracassam minhas tentativas de frases curtas em alemão, Sonja se adianta para ajudar.

Uma vez feito o check-in, Sonja põe a bolsa no ombro e se vira para ir embora, lembrando-me que marcou a primeira reunião para as oito horas da manhã seguinte. Agradeço sua ajuda e dizemos boa-noite. Sinto-me envergonhado, para não dizer um pouco humilhado.

No dia seguinte, não escuto o despertador. Enfio-me rapidamente nas roupas, pego o notebook e saio correndo. Viro à esquerda para a rua principal, a Potsdamer Chaussee, e vejo Sonja e um homem idoso esperando uns cem metros adiante. Estou meia hora atrasado. Corro em direção a eles e já sem fôlego apresso-me a pedir desculpas, que Sonja traduz antes de me apresentar. "Este é Burkhard Radtke", diz ela. "É o historiador informal da vila."

Aparentando indiferença, Burkhard aperta minha mão estendida, se vira e sai andando. Entendendo que eu devia segui-lo, vou atrás dele. Nas duas horas seguintes, meu guia me conduz a um detalhado tour pela vila. Indica os principais pontos de interesse histórico e geográfico, enquanto Sonja traduz o que ele diz. Tento fazer anotações, porém ele me despeja tantas informações que é difícil acompanhar. Mas estou fascinado com o que ele diz.

Nos dias seguintes, Sonja e Burkhard me apresentam a alguns moradores, que me indicam outros mais. A cada telefonema, sou recomendado, minha missão é explicada, reuniões são marcadas e então me agradecem. É um processo laborioso. Muitos concordam em me receber, mas nem todos – alguns são muito ocupados, outros muito encabulados. As entrevistas são realizadas no restaurante grego, na venda de kebab, no Café Exner, ou no pátio do hotel, que todos chamam de Drei Linden – durante décadas funcionou como a taberna da vila.

Sou convidado para as casas das pessoas, recebido com infindáveis rodadas de Kaffee und Kuchen, que é café com bolo. Mostro antigas fotografias da casa no lago e peço que meus anfitriões relatem suas lembranças, tudo o que souberem sobre a vila, a casa, as famílias que moraram lá.

Estranhamente, ouço a mesma pergunta em quase todos esses encontros, às vezes repetidamente. Você entrou com uma ação para reaver a casa? Não sei bem o que querem dizer. Explico que a terra pertence ao governo local e que deve ser remodelada. Mas tornam a perguntar: sua família nunca tentou reaver a casa ou pelo menos receber uma indenização pela expropriação?

Mais ou menos uma semana depois, decido ir ao Registro de Imóveis de Berlim, instalado numa antiga fábrica de munições nos arredores ao norte da vila. Depois de preencher um formulário e explicar o motivo da minha pesquisa, pedi para ver os arquivos referentes a Alfred ou Henny Alexander. Em poucos minutos estou sentado a uma mesa, diante de uma pasta de arquivo alaranjada, muito gasta, com a etiqueta "Alexander: 222/JRSO/51".

De acordo com os documentos, Henny Alexander fez uma petição ao governo da Alemanha Ocidental em 1952, pedindo indenização pela perda de sua casa em Groß Glienicke. Houve uma audiência oito anos mais tarde, em 12 de dezembro de 1960, no Fórum 149 na Karlsbader Strasse, em Berlim Ocidental. Minha bisavó foi representada por um advogado de Berlim. Três semanas depois, em 3 de janeiro de 1961, a justiça determinou o seguinte: a família Alexander receberia a quantia de 90,34 marcos como compensação pela perda de sua propriedade, cerca de 300 libras esterlinas na moeda de hoje.

Passo um e-mail para meu pai, dando a notícia. Ele responde dizendo achar que havia outra petição a favor da família, encaminhada pela Conferência pelos Direitos

AGOSTO DE 2013

dos Judeus (JCC) – uma organização que pleiteia justiça para judeus vítimas da perseguição nazista –, e diz que tem alguns papéis guardados em algum lugar.

Anexada ao e-mail dele, vem uma árvore genealógica da família Alexander. Estranhamente, faltam as datas de morte de cinco parentes do meu avô Erich: Alfred Werthan e sua esposa Else, Emil Lesser, sua esposa, Rosa, e seu filho, Franz. Questiono meu pai, mas ele não sabe dizer por que não há essa informação – seus pais, Elsie e Erich, nunca falavam sobre eles.

Passo e-mails para outros parentes, mas ninguém sabe o que aconteceu com a família de Erich e não consigo encontrar nada sobre eles em Berlim. Devem ter fugido, especulamos – para a América do Sul ou Israel – ou talvez tenham morrido antes da guerra e o registro tenha sumido. Os dias se passam e não encontro nada. Como último recurso, entro no site Yad Vashem, que tem um banco de dados das vítimas do Holocausto. Dos mais de seis milhões de judeus mortos no Holocausto, há os nomes de mais de 4,3 milhões. Digito os nomes de Alfred e Else Werthan e, para minha grande surpresa, aparece um registro.

Segundo o site, em 27 de fevereiro de 1943 guardas da SS da Leibstandarte (unidade de elite de guarda-costas de Hitler) invadiram várias fábricas em Berlim e, armados com chicotes e cassetetes, prenderam milhares de trabalhadores judeus. Dentre os presos estavam Alfred e Else, tios de Erich. Alfred e Else foram embarcados num caminhão e depositados num dos campos de triagem da cidade. Duas semanas depois, em 12 de março, foram acordados de madrugada e obrigados a andar três quilômetros pelas ruas de Berlim – Jagowstrasse, Perleberger Strasse e Quitzowstrasse – até a estação na Putlitzstrasse. Foram colocados nos transportes 31 e 36 (o 31º e o 36º a saírem de Berlim para os guetos e locais de morte no Leste Europeu). Quando os trens chegaram a Auschwitz, Alfred e Else foram desembarcados e mortos numa câmara de gás.

Coloco os três nomes seguintes no banco de dados. Em julho de 1942, os tios de Erich, Emil e Rosa, foram deportados para Theresienstadt, onde morreram. O filho deles, Franz Lesser, primo-irmão de Erich, foi deportado em 5 de setembro de 1942 para Riga, na Letônia. Ao chegar, foi levado para a floresta e fuzilado.

Sempre nos haviam dito que nossa família tivera "sorte", que tínhamos conseguido fugir da Alemanha a tempo. No entanto, dois tios, duas tias e um primo-irmão de meu avô tinham sido mortos no Holocausto.

Meus avós sabiam, mas preferiam não falar no assunto. Não posso acreditar que só estou descobrindo esses crimes setenta anos depois de terem acontecido. Não tivéramos tanta sorte assim, afinal.

9
MEISEL
1937

Durante oito meses, a casa do lago ficou vazia. Outono, inverno e primavera chegaram e partiram. A lareira permaneceu apagada. Tempestades atravessaram o lago, batendo na frágil estrutura do chalé.

Os aspargos na horta cresceram demais, se deformaram e estragaram. Juncos se enroscavam nos pilares do píer. Folhas alaranjadas, vermelhas e marrons se empilhavam nos cantos da varanda, secas e retorcidas depois do sol do verão. Um capinzal tomara conta da grama, negligenciada durante toda uma estação. Quanto ao interior, a casa permaneceu seca e intocada, protegida pelas venezianas e portas bem fechadas contra o vento, e o telhado se manteve firme contra as chuvas do inverno.

Em setembro de 1936, o Tribunal do Trabalho de Berlim havia decretado que alemães que se casassem com judeus ou com outros não arianos seriam demitidos do trabalho. No mês seguinte, um decreto proibiu professores judeus de lecionar para crianças arianas. Em novembro, os nazistas criaram uma lista negra de umas duas mil obras de autores judeus. Semanas depois, a última loja de departamentos judaica foi tomada pelo governo e vendida para um não judeu. Em janeiro de 1937, todas as agências de emprego de proprietários judeus na Alemanha foram obrigadas a fechar e o ministro da Aviação, Herman Göring, ordenou a Reinhard Heydrich, chefe do Escritório Central de Segurança do Reich (RHSA), que acelerasse a emigração dos judeus ainda residentes no país.

Como acontece frequentemente em tempos de crise, a desgraça de uns é a oportunidade de outros. Quando Hitler chegou ao poder, em janeiro de 1933, havia cerca de 100 mil empresas de judeus registradas na Alemanha. Em cinco anos, mais de dois terços dessas empresas haviam sido transferidos para não judeus. O Partido Nazista chamou esse processo de "arianização". Não foram só as empresas de propriedade de judeus que foram afetadas, mas também contas bancárias, direitos autorais, terras e imóveis. Essas transações eram sempre grosseiramente injustas, as propriedades eram vendidas muito abaixo do preço de mercado, dado que os judeus estavam sendo pressionados para deixar o país. A arianização era uma política sancionada oficialmente pelo Partido Nazista, que considerava a transferência de bens uma questão de honra, uma reparação do caos econômico que os judeus haviam supostamente infligido ao povo alemão.

Assim foi que, em 10 de fevereiro de 1937, Wilhelm Meisel, compositor e dono de uma gravadora, entrou no escritório de um advogado na Kurfürstendamm 24 esperando fazer um bom negócio. Com 1,77m de altura e compleição mediana, Meisel não era uma figura imponente.[1] Seu rosto redondo e rechonchudo, brilhantes olhos azuis e maneiras joviais deixavam as pessoas à vontade. Foi recebido pelo dr. Goldstrom, que, representando seus clientes Alfred e Henny Alexander, estava autorizado a fechar um contrato de sublocação.[2]

Após discutirem os termos, Meisel e Goldstrom se sentaram para assinar. O contrato rezava que Will Meisel e sua esposa pagariam aos Alexander 2 mil reichmarks por ano, metade dos quais caberia aos Alexander como renda e a outra metade seria paga ao senhorio da terra dos Alexander, Robert e Ilse von Schultz. Todo o dinheiro passaria pelo escritório do dr. Goldstrom. Era um contrato de três anos de sublocação, podendo ser prorrogado, caso as partes concordassem, até 30 de março de 1942, data em que expiraria o prazo do arrendamento original feito pelos Alexander com a família Wollank.

August Wilhelm Meisel nasceu em 17 de setembro de 1897, em Neukölln, um subúrbio no sudeste de Berlim.[3] Alguns anos antes, seus pais, Emil e Olga Meisel, haviam saído de Marienwerder, uma região agrícola localizada noventa quilômetros a nordeste de Berlim, desejosos de aproveitar as vantagens que a capital da Alemanha oferecia.

Ao chegar a Neukölln, seus pais tinham ficado surpresos ao descobrir que ninguém ali dava aulas de dança de salão. Ambos excelentes dançarinos, Emil e Olga viram aquela oportunidade e instalaram a Escola de Dança Meisel. Desde tenra idade, Will foi condicionado a se apresentar, atuando no primeiro show aos 5 anos. Cercado de tutus e sapatilhas, tiaras e strass ofuscantes, perneiras e munhequeiras, ele cresceu entre piruetas e dramas pessoais de divas e bailarinas. Começou com o balé clássico e logo demonstrou excelência no tango, valsa, foxtrote e sapateado, passando a maior parte do tempo nos estúdios espelhados da escola de dança dos pais. Na adolescência, participava sempre dos concursos de dança promovidos pelo pai. E aprendeu a tocar vários instrumentos. No piano, o pai ficava ao seu lado e, a cada nota que Will errava, levava um tapa na cara. Mais tarde, Will recordou que "aquilo me motivava" e que seu pai dizia: "A música é que vai sustentar você na vida."

Quando estourou a Primeira Guerra Mundial, Will Meisel se alistou e foi enviado para Ypres, na Bélgica, onde foi vítima de envenenamento por gás. De volta à Alemanha, enquanto estava internado no hospital tocava piano para entreter os soldados feridos. Por tentativa e erro, aprendeu que as canções com linha melódica mais popular e letras mais leves tinham maior sucesso e dedicou-se a aprender tantas quanto possível. No fim da guerra, tocou no principal salão de dança em Berlim, o Royal Court, na Unter den Linden, e, na casa dos 20 anos, já compunha e tocava suas canções em toda a Alemanha. Não satisfeito em ser um mero compositor e dançarino, Will queria ser diretor de um cabaré.

Vindos de Paris na virada do século, desde então o número de cabarés em Berlim havia explodido, com uma concentração de mais de cinquenta no centro da cidade. A cada noite, havia apresentações de danças burlescas, esquetes cômicos e números musicais para a plateia que comia e bebia nas mesas. Diferentemente de seus primos franceses, os cabarés de Berlim ficaram famosos também por seus shows satíricos. Durante o reinado de Guilherme II, as críticas ao governo e à família imperial foram proibidas nas casas de show. Já admitidos quando da ascensão da República de Weimar, o humor negro e as sátiras políticas tomaram impulso nos cabarés, para deleite dos espectadores.

Dentro de poucos anos, Will era não só diretor, mas também proprietário de várias casas noturnas, inclusive o Palais, o AmorSäle (Salão do Amor), o Eulenspiegel (Espelho da Coruja) e o Paprika (que mais tarde recebeu o nome mais social de Jäger Casino). No fim de 1926, Will Meisel casou-se com Ilona von Fövenyessy, uma linda cantora húngara que ele conhecia desde a adolescência. Inspirado por sua beleza, ele compôs um tango para ela, intitulado *Ilona*. A música era boa e virou um sucesso. Contudo, Will decepcionou-se, pois, apesar do sucesso, rendeu pouco dinheiro. E pensou que, se quisesse ter mais êxito financeiro, seria melhor controlar todo o processo de gravação e distribuição.

Pouco depois, um compositor amigo de Will, Herman Schulenberg, lhe fez uma recomendação:[4]

— Por que você não monta sua própria gravadora?

— Não entendo nada disso — respondeu Will.

— E daí? — disse Schulenberg. — Os outros donos de gravadoras também não.

Will Meisel

MEISEL, 1937

Convencido, aos 29 anos, Will fundou a Edição Meisel & Co., em 15 de maio de 1926, instalada nos fundos de um de seus cabarés. Seu amigo Schulenberg tornou-se sócio. Embora Will preferisse vender música clássica, na tradição dos grandes artistas germânicos – Brahms, Strauss, Mendelssohn, Wagner e Beethoven – o mercado já estava saturado. Dedicou-se então a gravar musiquinhas leves, de operetas e filmes. Embora os críticos desprezassem aquele tipo de canções, o público alemão adorava.

Em poucos meses, Will já contratara muitos dos melhores compositores e letristas do momento, quase todos eles judeus: os músicos de cabaré Willy Rosen e Harry Waldau, por exemplo, e Richard Rillo, que fez a música para *Der Blaue Engel*, *O Anjo Azul*, o primeiro grande filme falado em alemão. Outro astro desse elenco foi Kurt Schwabach, compositor de "Das lila Lied", considerado um dos primeiros hinos gays. A letra diz "E temos orgulho de vir de outro corte do tecido!/Somos diferentes dos que só são amados no compasso da moralidade". Houve muitos outros, como Marcel Lion e Harry Hilm, Hans Lengsfelder e Friedrich Schwarz, autores de músicas muito populares na época, mas que foram desaparecendo. Outros só ficaram famosos mais tarde, como Hans May na indústria cinematográfica (ele fez a música de *Brighton Rock*, em 1947) e Jean Aberbach na indústria musical (nos anos 1950, ele gravou canções de Elvis Presley e ficou com 50% dos direitos).

Nessa época, o mercado de edição musical era altamente competitivo em Berlim. Muitas empresas tinham se estabelecido em pouco tempo, todas visando a se aproveitar do sucesso dos cabarés, bem como da incipiente oportunidade oferecida pelo rádio. A primeira estação de rádio alemã com programação regular para o público surgiu em 23 de outubro de 1923, em Berlim, e no final do ano seguinte, nove estações regionais estavam operando no país. No acordo entre as gravadoras e as emissoras constava que os royalties das músicas tocadas seriam canalizados para as gravadoras.

A filosofia de Will, alardeada a quem quisesse ouvir, era que não se podia deixar o sucesso ao acaso. Atento à venda de suas partituras, ele percorria a cidade apresentando as canções mais recentes às estações de rádio, a diretores de cabarés e a músicos. Sempre que possível, encorajava os críticos a publicar matérias sobre ele, seus shows e seus artistas. Ao contrário de outros empresários do ramo, não cobrava das bandas o uso de suas partituras e, para incrementar o relacionamento com o líder da banda – que ele sabia ser quem tomava as decisões no grupo –, enviava cestas de iguarias, chamadas por ele de "delícias surpresa de Meisel". Comparecia frequentemente a ocasiões sociais e fazia questão de aparecer em tantas fotos quanto fosse possível. Chegou a distribuir para cantoras de coro que se apresentavam nas casas noturnas de Berlim mil megafones com os dizeres *Meisel Schlager – Nie Versager*, "Sucesso de Meisel – nunca falha".

Foi por essa época, em meados de 1932, que seu casamento terminou. Ilona havia retornado à sua Hungria nativa e, temendo a ascensão do Partido Nazista, recusou-se a voltar. Em 12 de novembro de 1932, quando o casal se separou, a história recebeu ampla cobertura da mídia e a manchete do *Berliner Presse* foi: WILL MEISEL DIVORCIADO REPENTINAMENTE. No entanto, a separação não prejudicou a expansão do florescente império musical de Will.

À medida que o império se expandia, crescia também sua fama e reputação. Ele foi convidado para compor temas musicais para filmes. Vários fizeram um sucesso estrondoso, inclusive o tema de seu primeiro filme, *Liebe im Ring*, que transformou o campeão de boxe Max Schmeling em astro de cinema, e *Wenn die Soldaten*, com Otto Wallburg, um ator judeu herói da Primeira Guerra Mundial.[5]

Em março de 1933, Joseph Goebbels assumiu o cargo de ministro do Esclarecimento Público e Propaganda, declarando sua intenção de excluir todos os judeus da cultura alemã. Agora que Goebbels era responsável pela concessão de licenças para editoras, gravadoras, teatros e emissoras de rádio, Will viu que teria problemas, dado que 80% de seus compositores eram judeus.[6] Não demorou para que as canções lançadas pela Edition Meisel fossem excluídas das rádios e dos teatros, que se recusavam a apresentar suas operetas. Seu diretor de criação foi demitido da Câmara de Cultura do Reich e impedido de ter outro emprego. Nos meses seguintes, a maioria dos seus talentosos colaboradores estava organizando a fuga do país ou já tinha fugido. "Fui obrigado a respirar fundo", disse Will mais tarde sobre a perda de seus artistas judeus.[7] Ele sentiu então a necessidade de achar um meio de demonstrar seu apoio ao Partido Nazista e tinha que ser rápido.

Seis semanas depois, em 1º de maio de 1933, Will compareceu a um comício do Dia do Trabalho no aeroporto Tempelhof, em Berlim. Mais de um milhão de pessoas estavam à sua volta, esperando para ouvir o discurso de Hitler. Horas depois, Goebbels apareceu para apresentar Hitler como o "porta-bandeira" do povo alemão. Hitler entrou no palco sob aplausos estrondosos, cercado de guarda-costas:

> O primeiro dia de maio deve levar o povo alemão a entender que a indústria e o trabalho, apenas, só constroem a vida se estiverem unidos ao poder e à vontade do povo. Indústria e trabalho, poder e vontade – somente a junção dessas forças e somente quando o punho forte da nação se levanta para proteger e abrigar o trabalho, somente assim verdadeiras bênçãos darão resultado.

Para Will, a mensagem de Hitler era clara: se quiser se dar bem nos negócios, junte-se ao Partido. No fim do dia, Will havia tomado a decisão.[8] Deu seu nome, data de nascimento e endereço a um funcionário, pagou a taxa e recebeu seu número de inscrição no Partido Nazista: 2849490.

Dentro de poucas semanas, Will teve o prazer de saber que suas canções tinham voltado a ser tocadas no rádio.[9] Mas a cada vez que suspeitava que ele ou seus compositores tinham sido retirados da lista de apresentações, escrevia para o diretor da emissora, instando-o a tocar suas músicas.

Agora, Will estava às voltas com a indústria do cinema. No verão de 1934, foi contratado para compor as músicas de oito filmes. Uma dessas produções levou-o ao Johannistal Film Studios, no sudeste de Berlim. Após uma manhã trabalhosa, ele e um ator seu amigo, Hans Söhnker, foram almoçar na cantina. Lá, ele viu uma jovem de cabelos escuros almoçando com amigos.[10] A julgar por sua beleza e carisma, ela devia ser uma atriz.

– Olhe aí – Will disse a Hans. – Sua esposa está de férias e veja o que tem aqui para você!

A atriz ficou tão furiosa com o comentário de Will que se recusou a falar com ele.

Pouco depois, voltaram a se encontrar no set de *Was bin ich ohne Dich*, onde Will soube que o nome dela era Eliza Illiard e que estava atuando no filme musicado por ele. Dessa vez, Will causou uma impressão melhor, mandando para Eliza um buquê de rosas com um cartão elogiando a interpretação dela de suas canções.

Em 3 de julho de 1934, eles se encontraram por acaso no lançamento do mais recente filme de Eliza, *Paganini*.[11] Nessa adaptação da opereta de 1925, de Franz Léhar, Eliza fazia o papel da duquesa Anna Elisa de Lucca, que se enamora de um famoso compositor. No clímax do filme, num esplendoroso vestido longo e pluma negra nos cabelos, ela canta uma canção apaixonada para o personagem epônimo do filme. No close-up total da câmera, revelando todos os belos aspectos de seu rosto aos 28 anos, Will se apaixona.

Eliza Illiard em Paganini.

Dois meses após o lançamento do filme, o dono da gravadora e a atriz voltam a se encontrar. Bem mais tranquilos, longe dos sets de filmagem, eles fazem amor. Semanas depois, Eliza comunica a Will que está grávida e, para evitar um escândalo, concordam em se casar. Eliza já tivera problemas no trabalho em consequência de seus casos. Um ano antes, havia descoberto que o Partido Nazista havia enviado uma carta à sua associação cinematográfica inquirindo sobre seu marido na ocasião, um certo Herr Mertens.[12] Queriam saber por que uma atriz em plena ascensão havia se casado com um judeu? A mensagem era clara: ela não teria sucesso se continuasse com aquele marido. Pouco depois, ela e Mertens de divorciaram. Eliza calculou que, casada com Will, o Partido a deixaria em paz.

Em 12 de março de 1935, Eliza, grávida de seis meses, casou-se com Will no prédio da prefeitura de Wilmersdorf, na zona oeste de Berlim, perto de onde ambos haviam morado quando crianças.[13] Três meses depois, em 22 de junho de 1935, nasceu o primeiro filho do casal, Peter Hans Meisel. Will Meisel tinha então 37 anos e Eliza, 29.

Na manhã de 15 de outubro de 1935, um homem alto de 35 anos entrou no escritório de Will Meisel. Ainda mais notável que seu bigode fino e cabelos ralos partidos de lado era uma cicatriz de dez centímetros atravessando sua testa na diagonal.[14]

Hanns Hartmann havia trabalhado como diretor de criação em vários teatros e agora estava à procura de emprego. Sob a pressão do Partido Nazista, ele tinha sido demitido de seu emprego em Chemnitz, uma cidade 250 quilômetros ao sul de Berlim. Will Meisel sabia que um diretor de criação com reputação de bom controle financeiro seria uma ótima aquisição para a companhia e contratou-o na mesma hora. Só esperava que o Partido em Berlim não tivesse notícia dos problemas anteriores do novo funcionário.

Nos dois anos seguintes, em parte devido à colaboração de Hartmann, a produção de Will teve um crescimento contínuo. Entre 1935 e 1937, ele compôs e gravou 58 canções e 14 temas de filmes. Eliza também esteve ocupada. Além de seus numerosos compromissos como cantora de music-hall, estrelou dois filmes em doze meses: *Liebeserwachen* e *Skandal um die Fledermaus*. Em 1937, os Meisel estavam exaustos.

Andaram falando na necessidade de terem um lugar para relaxar, uma casa no campo não muito longe da cidade, aonde pudessem convidar amigos para passar o fim de semana e colegas de trabalho para os longos almoços de verão. Essa conversa ficou mais séria quando Peter nasceu. Não havia jardim para o filho brincar no apartamento da zona oriental de Berlim. Além disso, Eliza havia se afastado temporariamente da carreira, a fim de passar mais tempo com o filho. Sem estar presa ao palco e a ensaios, ela desejava uma escapada da cidade, um projeto no qual pudesse canalizar sua energia.

Os Meisel foram contatados por um corretor imobiliário judeu, Herbert Würzburg, que dizia ter encontrado o lugar perfeito para eles: uma casa de madeira, pequena, mas elegante, junto ao lago de uma cidade vizinha de Berlim, Groß Glienicke, por um bom preço de aluguel. Os locatários, disse Würzburg, eram judeus e tinham fugido para Londres. Os Meisel não precisavam se preocupar, pois a casa não seria reclamada tão cedo.

10

MEISEL

1937

Era começo de primavera quando os Meisel chegaram à casa do lago. Embora os meses de neve e gelo já tivessem passado, o jardim mal dava sinal de que o inverno se fora. As agulhas verdes dos pinheiros e as poucas folhas das margaridas eram os únicos sinais de vida. No entanto, certamente estava menos frio que algumas semanas antes e havia uma sensação de promessa no ar.

A casa estava totalmente mobiliada, como constava no contrato de aluguel. Foi uma alegria abrir a porta, escolher quem ficaria em qual quarto, abrir os armários para ver o que continham. Eliza andou pela casa, conferindo as três páginas de listas detalhadas do conteúdo de cada aposento.[1] Na lista da sala de estar, constavam 24 cálices de vinho, oito copos de cerveja e mais de 100 pratos – rasos, fundos, de frutas, médios e de salada –, muitos dos quais marcados com o monograma "A". Na cozinha, constavam 34 xícaras, 17 tigelinhas de lavanda para lavar os dedos, 14 copinhos para ovos quentes, 11 copos e 12 pratos de vidro, bem como objetos mais esotéricos, como uma máquina de pão, cinco colheres para limonada e quatro leiteiras. Havia também uma relação de objetos de jardim, como uma incubadora presumivelmente para chocar pintos, dois tabuleiros para guardar frutas e um cavalinho de balanço. Ela ficou maravilhada com tudo aquilo à disposição, impressionada com a qualidade.

Não tardou para que os Meisel tornassem a casa confortável. Will e Eliza ficaram com o quarto do casal e compraram móveis novos, mantendo as duas mesas de cabeceira e o grande espelho de parede. O quarto pequeno foi destinado às crianças, com uma cama beliche onde dormiria o pequeno Peter, em breve acompanhado, assim esperavam, por um irmãozinho. A cozinheira ficou no quarto de empregada ao lado da cozinha e o motorista ficou no anexo do chofer. Aos hóspedes, quando os tivessem, caberia o quarto ao lado da porta da frente.

Sobrou o Quarto Azul, onde Will instalou o estúdio. Ele retirou as camas retráteis da parede e colocou prateleiras, criando uma biblioteca sobre filmes e operetas. Uns poucos objetos que Elsie deixara nos armários do quarto foram empacotados e jogados fora. Em seu lugar, Will guardou as partituras em pilhas bem ordenadas. Numa das paredes, ele pendurou o pôster de um filme que tinha musicado. Em outra parede, um piano vertical com a banqueta de couro. Ainda havia um sofá, onde Will pretendia se instalar para ler seus livros e, se tivesse sorte, cochilar à tarde.

Gostando da simplicidade informal da casa, eles mantiveram a decoração tal como estava. As duas cadeiras de madeira com espaldar alto que Henny tinha encontrado numa vila próxima ainda se destacavam na sala, junto ao tapete listrado oval. Do alto da lareira, os ladrilhos azuis e brancos Delft contemplavam a vida feliz da família Meisel.

Will Meisel na casa do lago.

Fizeram algumas modificações. Na parte de fora, pintaram as venezianas num tom marroquino de laranja queimado e cobriram o motivo de losangos da fachada. Para aumentar o gramado, cavaram, retraçaram e gramaram o caminho de pedras entre a garagem e a porta da frente. Em lugar desse acesso, fizeram um novo caminho de cascalho preto ao longo da cerca da propriedade dos Munk, de modo que um veículo pequeno pudesse chegar mais perto da casa para fazer entregas. Retiraram o mato e os arbustos que tinham crescido ao redor da casa na ausência dos Alexander e podaram os galhos mais baixos das árvores restantes, deixando o jardim com um aspecto bem-cuidado. Por fim, retiraram a mezuzá que Alfred Alexander havia afixado ao lado da porta.

A família seguiu sua vida na casa de campo. Assim como os Alexander, tomavam o café da manhã e jantavam em torno da grande mesa vermelha da sala. Tomavam chá na mesa branca da varanda nos fundos da casa, com vista para o lago, e drinques no fim da tarde nas grandes poltronas de vime no terraço acima da casa da bomba. Na alta primavera, quando o ar era mais quente e o vento mais ameno, os Meisel colocavam Peter no carrinho à sombra de uma árvore e se instalavam nas espreguiçadeiras ao lado, lendo um livro ou revista. Saboreavam a chance de se livrar dos trajes formais que usavam na cidade. Will costumava usar short, camisa sem colarinho, meias gastas e chinelos. Às vezes andava por lá sem camisa. Quando fazia calor, Eliza vestia short e blusa de mangas curtas, com os cabelos arrepanhados num coque. Longe dos estúdios de cinema, eles não ligavam para sua aparência.

Quando fazia muito calor, levavam Peter ao lago, segurando-o enquanto ele batia pernas e braços nas águas frias e limpas, dando gritinhos de prazer. Ou, deixando Peter com a babá, nadavam até o meio do lago, de onde avistavam quem tinha vindo passar o fim de semana, todos chapinhando na água ou descansando na margem.

À noite, Will e Eliza se sentavam nas poltronas de vime da varanda, com Peter na cadeirinha alta, e ficavam contemplando o lago ainda brilhando ao sol poente no alto verão.

Para uma família jovem, poucos lugares seriam mais perfeitos.

★ ★ ★

Após o idílico verão na casa do lago, Will voltou a Berlim para retomar suas árduas atividades. Concentrado no desenvolvimento da gravadora, enviava cartas a estações de rádio, estimulando-as a tocar mais as músicas de seus artistas. Mandou imprimir um catálogo, que enviou a teatros e regentes de bandas. Sem esquecer sua carreira de compositor, continuou a compor para a indústria do cinema e canções para o rádio.

Sempre atento às novas atitudes políticas, comparecia a reuniões das sociedades nacionais de filmes e músicas, bem como a ocasionais comícios. Para demonstrar seu apoio à causa nazista, apresentava-se como voluntário em eventos de caridade, como a Pressefest, na Pomerânia, dando suporte à Winterhilfswerk, que distribuía roupas e carvão para os pobres durante o inverno.

No final do ano, mais uma vez exausto de tanto trabalho, Will reuniu-se a Eliza e Peter na casa do lago. Fazia muito frio e as paredes, sem isolamento térmico, ofereciam pouca proteção contra o ar gelado do inverno, mas era romântico. O lago estava totalmente congelado após um mês de temperaturas frígidas. Envolvendo Peter em várias camadas de roupas, chapéu e cobertor, eles caminhavam tranquilamente sobre a superfície salpicada de brilhantes cristais de gelo, embevecidos com a calma e a beleza do lugar. De volta à casa, aquecidos pela lareira acesa e bebidas quentes, chegaram à conclusão de que queriam comprar a casa. A ocupação do lugar seria mais estável, mais oficial e, dada a situação precária dos Alexander, poderiam obtê-la por um preço baixo. Seria um bom investimento.

Em janeiro de 1938, Will Meisel entrou em contato com o dr. Goldstrom, o advogado, perguntando se os Alexander queriam vender a propriedade. Em termos legais, era uma proposta complexa, pois embora os Alexander a tivessem construído e fossem os donos da casa e das benfeitorias – casa do caseiro, estufa, casa da bomba e garagem –, a terra propriamente dita ainda pertencia a Robert e Ilse von Schultz.

Acreditando que os Alexander estavam desesperados para se livrar da propriedade, os Meisel ofereceram 6 mil reichmarks, um preço muito abaixo do mercado, pouco menos da metade de seu valor real. A proposta incluía o direito ao arrendamento da terra, às edificações e a quaisquer lucros que os Alexander tivessem com a propriedade.

Por intermédio do advogado, os Alexander rejeitaram a proposta dos Meisel, recusando-se a abrir mão da casa de campo em troca dessa soma irrisória. A recusa da proposta foi registrada num relatório do Departamento de Impostos de Berlim: quanto à "terra arrendada pelo judeu expatriado Alfred John Alexander, Groß Glienicke, lote 3 do vinhedo (...) as negociações não chegaram a uma conclusão".

À medida que ocorriam as mudanças na casa com seus novos moradores, a vila também mudava. Fotos da época mostram uma geração de crianças crescendo cada vez mais militarizadas. Meninos sorridentes vestindo short e mangas arregaçadas, com os cabelos longos caindo por trás das orelhas e o corpo relaxado numa atitude casual, se tornavam meninos vestindo o uniforme da Juventude Hitlerista, com cabelos curtos, postura ereta, empertigados. O mesmo se podia dizer das meninas, cujos cabelos longos tinham sido cortados ou enrolados num coque apertado, com vestidos mais conservadores, abaixo dos joelhos, e o sorriso apagado.

Em novembro de 1938, embora muitas das casas de Groß Glienicke continuassem a ser propriedade de famílias judias, muito poucas moravam lá. A maioria tinha encontrado um meio de fugir da Alemanha, implorando e subornando para seguir rumo à Inglaterra, à América ou à Palestina. Os que permaneceram eram excepcionalmente corajosos, ou estavam se escondendo. Um que escolheu ficar foi Rudi Ball, campeão e capitão do time alemão de hóquei no gelo. Ele era famoso demais para ser perseguido, sendo o único judeu-alemão a competir nas Olimpíadas de Inverno, de 1936, no Sul da Alemanha. Sua destituição da seleção nacional gerou controvérsias e ele foi reintegrado quando o time ameaçou entrar em greve. Rudi passara muitos fins de semana na casa na Uferpromenade 57, em Groß Glienicke.

Na vila, as casas abandonadas eram agora alvo fácil para bandidos. Na noite de 9 de novembro de 1938, um grupo de homens se reuniu perto do Badewiese, o restaurante à beira do lago na Seepromenade, construído junto ao balneário público de Groß Glienicke no ano anterior. Muitos deles tinham sido membros da brigada de Robert von Schultz no Stahlhelm. Alguns ostentavam a suástica em volta do braço, outros vestiam uniformes da SA e da SS. Atravessaram a rua, passaram pelo portão do número 9 e atearam fogo à casa. Era a casa de veraneio do dr. Alfred Wolff-Eisner, um renomado médico e pesquisador judeu.[2]

As autoridades e cidadãos de Groß Glienicke estavam a par do ataque à casa da família judia.[3] A casa estava numa posição mais que evidente, situada em frente ao balneário público, mas ninguém, nem o corpo de bombeiros, tentou apagar o fogo. Na manhã seguinte, a casa estava totalmente queimada. Por sorte, ninguém se feriu porque a família estava em sua casa em Berlim.

A destruição da casa dos Wolff-Eisner foi parte de um pogrom de alcance nacional contra os judeus, em que mais de 250 sinagogas e sete mil lojas e negócios foram atacados em toda a Alemanha, no que ficou conhecido como a Kristallnacht. No dia seguinte, dois mil judeus foram reunidos em Berlim e conduzidos para Sachsenhausen, um campo de concentração situado ao norte da cidade. Nas semanas posteriores, dezenas de milhares de judeus fugiram do país, abandonando suas propriedades e negócios. Daí por diante, era extremamente raro ver uma família judia em Groß Glienicke.

Apesar da perda de vários funcionários importantes, a Edition Meisel continuou a crescer. Pela primeira vez em muito tempo, Will tinha dinheiro para investir e passou a colher informações sobre propriedades de judeus tomadas pelo Estado.

Em 23 de novembro de 1938, duas semanas após a Kristallnacht, Will escreveu uma carta a Hans Hinkel, líder da Câmara de Cultura do Reich, manifestando interesse em comprar negócios arianizados.

> Com referência à minha conversa com o advogado, dr. Walch, informo-lhe que no curso da arianização das gravadoras estou interessado em assumi-las. Sou dono de uma gravadora há doze anos e membro do conselho da

MEISEL, 1937

Seção de Divulgação Musical da Câmara de Música do Reich. Ademais, meus funcionários têm experiência profissional para garantir que irei desempenhar todas as tarefas exigidas de um produtor de música e teatro, abrangendo desde a música e a literatura teatral séria até a de entretenimento. Estou, portanto, interessado em todas as gravadoras consideradas no momento, mas acima de tudo na Edition Peters, em Leipzig, e na Universal Edition, em Viena. Se possível, estou disposto a participar financeiramente, dentro dos limites de meus recursos. Se houver possibilidade de contrato para mim ou minha gravadora, peço que me comunique.

Enquanto aguardava a resposta de Hinkel, Will escreveu ao dr. Goldstrom, mais uma vez manifestando seu desejo de adquirir a casa do lago. E, mais uma vez, o dr. Goldstrom disse que os Alexander não estavam dispostos a vender a propriedade pelo preço oferecido. Frustrado, Will disse à esposa que haviam sido recusados novamente.

Na primavera de 1939, a família criou nova disposição quando Eliza anunciou que estava grávida. À medida que o calor chegava, os Meisel passavam quase todos os fins de semana na casa, mais interessados na diversão da família do que em questões de propriedade. Quando estava quente o bastante para nadar no lago, já se notava a barriga sob o maiô de Eliza.

Naquele verão, a posição dos proprietários da casa mudou drasticamente. Em 24 de julho de 1939, os nomes de Alfred, Henny, Hanns e Paul Alexander apareceram no *Reichsgesetzblatt*, fazendo parte da *Ausbürgerungslisten*, a lista daqueles (a maioria judeus) cuja naturalidade alemã tinha sido revogada. A notícia chegou à família Alexander em Londres. Agora eram oficialmente apátridas.

Menos pública, e desconhecida pelos Alexander, era a carta enviada pela Gestapo em 22 de março para o Departamento de Impostos de Berlim.[4] A carta continha uma relação dos bens dos Alexander a serem confiscados, inclusive:

O terreno arrendado em Groß Glienicke, lote 13 [*sic*], com:
   I.   Uma casa de campo, dimensões aprox. 12m x 10m, com varanda aberta, sete cômodos e quartos mobiliados

II. Pequena casa de caseiro 3,5 x 5m, 2 cômodos e cozinha
III. Estufa, 5 x 10m
IV. Barracão de jardinagem 4 x 10m
V. Garagem 3 x 9m

Sem alarde, quase sem aviso, a Gestapo tomara posse. Os Alexander tinham perdido a casa do lago.[5]

Meses depois do confisco da propriedade dos Alexander, foi a vez de Ilse e Robert von Schultz receberem sua má notícia do Departamento de Impostos de Berlim.

Durante anos, eles lutaram para administrar as questões financeiras da propriedade de Groß Glienicke. Apesar da venda de uma grande extensão de terras para o campo de pouso de Gatow e empreiteiras que estavam construindo casas de campo na margem leste do lago, não tinham conseguido equilibrar as contas. Após várias tentativas para receber os atrasados, o Departamento de Impostos escreveu a Robert e Ilse comunicando que eles estavam em dívida e que a propriedade de Groß Glienicke fora confiscada pelo governo como pagamento dos impostos.

No decorrer dos meses seguintes, a propriedade foi distribuída entre diversos departamentos do governo. As terras ao norte do *schloss*, por exemplo, foram requisitadas pelo Exército para abrigar o 67º Regimento de Tanques. Uma equipe de operários não tardou a iniciar a construção de uma série de pavilhões cinzentos de dois andares. Ao lado dos pavilhões, foram construídos doze *Panzerhallen*, hangares de tanques, e todo o perímetro foi delimitado por uma cerca alta. Tendo o campo de pouso a leste, os campos de treinamento do Döberitzer Heath a oeste, e agora o regimento dos tanques ao norte, Groß Glienicke estava cercada por acampamentos militares.

Em 1º de setembro de 1939, os tanques leves do 67º Regimento de Tanques de Groß Glienicke passaram pela fronteira da Tchecoslováquia e, juntamente com outras forças alemãs, invadiram o sudoeste da Polônia. Passando rapidamente pela cidade de Cracóvia e a floresta Swietokrzyski, venceram uma resistência firme, porém inadequada, e logo chegaram ao pé da montanha Lysa Góra, seiscentos quilômetros a leste de Berlim.

A invasão da Polônia pôs em ação o acordo de defesa mútua existente entre Polônia, França e Grã-Bretanha, forçando a França e a Grã-Bretanha a declararem guerra à Alemanha, em 3 de setembro. Logo se seguiram outros membros do Reino Unido: Austrália, África do Sul, Nova Zelândia e Canadá. Pouco depois, a União Soviética invadiu o Leste da Polônia. A Segunda Guerra Mundial havia começado.

A maioria da população alemã aceitou a incursão na Polônia como uma medida defensiva. Dominada pelo Partido Nazista, a imprensa passara anos exigindo que os governantes confrontassem o que consideravam uma provocação internacional que, além de ter imposto dificuldades financeiras, havia tomado terras da Alemanha. O apoio quase geral à intervenção militar teve eco em Groß Glienicke. As poucas vozes de dissensão – de judeus, comunistas, críticos da política – já tinham sido silenciadas pelas táticas de terror de Hitler.

No início da Segunda Guerra Mundial, pouco mais de setecentas pessoas moravam na vila. Desde 1935, meninos de 18 anos eram recrutados rotineiramente para as fileiras militares. Em consequência, a cidade perdia cerca de dez filhos a cada ano. Quando o conflito começou, todos os reservistas foram chamados, inclusive os filhos do professor Munk, vizinho de porta dos Meisel. Outros moradores se alistaram como voluntários. O mais conhecido ex-morador a se alistar foi Robert von Schultz, o senhor agora despojado de suas terras.

A maioria dos muito jovens, muito velhos ou fisicamente incapazes de lutar permaneceu na vila, trabalhando nos campos e florestas como sempre havia feito. Alguns foram empregados no campo de pouso de Gatow, onde era visível um grande aumento de atividade. Como a pista era orientada de modo que os aviões passassem diretamente acima de suas casas, os moradores não podiam deixar de notar a maior quantidade de pousos e decolagens.

Na preparação para a guerra, foi instalada na Drei Linden uma sirene avisando a população da chegada de ataques aéreos. Situada num ponto central da cidade, era audível pela maioria dos habitantes, que, por sua vez, cavavam trincheiras, construíam abrigos e praticavam exercícios de prontidão para o caso de ataques aéreos. Apesar de não ter havido nenhum episódio, pelo menos antes de agosto de 1940, a Luftwaffe instalou várias metralhadoras antiaéreas ao norte e a oeste da vila, posicionadas para derrubar qualquer aeronave que ameaçasse bombardear o aeródromo. Adolescentes foram treinados para ser *Flakhelfer*, assistentes de tiro. Ao ouvir a sirene, cada um deveria correr para seu posto, ajudar a operar a metralhadora e procurar alvos potenciais voando no céu noturno.

Afora isso, o começo da guerra teve pouco impacto na vida dos moradores. As aulas continuaram nas escolas, as prateleiras das lojas continuaram abastecidas e os cultos na igreja continuaram a ser frequentados. A eclosão da guerra também não parecia afetar os que vinham de Berlim. Mesmo com a nação preparada para o conflito, advogados, artistas e atores de cinema continuavam a chegar em carros conduzidos por motoristas para passar o fim de semana nos chalés. Isto é, até o tempo esfriar demais, quando fechavam as casas para o inverno.

Em 18 de janeiro de 1940, Eliza deu à luz um filho a quem chamaram Thomas. Agora que tinham dois filhos, os Meisel sentiam uma necessidade urgente de resolver sua situação na casa do lago. Estavam acostumados a possuir coisas – casas, direitos autorais, negócios – e o fato de serem inquilinos os deixava desconfortáveis. Não sentiam que a casa era deles; se fossem proprietários, iriam decorá-la a seu gosto e jogar fora os móveis que achavam feios ou desnecessários. Ou encontravam um meio de comprar a casa, ou iriam procurar outro lugar.

Em 17 de fevereiro, quatro semanas após o nascimento do filho, Will foi ao Departamento de Impostos na Luisenstrasse 33-34, no subúrbio Moabit de Berlim. Ali, um funcionário mencionado apenas como "J.A."[6] confirmou que a propriedade de Glienicke fora confiscada do "Judeu Alfred John Alexander" pelo Estado e, nos termos da Lei de Revogação de Cidadania, agora pertencia ao Terceiro Reich.[7] Se Will estivesse interessado, estariam dispostos a lhe vender a casa do lago.

MEISEL, 1937

"J.A." sugeriu a soma de 3.030 reichmarks – menos de 25% do valor real –, incluindo aí as edificações e o contrato de arrendamento com Schultz, além dos objetos e mobiliário deixados pelos Alexander. Uma semana depois, Will e Eliza Meisel escreveram ao funcionário dos impostos concordando com a proposta. Abaixo das assinaturas, eles acrescentaram as palavras *Heil Hitler*.

Embora o terreno em si continuasse a pertencer ao Terceiro Reich, a casa do lago agora pertencia a Will e Eliza Meisel.

11

MEISEL
1942

Na manhã de 20 de janeiro de 1942, uma fileira de carros sedan pretos chegou a um prédio de pedras brancas localizado à beira do lago Wannsee, três quilômetros ao sul da casa do lago em Groß Glienicke.¹

Saíram dos veículos alguns dos membros mais graduados do Partido Nazista, da SS e do funcionalismo civil. Dentre eles, estavam o chefe da RHSA, Reinhard Heydrich (um dos representantes de Heinrich Himmler), Adolf Eichmann (chefe da evacuação e assuntos judaicos para a RHSA) e Heinrich Müller (chefe da Gestapo).

O objetivo da reunião em Wannsee era informar e coordenar os vários ministérios do governo quanto à Solução Final da Questão Judaica. No decorrer do dia, foram debatidas questões de pureza racial e métodos de seleção e transporte. Foi divulgado o tamanho da população de judeus em cada país e houve longas discussões sobre quem seria considerado judeu, tais como filhos de casamentos mistos, convertidos e seus descendentes. Uma vez estabelecida a política de seleção, restava a logística: como transportar os judeus para os campos e quais judeus seriam enviados. Embora 250 mil já tivessem fugido da Alemanha na década anterior, pouco mais de 200 mil permaneciam – além dos milhões dos judeus nos países ocupados recentemente, como Polônia, Holanda, França e Dinamarca, bem como os que viviam em nações que deveriam ser invadidas em breve, como Inglaterra, Irlanda e Espanha.

Nessa reunião, conduzida no mais completo sigilo, foi aprovado o plano de extermínio dos judeus europeus. As decisões tomadas na Conferência de Wannsee foram rapidamente colocadas em ação e podiam ser vistas não só nas ruas de Berlim, Frankfurt e Hamburgo, mas também em Amsterdã, Paris e Budapeste. Em toda a Europa, judeus eram tirados de casa e dos locais de trabalho e transportados em misteriosos trens para o "Leste".

Em Groß Glienicke, correu a notícia de que os residentes judeus tinham sido deportados para Theresienstadt, inclusive Alfred Wolff-Eisner e Anna Abraham.[2] Da mesma forma, Will Meisel soube que dois de seus antigos compositores, Willy Rosen e Harry Waldau, foram retirados de casa em Berlim e desde então não tinham sido vistos. Apesar de ouvir falar do acirramento da perseguição aos remanescentes da população judaica-alemã, um pequeno número de compositores e donos de gravadoras não judeus também deixou o país, a fim de garantir sua vida e a de parentes e amigos.[3] A grande maioria, inclusive Will Meisel, decidiu ficar.

A Edition Meisel havia mudado consideravelmente nos últimos anos. A maioria da equipe fora recrutada pelo exército ou dispensada porque a empresa não podia mais arcar com os salários. Em seu auge, nos anos 1930, tinham doze funcionários e, agora, só contavam com três: o gerente, Paul Fago, o diretor de criação, Hanns Hartmann, e o próprio Will.

Apesar da falta de pessoal, a empresa ainda conseguia vender a produção musical existente. Naquela época, as emissoras de rádio tinham grande interesse na *Schlager Musik*, a música popular que eclodira nos anos 1930 e da qual a Edition Meisel era excelente produtora. De tonalidades leves e ritmo suave, a música trazia aos ouvintes recordações de momentos sentimentais. Ocasionalmente, Will aceitava compor uma ou outra marcha militar, com títulos do tipo "Wir sind Kameraden", mas preferia gravar canções de cunho não político. À frente do sucesso da empresa estava Hanns Hartmann, que percorria o país promovendo as músicas junto a estações de rádio, salas de espetáculos e líderes de bandas.

Assim como a maioria de seus amigos, Will e Eliza Meisel liam os jornais de Berlim, acompanhando o progresso da guerra. No entanto, sabendo muito bem que as notícias eram severamente censuradas pelo Ministério da Propaganda e seu líder, Joseph Goebbels, eles também ouviam a BBC. Apesar da proibição do governo sobre ouvir rádios do inimigo – e esse crime poderia ser punido até com a morte –, era muito simples evitar ser apanhado. O lugar mais seguro para ouvirem era a casa do lago, onde passavam cada vez mais tempo, longe de Berlim e de bisbilhoteiros.

Pela BBC, souberam que a escalada de hostilidades era cada vez maior e a situação mudara. Em junho de 1941, rompendo o pacto pré-guerra, as forças de Hitler invadiram a Rússia. Passados alguns meses, em dezembro, os Estados Unidos entraram na guerra em seguida ao ataque japonês a Pearl Harbor. Depois, numa série de missões de longo alcance, aviões da Força Aérea Real Britânica (RAF) passaram a bombardear cidades alemãs cada vez mais distantes da Inglaterra. Embora o primeiro ataque aéreo britânico a Berlim já tivesse acontecido em 25 de agosto de 1940, a ofensiva em larga escala só ocorreu em 7 de novembro de 1941, quando o Comando de Bombardeiros enviou mais de 160 aviões para arrasar a capital da Alemanha. Mas a investida chegou ao limite da autonomia de voo, o ataque foi ineficaz, muitas bombas perderam o alvo e mais de vinte aviões foram abatidos.

Esses ataques aéreos e as explosões que se seguiam eram visíveis aos moradores de Groß Glienicke, situada a apenas 25 quilômetros do centro de Berlim. Ainda mais visíveis eram as atividades da escola de aviação da Luftwaffe. No começo de 1942, dezenas de milhares de técnicos e pilotos tinham sido treinados no aeródromo e o número deles aumentava tanto que os instrutores se queixavam de que a qualidade do ensino vinha se deteriorando. Pouco depois, como um lembrete da proximidade do conflito, atearam fogo ao moinho de Groß Glienicke, evitando que se tornasse um marco de localização para os Aliados.

Certa noite, um bombardeiro Bristol Blenheim, vindo do Oeste, rumo a Berlim, foi detectado pelo radar. A sirene da Drei Linden cortou o ar e as pessoas, correndo para os abrigos, viam os holofotes cruzando o céu noturno à procura do bombardeiro. De repente, um foco de luz captou o avião, traçando a linha de mira das metralhadoras antiaéreas montadas em Groß Glienicke. O avião bombardeiro foi atingido. Os moradores ouviram o barulho agudo do metal se despedaçando na queda, terminando numa grande explosão e numa bola de fogo.

No dia seguinte, apareceu um policial na escola da vila requisitando os garotos mais velhos para fazer uma busca. Andaram numa longa fila até a margem norte do lago. Ao chegarem perto do *schloss,* encontraram os corpos de dois aviadores ainda atados aos paraquedas. Ambos vestiam a farda da Royal Canadian Air Force. Outro paraquedas foi encontrado, mas sem vestígios do terceiro homem. Essas mortes tiveram um profundo impacto nos moradores. A guerra não estava tão longe quanto pensavam.[4]

Buscando uma pausa da vida agitada em Berlim, os Meisel passavam a maioria dos fins de semana em Groß Glienicke. Thomas aprendeu a andar no jardim da casa. Peter aprendeu a nadar no lago. Eles continuavam a convidar os amigos da cidade para grandes festas de aniversário. Amigos do mundo dos negócios e do cinema chegavam de Berlim animados, nadavam no lago e ficavam para jantar. Will estava tão encantado com a casa que compôs uma canção com dois músicos da vila, Hermann Krome e Hans Pflanzer: "Groß Glienicke du Meine alte Liebe".[5]

Will era popular entre os moradores. Era um homem aberto, pronto a conversar sobre as últimas notícias, sobre o tempo ou qualquer assunto de interesse local. Eliza Meisel era menos querida, pois preferia ficar na casa do lago e raramente se aventurava além do Potsdamer Tor.

Às vezes, Will ia ao Badewiese, a taverna junto à margem. Era onde mais gostava de socializar, já que a Drei Linden era meio tosca para sua sensibilidade. Construído pela família Niemann, em 1937, no Badewiese havia um restaurante e um salão de dança com quatro janelões em arcos de três metros de altura com vista para o lago. Will gostava de se sentar ao piano de cauda e tocar as canções pedidas pelos amigos. Às vezes, tocava suas próprias composições ou as mais populares no rádio. Uma favorita era "Groß Glienicke du Meine alte Liebe":

> Você tão perto, tão longe das questões do mundo
> Tão bela no verão e nas neves

As ondas brincam
E os salgueiros assoviam
Ouvimos bater o coração da natureza

Groß Glienicke, você é meu velho amor
Meu lar junto ao lago tranquilo

A forte ligação dos Meisel com a casa os motivou a proteger a propriedade, transferindo-a para a Edition Meisel, em 1942. Não tinham gasto uma quantia significativa em melhorias, mas o imposto de transmissão montava a 21 mil reichmarks, apenas dois anos após terem comprado da Gestapo por 3.300 reichmarks a propriedade "confiscada". Quando os vizinhos perguntavam, Will dizia que tinha comprado a casa dos Alexander nos anos 1930.

Enquanto isso, à medida que a guerra prosseguia, Will continuava a estreitar laços com o Partido Nazista, particularmente com o Ministério da Propaganda. Em 13 de maio de 1942, ele escreveu ao dr. Goebbels pedindo o apoio do ministro para sua mais recente opereta, *Mein Herz für Sylvia*. "Permito-me, com todo o respeito, solicitar que o senhor, mui honorável ministro do Reich, possa conceder-me um pouco do seu precioso tempo para uma rápida audiência, a fim de lhe fazer um pedido." E terminou a carta dizendo: "Cumprimento-o com total submissão, do fundo do meu coração."

Will enviou outra carta ao ministro da Propaganda poucos meses depois. Como recibo, um funcionário tinha carimbado o canto superior direito do documento, confirmando que a carta havia sido lida pelo ministro. No pé da página, havia uma nota escrita pelo próprio Goebbels, "*Schlösser Empfang!*", uma instrução para que Will fosse recebido pelo dr. Rainer Schlösser, uma figura importante no ministério. Não há registro do que aconteceu nessa reunião, mas depois que Will enviou outra carta no ano seguinte, mais uma vez pedindo que Goebbels respaldasse a *Mein Herz für Sylvia*, o apoio foi concedido e a opereta foi encenada em Berlim, com grande sucesso.

No fim da primavera de 1943, Will Meisel convidou dois colegas, Ernst Nebhut e Just Scheu, para passar uma temporada no lago. Nas últimas semanas, Berlim tinha sofrido um aumento significativo de ataques aéreos, tornando difícil para Will se concentrar no trabalho criativo. No campo haveria menos interrupções e ele achava que o ar fresco e as águas frias do lago melhorariam a produtividade de todos.

Ernst Nebhut era um letrista com quem Will já havia trabalhado e Just Scheu era um ator famoso, muito admirado por Goebbels. O plano consistia em ficar na casa enquanto compunham a opereta *Königin einer Nacht*, *Rainha por uma noite*. A história envolvia um duque que, desejando evitar um casamento arranjado, finge ser um boxeador, foge para um hotel e, após uma série de eventos cômicos, acaba se casando com a pretendida no final da peça. A música era leve e animada.

Trabalhando muitas horas, quase sempre pela noite adentro, os três se sentavam em torno do piano no Quarto Azul, desenvolvendo melodias e testando as falas musicadas. Às vezes Will precisava se afastar para resolver um negócio urgente com Hanns Hartmann. Ou interrompiam o trabalho para dar um mergulho no lago, fazer uma refeição preparada por Eliza, aproveitar *al fresco* na varanda dos fundos.

Mas a guerra vinha se aproximando. Não havia trégua, nem mesmo em Groß Glienicke. Enquanto trabalhava nas partituras, Will recebeu uma carta dizendo que se apresentasse para o serviço militar. Relutante em servir, ele incitou os amigos a escreverem cartas de protesto. Em 15 de maio de 1943, o Departamento Nacional de Teatro escreveu ao Departamento de Pessoal do Exército sobre o caso de Will Meisel, argumentando ser "de grande importância que o acima mencionado seja dispensado do serviço militar".[6] Acrescentava que Meisel deveria permanecer em Berlim, a fim de finalizar sua opereta em andamento e já aceita pelo Teatro Metropol para a próxima temporada. Dias depois, Will recebeu a notícia da dispensa. Revigorado, ele voltou a concentrar suas energias na composição. Quando a opereta ficou pronta, foi enviada para aprovação do ministério.

Àquela altura, os Aliados já mostravam capacidade de enviar bombardeiros até a capital da Alemanha. Até então, os ataques se limitavam a pequenas incursões que, embora devastadoras para os prédios alvo e seus ocupantes, não afetavam a grande maioria da população. Agora, no decorrer do verão, os jornais estavam cheios de notícias de ataques em larga escala a Berlim. A ansiedade cresceu a tal ponto que, em 6 de agosto de 1943, foi anunciado no rádio que Goebbels havia ordenado a evacuação da população não essencial de Berlim. A decisão teve cobertura de jornais do mundo inteiro, inclusive o *Chicago Tribune*, com a manchete: NAZISTAS ADMITEM EVACUAÇÃO DE BERLIM: MEDO DE GRANDES ATAQUES ANUNCIADOS POR GOEBBELS.

Ao saber da ordem de evacuação, os Meisel decidiram ficar morando na casa do lago.[7] Numa carta ao prefeito da vila, escrita em 6 de agosto, Will comunicou que sua família estava agora definitivamente residindo em Groß Glienicke. Devido à mudança, e dado o encolhimento da equipe, a casa passou a ser também a sede oficial da Edição Meisel. O logotipo, os folhetos e os catálogos foram impressos com o novo endereço: Am Park 2, Groß Glienicke. Hanns Hartmann, o diretor de criação, continuava em viagens de divulgação das músicas da gravadora. Paul Fago, o gerente, podia trabalhar em casa, em Berlim. Quando todos precisavam trabalhar juntos, se reuniam na casa do lago.

Como sempre, os Meisel se adaptaram rapidamente às novas circunstâncias. Eliza mantinha a casa arrumada, cozinhava, tratava da horta, do jardim, e cuidava do filho mais novo, Thomas. Will passava a maior parte do tempo no Quarto Azul compondo canções e anotando os poucos pedidos que ainda chegavam. Peter, agora com 8 anos, frequentava a escola local.[8]

Localizada na Dorfstraße, em frente à igreja, a escola primária era a única instituição educacional da vila, conhecida por muitos como "Escola Bach", em homenagem a um ex-professor muito benquisto. As aulas começavam às oito da manhã e iam até as três da tarde. Os alunos mais novos, como Peter, que ainda estavam aprendendo a ler e a escrever, usavam pequenas lousas e giz, e os alunos mais velhos escreviam com canetas. Às vezes, na volta à casa, Peter encontrava o pai andando pela rua com lápis e caderno na mão, fazendo anotações para uma nova canção. Pai e filho seguiam felizes para casa.

Peter era bom em futebol e sempre foi escolhido para jogar contra times das escolas da vizinhança. Mas suas tardes não eram dedicadas apenas ao futebol. Uma vez por semana, ele participava de atividades com outros garotos da Juventude Hitlerista no campo esportivo junto à vila.[9] Vestindo uniforme – camisa marrom, calças escuras e faixa de couro em diagonal do ombro à cintura –, Peter cantava hinos nacionalistas, marchava e, quando o tempo estava bom, acampava à beira do lago. Quando os meninos mais velhos praticavam tiro com armas antiaéreas na Drei Linden, Peter ia jogar futebol com os recrutas mais jovens.

Agora que a família estava residindo na vila, Peter fez amizade com os meninos de lá. Passava muito tempo com os três irmãos que moravam numa casa de estuque atrás da casa do lago, Gerhard, Erich e Burkhard, filhos dos Radtke. O pai deles, ex-proprietário de uma firma de jardinagem, estava ausente, lutando na Noruega junto com o exército alemão. A mãe, Gerda, era uma jovem loira bonita. O tio deles alugou dos Meisel o pequeno chalé do caseiro.

Os meninos Radtke gostavam de brincar na casa do lago, na quadra de tênis, escalando o trepa-trepa e cavalgando o grande pato de madeira preso no chão, que servia como cavalinho de pau. O melhor de tudo era o acesso dos Meisel direto ao lago. Eles pulavam abraçando os joelhos para fazer espirrar a maior quantidade de água possível. Deixando o mais novo, Burkhard, brincando no jardim com Thomas, os dois mais velhos e Peter nadavam até uma das duas ilhas, onde se balançavam sobre a água pendurados numa corda presa a um galho de árvore, ou remavam na longa canoa vermelha dos Meisel. Nas horas das refeições, porém, Gerda Radtke mandava os meninos voltarem para casa. Ela dizia que não era correto deixar que eles comessem à mesa dos Meisel. Se seus filhos comessem com os Meisel, ela se acharia na obrigação de retribuir. Ainda que sua casa fosse mais farta que a dos vizinhos, ela se sentiria envergonhada pela mobília humilde.

Às vezes, brincando na beira do lago, os meninos viam Eliza Meisel no terraço, cantando as canções dos filmes estrelados por ela. As crianças achavam seu alto soprano hilário, cheio de entonações românticas e intensidade urbana, tão descabidas em Groß Glienicke. Eliza não achava graça nas risadas e obrigava os meninos a ouvir a canção inteira, ao que, sendo bem-educados, obedeciam.

Em outras ocasiões, as crianças corriam até o *schloss*, agora abandonado, situado trezentos metros a leste da casa. Subiam na mureta de pedra para roubar maçãs do pomar e brincavam no balanço nos fundos da propriedade. Um dia se aventuraram um pouco mais e descobriram um espaço contornado por uma alta cerca de arame farpado junto ao *schloss*. No interior havia uns vinte homens falando uma língua estrangeira, guardados por soldados alemães. Os meninos tinham ouvido rumores na vila de que eram prisioneiros de guerra franceses. Sem mais demora, eles saíram correndo, ouvindo os gritos dos guardas atrás deles.

Em 3 de novembro de 1943, a noite de estreia da *Königin einer Nacht* teve lugar no Teatro Metropol de Berlim.[10] Situado no coração da cidade, na movimentada Behrenstrasse, no distrito de Mitte, o teatro ficava a pouca distância dos departamentos do governo e era frequentado pelo pessoal do quartel-general da SS/Gestapo, do Ministério da Aviação e do Ministério da Propaganda.

Ao entrar no teatro, os convidados passavam por cartazes gigantescos nos dois lados da entrada central, anunciando os artistas principais: Friedel Schuster e Erich Arnold, com a presença ascendente de Maria Belling e o coro do Exército. Os nomes que constavam na lista VIP – que incluía Hermann Göring, Joseph Goebbels, Heinrich Himmler e Hans Hinkel, chefe da Câmara de Cultura do Reich – eram conduzidos aos camarotes.[11] Sendo um evento de gala, a casa estava cheia, com um público de mais de mil pessoas. No fosso da orquestra, os músicos aguardavam ansiosamente pelo regente, Horst Schuppien, todos vestindo fraque e calças pretas. Acima das galerias, uma guirlanda de ninfas e querubins sustentava o teto dourado, e pesadas cortinas de veludo vermelho protegiam o palco.

Também presentes, é claro, e na ansiosa expectativa de que tudo corresse bem, estavam Will Meisel e sua esposa, Eliza, junto com os outros criadores do espetáculo. Will não precisava ter se preocupado: *Königin einer Nacht* foi um sucesso. As resenhas no dia seguinte foram unânimes em elogios, com uma nota particularmente dramática de um crítico de teatro, sob a chamada: GRANDE SUCESSO DA NOVA OPERETA DE WILL MEISEL NO TEATRO METROPOL.[12]

Oito dias depois, em 11 de novembro de 1943, uma bomba jogada por um avião dos Aliados atingiu o depósito da Edition Meisel, na Passauer Straße, em Berlim.[13] Na conflagração que se seguiu, todo o acervo da companhia foi destruído. As únicas partituras e gravações salvas estavam guardadas temporariamente na casa do lago. Para Will e seus colegas, foi difícil imaginar que a Edition Meisel poderia continuar operando.

Na manhã de 19 de novembro de 1943, os habitantes de Groß Glienicke foram despertados pelo barulho ensurdecedor de mais de quatrocentos Avro Lancasters vindo do Oeste. Eles não conseguiam ver os aviões porque o céu estava nublado, mas o ronco de 1.600 motores soando nos ouvidos indicava que estavam voando sobre o lago, na direção de Berlim. Minutos depois, quando os Lancasters despejaram a carga, o céu a leste ficou alaranjado, roxo e vermelho com as cores da destruição. A escalada significativa da forma e do alcance dos bombardeios marcou o começo de uma intensa campanha aérea contra Berlim.

Os ataques continuaram nos dias e semanas seguintes, e a devastação produzida pelas explosões era amplificada pelo tempo seco, resultando em grandes incêndios se espalhando por Berlim. Em 17 de dezembro, 25% das residências na capital se tornaram inabitáveis.

Apesar do incessante bombardeio pelos Aliados, provocando destruições cada vez maiores em Berlim durante o ano seguinte, *Königin einer Nacht* continuava a ser apresentada no Metropol. Até que uma noite, no verão de 1944, após 155 apresentações, o teatro foi atingido diretamente. O dano foi extenso a ponto de tornar impossível sua reabertura. A opereta foi cancelada e os artistas, dispensados.

Pouco depois, em 1º de setembro de 1944, Goebbels, ministro da Propaganda, declarou que, dada a necessidade de todos os homens irem lutar na guerra, todos os teatros seriam fechados. Semanas depois, em 18 de outubro, o governo anunciou a formação da *Volkssturm*, recrutando todos os homens fisicamente capazes, mesmo os que haviam sido anteriormente dispensados, como Will Meisel, a fim de defender a pátria. Sabendo que o ministério ainda iria precisar de alguns artistas para ajudar na obtenção de seus objetivos, Goebbels fez uma lista de 36 páginas com nomes de 1.041 homens e mulheres isentos do recrutamento. Essa "lista abençoada" incluía Just Scheu, que tinha ajudado a compor *Königin einer Nacht*. Na relação flagrantemente não constava o nome de Will Meisel.

Encarando a realidade de que ele logo seria chamado, Eliza e Will consideraram deixar o país. Nada os prendia a Berlim. Quase todos os seus artistas talentosos já haviam saído, seu acervo fora destruído e os teatros estavam fechados. Eles não tinham mais como levar adiante os negócios. Até a casa do lago lhes parecia insegura. Não demoraram a decidir. A única questão era para onde ir. Era impossível viajar para um dos países em guerra com a Alemanha, onde eles seriam vistos como inimigos. Por outro lado, os países neutros – Turquia, Espanha e Suíça – não estavam concedendo vistos de entrada. Will ouvira falar de uma colônia de artistas refugiados em Bad Gastein, uma estação de águas nos Alpes austríacos. Desde sua anexação, em 1938, a Áustria fazia parte da Alemanha, de modo que eles não precisariam de documentos para chegar lá.[14] Melhor ainda, falariam a mesma língua.

Antes de partir, Will conversou com Hanns Hartmann. Contou que a família estava se mudando para a Áustria e convidou-o a morar na casa do lago. Hanns ficou agradecido pela oportunidade. Ele e a esposa, Ottilie Schwartzkopf, haviam passado a guerra driblando a atenção da Gestapo por causa da ascendência judia dela e das brigas dele com o Partido Nazista. Enquanto Hanns percorria a Alemanha vendendo a produção da Edition Meisel, Ottilie ficava sozinha no apartamento em Berlim, sem poder trabalhar e com medo de sair de casa. Hanns tinha a esperança de que, estando fora de Berlim, pudessem evitar tanto os ataques aéreos como as autoridades. Após conversar com a esposa, Hanns disse a Will que teria prazer em tomar conta da casa do lago. Ao lhe entregar as chaves, Will o assegurou de que estariam de volta assim que fosse possível.

12

HARTMANN

1944

Hanns Hartmann

Hanns Hartmann conheceu Ottilie Schwartzkopf em 1922. Na época, ele tinha 21 anos e ela, 37. Conheceram-se no teatro de ópera de Essen, uma cidade no Oeste da Alemanha, onde Hanns estudava para ser ator e ela atuava com o nome artístico de "Ottilie Schott". Nascida numa família judia em Praga, Ottilie se mudara para a Alemanha anos antes com a intenção de fazer carreira. Logo estavam saindo juntos, pouco se importando com os comentários sobre sua diferença de idade.

Não tardou para que Hanns decidisse que estava mais interessado em gerenciamento do que em atuação e, em 1925, foi trabalhar na direção de um teatro em Hagen, cinquenta quilômetros a leste de Essen. Era o mais jovem diretor de teatro na Alemanha. Nova mudança ocorreu, quando foi indicado para ser diretor teatral em Chemnitz, no extremo leste do país. Ficou então responsável por três casas de espetáculos, incluindo um teatro de quinhentos lugares, um teatro de opereta de oitocentos e um teatro de ópera de 1.250. Dispondo de todo o controle financeiro e artístico, ele supervisionava centenas de cantores, atores, regentes, músicos, coreógrafos e cenógrafos. Ficou conhecido por tomar decisões rápidas e ser capaz de originalidade artística e prudência financeira. Enquanto isso, a carreira de Ottilie como cantora de ópera continuava a progredir, e ela se apresentava em todo o país. Em 1927, após cinco anos de namoro, eles se casaram.

No final de fevereiro de 1933, pouco após Adolf Hitler se tornar chanceler, disseram a Hanns que precisava escolher entre a esposa e o emprego. Incapaz de imaginar a vida sem Ottilie, Hanns tomou a decisão e, em 9 de março, foi afastado do cargo. Em 7 de abril, em seguida ao decreto da Lei de Restauração do Serviço Público Profissional, e por sua ascendência judia, Ottilie foi proibida de quaisquer apresentações públicas. Em 30 de junho, ainda se recusando a deixar a esposa, Hanns foi demitido em caráter permanente.

Sabendo que precisava arrumar um emprego urgentemente, Hanns conseguiu o cargo de diretor em outra companhia de teatro. Além de tirá-lo também desse emprego, o Partido Nazista proibiu sua entrada no prédio. Desesperado, Hanns trabalhou como secretário de um rico homem de negócios tcheco. Um ano depois, ele passou a se aproximar de compositores e donos de gravadoras, com o intuito de conseguir um emprego na área de artes, na qual ele podia trabalhar a salvo do radar das autoridades. Foi então que conheceu Will Meisel e, em 1935, foi contratado como diretor de criação.

HARTMANN, 1944

Hanns prosperou na Edition Meisel, desenvolvendo rapidamente a reputação de um homem de atitudes. Não gostava de depender de ninguém e conhecia bem seu trabalho. Não aceitava argumentos ilógicos e não hesitava em descartar ideias bobas, mesmo que viessem de Will Meisel. Sempre com um charuto entre os dedos, andava pelo escritório observando os menores detalhes, fazendo anotações e cálculos num bloquinho que guardava no bolso.[1] Em breve, apesar das dificuldades da situação política, a empresa já se beneficiava de sua capacidade de administração financeira.

Em 1º de janeiro de 1937, Hanns Hartmann foi excluído da Câmara de Cultura do Reich, da qual era preciso ser afiliado para poder trabalhar na área de artes. Foi a última gota. Dias depois, Hanns e Ottilie concordaram que já era tempo de deixar o país. Hanns entrou em contato com o empresário tcheco para quem havia trabalhado e firmou um contrato para gerenciar os negócios dele na Suíça. Receberia 4 mil marcos por mês e teria cidadania suíça. Duas semanas antes da partida deles para a Suíça, o empresário tcheco morreu subitamente, de embolia. Acabou-se o contrato. Os Hartmann teriam que ficar em Berlim.

Desde a introdução das Leis de Nuremberg, em 1935, os judeus eram proibidos de se casar com não judeus. No entanto, abriram uma exceção para os cerca de 20 mil casais que haviam se casado antes da promulgação da lei – como os Hartmann. Quanto a esse grupo, os nazistas anunciaram uma série de normas cada vez mais complicadas, dependendo da ascendência, do gênero e da prática religiosa. No que concernia aos Hartmann, já que Hanns era considerado ariano e chefe da casa, também porque o casal não frequentava a sinagoga, apesar de Ottilie ser judia, eram "privilegiados". Em contraste, os que mantinham casamentos mistos não privilegiados foram obrigados a sair de casa para residir em prédios abarrotados só para judeus e usar uma estrela amarela ou um J na roupa.

Na prática, essas normas tinham interpretações diferentes conforme as autoridades locais e as pessoas conhecidas do casal. Os burocratas nazistas puniam frequentemente aqueles que se declaravam "privilegiados", demitindo-os do emprego ou expulsando-os de organizações públicas. Outras táticas eram perseguições, interrogatórios pela polícia ou, pior, pela Gestapo.

Preso em Berlim e diante do crescente antissemitismo que assolava a capital, Hanns pediu ajuda ao patrão. Por meio de seu advogado, Reinhold Walch, Will Meisel entrou em contato com Hans Hinkel, chefe da Câmara de Cultura do Reich. Pouco depois, Will Meisel disse a Hanns Hartmann que havia obtido uma "permissão especial" para que eles permanecessem em Berlim sem temor de perseguição ou de deportação.

Hanns tinha passado o começo da guerra ajudando Will na gerência da gravadora. Na maior parte do tempo, viajava de trem pela Alemanha, promovendo as músicas da companhia junto a rádios e teatros. Quando a empresa foi transferida para Groß Glienicke, Hanns ficava indo e vindo entre seu apartamento na zona oeste de Berlim e a casa do lago. Em 1943, ele foi convocado pelo Exército, mas o alistamento terminou em dezessete dias, quando os superiores descobriram que sua esposa era judia. Foi depois disso e de outras "dificuldades cada vez maiores", como consta em seu manuscrito de quatro páginas de memórias – provavelmente se referindo tanto aos bombardeios cada vez mais frequentes como ao perigo que a Gestapo representava para sua esposa – que ele e Ottilie se mudaram para Groß Glienicke, no outono de 1944, em busca de calma e abrigo.

Os Hartmann não eram a única família a ver a vila como um lugar seguro. Segundo rumores locais, o diretor de uma das maiores gravadoras da Alemanha tinha se mudado para uma casa na beira do lago. Diziam que ele tinha se divorciado da primeira esposa, judia, depois se casou novamente e se mudou, esperando que a ascendência judaica de seus filhos não fosse descoberta. Os moradores da vila decidiram não denunciar esses casos, talvez porque gostassem da ideia de que Groß Glienicke havia se tornado um porto seguro. Ou talvez achassem que não era da conta deles.

Outras famílias com casas de veraneio perto do lago, muitos profissionais de Berlim, passaram a morar em Groß Glienicke na esperança de evitar o pior dos bombardeios. Dentre estes estava Hildegard Munk, esposa de Fritz Munk, cuja casa de veraneio era vizinha da casa do lago. Enquanto seu marido permanecia em Berlim, atendendo ao crescente número de civis feridos que eram levados ao hospital, Hildegard ficava no campo, rezando pela segurança de seus dois filhos soldados e para que a guerra terminasse logo.

Mas, se alguns desses refugiados achavam que podiam evitar totalmente a ameaça do céu, estavam enganados. Foi por essa época que caiu uma bomba na fazenda de Wilhelm Bartels, situada bem em frente à igreja da vila.[2] Tendo como alvo o campo de pouso de Gatow, a bomba foi jogada antecipadamente, causando a destruição total da sede da fazenda, uma construção de pedra e argamassa, que estivera ali por centenas de anos. A sirene avisou a família a tempo, mas houve uma morte, a de um polonês cumprindo trabalhos forçados. Ele não conseguiu se esconder junto com os outros porque os nazistas haviam proibido poloneses e trabalhadores provenientes de países do Leste Europeu de entrar nos abrigos antiaéreos.

Nos meses seguintes, outras bombas caíram por perto, ou dentro do lago ou fora da vila. Os moradores ficavam agradecidos pelo fato de que até então as principais edificações não tinham sido atingidas, principalmente sua amada igreja, o Potsdamer Tor e o *schloss*. Entretanto, a crescente campanha aérea tinha causado rupturas na rede elétrica e no fornecimento de água. Havia longos períodos sem água corrente e, embora sabendo que muitas casas despejavam o esgoto ali, vários recém-chegados, inclusive os Hartmann, eram obrigados a beber água do lago.

Nos primeiros meses na casa, os Hartmann podiam fazer compras na vila – na mercearia de Frau Mond no lado oposto a Drei Linden, no açougue de Herr Reinmann virando a esquina, na padaria de Dettmer na Sacrower Allee. Durante algum tempo, havia artigos de luxo à venda, como café, carne, frutas e manteiga. Pagavam com o dinheiro economizado na temporada de trabalho com Will Meisel. Ciente de que os suprimentos iriam acabar, eles fizeram um estoque no porão da casa do lago. Quando o dinheiro acabou, passaram a fazer escambo com objetos deixados na casa, alguns vasos, uma cafeteira elétrica, a máquina de fazer pão.

Certo dia, Gerda Radtke mandou seu filho de 6 anos, Burkhard, avisar aos Hartmann que precisavam encontrar abrigo urgentemente. Ela sabia que, às vezes, dependendo da direção do vento, seus vizinhos não ouviam a sirene de aviso de ataque aéreo que soava na Drei Linden. Mais tarde, Burkhard recordou ter corrido à casa do lago e batido na porta com janelinha em losango. Ninguém atendeu e ele bateu de novo, mais forte. A porta acabou se entreabrindo e ele viu a face de Frau Hartmann, desnutrida, pálida e apavorada. Tendo dado o aviso, o menino correu de volta à segurança de sua casa. Segundos depois, os Hartmann correram a se esconder na casa da bomba, de concreto, no fundo do jardim. Quando Burkhard perguntou à mãe por que os Hartmann não podiam se esconder junto com eles na adega subterrânea, ela disse: "Porque são judeus."[3]

O inverno de 1944 desceu sobre Groß Glienicke com os ataques a Berlim mais intensificados a cada dia e as forças soviéticas que avançavam pela Polônia chegando cada vez mais perto. O frio foi particularmente intenso em novembro e dezembro; a temperatura ficou muito abaixo do congelamento. A casa não tinha sido projetada para os habitantes suportarem um inverno tão severo. Enrolados em várias camadas de roupas e cobertores, os Hartmann se sentavam em frente à lareira da sala de estar, gratos pela lenha que haviam colhido no outono. Mas a alimentação estava cada vez mais difícil. Enquanto outros na vila tinham animais que lhes garantiam a sobrevivência – galinhas, porcos, cabras, gado –, os Hartmann não tinham nada disso. Também a horta, tão bem cuidada por Alfred Alexander, que poderia ter fornecido alimentos, tinha sido negligenciada e estava coberta de mato.

Por essa época, Hanns contraiu shigelose, uma forma grave de disenteria causada pela ingestão de água poluída, e passou a sofrer de diarreia crônica, dores de estômago e febre. Tendo apenas a esposa para cuidar dele – não havia médicos trabalhando na vila ou arredores –, Hanns ficou de cama, torcendo para melhorar.

A situação piorou em janeiro de 1945, quando o Ano-Novo chegou trazendo uma tremenda tempestade. Grossos flocos caíam sem cessar, deitando sobre o jardim um manto de neve de dois metros de altura. Ir à vila era exaustivo. As prateleiras das poucas lojas ainda abertas estavam quase vazias após cinco anos de guerra. Com seus suprimentos chegando ao fim, Hanns e Ottilie ficavam dentro de casa ouvindo rádio, rezando para a guerra acabar.

13
HARTMANN
1945

No começo de abril de 1945, mais de dois milhões de soviéticos vindos do leste chegaram a Berlim trazendo seis mil tanques e quarenta mil peças de artilharia. Planejavam cercar a cidade, enviando uma parte do Exército Vermelho para o norte, outra parte para o sul e as forças convergindo para o oeste da capital, perto de Potsdam. Para Hitler, confinado em seu bunker no centro da cidade, logo ficou claro que qualquer luta seria em vão. A cada dia a guerra atingia maior intensidade sanguinária.

No entanto, mesmo nesse estágio tardio da guerra, a população de Groß Glienicke ainda conseguia telefonar para amigos e parentes em Berlim. Nessas conversas, assim como nas ruas e nos abrigos antiaéreos, havia troca de boatos, discutidos e exagerados. Quem tinha rádio pegava as transmissões da BBC e ficava sabendo que as forças norte-americanas e britânicas estavam vindo do oeste e se aproximando de Berlim passando por Colônia, Frankfurt e Düsseldorf. Em Groß Glienicke, isso gerava a sensação de estarem presos em uma armadilha.

Nas semanas anteriores, os Hartmann tinham visto ondas e mais ondas de aviões vindos do oeste, sobrevoando a vila e o lago, em direção a Berlim. Às vezes, todo o céu parecia estar coberto de aeronaves. O estrondo de milhares de toneladas de explosivos despencando sobre a capital era ouvido claramente e durante dias e noites o firmamento se iluminava com as edificações da cidade sendo queimadas em escala industrial.

Com as sirenes na Drei Linden tocando a intervalos de minutos e o som da artilharia bem perto, os Hartmann tinham dificuldade para dormir.[1] A princípio, ao ouvirem os aviões se aproximando, eles se encolhiam instintivamente. Aos poucos foram se acostumando ao barulho: o ronco dos motores, o pipocar dos tiros, o estrondo das explosões. Quando as vidraças das janelas estremeciam, as cortinas e quadros despencavam, significava que uma bomba tinha caído perto. Às vezes a explosão era tão forte que eles pensavam ter sido atingidos.

Num domingo, 22 de abril, as sirenes ficaram subitamente mudas. Circulava o rumor de que haviam chegado a um cessar-fogo. Outros diziam que os Aliados tinham cessado o bombardeio aéreo para permitir que os tanques norte-americanos chegassem a Berlim. No dia seguinte, aviões de combate soviéticos sobrevoaram a vila. Era a primeira vez que os Hartmann viam voos rasantes. Não atacaram a vila e concentraram o poder de fogo nas tropas alemãs reunidas no campo de pouso. Durante todo o dia houve um ataque após outro, alvejando Gatow e as estradas em volta.

Em vista da ameaça iminente de um ataque por terra, Hanns e Ottilie se esconderam na casa da bomba, uma construção subterrânea de concreto, de quatro metros quadrados, na encosta da margem do lago. Nos dias que se seguiram, eles permaneceram escondidos lá com apenas uma garrafa de água e um pouco de comida. Era um lugar apertado, escuro e terrivelmente frio, mas se sentiam mais protegidos ali do que se tivessem ficado na casa, mais vulnerável a um ataque em caso de invasão.

Não foram os únicos a procurar abrigo fora de casa. Hildegard Munk, cujo marido continuava trabalhando no hospital em Berlim, também se escondeu na casa da bomba de um vizinho. Outras cinco pessoas estavam lá: seu vizinho Ewald Kunow, farmacêutico, e três moças da vila, sendo que uma trouxe seu bebê. Assim como os Hartmann, todos imaginavam que, se os soviéticos viessem, provavelmente iriam requisitar as casas.[2] Além disso, o concreto oferecia maior proteção do que as paredes de madeira das casas de veraneio.

Em 26 de abril, o sol se elevou sobre o lago, projetando um brilho avermelhado sobre as águas calmas. Por algum tempo só se ouvia o tiroteio a distância, mas o som veio se aproximando, mais alto e mais frequente. A julgar pelo barulho, a batalha mais violenta estava ocorrendo ao lado da vila. Os soviéticos tentavam tomar o campo de pouso de Gatow, a leste da vila, e a base do 67º Regimento de Tanques ao norte. Sendo um dos três aeródromos nas vizinhanças de Berlim, Gatow estava em operação até poucos dias antes, com milhares de tropas alemãs pousando para defender a capital.³ Agora só se viam aviões soviéticos. A base dos tanques, em contraste, estava deserta, pois todos os veículos, tropas e suprimentos haviam sido deslocados para o leste no esforço de deter o avanço soviético. À hora do almoço, o tiroteio cessou. Parecia que as tropas soviéticas tinham tomado os dois alvos.

Foi então que três soldados alemães em fuga bateram à porta de Gerda Radtke, a mãe dos três meninos que tinham feito amizade com os filhos dos Meisel e moravam atrás da casa do lago. Sabendo que os soviéticos estavam perto e que seu marido ainda estava servindo ao exército alemão, ela sugeriu que os soldados escapassem atravessando o lago.⁴ Arrastaram a canoa vermelha dos Meisel para fora da garagem e Gerda lhes indicou a margem mais distante, de onde podiam fugir para Berlim.

Horas depois, as primeiras tropas soviéticas entraram em Groß Glienicke. Àquela altura só restava um punhado de soldados alemães para defender a vila. Dois deles haviam subido com uma metralhadora pela escadaria estreita e tortuosa da torre da igreja a fim de montar uma base de defesa numa posição mais alta. De seu esconderijo, na casa da bomba, os Hartmann ouviam o rá-tá-tá dos alemães tentando deter os soviéticos. Por mais corajosa que tenha sido a tentativa, foi desastrosa para os dois soldados e para a torre, explodida em instantes pelos soviéticos.

A luta continuou nas ruas. Por volta de quatro horas da tarde, três soldados soviéticos arrombaram a cerca que separava a casa dos Munk e dos Kunow. Vendo alguns soldados alemães no jardim da casa do lago, eles abriram fogo. Balas atingiram a casa dos Munk, deixando furos na parede do quarto das crianças. Quando um alemão foi baleado, os outros fugiram. Ao ver os soviéticos, Hanns Hartmann se precipitou para fora da casa da bomba, levantou os braços e saiu gritando "*Ich Bolshevik! Ich Bolshevik!*" – "Sou bolchevique!".⁵

Sem dar a menor atenção a Hanns e a seus protestos de solidariedade, os soldados seguiram pela beira do lago. Quando os soviéticos se foram,

Hildegard saiu da casa da bomba dos Kunow e cobriu o alemão morto com gravetos e folhas.

Agora que a resistência alemã tinha sido esmagada, os soviéticos entraram em massa. Para surpresa dos moradores, não vieram em tanques nem caminhões, mas entraram caminhando devagar, numa coluna desarticulada de homens a pé. Exaustos e malnutridos, pareciam desesperados para a guerra chegar ao fim. Seus únicos veículos eram *Panjewagen*, carroças de quatro rodas puxadas por cavalos, carregadas de coisas pilhadas nos dias anteriores.

Naquela noite, os soviéticos voltaram à casa do lago e a outras casas na margem. Cavaram buracos nos jardins arenosos e se cobriram com mantas e cobertores roubados das casas. No dia seguinte, cansados da luta, os soviéticos dormiram até tarde. Quando acordaram, foram conhecer a vila. Hildegard esperava que continuassem em segurança na casa da bomba. "Estávamos à mercê deles", ela recordou mais tarde.

Seus temores se concretizaram quando ouviram o som da coronha de um rifle batendo na porta. "Mandem as mulheres para fora!", uma voz comandou. Frau Munk ficou aterrorizada, pois havia três moças lá. Herr Kunow saiu e disse aos soldados que Frau Munk era idosa, o que eles queriam com ela? Os cinco soldados soviéticos deram uma olhada, concordaram, mas agarraram as três jovens, que reagiram com gritos e pontapés e as arrastaram para as casas vizinhas – dos Kunow, Munk e Meisel, onde as estupraram.

Cem metros adiante, Gerda Radtke estava escondida na adega com os três filhos e alguns vizinhos. Eles também ouviram a ríspida batida na porta e a ordem: mandem as mulheres para fora! Gerda se adiantou e, tranquilizando os filhos, disse que ia resolver o problema. Lá fora, seis ou sete soldados soviéticos arrastaram Gerda e os três filhos, que se agarravam a ela, escada acima para a cozinha e lá estupraram Gerda, um soldado após o outro, na frente dos meninos. Quando Burkhard, então com 7 anos, tentou detê-los, os soldados o espancaram. Sabendo que os filhos estavam assistindo, Gerda tentava não gritar para não apavorá-los mais ainda.

Depois do ataque, os soldados voltaram à adega, onde encontraram os vizinhos de joelhos, implorando para serem poupados. Os soviéticos deixaram que eles voltassem para casa, mas comunicaram a Gerda Radtke que a dela estava requisitada. Ela poderia continuar a morar no andar de cima e eles ocupariam o andar térreo.

Nos dias que se seguiram, a notícia do avanço soviético em Berlim chegou a Groß Glienicke. Aviões passaram sobre a vila jogando folhetos dizendo que Hitler havia sido encontrado morto em seu bunker, aparentemente tendo cometido suicídio.

Por fim, em 2 de maio de 1945, Helmuth Weidling, o comandante da Área Defensiva de Berlim, declarou que a cidade se rendia incondicionalmente ao general Vasily Chuikov, do exército soviético. A foice e o martelo agora tremulavam sobre o Reichstag.

Seis dias após a rendição, generais e almirantes do alto escalão do Exército, Marinha e Aeronáutica alemães foram levados de avião ao novo quartel-general soviético em Berlim.[6] Ali assinaram o ato de rendição incondicional diante de representantes dos governos britânico, norte-americano, francês e soviético. Em seguida à submissão da Alemanha, os soldados soviéticos comemoravam frequentemente nos quartéis de Döberitzer Heath – na antiga Vila Olímpica onde Jesse Owens tinha praticado seu salto a distância nove anos antes. Cada vez que havia uma festa, os soldados soviéticos vinham à casa dos Radtke e levavam Gerda. Muitas vezes, ela ficava mais de 24 horas fora de casa. Uma vez, conseguiu fugir, mas os soldados a encontraram e a levaram de volta ao quartel. Quando se davam por satisfeitos, ela voltava para casa profundamente traumatizada.

A casa de Gerda havia sido transformada em quartel-general local dos soviéticos. Mas não só o andar térreo foi tomado pelas forças da ocupação. O pequeno celeiro, distante vinte metros da casa de Gerda e a oitenta metros da casa do lago, também foi requisitado e transformado num bordel onde as mulheres locais vendiam o corpo em troca de comida e proteção.

As mulheres da vila não eram as únicas a sofrer. Desde o momento em que chegaram, os soviéticos começaram a procurar qualquer pessoa suspeita de crimes de guerra. Um dos primeiros a ser preso foi Wilhelm Bartels, o fazendeiro cuja casa tinha sido bombardeada. Vendo os poloneses que ainda trabalhavam para ele, e inteirando-se de que um deles tinha morrido no bombardeio, os soviéticos o acusaram de manter trabalho escravo. Foi embarcado num caminhão e levado a Ketschendorf, um campo soviético a noventa quilômetros de Groß Glienicke. Pelo menos dez jovens também foram levados, inclusive dois meninos de 16 anos, acusados de tomar parte no movimento de resistência Werwolf. Nem Wilhelm Bartels, nem os jovens foram vistos novamente.[7]

14

HARTMANN

1945

Às 7:15 da manhã de 30 de junho de 1945, sete semanas após o fim da guerra, um comboio de caminhões e jipes britânicos – conhecido como Staging Post 19 – partiu de Hamburgo, no Oeste da Alemanha, em direção a Groß Glienicke, no Nordeste. A mobilização era parte de um esforço conjunto da Inglaterra, França e Estados Unidos para se unir às forças soviéticas em Berlim.

Enquanto o comboio avançava rumo ao leste, os únicos veículos que viam passar eram jipes norte-americanos e britânicos a toda velocidade e caminhões levando tropas. Carcaças de tanques destruídos e de caminhões de transporte de pessoal enchiam os dois lados da estrada. As cidades e vilas por onde passavam estavam desertas. Ninguém andava pelas ruas; o único sinal de atividade eram as bandeiras brancas pendendo de janelas e sacadas. Após uma viagem de 280 quilômetros, chegaram a Groß Glienicke e se dirigiram para o campo de aviação de Gatow.

Desde sua captura, no final de abril, o aeródromo estava sob o controle dos soviéticos. Agora, cumprindo o acordo entre os poderes da ocupação, iria ser entregue temporariamente ao Staging Post 19 da RAF e estaria disponível para uso dos aviões norte-americanos, franceses, soviéticos e britânicos. Conforme anotações do comandante britânico no diário de operações, "O aeródromo foi previamente ocupado pelos russos, que, ao partir, levaram quase todos os equipamentos facilmente removíveis etc., e deixaram lixo e confusão". A fim de limpar e pôr ordem no local, "contratamos civis para limpar o campo de pouso e obtivemos permissão dos russos para isso".

Duas semanas depois, em 15 de julho, um grupo de dignitários chegou a Gatow.[1] Sua chegada foi registrada no diário de operações. "O grande dia começou muito calmo. Às 9 horas, quando as tropas de segurança tomaram posição, já estava muito quente. A pista então se encheu de personalidades ilustres. Os russos muito vistosos, inclusive o comissário suplente de Relações Exteriores, Andrey Yanuarevich Vyshinsky, ostentando uma grande estrela de marechal da URSS, além de uma dúzia de oficiais russos". O segundo avião a chegar trazia o presidente Harry S. Truman com os generais Dwight D. Eisenhower e Henry Arnold e o secretário de Estado James Byrnes. "Às 16h chegou o grande momento, pelo qual os espectadores aguardavam mais ansiosamente", prossegue o diário. "O SKYMASTER do PRIMEIRO-MINISTRO taxiou na pista de pouso e o excitamento chegou ao auge quando a escada, especialmente feita para a ocasião, foi colocada em posição e a figura familiar do primeiro-ministro, com charuto, apareceu. Foi recebido pelo marechal de campo Montgomery e o marechal do ar Sir Sholto Douglas, cumprimentado pelos oficiais dos mais altos escalões norte-americanos e russos."

Churchill e Truman tinham a intenção de seguir diretamente para Potsdam, onde eram esperados para encontrar Joseph Stalin, a fim de discutir o futuro da Europa pós-guerra, mas o líder soviético precisou adiar a viagem por alguns dias devido a um leve enfarte e, por isso, eles foram de carro a Berlim para uma vistoria da cidade arrasada.

Berlim era uma área desértica. A maioria das estruturas mais significativas estava em ruínas, inclusive o Reichstag, a Chancelaria do Reich, a Corte do Povo e o quartel-general da Gestapo. O Berliner Stadtschloss, o grande palácio às margens do rio Spree, estava sem telhado e totalmente queimado. As ruas principais do centro da cidade – Kurfürstendamm, Unter den Linden e Friedrichstrasse – eram um mar de pedras e entulho.

A estimativa era de 100 mil civis mortos na Batalha de Berlim. Mais de 300 mil soldados soviéticos morreram na campanha. Se forem somadas as centenas de milhares que foram capturados e depois morreram nos campos soviéticos, as mortes de alemães na Batalha de Berlim ultrapassavam um milhão.

Dos 4,3 milhões de pessoas que viviam em Berlim antes da guerra, só restavam 2,8 milhões. E o que restava para essa população dizimada eram ruínas. O ar de Berlim era tão espesso com a fumaça dos incêndios persistentes que era difícil andar pelas ruas. Não havia abastecimento de água nem sistema de esgoto. O transporte era inexistente. Não havia combustível para aquecimento, nem eletricidade e a comida era escassa. Os serviços de telefonia e correios tinham desmoronado, assim como a maioria das pontes e túneis de trens da cidade. Mais de um milhão de berlinenses estavam sem casa. Passando de carro pelas ruas da capital alemã, Churchill ficou chocado com a devastação.[2]

Em 17 de julho, os três líderes vitoriosos se reuniram no Cecilienhof, em Potsdam, o mesmo prédio em que Adolf Hitler tinha se encontrado com o filho do kaiser no Dia de Potsdam, em 1933. Esse antigo palácio real, de 176 aposentos, foi construído às margens do Jungfernsee, cerca de dez quilômetros ao sul de Groß Glienicke, e era agora o local escolhido para a chamada Conferência de Potsdam.

A princípio, os discursos se sucederam num clima comemorativo. Durante os dias, sentados em confortáveis poltronas à volta de uma mesa redonda numa sala apainelada, as conversas eram em tom tranquilo e positivo. À noite, os líderes continuavam celebrando a vitória com jantares suntuosos e entretenimento. Em 24 de julho de 1945, após uma semana de conferência, Truman mencionou casualmente a Stalin que os Estados Unidos tinham "uma nova arma de força destrutiva inédita". O premier russo respondeu que era bom saber e esperava que os norte-americanos fizessem "bom uso dela contra os japoneses", mas não demonstrou um interesse especial.

Na segunda semana, o bom humor foi se deteriorando na medida em que as negociações abordavam as importantes questões-chave de indenizações, controle político e territorial. Ao fim da terceira semana, exaustos, os Aliados anunciaram o final das deliberações: dariam início a um processo de busca aos criminosos de guerra nazistas ainda naquele ano, com um tribunal a ser sediado em Nuremberg; seriam demarcadas novas fronteiras da

Alemanha, Áustria e Polônia; a Alemanha pagaria à União Soviética indenizações pelas perdas durante a guerra, inclusive 10% de sua capacidade industrial. Em contraste, as delegações dos Estados Unidos e da Grã-Bretanha não insistiram em indenizações, temerosas de provocar um revide do povo alemão como o que havia acontecido depois da Primeira Guerra Mundial.

Foi anunciado também o plano dos Aliados para a administração da Alemanha pós-guerra. O país seria dividido em quatro zonas, controladas respectivamente pelos norte-americanos, os franceses, os britânicos e os soviéticos. A cidade de Berlim, situada na zona soviética, a leste das outras três, seria igualmente dividida em quatro setores. Sempre fora intenção de Stalin controlar Berlim quando a guerra acabasse e foi com grande relutância que concordou em redesenhar as fronteiras internas da Alemanha. Na verdade, as áreas ocidentais de Berlim – incluindo Wilmersdorf, Charlotemburgo e Spandau – agora formariam uma ilha capitalista num mar de controle comunista.

Em 6 de agosto, quatro dias após a conclusão da Conferência de Potsdam, os norte-americanos jogaram uma bomba nuclear na cidade japonesa de Hiroshima, matando instantaneamente 80 mil pessoas e destruindo 70% das edificações.[3] Em 9 de agosto, uma segunda bomba foi lançada sobre Nagasaki, matando 40 mil pessoas. Três semanas depois, em 2 de setembro de 1945, o Japão assinou a rendição incondicional durante uma cerimônia a bordo do USS *Missouri,* ancorado na baía de Tóquio.

A Segunda Guerra Mundial finalmente terminara.

O primeiro mapa saído da Conferência de Potsdam colocava a vila inteira de Groß Glienicke, incluindo os dois lados do lago, na zona soviética. Mas os britânicos queriam ter um aeroporto.[4] Assim, em 30 de agosto de 1945, pediram aos soviéticos o controle permanente do velho aeródromo da Luftwaffe em Gatow, cuja pista terminava a poucas centenas de metros da margem leste do lago. Os soviéticos consentiram, recebendo em troca terras em Staaken, alguns quilômetros ao norte. O resultado foi que Groß Glienicke ficou separada de Gatow, com a linha de fronteira entre Berlim Ocidental e Alemanha Oriental passando pelo centro do lago.

As casas na margem oeste – moradias dos Meisel, Munk e Radtke – continuariam situadas dentro de Groß Glienicke, sob o controle dos soviéticos. As casas na margem leste ficavam administrativamente englobadas na vila de Kladow e, daí por diante, fariam parte do setor britânico de Berlim Ocidental.

A princípio, os acordos feitos em Potsdam causaram pouco impacto na vila. Os soviéticos instalaram um posto de controle no Potsdamer Tor e os britânicos instalaram seu posto de controle no Spandau Tor, um arco de pedra similar no lado berlinense da antiga Propriedade Groß Glienicke.[5] Os habitantes podiam cruzar as duas zonas sem restrições nem impedimentos para trabalhar, fazer compras ou visitar parentes.

Em setembro de 1945, a Administração Militar Soviética na Alemanha anunciou uma série de medidas de reforma das terras. As propriedades particulares ficariam limitadas a cem hectares, equivalentes a um quilômetro quadrado. As fazendas foram tomadas, divididas em unidades menores e distribuídas entre os sem-terra. Mais de sete mil fazendas foram expropriadas, afetando 45% das terras na Alemanha Oriental. Os donos de terras, frequentemente acusados de "atividades nazistas" e "crimes de guerra", foram obrigados a encontrar uma alternativa de trabalho. Muitos foram mandados para campos de trabalho localizados no interior da Alemanha Oriental, sendo que alguns tinham sido instalados em antigos campos de concentração nazistas.

No entanto, a Administração Militar Soviética não estava preparada para as mudanças maciças resultantes de suas reformas. Para começar, muitos dos *Neubauer*, como eram chamados os fazendeiros recém-instalados, não possuíam máquinas suficientes para arar os campos e fazer a colheita e a maioria dos escalados para administrar as fazendas não tinha conhecimentos e experiência para atingir as metas determinadas pelo governo. O resultado foi imediato: o colapso da produção de alimentos, o aumento da desnutrição e, com as mansões e casas das fazendas demolidas, em ruínas ou abandonadas, o número de moradias, já limitado, ficou ainda mais reduzido.

Groß Glienicke não foi poupada de nada disso. A primeira consequência da reforma agrária foi privar de suas casas os antigos trabalhadores das propriedades – inclusive famílias como os Radtke – mesmo que fossem proprietários legítimos. Em seguida, 29 arrendatários tiveram a chance de comprar a terra que ocupavam. Os Meisel estavam aí incluídos, podendo comprar a terra em que se situava a casa do lago, muito embora já possuíssem uma residência em Berlim Ocidental. Mas como os Meisel ainda estavam na Áustria, não puderam aproveitar a oportunidade. A repercussão final se referia ao próprio *schloss*. Tão logo tomaram a vila, os soviéticos ocuparam o *schloss*, onde mal havia mobília, pois os Schultz tinham retirado tudo de valor nos anos 1930. O *schloss* representava tudo o que os soviéticos odiavam: uma construção extravagante, um desperdício de recursos, um símbolo de poder feudal e injustiça. Nos primeiros dias de ocupação, um grupo de soldados soviéticos chegou a arrancar as insígnias da família Wollank do alto do Potsdamer Tor.

Depois, durante o inverno extremamente frio de 1945, um incêndio irrompeu no quarto de costura, no alto do *schloss*.[6] Nunca se soube se foi um acidente ou um ato premeditado. Em poucos minutos o alarme soou no corpo de bombeiros. Embarcando rapidamente no caminhão, os voluntários passaram sob o Potsdamer Tor, pelo portão da casa do lago e a estrada de terra, logo chegando ao *schloss*. Encontraram uma barreira de soldados russos impedindo a entrada. Pouco depois, chegaram os britânicos trazendo equipamentos antifogo e também foram barrados pelos russos.

Como o *schloss* estava na zona soviética, o incêndio era claramente de responsabilidade deles, mas não fizeram o menor esforço para debelar o fogo. Em vez disso, se concentraram em retirar os poucos objetos restantes no prédio. As chamas saíram do controle e o telhado ruiu. Os belos afrescos nas galerias foram destruídos, assim como a grande escadaria e o salão de baile. A essa altura a vila inteira se reunira para ver o fim do *schloss*. Era como se o velho estilo de vida estivesse sendo devorado pelo fogo diante deles. Esse incêndio marcou o clímax do terror dos habitantes desde que as tropas soviéticas tinham assumido o controle.

Para Burkhard Radtke, a vida em Groß Glienicke fora um paraíso na maior parte dos anos de guerra. Depois de 1945, ele recorda mais tarde, parecia "que tinha caído no inferno".

Pouco depois da chegada dos soviéticos a Groß Glienicke, Hanns e Ottilie deixaram a casa do lago. Ao saber o que tinha acontecido com os vizinhos, eles decidiram que seria mais seguro estar na capital do que na vila.

Fecharam as venezianas, cobriram os móveis com lençóis, trancaram a porta da frente e foram para Berlim levando seus poucos pertences. Não havia meios de transporte na época e, como era muito improvável que os soviéticos dessem carona a um casal de civis em dificuldade, Hanns e Ottilie foram a pé. Era um pouco mais de treze quilômetros até seu apartamento e a viagem levou quase toda a manhã. Ao chegarem ao distrito de Spandau, em Berlim, descobriram que a Freybrücke, a velha ponte de ferro sobre o rio Havel, havia sido destruída, obrigando-os a cruzar o rio, como os outros pedestres, em passarelas improvisadas. Por fim, chegaram ao apartamento na Giesebrechtstraße 9, em Charlotemburgo. Lá ficaram, chocados com a devastação, mas aliviados por estarem em segurança, fora de Groß Glienicke.

Mais uma vez, a casa do lago ficou vazia. Pela segunda vez em sua história, as venezianas suportaram uma longa temporada de verão, outono e inverno fechadas, privadas de companhia humana e do calor da lareira. Lá dentro, o ar ficou rançoso e frio enquanto lá fora uma estranha normalidade retornava à vila.

Em janeiro de 1946, um visitante inesperado apareceu em Groß Glienicke. Hanns Alexander passara a guerra no Exército Britânico, chegando à patente de capitão. Agora estava de volta a Berlim, trabalhando com uma equipe britânica de investigação de crimes de guerra.

Não encontrando ninguém na casa do lago, Hanns foi procurar Fritz Munk na casa ao lado. Fora o professor Munk, que, nos anos 1930, aconselhara fortemente os Alexander a fugir da Alemanha para salvar suas vidas. Os dois se cumprimentaram calorosamente. Os Munk tinham sobrevivido. Seus filhos, Klaus e Peter, apesar de terem participado de campanhas no Norte da Itália e na Rússia, felizmente não haviam sido feridos. Fritz não mencionou o que sua esposa tinha testemunhado durante a ocupação soviética.

Hanns deu a notícia de que quase todos os Alexander haviam conseguido chegar à Inglaterra. Ele e Paul serviram no Exército Britânico desde 1940. Seus pais estavam vivendo bem, embora Hanns se preocupasse com a saúde do pai. No fim da guerra, Bella perdera o marido quando o carro que ele estava dirigindo no sudoeste da Inglaterra foi atingido por um avião no momento da aterrissagem.

Sua irmã Elsie e o marido, Erich, tiveram um segundo filho em 1942, Michael, e, então, desejosos de se adaptar e não manterem um nome muito alemão, mudaram seu sobrenome de Hirschowitz para Harding. Para Elsie, porém, a adaptação foi mais difícil que a dos pais e irmãos. Ela sentia muitas saudades da Alemanha. Acima de tudo, sentia saudade de Groß Glienicke.

Numa carta a seus pais, escrita em inglês, Hanns escreveu:

Passei por Glienicke. Casa OK. Jardim muito *verwildert* [cheio de mato] e pequenino porque as árvores etc. cresceram tanto que parece muito mais fechado e pequeno. Meisel ainda está morando lá. Janelas pintadas de vermelho, em vez de azul e branco. Os Munk ainda vivos e vizinhos.

Décadas se passariam antes que outro membro da família Alexander fosse ver a casa do lago.

15

MEISEL

1946

Enquanto Will Meisel e família permaneciam na Áustria, Hanns Hartmann ficou encarregado da Edition Meisel. Era a primeira vez que o diretor de criação podia dirigir uma empresa como achava que deveria ser, sem interferência do patrão. Voltando a ter contato com seu representante, Paul Fago, que permanecera em Berlim durante os últimos meses da guerra, Hanns tratou de reconstruir a gravadora.

Primeiro teve que lidar com a nova burocracia dos Aliados. Assim como sua contraparte soviética, as autoridades britânicas mal chegaram a Berlim e já começaram a avaliar e conceder licenças para os negócios em operação em seu setor. Contudo, a licença só era concedida se o proprietário provasse não ter ligação com o Partido Nazista.

Em 7 de junho de 1945, Hanns Hartmann recebeu uma carta, datilografada em papel fino cor-de-rosa, do Conselho de Berlim Ocidental.

Prezado senhor diretor de criação,
    Viemos por meio desta autorizar a reabertura da Edition Meisel na Wittelsbacherstrasse 18 sob seu gerenciamento pessoal, bem como a Monopol e Echo Editions. Fique claro que os antigos proprietários não podem de forma alguma, direta ou indiretamente, estar envolvidos na empresa ou tomar quaisquer decisões na área artística.

A CASA NO LAGO

★ ★ ★

De posse da autorização oficial para operar a empresa, Hanns Hartmann e Paul Fago reiniciaram os trabalhos. Contataram a estação de rádio que funcionava no setor britânico, a Berliner Rundfunk, sugerindo que adotassem a produção musical da companhia. Depois, aproveitando-se dos relacionamentos desenvolvidos antes da guerra, foram às salas de música e às casas de espetáculos que começavam a surgir. Em poucas semanas, tendo um ou outro pedido, parecia que estavam novamente no mercado.

Em sua volta a Berlim, retomando o contato com velhos amigos e colegas, Hanns Hartmann chamou a atenção das autoridades soviéticas. Agora ocupando o setor oriental da cidade e acreditando que as artes eram importantes para reconstruir o ânimo e a educação política, os soviéticos pediram a Hanns para ajudar no renascimento do Teatro Metropol, que fora bombardeado em 1944. Disseram que enquanto o teatro era restaurado, eles poderiam ensaiar no Colosseum, que servira como hospital durante a guerra e também estava no setor soviético. Em troca, os Hartmann receberam nova moradia na Berlim Oriental.

Pouco tempo depois, impressionados com seu empenho, além de sua ficha impecável, os soviéticos pediram a Hanns que chefiasse o Comitê Auditor Alemão, que dava assistência às forças de ocupação na "desnazificação" das artes.

O termo "desnazificação" foi criado em 1943 pelo Exército dos Estados Unidos, como parte do programa de reforma judiciária na Alemanha do pós-guerra. Nos anos seguintes, evoluiu para um programa mais geral que objetivava retirar a influência do Partido Nazista sobre a população alemã. No final da guerra, mais de 8,5 milhões de alemães, mais de 10% da população, eram associados ou afiliados ao Partido Nazista. Além de perseguir e processar judicialmente o Alto-Comando Nazista e os acusados de terem cometido crimes de guerra ou lucrado com trabalho escravo, os Aliados queriam expurgar a Alemanha da ideologia nacional-socialista e livrar o país de todos os resquícios do governo nazista – estátuas, símbolos, nomes de ruas e quaisquer organizações que tivessem sido ligadas ao partido.

MEISEL, 1946

Em seguida à ocupação de Berlim, a implantação da desnazificação variava consideravelmente entre as quatro forças. Os soviéticos queriam mais promover a ideologia comunista do que conscientizar a população de sua responsabilidade nos crimes de guerra. Os norte-americanos, em contraste, inicialmente se dedicaram a investigar de modo vigoroso qualquer apoio potencial ao Partido Nazista. Logo se viu que a abordagem norte-americana era impossível; o número de suspeitos era muito além da conta.

Afinal, os norte-americanos resolveram seguir os britânicos e os franceses, que adotaram uma atitude mais pragmática ao eleger como alvo as pessoas mais importantes e as que desejavam manter postos de responsabilidade. Foi estabelecida uma hierarquia de culpa: Isentos, Seguidores, Criminosos Menores, Criminosos e Criminosos Maiores. Os Criminosos Maiores – como o ministro da Aviação Hermann Göring, ou o comandante de campo de concentração Josef Kramer – seriam julgados naquele ano pelos crimes de guerra em Belsen e Nuremberg. Os isentos foram liberados. Aqueles que estavam nas categorias intermediárias seriam investigados e, se considerados culpados, iriam ser punidos por meio de vários métodos, desde prisão, expulsão de cargos públicos até trabalhos forçados.

No processo de desnazificação, milhões de alemães precisaram preencher um *Fragebogen*, um questionário. Era um documento de seis páginas – logo odiado pelos alemães – analisado por uma comissão de inspetores e, se a pessoa fosse indiciada, era chamada a interrogatório.

No início de agosto de 1945, Hanns recebeu um *Fragebogen*, que preencheu como representante da Edition Meisel.[1] A empresa foi fundada em 1926, ele escreveu, e fora 100% propriedade de Will Meisel. Sim, ele concedeu, Will Meisel tinha sido membro do Partido Nazista, mas nenhuma produção da companhia havia sido usada pelo governo e seu conteúdo não era "fascista". Disse ainda que a companhia iria retomar suas atividades tão logo as gráficas da cidade voltassem a funcionar e forneceu um catálogo das produções da Edition Meisel, incluindo uma lista de seus famosos compositores.

Quanto ao futuro, ele disse, "juntamente com novos autores famosos, nosso projeto é fornecer programações para teatros alemães e produzir novas peças. Além disso, esperamos vender e encenar peças estrangeiras". Não houve menção aos compositores judeus ligados à companhia antes da guerra. Das onze questões que Hanns Hartmann respondeu, a única resposta ambivalente foi a número nove. À pergunta "Quais obras não podem ser executadas por terem tendências fascistas, militaristas ou raciais?", ele respondeu "Nenhuma delas tem tendências, mas algumas devem ser avaliadas e até lá não serão usadas." Em 29 de agosto de 1945, Hanns apresentou o questionário preenchido. Não tendo retorno das autoridades britânicas, achou que suas respostas tinham sido satisfatórias e voltou sua atenção para as atividades do dia a dia da empresa.

Nos doze meses seguintes, Hanns se dedicou a conciliar seu trabalho com Will Meisel e suas responsabilidades para com os soviéticos. Era muito difícil. Enquanto trabalhava para recuperar o Metropol, sofreu interferências intoleráveis por parte dos soviéticos. Ainda com a viva lembrança de uma ditadura se intrometendo em sua vida artística, Hanns conversou com a esposa. Sobre essa questão, ele diz em seu diário apenas que decidiu "deixar Berlim por motivos políticos".

O problema era que Hanns se tornara uma figura bem conhecida das autoridades soviéticas. Se os Hartmann fossem para o setor britânico, norte-americano ou francês, os soviéticos poderiam descobrir e prendê-los. Nos meses anteriores, a polícia soviética havia entrado algumas vezes em Berlim Ocidental à procura de suspeitos e os trouxera de volta ao setor oriental. Vários berlinenses já haviam sido detidos pelas autoridades soviéticas acusados de espionagem ou, pior ainda, de conexões com o Partido Nazista. Os julgados culpados foram enviados para os campos e nunca mais se ouviu falar deles. Hanns se afligia para encontrar a melhor maneira de fugir da cidade.

No começo do outono de 1946, julgando que poderiam voltar em segurança, Will e Eliza Meisel deixaram sua "casa de férias na Áustria" e chegaram a Berlim em 15 de setembro, trazendo os dois filhos.[2] Ao encontrarem o prédio da gravadora destruído e seu apartamento em ruínas, foram para a casa de Groß Glienicke, situada na zona controlada pelos soviéticos.

Pouco depois de seu retorno a Berlim, Will Meisel se encontrou com Hanns Hartmann, que lhe falou da situação complicada com os soviéticos.

Em vista disso, ele e a esposa estavam saindo de Berlim e, portanto, não poderia continuar gerenciando a companhia. Enquanto Will não pudesse retomar a posse da gravadora, já que ele estava sob investigação no processo de desnazificação, Paul Fago assumiria a direção. Os dois se despediram prometendo manter contato.

Dias depois, em 1º de outubro de 1946, Hanns e Ottilie Hartmann entraram na fila na divisa do setor soviético, levando apenas poucos pertences. Por meio de seus contatos, Hanns tinha arrumado documentos falsos com o nome de "Mansfeld". Quando chegou a vez deles, apresentaram os documentos ao guarda e, após uma breve inspeção, foram liberados. Aliviados, os Hartmann entraram em Berlim Ocidental e seguiram diretamente para a estação. Compraram passagens para Hamburgo, que estava entranhada na zona britânica no noroeste da Alemanha, e embarcaram no trem. De Hamburgo, seguiram para Colônia, onde pouco depois os britânicos contrataram Hanns como diretor da Rádio Alemã do Noroeste.[3]

Agora que os Meisel tinham voltado a residir na casa do lago, Will escreveu ao *Gemeinde*, a junta administrativa de Groß Glienicke, pedindo permissão para comprar a terra em que se situava a casa do lago. A administração da *Gemeinde*, estabelecida logo após a ocupação da vila pelos soviéticos, era composta por indivíduos que não tinham afiliação prévia ao Partido Nazista nem aos senhores da terra, os Schultz. Como a *Gemeinde* decidia sobre os assuntos locais, era responsável também pelo programa de reforma agrária. Na qualidade de arrendatários, Will e Eliza Meisel foram considerados aceitáveis e, em troca de uma pequena quantia, foi feita a transação. Finalmente, os Meisel possuíam tanto as terras como as edificações da casa do lago.

Quando Hanns Hartmann fugiu de Berlim, Will Meisel se empenhou em retomar o controle da empresa. Em primeiro lugar, era preciso reconstruir o prédio da Wittelsbacherstrasse 18, em Wilmersdorf, para usá-lo como escritório e residência. Em seguida, ele escreveu às autoridades britânicas pedindo permissão para retomar o controle da Edition Meisel. A resposta foi clara e firme. A carta do Conselho da Unidade de Controle de Informação de Berlim (Seção de Teatro e Música), datada de 21 de novembro de 1946, dizia que a empresa deveria continuar a ser gerida por Herr Fago "até a total desnazificação de Herr Meisel".

Frustrado com a intransigência dos britânicos, Will comunicou a Paul que ele, Paul, ficaria oficialmente gerenciando a empresa. Enquanto isso, Will continuaria a tentar limpar seu nome.

No verão de 1947, a restauração estava completa e os Meisel voltaram a morar na Wittelsbacherstrasse 18. Estavam ocupados demais em reconstruir a vida, tão abalada, para conseguir passar uma temporada na casa de veraneio. Foram uma ou duas vezes a Groß Glienicke para ver como estava a propriedade, mas era difícil chegar à vila por causa das péssimas estradas e das barreiras soviéticas e britânicas no caminho. A escassez pós-guerra também tinha elevado a gasolina a preços proibitivos.

Até outubro de 1947, dois anos após o fim da guerra, o esforço britânico de desnazificação obtivera um sucesso apenas parcial. Mais de 2,1 milhões de casos foram analisados por eles, resultando na demissão do emprego de 347 mil pessoas e em processo judicial para 2.320 por terem dado respostas falsas no *Fragebogen*.[4] Per capita, esses números eram bem menores que no setor norte-americano. Em resposta, as autoridades britânicas baixaram a Portaria 110, transferindo a responsabilidade sobre o processo de desnazificação para as autoridades alemãs.[5] Por precaução, o controle final permaneceu com o comissariado britânico, com direito a intervir caso julgasse necessário.

Dado que milhões ainda aguardavam a desnazificação, é claro que o sistema jamais teria fim. Agora, mais concentrados na crescente ameaça soviética do que preocupados com os ex-nazistas, as forças de ocupação britânicas, francesas e norte-americanas concordaram em acelerar o julgamento dos casos mais importantes. Os demais casos seriam julgados sumariamente, deixando tempo insuficiente para investigar os acusados.[6] Em consequência, muitos dos julgamentos desse período tinham valor judicial questionável. Foi decidido também que não dariam início a novos casos de desnazificação a partir de janeiro de 1948. Apenas os casos em andamento seriam julgados.

Na manhã de 25 de junho de 1948, Will Meisel entrou no prédio da Schlüterstraße 45, perto da Kurfürstendamm, na Berlim Ocidental, que anteriormente sediara a Câmara de Cultura do Reich e onde seu representante, Hans Hinkel, instalara seu escritório. Agora era ocupado pela Seção de Inteligência do Controle de Serviços de Informação britânico. Essa seção tinha duas funções principais: emitir autorização para atores e músicos e supervisionar os *Spruchkammern*, os tribunais da desnazificação. Will estava lá por esse motivo.

Os *Spruchkammern* eram coordenados por uma equipe de 22 alemães cuja função fora definida pelas quatro forças de ocupação: "A Respeito do Afastamento de Nazistas e Pessoas Hostis aos Objetivos dos Aliados de Empregos e Cargos de Responsabilidade." As decisões dos *Spruchkammern* eram submetidas à ratificação dos Aliados, mas na prática eram raramente recusadas.

O elevador não funcionava desde os tempos de Hans Hinkel; então, Will subiu os três lances de escada para chegar a um salão elegante, apainelado em madeira e com fileiras de cadeiras diante de uma mesa grande. O lugar estava quase vazio. Houvera tantas audiências sobre desnazificação que isso já não despertava interesse. Dezoito meses antes, em dezembro de 1946, esse mesmo salão tinha recebido um dos maiores maestros alemães, Wilhelm Furtwängler, para seu julgamento no processo de desnazificação. Apesar de sua estreita ligação com o Partido Nazista, Furtwängler fora isentado e autorizado a voltar a trabalhar.[7] Will Meisel esperava ter o mesmo veredicto. Para isso, precisava demonstrar que tinha sido um *Mitläufer*, um membro nominal do Partido Nazista apenas "no papel", e que nunca apoiara seus ideais. Vale notar que Robert von Schultz, em seu julgamento nos anos 1930, teve que provar exatamente o contrário: que não apenas se filiara ao Partido, mas que tinha aderido à sua ideologia.

O julgamento de Furtwängler tinha sido supervisionado pelos norte-americanos com assistência de dois alemães do Comitê Auditor Alemão, inclusive seu diretor, um certo Hanns Hartmann. Entretanto, Will Meisel sabia que seu ex-diretor de criação já não estava em Berlim e, infelizmente, não seria testemunha em seu julgamento.[8]

Ao soar das dez horas, os seis comissários[9] entraram no salão, dentre eles o diretor quarentão e ex-comunista Alex Vogel.[10] Também presentes estavam seis testemunhas, inclusive Paul Fago. O diretor abriu os trabalhos dizendo que Will Meisel havia sido membro do Partido Nazista e por isso fora retirado da direção da empresa e, agora, pedia sua reintegração. Will Meisel foi então convidado a apresentar seu caso.

Will começou expondo um resumo de sua carreira, desde a fundação da empresa em 1926, o desenvolvimento da produção musical e o trabalho para vários filmes. A ascensão nazista ao poder em 30 de janeiro de 1933 fora uma total "surpresa" e, três dias depois, a Edition Meisel foi suspensa das rádios porque 80% de sua produção eram obra de compositores judeus. Declarou que era conhecido no Ministério da Propaganda como um *Judenknecht*, um escravo dos judeus que havia "sofrido muito" por causa disso.

Definiu sua filiação ao Partido Nazista como um "passo infeliz", acrescentando que tinha se unido ao Partido para "proteger minha empresa e os direitos dos compositores judeus". Nesse momento, Vogel interveio: "Em termos de negócios, foi um passo feliz."

Will rebateu rapidamente, dizendo que "em retrospecto, não foi a coisa certa a fazer" e que, após perder seu diretor financeiro judeu, em 1935, tinha contratado Paul Fago, membro da maçonaria, que era uma organização proscrita na época. Ainda naquele ano, ele havia contratado Hanns Hartmann, cuja esposa era judia. Will disse que tinha tentado ajudar Frau Hartmann a emigrar para a Inglaterra e, não tendo conseguido, fez um "clima bom" com o Ministério da Propaganda, que permitiu a Hartmann manter seu cargo a despeito de ter uma esposa judia. Disse ainda que quando a situação política ficou turbulenta em Berlim, nos tempos da "discriminação dos judeus, os Hartmann pernoitaram frequentemente em meu apartamento residencial ou na sede da empresa em Groß Glienicke. Em suma, até o fim da guerra, fiz de tudo para salvar os Hartmann".

Vogel insistiu nesse ponto: "Houve algum depoimento de Herr Fago ou de Herr Hartmann sobre isso?"[11] Will respondeu: "Não; não dessa maneira." A corte estranhou essas omissões. Se Hanns Hartmann tinha sido tão ajudado por Will Meisel, por que não tinha dado um depoimento positivo? Isso era bastante esquisito, porque Hartmann era uma testemunha altamente confiável.

Preocupado por estar perdendo terreno, Will relatou que tinha ajudado outros judeus, mencionando em primeiro lugar o corretor imobiliário que vendeu a casa do lago para sua família em 1937: "Eu sabia que o administrador da propriedade, Herbert Würzburg, era descendente de judeus e o ajudei até 1943 com dinheiro e cartões de alimentação. Ajudei também o compositor judeu Harry Waldau, contratando-o para compor até 1943." Ninguém mencionou que o velho Harry Waldau, de 67 anos, e Herbert Würzburg, de 44 anos, foram presos em Berlim e enviados para as câmaras de gás de Auschwitz.

Para provar que não estivera diretamente ligado ao regime nazista, Will chamou ex-colegas para testemunhar.[12] Nesses tribunais, embora fosse um procedimento comum chamar testemunhas para depor sobre o caráter do indiciado, seus depoimentos eram geralmente conhecidos como *Persilschein*, declarações para encobrir fatos, e eram frequentemente descartadas por juízes sérios. O primeiro a depor foi Reinhold Walch, o antigo advogado de Will Meisel. Mostrando a carta que Will tinha escrito a Hans Hinkel, diretor da Câmara de Música do Reich em 1938, Vogel perguntou ao advogado se ele estivera envolvido na tentativa de seu cliente para comprar empresas arianizadas. Walch respondeu que fora ele mesmo quem tinha aconselhado Meisel a comprar negócios arianizados, "achando que comprar essas propriedades era uma boa ideia". Ressaltando que essa tentativa de comprar propriedades de judeus fora poucos dias depois da Kristallnacht, que aterrorizou a população judaica de Berlim, Vogel perguntou ao advogado se ele tinha dado a Meisel "uma boa dica". Walch respondeu "Sim".

Para constar no processo, Will Meisel precisou apresentar uma cópia atualizada de seu *Fragebogen*. A questão 121 dizia: "Você ou algum parente próximo já adquiriu alguma propriedade que tivesse sido confiscada de outros por motivos políticos, religiosos ou raciais?" Will respondeu "Não". À questão 123 – "Você administra propriedades de judeus que tenham sido arianizadas?" – mais uma vez ele respondeu "Não". Depois, ao lhe pedirem uma lista de suas propriedades, Will escreveu que, além de seus bens em Berlim, possuía "uma casa de madeira em Groß Glienicke, comprada do dr. Alexander, em 1936". É claro que Vogel e seus pares não sabiam que a casa do lago tinha sido arianizada em 1940, pois os registros estavam misturados a outros arquivos da Gestapo aos quais a comissão não tinha acesso na época.[13]

Num esforço para desviar a atenção da comissão, Will interrompeu os procedimentos — já que não era um julgamento criminal habitual, em que somente a acusação e a defesa faziam perguntas — e pediu ao seu ex-advogado que relatasse os esforços que ele, Will, fizera para proteger Hanns Hartmann e a esposa.

Walch: Só posso dizer que Herr Meisel não tinha boa reputação [junto aos nazistas] devido à questão dos Hartmann. Hanns Hartmann era gerente da Meisel, o que não era permitido porque ele não era membro da Câmara de Cultura do Reich. Isso levou a certos problemas. Foi necessário conseguir uma permissão para que ele trabalhasse e liberdades especiais para Frau Hartmann.

Quando perguntaram a Walch quem havia sugerido que ele obtivesse a permissão especial para Frau Hartmann, ele respondeu que fora Will Meisel e Hanns Hartmann, acrescentando que não tinha cobrado por esse serviço.

Walch se sentou e, em seguida, Wilhelm Lachner se apresentou, declarando trabalhar na indústria musical e conhecer Will havia vinte anos. Disse à comissão que estivera "frequentemente em Groß Glienicke, onde conheceu o diretor de criação Hanns Hartmann". Acrescentou que lá eles ouviam juntos a rádio estrangeira. E que, além de Frau Hartmann, Will Meisel tinha ajudado outras pessoas que haviam sido "impactadas pelas Leis de Nuremberg", inclusive o compositor Willy Rosen. Quando Vogel perguntou se ele tinha visto um empregado de Will Meisel encher o carro da empresa com propaganda nazista e desfilar em marchas e paradas, ele disse que não sabia.

Por fim, veio Paul Fago. Disse conhecer Will Meisel havia 25 anos e ter trabalhado em sua empresa desde meados dos anos 1930. Disse que 90% dos compositores gravados por Will eram judeus e que, quando a música feita por judeus foi banida das rádios, a empresa ficou endividada. "Acho que ele aderiu ao Partido para salvar a empresa", ele disse, acrescentando que Will não era "nem nazista nem militarista" e que até mesmo em março de 1945 ele tinha evitado servir na *Volkssturm*, a milícia do povo. Contradizendo o depoimento anterior de Will, porém, Fago disse que a Edition Meisel havia de fato gravado pelo menos três músicas militaristas.

MEISEL, 1946

O coordenador voltou então à questão de Will comprar propriedades de judeus.[14] Herr Meisel havia "resistido" a comprar propriedades de judeus, disse Fago, e era um "oponente" a essas pechinchas. A única exceção, acrescentou, foi a tentativa de Meisel comprar, em 1938, a gravadora austríaca Universal Edition.

Nesse momento, ele interveio novamente, perguntando a Fago sobre as ocasiões em que o estúdio sintonizava a Rádio BBC. Fago confirmou que "Meisel tinha a coragem de ouvir, com sua equipe, programas estrangeiros". Nunca tinha visto Will com quaisquer insígnias do Partido Nazista, a equipe não se cumprimentava com *Heil Hitler* e nem jamais houvera reuniões do Partido Nazista nos estúdios da companhia. Will era constantemente procurado por libretistas e compositores além de manter "conversas tão perigosas naquele tempo que punham nossa vida em risco". Quando Vogel perguntou se eram um grupo antifascista, Fago disse que sim e que Will fazia parte.

Vogel disse, então, que leria um último documento, escrito por Hanns Hartmann e enviado de Colônia para ele, datado de 31 de maio de 1948.[15] Nessa declaração, ele dizia ter sido ideia dele, Hartmann, comprar a Universal Edition a fim de salvaguardar os interesses do proprietário judeu enquanto este não pudesse assumir novamente a gravadora.[16] Disse não se lembrar de Will tentar comprar outras propriedades de judeus.

O ponto crítico foi que, apesar dos repetidos protestos de Will sobre proteger os Hartmann dos nazistas, Hanns não mencionou a ajuda do ex-patrão. Também não disse que Will tinha ajudado compositores judeus, nem que os Hartmann tinham se refugiado por mais de um ano na casa do lago.

São várias as interpretações da ausência de Hanns, bem como de seu silêncio sobre o suposto apoio do ex-patrão. Decerto, Hanns também estava muito ocupado com a gerência da organização da emissora em Colônia, afora o fato de que desejava evitar contato com a polícia de segurança soviética que patrulhava as ruas de Berlim. Segundo um depoimento de Paul Fago a um investigador da desnazificação anterior ao inquérito, existia um nível de "ódio" entre os dois, embora "a maioria das desavenças fosse por opiniões sobre obras artísticas". Além disso, Will provavelmente havia exagerado seu papel de salvador. Assim como outras pessoas judias casadas com arianos, muito provavelmente Ottilie teria ficado a salvo dos piores excessos do regime nazista sem a interferência do dono da gravadora. Em outras palavras, Hanns não se sentiu obrigado a expressar gratidão.

Em seguida ao depoimento final de Will Meisel, os comissários se retiraram para deliberar. Em poucos minutos chegaram à conclusão de que o empresário não passava de um membro nominal do Partido Nazista e que as evidências apresentadas mostravam que não era um seguidor daquela ideologia. Além disso, apesar de ter tentado comprar empresas de judeus em 1938, a comissão entendeu que não tinha sido por motivo de ganhos pessoais ou antissemitas. Afinal, anunciaram que acreditavam que Will Meisel poderia voltar a trabalhar, decisão esta que seria encaminhada ao Governo Militar Britânico, onde certamente seria ratificada.

Will ficou exultante, percebendo quão perto havia estado da desgraça. Parecia que ele estava isento de qualquer culpa e não receberia nenhuma punição.

Contudo, enquanto Vogel e sua equipe deliberavam sobre o veredicto, uma história política maior se apoderava da cidade. No dia anterior ao julgamento, 24 de junho de 1948, as autoridades soviéticas haviam anunciado que, para efeito imediato, estavam erguendo um bloqueio contra a população de Berlim Ocidental. O efeito disso pôs os 2,5 milhões de habitantes que moravam nos setores ocupados pelos Aliados separados do resto do mundo.

Berlim estava sob cerco.

16

MEISEL

1948

Na manhã de 26 de junho de 1948, as louças chacoalharam no armário da cozinha abandonada da casa do lago quando um Dakota C47 passou em voo rasante a menos de cinquenta metros sobre o telhado. Era o primeiro avião britânico chegando a Gatow. A missão organizada pelos Aliados para dar suporte ao povo de Berlim, que viria a ser chamada *Berlin Airlift*, entrava em operação.

Desejosos de controlar toda a cidade de Berlim, os soviéticos tinham decidido impor seu intento fechando todas as rotas fluviais, rodovias e ferrovias que levavam a Berlim Ocidental. Restava apenas o acesso pelas três aerovias que cortavam o espaço soviético. Calculando que suas aeronaves não seriam abatidas – baseando-se na suposição de que os soviéticos não queriam piorar dramaticamente a situação –, os norte-americanos, franceses e britânicos agiram rapidamente.[1] Em poucas horas organizaram voos dia e noite para dar apoio aos cidadãos de Berlim Ocidental. Situado perto da cidade, além de ser um dos três únicos aeroportos disponíveis para os Aliados, Gatow era um óbvio ponto de escala para a operação.

Campo de pouso de Gatow, vendo-se o extremo norte do lago Groß Glienicke (no alto, à esquerda).

A maior necessidade era de carvão, que, transportado em grandes sacos de aniagem, constituía o grosso da carga. Farinha, arroz, peixe e batatas também eram desembarcados em Gatow, além de lâmpadas, leite e correspondência. Em breve, mais de cinco mil pessoas estavam dando apoio à operação de transporte no aeródromo britânico. Quando os aviões já estavam estacionados em hangares enormes, equipes trabalhavam dia e noite descarregando os preciosos artigos. O carvão era transferido para barcos à espera no rio Havel para ser entregue na usina elétrica de Berlim Ocidental e as demais mercadorias eram levadas por caminhão para a cidade. No pico da eficiência, um avião podia ser descarregado e estar pronto para decolagem em quinze minutos. À medida que o tráfego aéreo aumentava, os aviões chegavam e partiam ininterruptamente. A princípio, havia apenas uma pista em Gatow. Em vista dos enormes volumes necessários para alimentar e aquecer a cidade, os britânicos construíram uma segunda pista.

Nos fins de semana, as crianças da vila se reuniam no Potsdamer Tor, dando pulinhos de alegria à espera dos aviões. Ao avistar uma aeronave chegando, eles saíam correndo e, se tivessem sorte, viam cair pacotes em pequenos paraquedas. As crianças se atropelavam para pegar os pacotes contendo biscoitos e chocolates, presentes dos britânicos.

Uma das crianças atenta aos aviões era Lothar Fuhrmann. O menino tinha 10 anos e, meses antes, sua família havia se mudado para a propriedade dos Munk, junto à casa do lago. Os Munk estavam alugando a casa de veraneio, pois preferiam, pelo menos por enquanto, concentrar suas energias em Berlim.

O pai de Lothar, Erich, tinha servido no Exército durante a guerra e no fim esteve preso por um curto período, acusado de crimes de guerra. A acusação foi retirada e ele foi solto. Antes de chegar a Groß Glienicke, os Fuhrmann tinham morado no norte da Alemanha, perto do mar Báltico. Souberam da casa por intermédio do tio de Lothar, que trabalhava como jardineiro do professor Munk.

Lothar Fuhrmann ficava fascinado com o vaivém dos aviões. Sempre que podia, corria para o aeroporto pela trilha de areia que passava pelas ruínas do *schloss*. Juntava-se aos meninos e meninas colados à cerca de arame vendo os aviões se aproximando da aterrissagem, as rodas quase roçando os telhados e logo, com o ronco dos motores e o chiar dos freios, tocando o chão ali pertinho de onde estavam.

Algumas crianças tinham cadernos onde anotavam o número e o tipo dos aviões que chegavam e partiam. Havia aeronaves de todos os tipos e tamanhos. O Dakota C47, por exemplo, prateado, laborioso e atarracado, era o mais frequente em Gatow. Havia o Tudor 688, de corpo alongado e uma rodinha lá no fim da cauda; o enorme Handley Page Hastings, o maior cargueiro que os meninos já tinham visto, de quatro motores Bristol Hercules e trem de pouso retrátil; o comprido Lancaster de cor verde, com a bolha de metralhadora se projetando na frente do nariz; o Short Sunderland 10S, um hidroavião que pousava diretamente nas águas do rio Havel, de nariz empinado e flutuadores sob as asas. Este último era usado no transporte de sal, pois era à prova de corrosão.

Com o passar dos meses, a atividade em Gatow era cada vez mais intensa. Em 10 de outubro de 1948, por exemplo, houve mais de 442 aterrissagens no pequeno campo de pouso e o mesmo número de decolagens. Em 16 de abril de 1949, foram 944 pousos e decolagens, a maioria à noite, com um avião chegando ou saindo de Gatow a cada noventa segundos.

Os aviões americanos, franceses e britânicos e suas tripulações não foram os únicos responsáveis pelo sucesso da operação. Os berlinenses da zona ocidental demonstraram um enorme estoicismo face às dificuldades físicas e mentais para que sua cidade não fosse tomada pelos soviéticos. Eles ajudavam as tripulações a descarregar os aviões e distribuíam as mercadorias pela cidade, comida e água para os idosos e doentes, e tentavam elevar o moral da população. Além de desenvolver meios engenhosos de contornar os bloqueios.

No fim do outono de 1948, Will Meisel se animou a sair de Berlim Ocidental para ir de carro à área de Brandemburgo. Embora estivesse saindo do setor britânico e entrando na Alemanha ocupada pelos soviéticos, essa travessia de fronteiras era permitida e os guardas lhe deram livre passagem. Primeiro, Will foi à casa do lago para verificar se tudo estava em ordem. Fazia muito tempo que não ia lá e gostou de encontrar a casa fechada e intacta. Depois, foi à procura de fazendeiros para trocar algumas joias de sua esposa por ovos, carne e frutas, coisas escassas em Berlim Ocidental. Essas incursões ao interior, conhecidas como *hamster trips*, eram comuns na época, mas proibidas pelas autoridades soviéticas. Na volta para a cidade, Will escondeu o que tinha conseguido. Se descobrissem, tudo seria confiscado.

Semanas depois, Will Meisel entrou em contato com Bruno Balz, um compositor famoso por suas belas letras de músicas com quem ele tinha trabalhado durante a guerra, e sugeriu que fizessem uma canção louvando a resistência e a solidariedade da cidade. Em pouco tempo eles compuseram "Berlin bleibt doch Berlin". A canção logo se tornou um hino a Berlim Ocidental, cantada e cantarolada pelas ruas. Foi o maior sucesso de Will desde "Ilona", nos anos 1920.

> Berlim ainda é Berlim,
> Nada vai mudar isso!
> Para nós, sempre será Berlim,
> A melhor cidade do mundo.

Apesar de se orgulhar da cidade e de seus cidadãos, Will continuava frustrado com sua vida profissional. Depois de seu sucesso diante da comissão de desnazificação, o Conselho de Berlim Ocidental, formado por alemães, escreveu à Seção de Música e Teatro do Governo Militar Britânico em 14 de setembro de 1948 solicitando a aprovação de Will para retomar seu trabalho. Concluíram com as palavras: "Não deve haver preocupações quanto a dar a Will Meisel autorização para operar sua empresa."

Essa petição foi encaminhada ao diretor da Divisão de Relações Culturais Britânica (Seção de Livros) em Berlim e depois ao escritório central, em Hamburgo. Em anexo, seguiu a carta de Will Meisel, escrita em 1938, a Hans Hinkel perguntando se podia comprar empresas de judeus e uma carta em que George Clare, chefe da Seção de Controle de Licenciamento Britânico em Berlim, escrevera que "esta seção objeta fortemente" a que Will ou Eliza Meisel tenham permissão para "ludibriar" o Governo Militar Britânico e "recomenda fortemente" que Will Meisel não obtenha licença para trabalhar na indústria musical.[2] Com referência ao diretor de criação de Will, Clare observou que "Hartmann era a única pessoa OK de toda aquela turma". Nessa mesma carta, Clare resumiu sua opinião: "Herr Will Meisel é um tremendo mau caráter. Foi também membro do Partido desde 1933 e precisa esperar a desnazificação. Isso, porém, não o impediu de viver muito, muito bem desde o fim da guerra."[3]

Em 11 de julho de 1949, mais de um ano depois do julgamento de desnazificação de Will, o diretor do escritório de Hamburgo enviou um memorando à Divisão de Serviços de Informação: "A petição anexa foi rejeitada e o arquivo está retornando aos seus cuidados." Ser impedido de trabalhar tanto tempo após o fim da guerra era altamente incomum. Que isso acontecesse a um compositor e dono de gravadora musical, e não a um membro da SS ou da Gestapo, era ainda mais digno de nota.

Por que Will Meisel continuava proibido de trabalhar se a grande maioria de ex-membros do Partido Nazista não só tinha sido isentada, mas estava diligentemente reconstruindo seus negócios? A resposta é que em outros casos as autoridades britânicas, norte-americanas e francesas não tinham conseguido provar a culpa dos suspeitos. Na verdade, muitos investigadores britânicos estavam indignados pelo fato de tão poucos membros do Partido

Nazista terem enfrentado a justiça. O problema era que as provas necessárias tinham sido destruídas durante a guerra. Por isso, a carta de Will Meisel a Hans Hinkel era tão extraordinária e prejudicial. Foi um dos raros exemplos em que a cumplicidade no crime generalizado de compra de propriedade de judeus podia ser provada.

Por enquanto, pelo menos, Will teria que confiar em outros para administrar seus negócios.

17

MEISEL

1949

Na primavera de 1949, quase um ano após os soviéticos terem cortado a chegada de suprimentos a Berlim, tornou-se claro que os Aliados estavam vencendo o bloqueio. Operando no aeroporto britânico de Gatow, no francês em Tegel e no americano em Tempelhof, os Aliados haviam feito mais de 275 mil voos, levando mais de 2,3 milhões de toneladas de alimentos, carvão e suprimentos médicos para a população de Berlim Ocidental. Tendo sobrevivido aos brutais meses de inverno de 1948, quando a visibilidade era às vezes inferior a cinquenta metros, com temperaturas de vinte graus abaixo de zero e nevascas constantes, as tripulações se orgulhavam de poder manter os transportes aéreos por tempo indefinido.

Reconhecer que seu cerco havia fracassado foi duro de engolir para Stalin e seus adeptos, pois teriam que continuar a conviver com as tropas norte-americanas, francesas e britânicas estacionadas no coração do Leste Europeu. Assim sendo, em 12 de maio de 1949, os relutantes soviéticos suspenderam o bloqueio. Esse recuo se deu face à crescente tensão entre a União Soviética e o Ocidente.

Onze dias após a retirada do bloqueio, em 23 de maio, os Aliados uniram suas três zonas de ocupação num único país: a Bundesrepublik Deutschland (BRD), a República Federal da Alemanha (também conhecida como Alemanha Ocidental). Foi ratificada uma Constituição, a Lei Básica, da Alemanha Ocidental. Embora inspirada na República de Weimar, essa nova Constituição diferia da república predecessora em aspectos fundamentais. O mais importante talvez era que preservava os direitos individuais, declarando que o governo não poderia jamais institucionalizar estado de emergência. Como símbolo de sua independência, a Alemanha Ocidental adotou uma nova bandeira tricolor, baseada nas cores preta, vermelha e amarela das revoluções democráticas de 1848-1849, e uma nova moeda, o marco alemão. Esse Estado independente alemão era um forte desacato direto aos soviéticos, que desde muito tempo acalentavam a esperança de tomar o controle da Alemanha inteira. No entanto, para grande parte da Europa e de todo o mundo, a divisão da Alemanha foi uma decisão correta. Segundo *The Times*, a Grã-Bretanha, os Estados Unidos e a França deveriam permanecer "firmes e resolutos" agora que os alemães tinham "mostrado que preferiam ter metade da Alemanha livre a ter toda a Alemanha sob a ameaça de uma ditadura comunista".

A animosidade entre as potências mundiais piorou quatro meses mais tarde, em 23 de setembro de 1949, quando os líderes dos Estados Unidos, Grã-Bretanha e Canadá anunciaram em conjunto que tinham descoberto "evidências de que havia ocorrido recentemente uma explosão atômica na União Soviética". Jornais do mundo inteiro manifestaram sobressalto. Uma coluna do *New York Times* advertia que a União Soviética poderia ter em breve um estoque de bombas suficiente para "destruir cinquenta de nossas cidades com 40 milhões de nossa população", e o *Sydney Morning Herald* falava de "Alarme em Berlim".

Dois dias depois, os soviéticos responderam oficialmente dizendo que tinham a posse de uma bomba atômica desde 1947, mas "não havia a menor base para preocupação". No mesmo dia, um artigo no *Tägliche Rundschau*, um jornal controlado pelos soviéticos publicado em Berlim Oriental, exaltou a matéria como "boa notícia para a Alemanha", pois os norte-americanos não tinham mais o monopólio da bomba atômica e qualquer governo que a usasse poderia "esperar uma resposta à altura".

Doze dias depois, em 7 de outubro de 1949, as forças de ocupação soviéticas passaram o controle da parte oriental da Alemanha para um novo conselho de ministros encabeçado pelo líder do Partido da Unidade Socialista

(SED), Otto Grotewohl, e seu vice, Walter Ulbricht. O conselho declarou a criação de um novo país: A Deutsche Demokratische Republik, a República Democrática Alemã (DDR, também conhecida como Alemanha Oriental). Agora a Alemanha estava oficialmente dividida entre o Leste e o Oeste.

Foi com o pano de fundo desses eventos memoráveis que os Meisel leram nos jornais matérias inquietantes sobre Groß Glienicke.

Uma notícia citava Gerda Radtke, que, na noite de 20 de setembro de 1949, estava arrumando a casa depois que seus três filhos tinham ido dormir. A família morava então em Bullenwinkel, um povoado distante um quilômetro a oeste de Groß Glienicke, depois de ter sido expulsa de casa pelos soviéticos.

Por volta das dez horas da noite, Gerda olhou pela janela e viu um soldado soviético falando com os Tauffenbach, um casal de idosos donos de um pomar ao lado.[1] O soldado parecia estar propondo uma troca a Herr Tauffenbach: uma joia por algumas frutas. Sem pensar no assunto, Gerda voltou aos afazeres domésticos. Cerca de uma hora depois, ela ouviu gritos de Frau Meier, que morava em frente aos Tauffenbach: "Frau Radtke, Frau Radtke, tem um incêndio na casa dos Tauffenbach!"

Gerda correu para fora e viu chamas lambendo as janelas dos vizinhos. E então viu o corpo de Carl Tauffenbach estendido na soleira da entrada, com a cabeça aberta, o rosto e as mãos retalhados e sem a aliança de casamento no dedo. Enquanto ela olhava, horrorizada, Herr Meier montou na bicicleta e foi a Groß Glienicke chamar a brigada de incêncio. Gerda tentou entrar na casa, mas Frau Meier a deteve, dizendo que não entrasse, pois poderia ficar presa entre as chamas.

A brigada de incêndio chegou minutos depois. Na sala de estar, encontraram o corpo meio queimado da esposa de Carl, Valerie Tauffenbach, nua e com os dois braços cortados fora. Perto do corpo, descobriram uma lata de gasolina vazia, que havia sido usada para atear o fogo. Adentrando a casa e chegando ao porão, encontraram um terceiro corpo, de Martha Greiner – uma colhedora de frutas, de 36 anos, que trabalhava para os Tauffenbach –, com as pernas quebradas, os seios cortados fora e o estômago retalhado. Junto ao corpo havia uma tábua de passar roupa com o ferro ainda quente.

Logo em seguida, chegaram a NKVD, a polícia de segurança soviética, e a Volkspolizei alemã. Os soviéticos ordenaram que os bombeiros saíssem da casa e não deixaram a polícia alemã documentar a cena do crime. Deixaram a casa queimar. Naquela noite, a NKVD foi à casa de Gerda, pedindo um depoimento. Ela lhes disse que tinha visto o soldado russo na porta dos Tauffenbach e que poderia identificá-lo. Ela assinou o depoimento e lhe disseram que não contasse a ninguém o que tinha acontecido. Ainda estava escuro quando os corpos das vítimas foram colocados num veículo militar e levados para o pequeno prédio de tijolos que servia de necrotério, ao lado da igreja de Groß Glienicke. Pouco depois, foram transportados para Potsdam, onde seus restos foram cremados. Apesar de insistentes pedidos, as cinzas de Martha Greiner nunca foram entregues ao seu desolado marido.

Duas semanas após o assassinato dos Tauffenbach, outro crime abalou a frágil paz do lugar. Dois lenhadores passavam pela várzea de Glienicke e o caminhão deles atolou. Um deles deixou o companheiro tomando conta do caminhão e foi a pé buscar ajuda em Groß Glienicke. Quando voltou, encontrou o companheiro terrivelmente ferido, caído ao lado do caminhão, quase morto, com o crânio aberto por um objeto cego. As últimas palavras do moribundo foram que os criminosos vestiam farda russa.

No mesmo dia, dois corpos mutilados e desmembrados foram içados da estação de tratamento de esgoto perto da base militar soviética em Krampnitz, quatro quilômetros a oeste de Groß Glienicke. Depois, em 5 de outubro, os corpos de um casal foram encontrados, mais uma vez perto da vila, com os olhos arrancados. Outro corpo, o nono, foi descoberto na floresta. No dia seguinte, o corpo mutilado de um ciclista foi encontrado dois quilômetros a noroeste de Groß Glienicke, na direção da vila de Fahrland. Dias depois, um homem que colhia cogumelos encontrou dois corpos de mulheres no bosque a poucas centenas de metros ao norte da casa do lago. Tinham sido estupradas e os rostos delas estavam tão mutilados que não puderam ser identificadas.

Os jornais de Berlim Ocidental – de fato, da Alemanha Ocidental como um todo – se fixaram nessa história, publicando matérias com manchetes como a do *Tagespiegel*, "ASSASSINOS EM FARDA RUSSA – MAIS VÍTIMAS EM GROSS GLIENICKE", e do *Rhein Echo*, "ADMINISTRAÇÃO MILITAR SOVIÉTICA

ACOBERTA ASSASSINATOS EM GLIENICKE". Como era de esperar, os jornais da DDR traziam uma visão muito diferente, representada pelo *Berliner Zeitung*, cuja manchete dizia "MENTIRA DE MÚLTIPLOS ASSASSINATOS EM MASSA", prosseguindo com "Os jornais da Alemanha Ocidental trouxeram artigos sobre esse evento com o objetivo de difamar a Volkspolizei e os soviéticos".

Um intrépido repórter de Berlim Ocidental foi investigar pessoalmente. Assinado HH no *Social Democrat*, seu artigo dizia:

> Poderia ter sido um passeio mágico em torno do lago de Groß Glienicke nesse ameno dia de outono, mas a magia não aflora apesar do sol quente no pálido azul do céu e do vibrante vermelho, amarelo e marrom das árvores e arbustos. Não se pode sentir profundamente toda essa beleza porque no outro lado de Groß Glienicke houve doze assassinatos nas últimas quatro semanas.

Passando do setor britânico para a zona soviética, HH foi à margem norte do lago, onde "costumava haver casas de veraneio de atores, artistas e empresários importantes" e conversou com algumas pessoas do lugar. Uma mulher falou que "uma amiga me disse para ficar longe dessa área porque tem muita coisa acontecendo em Groß Glienicke", e acrescentou que "todos nós sabemos, até a Volkspolizei sabe, quem são os assassinos, mas é melhor ficar de boca calada". Outra pessoa lhe disse: "Se você for detido por um soldado russo ou pela Volkspolizei, vai ter sérios problemas." Como o jornalista ressaltou, apesar da beleza do lugar, os habitantes estavam em estado de "temor e pânico".

A teoria dos habitantes era de que os assassinos estavam nos quartéis instalados na antiga Vila Olímpica. Na época, havia mais soldados que o normal na base soviética porque centenas deles estavam atuando como figurantes no filme *The Fall of Berlin*, uma superprodução caríssima financiada por Joseph Stalin que estava sendo rodada na várzea ao norte de Groß Glienicke.[2] As pessoas da vila tinham tanto medo de sair de casa, principalmente à noite, que quando precisavam saíam em grupo. "Mas", HH concluiu, "as pessoas só falam nisso em casa, com a família, a portas fechadas. O medo lhes ensinou o silêncio".

Inicialmente, o Ministério do Interior de Brandemburgo, controlado pelos soviéticos, disse aos jornalistas que não tinha ouvido falar de assassinatos. Somente quando foram pressionados reconheceram que os Tauffenbach tinham sido mortos, mas não os outros. No outro lado da fronteira, o *Berliner Abend*, um jornal vespertino da Alemanha Ocidental, dizia que a segurança soviética havia proibido a Volkspolizei de investigar os crimes. Mais especificamente, a NKVD tinha ameaçado prender o prefeito de Groß Glienicke e o chefe da Polícia Criminal de Potsdam caso não conseguissem garantir o silêncio de todas as testemunhas. A única medida foi restringir as saídas dos soldados soviéticos aquartelados perto de Groß Glienicke.[3] Não foram efetuadas prisões em decorrência dos assassinatos. Isso a despeito da declaração de Gerda Radtke ter visto o assassino tão claramente a ponto de poder identificá-lo por fotografia.[4]

Por fim, em 19 de outubro de 1949, o chefe da Polícia Criminal de Brandemburgo, Herr Hoppe, tomou uma atitude inusitada ao conceder uma entrevista a um jornalista do *Neues Deutschland*, o órgão oficial do Partido da Unidade Socialista (SED), o jornal de maior tiragem na DDR. Em resposta às matérias sobre os assassinatos, Hoppe disse que estavam investigando apenas o crime dos Tauffenbach, e não haviam encontrado outros corpos. Ao ser perguntado sobre os artigos na imprensa ocidental, ele disse: "Foram escritos unicamente com o objetivo de difamar a União Soviética e a Volkspolizei. Fazem isso para distrair a atenção do crescente desemprego em Berlim Ocidental."

A política da Alemanha Oriental era enterrar o caso.

Embora os assassinatos ocupassem as primeiras páginas dos jornais de Berlim, esses não eram os únicos terrores assolando os habitantes de Groß Glienicke. Em 23 de agosto de 1950, dez meses após o chefe de polícia ter falado de "difamação da União Soviética", tropas armadas invadiram uma casa no pontal sul do lago de Groß Glienicke e prenderam seu ocupante: o político judeu Leopold Bauer.

Bauer era uma figura conhecida local e internacionalmente. Tinha sido ativista do Partido Comunista no início dos anos 1930 e, com a ascensão do nazismo, fugiu para Paris. Preso na França após a ocupação alemã, escapou em 1940, mas logo foi preso novamente na Suíça por agitação comunista. Terminada a guerra, Bauer voltou à Alemanha como herói. Rapidamente promovido a diretor do Partido Comunista na região de Hesse, no verão de 1949 foi nomeado chefe da estação nacional de rádio, a Deutschlandsender. Foi então que se mudou para Groß Glienicke, por ser perto de Berlim e oferecer a paz e tranquilidade que ele desejava.

No começo de 1950, em vista da crescente tensão entre os Estados Unidos e a União Soviética em seguida à divisão da Alemanha, Joseph Stalin havia ordenado uma enérgica repressão a todo suspeito de trabalhar para o Ocidente. Um ano depois de chegar à vila, aos 37 anos, Bauer foi preso. Acusado de ajudar espiões norte-americanos e de traição, foi encarcerado na prisão de Potsdam. Ali o "Prisioneiro 6" – como era chamado – foi brutalmente interrogado e obrigado a confessar. Num manuscrito de sete páginas, ele declarou: "Esta é minha última chance de contar meu lado da história, de provar que não sou um inimigo, ou não haverá razão para prolongar minha inútil vida." Após apresentar sua biografia, ele prosseguiu: "Como posso provar que não sou inimigo se não sou um inimigo? Sempre lutei pela classe trabalhadora e pelo partido. Posso ter cometido erros, mas não sou um inimigo do povo. Sempre precisei trabalhar e às vezes não sabia para quem estava trabalhando."

Dois anos depois, na primavera de 1952, como parte de uma série de *show trials*, julgamentos abertos ao público com veredicto pré-definido, Bauer foi condenado num tribunal de Berlim.[5] Inicialmente sentenciado à morte, sua pena foi comutada para 25 anos num campo de trabalhos forçados na Sibéria.

Cada vez que um habitante de Groß Glienicke passava diante da casa de Leopold Bauer, confiscada pelo governo e ainda vazia, recordava o destino dele. Era mais um motivo de temor. Diante da possibilidade de maior opressão por parte do governo, aparentemente arbitrária como no caso de Bauer, e sabendo que as autoridades não se preocupavam em investigar os assassinatos e menos ainda em prender os criminosos, os habitantes de Groß Glienicke se retraíam.[6] A estratégia mais comum era evitar qualquer contato com os soldados soviéticos ou sua contraparte no aparato de segurança na

Alemanha Oriental. Em vez da antiga tranquilidade, a vila se tornara um lugar de terror.

Enquanto isso, apesar da suspensão do bloqueio soviético, o povo de Berlim Ocidental se sentia mais que nunca sitiado. Estavam cercados pela Alemanha Oriental, cuja política e economia pareciam cada vez mais diferentes das deles, e ameaçados pelos soviéticos, que construíam bases militares cada vez mais perto da capital. Impossibilitado de retornar a Groß Glienicke, Will Meisel se dedicou a ampliar seus negócios. Em 1951, as autoridades finalmente cederam e ele recebeu licença para trabalhar. Em comemoração, Will enquadrou e pendurou a carta de licença na parede do escritório.

Quatro anos depois do fim da guerra, a emigração em massa era um problema para o recém-criado país da Alemanha Oriental. Traumatizados com a violência dos ocupantes soviéticos e receosos quanto a seu futuro político e econômico, centenas de milhares de pessoas fugiam para o Ocidente. A rota mais fácil era através de Berlim, onde o controle era mais frouxo do que em outras fronteiras da Alemanha Oriental com a Ocidental. As pessoas que viviam nas partes controladas pelos soviéticos iam para Berlim Oriental, cruzavam a fronteira ainda permeável para Berlim Ocidental e lá pediam cidadania alemã ocidental. Em 1949, quase 130 mil pessoas emigraram para o Ocidente. Esse número subiu para quase 200 mil no ano seguinte.

Para estancar esse êxodo, o governo da DDR impôs uma série de normas rígidas destinadas a restringir a passagem. Daí em diante, os guardas tinham ordens de verificar mais atentamente os documentos das pessoas. Quem fosse apanhado contrabandeando – alimentos, artigos de luxo, dinheiro – era imediatamente detido e levado para a prisão. Os jornais da DDR traziam matérias com invectivas contra a desigualdade reinante na Alemanha Ocidental, que eles diziam ser governada por ex-integrantes do Partido Nazista.

Não obstante, a emigração em massa continuava. Em 1951, mais de 160 mil passaram da Alemanha Oriental para Berlim Ocidental – por trem, ônibus e avião – e entraram na República Federal da Alemanha. Enquanto isso, dezenas de residentes de Groß Glienicke continuavam a trabalhar em Berlim Ocidental, onde os salários eram mais altos e pagos em moeda ocidental, de maior valor. Ao mesmo tempo, muitos berlinenses da parte ocidental que tinham casas de veraneio em Groß Glienicke iam esporadicamente à vila, apesar de temerosos da violência e intimidados por entrarem no bloco oriental, ainda que apenas para verificar o estado de suas propriedades.

A situação mudou drasticamente em 26 de maio de 1952. Ao ler o jornal da manhã, Will Meisel descobriu que a DDR estava fechando a fronteira de Berlim Ocidental com a Alemanha Oriental, com efeito imediato. Ainda mais significativamente, o governo tinha anunciado que quem quisesse ter uma propriedade na DDR teria que morar lá em caráter permanente.

Na impossibilidade de ir à casa do lago, Will Meisel contatou Ella Fuhrmann, a mãe de Lothar, que continuava morando na casa do professor Munk. Will e Ella tinham se encontrado algumas vezes, sempre trocando amabilidades e fofocas da vila na cerca do jardim. Numa dessas conversas, Will entendeu que Frau Fuhrmann estava procurando nova moradia. Ela havia sido informada pelo conselho local de que sua família precisava sair da casa dos Munk para cedê-la a um professor, Herr Wißgott. Will escreveu perguntando se ela estaria interessada em se mudar para a casa ao lado, pelo menos até as coisas ficarem mais claras politicamente. Ella respondeu por correio, aceitando.

Will Meisel ficou contente. Em Berlim, ele podia continuar tentando recuperar sua empresa, sabendo que pelo menos por enquanto alguém estaria cuidando da casa do lago.

Parte III
LAR

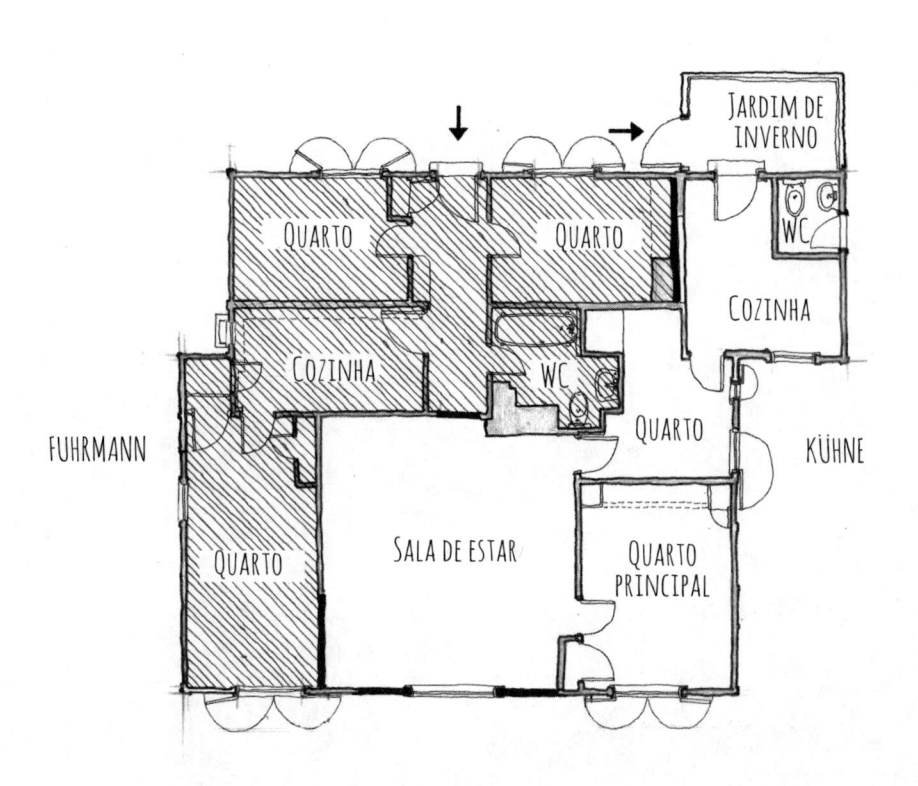

Dezembro de 2013

Volto a Berlim na esperança de encontrar alguém da família de Will Meisel. Passados alguns dias, localizo Sven Meisel, neto de Will, que agora dirige a gravadora Edition Meisel, em Berlim.

Sven e eu nos encontramos nas escadas de um prédio de pedras brancas na Köthener Straße, no centro da cidade. No fim da rua, onde hoje se encontra um edifício alto, existiu outrora o Muro de Berlim, coberto de grafite, bloqueando o acesso à parte leste da capital. Duas quadras adiante, está a Potsdamer Platz, uma das principais praças de Berlim. Após nos apresentarmos, Sven me leva para conhecer seu estúdio musical.

"Aqui foi onde David Bowie gravou a Trilogia de Berlim, nos anos 1970", ele me fala em inglês perfeito enquanto passamos pelo Meistersaal, um salão apainelado em madeira, com um pequeno palco e teto alto. Sigo Sven até a outra sala, onde ele aponta para uma janela, dizendo: "Aqui foi onde David Bowie viu o produtor dele beijando uma garota do coro. Você conhece a música 'Heroes'?" Concordo com um aceno de cabeça. "O verso que fala do beijo junto à parede, ouvindo tiros lá em cima e achando que nada vai cair? Foi aqui que isso aconteceu."

De volta ao escritório, depois de explicar quem eu era e por que quis falar com ele, pergunto a Sven sobre a casa do lago. Ele fica subitamente circunspecto. "Qual é a sua intenção? Está querendo tomar a casa de volta?", ele pergunta.

Falo que meu objetivo é colher informações sobre a casa a fim de salvá-la da demolição. A questão da posse da casa já está definida, é a cidade de Potsdam – digo.

Mais à vontade diante de meus motivos, Sven pega o telefone e pede que tragam os registros da casa, que estão nos arquivos da companhia, e qualquer outro material relevante. Minutos depois, estamos vendo fotos dos anos de guerra, artigos de jornal, documentos judiciais e velhas cartas.

Uma foto é do avô dele, vestindo camisa branca e calças pretas, encostado numa porta da frente. A porta tem uma janelinha em losango. É a casa do lago. O homem parece tranquilo, feliz, em casa. A imagem me abala. É a primeira vez que vejo evidência de outras pessoas morando na casa, de outros incluindo a casa nas histórias de família. Acho a imagem desconcertante, como se alguma coisa debilitasse a história da minha família.

Sven me conta que não conheceu o avô, morto antes de seu nascimento. Pergunto se seu avô tivera ligação com os nazistas e me surpreendo com a franqueza de Sven. É possível – ele diz – que seu avô tenha se aproveitado da situação. "Ele tinha uma personalidade complexa", diz ele.

Dias depois do meu retorno à Inglaterra, recebo um e-mail de meu pai. Ele pergunta como vai minha pesquisa em Berlim e diz que também tem feito algumas investigações. Encontrou documentos relativos a uma segunda reivindicação feita quatro décadas após a de Henny Alexander.

Clico no anexo e vejo uma série de registros de uma reivindicação feita pela Conferência de Reivindicações dos Judeus (JCC) em 11 de novembro de 1992. Segundo o documento, essa reivindicação foi enviada em nome dos Alexander, mas sem o conhecimento da família. Isso não era incomum. A JCC fez milhares de reivindicações logo após a reunificação da Alemanha, no começo dos anos 1990, na suposição de que as famílias judias pudessem tê-las feito de modo incorreto.[1]

Segundo os documentos, o processo da petição da JCC levou quase duas décadas para ser concluído. Finalmente, em 2011, um departamento federal reconheceu que os Alexander tinham de fato sido "perseguidos pelo governo nazista", e que suas feitorias em Groß Glienicke foram "tomadas ilegalmente". Como compensação, a família tinha direito a receber um pouco mais de 30 mil euros.

Folheando os documentos, vejo que essa oferta não só fora aceita, mas que meu pai e todos os outros membros de sua geração – seu irmão, sua irmã e seus primos – tinham assinado um documento individual de renúncia, anulando qualquer direito a futuras reivindicações. No alto da página vejo que a data da liberação do dinheiro fora setembro de 2012, meses antes do meu primeiro retorno à casa.

Envio um e-mail a vários membros da família perguntando se estariam interessados em me ajudar a achar mais sobre a casa em Groß Glienicke, buscando cartas e fotos antigas, tentando juntar a história da família. Para minha surpresa, recebo várias respostas hostis.

DEZEMBRO DE 2013

Um primo diz que não quer ter nada a ver com a casa. Afinal, diz ele, fomos perseguidos pelos alemães nos anos 1930 e desde então só tivemos decepções com uma sucessão de governos e advogados alemães.

Uma das reações mais fortes foi de meu pai. Ele pergunta, tranquilamente: "Você realmente espera que a gente tenha despesas..." Em minha cabeça, completo a frase: "se, para começar, a casa foi roubada de nós?"

18

FUHRMANN

1952

No outono de 1952, Ella Fuhrmann e seus dois filhos, Lothar e Heideraud, fizeram as malas e se mudaram para a casa do lago.[1]

Para Ella Fuhrmann, era somente mais uma provação a suportar. Seu marido, Erich, tinha morrido aos 46 anos, de câncer de estômago, no ano anterior, e ela ainda estava de luto. Tinha gostado de morar na casa dos Munk, mas sabia desde o princípio que seria uma estada temporária. Alta, magra, vigorosa e extrovertida, Ella não se incomodava de cuidar da propriedade dos Meisel e do grande terreno da horta, que deveria, assim esperava, prover mais que o suficiente para a família.

Em sua conversa com Herr Meisel, ficou claro que os Fuhrmann seriam cuidadores e não inquilinos. Continuaria a ser a casa do empresário. Como tal, ele não queria ninguém dormindo no quarto principal, preferia que não usassem a sala e tudo o que ele havia deixado no Quarto Azul – piano, banqueta, cartazes e partituras – permaneceria intocado. Lothar, portanto, ficou no quarto da empregada, ao lado da cozinha, e sua irmã, de 18 anos, dormia com a mãe no quarto de hóspedes, ao lado da porta da frente.

Mesmo com as poucas melhorias e adaptações feitas pelos Meisel, o interior da casa parecia igual à época em que os Alexander se mudaram para lá. As mesmas cadeiras de madeira com espaldar alto se destacando na sala, a grande mesa vermelha com os bancos fixos, as cadeiras de vime na varanda dos fundos e as paredes em tons alegres. Algumas venezianas estavam rachadas, tinham que ser substituídas e, estando a casa vazia por tanto tempo, levou alguns dias até ficarem à vontade ali, mas não tardou a se tornar um lar.

Também lá fora quase tudo parecia estar como antes. O chalé do caseiro – onde o irmão de Gerda Radtke ainda morava –, a estufa e a casa da bomba estavam de pé, embora precisando de alguns reparos. A quadra de tênis, porém, mal era reconhecível, com as linhas brancas de demarcação quase invisíveis por entre o mato. A varanda dos fundos, com o pórtico e as colunas decoradas, assim como as venezianas alaranjadas, tinha sobrevivido aos tumultos dos anos precedentes. Mais velhos, mais altos e dominantes, altaneiros, os salgueiros e os pinheiros continuavam a envolver numa sombra generosa os graciosos degraus que desciam para a beira do lago.

As mudanças principais só eram evidentes no fundo do jardim. Havia agora uma cerca ao longo da margem do lago, demarcando a fronteira entre a Alemanha Oriental e Berlim Ocidental. Era uma cerca composta por uns paus fincados no chão e um alambrado bambo de galinheiro. E o longo píer branco que se projetava sobre o lago, de onde uma geração de crianças mergulhara, tinha sido retirado. A cerca era tão fraca que muitos paus estavam caídos, o que tornava fácil para Lothar ir nadar no lago. Se algum barco de patrulha o via, os guardas gritavam para ele sair, mas era um preço baixo a pagar por um mergulho refrescante.

Desde a morte do pai, Lothar tinha assumido maiores responsabilidades. Na nova casa, a pior tarefa era esvaziar a fossa séptica. Todas as noites ele retirava a tampa de metal que cobria um grande buraco no chão, enfiava uma mangueira no líquido de cheiro pútrido e depois ia ver se o líquido estava correndo pelo terreno arenoso junto ao lago.

Enquanto os Fuhrmann aproveitavam seu primeiro verão na casa do lago – almoçando no jardim, nadando no lago, armando tendas junto às árvores –, Lothar ansiava pelo inverno. Quando as águas congelassem, ele poderia andar pelo gelo, explorar as enseadas e os bosques das margens. Os patrulheiros não pareciam ligar para ele estar do outro lado da cerca de arame – afinal, era só uma criança. Na verdade, eles pareciam gostar de interagir com a meninada, pois qualquer confraternização com adultos era estritamente proibida. E Lothar não era o único no lago congelado. Outras pessoas de Groß Glienicke patinavam no gelo ou deslizavam de botas mesmo, como Lothar. Também havia sempre muita gente da outra margem, a de Berlim Ocidental. Os dois grupos não se misturavam, parecendo estar separados por uma linha invisível correndo pelo centro do lago.

O melhor de tudo eram as tempestades de inverno, que cobriam de neve o barranco íngreme entre a casa e o lago. Lothar e seus amigos passavam horas construindo rampas e desciam velozmente até o lago em sólidos trenós de madeira. Quando se cansavam dessas corridas, construíam enormes cavernas de gelo, imaginando-se em zonas desérticas do Norte ou em fortes gelados, de onde atiravam bolas de neve até que, exaustos, se despediam e iam cada um para sua casa, aquecida a carvão.

O frio era o maior problema dos Fuhrmann. Construída como residência de verão, a casa não tinha isolamento nas paredes, nem no sótão, nem no porão. Naquele inverno brutal, que chegava a quinze graus abaixo de zero, Ella Fuhrmann cobria as janelas com cobertores e as paredes com jornal. Havia uma chaminé na sala de estar, mas Will Meisel tinha proibido de usarem aquele espaço. Da lareira no porão subia ar quente para o quarto principal e o Quarto Azul, onde Will Meisel tinha seu estúdio, mas esses cômodos também tinham sido interditados. O único lugar aquecido era a cozinha de 2 x 3 metros, que se tornou o centro da vida deles. Lá eram feitas todas as refeições, com Ella cozinhando no fogão a carvão, que tinha duas trempes e uma grande chaleira sempre fumegante. A família se reunia em torno da mesa retrátil, tomando canecas de chá quente e conversando sobre o dia, entretendo-se com algum jogo ou ouvindo rádio.

Num domingo no começo de 1953, Lothar caminhou até o Potsdamer Tor com sua irmã e sua mãe. Vestindo terno, ele estava indo à igreja para sua confirmação. A cerimônia da confirmação era um rito de passagem para selar seu compromisso com a comunidade cristã.

Lothar tinha completado 14 anos em outubro e, consequentemente, era uma das crianças mais velhas naquele dia na igreja. Foi recebido por Wilhelm Stintzing, o pastor da comunidade, um homem alto e espigado, de 39 anos.[2] Durante todo o ano anterior, as crianças tinham se preparado para a confirmação estudando o catecismo, os ritos e os costumes do protestantismo. Mas aquele momento já não servia para lições de ética e moral. Foram lidos alguns versículos da Bíblia, cantaram hinos e o pastor abençoou meninos e meninas. Ao fim do serviço, Lothar passaria a ser tratado como um membro adulto da congregação. Daí por diante, os adultos deveriam se dirigir a ele com o termo mais respeitoso de *Sie* e não mais com o informal *du*.

Lothar fez parte de um dos últimos grandes grupos da vila a receber a confirmação. Por essa época, o *politburo* em Moscou decretou as "Medidas para a Recuperação da Situação Política na DDR", inclusive uma alternativa para a cerimônia de confirmação cristã, conhecida como *Jugendweihe*. Nessa cerimônia, as crianças se comprometiam com a "grande e nobre causa do socialismo". Depois recebiam flores e o livro *Weltall, Erde, Mensch* (*Universo, Terra e Homem*), declaradamente não religioso. A primeira cerimônia *Jugendweihe* aconteceu em Berlim Oriental e, com o beneplácito político, sua popularidade teve um crescimento exponencial. Em consequência, o número de confirmações em Groß Glienicke caiu de mais de trinta crianças por ano nos anos 1950 para menos de três nos 1960.

Outras tradições também começaram a desaparecer. Na véspera de Natal, por exemplo, era costume os habitantes da vila se reunirem para entoar canções natalinas. Agora, com a fronteira dividindo Groß Glienicke em duas, metade da congregação não podia comparecer. O pastor Stintzing havia construído uma nova igreja em Kladow, parcialmente com pedras aproveitadas das ruínas do *schloss*, para quem morava no leste geográfico do lago (o ocidente político), mas a comunidade estava fragmentada. Para expressar sua fé, ou talvez em sinal de protesto, os paroquianos isolados de Groß Glienicke andavam pelo lago levando velas e entoando as canções. Quando suas vozes eram ouvidas do lado de lá, alguns habitantes acendiam velas em solidariedade.

Tarde da noite de 5 de março de 1953 os Fuhrmann ouviram o anúncio no rádio: Joseph Vissarionovich Stalin, secretário do Comitê Central do Partido Comunista e presidente do Conselho de Ministros, morreu. Tinha sofrido hemorragia cerebral causada por hipertensão.

Na União Soviética, a morte de Stalin causou uma onda de choque na política e desencadeou uma luta pelo poder na elite governamental. Para muitos que viviam na DDR, a novidade era uma faísca de esperança. Apenas um ano antes, o Partido da Unidade Socialista havia anunciado uma intensificação da sovietização na DDR. Nessa mudança política, o governo impunha aos cidadãos uma série de medidas punitivas: aumento de impostos e cotas de trabalho, aumento de preços de alimentos e combustível para aquecimento. O pior era o arrocho político, com a proibição de grupos de jovens protestantes e com dissidentes "capitalistas" retirados das ruas e levados à prisão.

Três meses depois, na manhã de 17 de junho de 1953, irromperam protestos em toda a DDR. A maior demonstração teve lugar na Berlim Oriental, onde mais de 100 mil pessoas tomaram as ruas, marchando pela ampla Under den Linden cantando o hino nacional da Alemanha Ocidental, exigindo unidade, lei e liberdade. Um grupo de jovens chegou a rasgar a bandeira soviética que tremulava no alto do Portão de Brandemburgo. Greves e interrupções do trabalho foram declaradas em mais de 250 cidades e vilas do país. Estima-se que pelo menos meio milhão de pessoas aderiu ou participou. Em Potsdam, por exemplo, os cidadãos ocuparam as instalações do tribunal, do partido e da polícia do distrito. Os tumultos ocorreram também em vários pontos ao norte de Groß Glienicke, como Kyritz, Wittstock, Neuruppin e Pritzwalk.

Em pânico com os levantes, o governo da DDR chamou as forças armadas soviéticas. Os tanques não tardaram a circular pelas ruas de Berlim enquanto a Volkspolizei atirava nos manifestantes perto do Portão de Brandemburgo e da Potsdamer Platz. Os manifestantes atiravam tijolos e garrafas na polícia e faziam barricadas de carros para impedir a passagem dos tanques. Ao fim do dia, havia cinquenta mortos, mais de mil feridos e milhares de presos. Os julgamentos efetuados nos dias seguintes resultaram na execução de mais de duzentas pessoas.

Contudo, o levante de Berlim não chegou a Groß Glienicke. Os poucos decididos a participar tinham viajado para Berlim Oriental e Potsdam, e os mais cautelosos e temerosos permaneceram na vila. No dia seguinte, soube-se da explicação oficial. Segundo o *Neues Deutschland*, os protestos tinham sido deliberadamente provocados por agências ocidentais com o objetivo de desintegrar as políticas progressistas da DDR. Essa notícia propiciou uma série de comentários da liderança do Partido, afirmando que a nova geração fora corrompida pela cultura ocidental, principalmente por meio de filmes e músicas que exaltavam a rebelião. Diziam que esses jovens estavam se tornando *Halbstarke*, bagunceiros. Precisavam aprender a apoiar a revolução socialista e aproveitar as oportunidades oferecidas pelo Leste.

Essas declarações apareciam à medida que a divisão entre Leste e Oeste se tornava mais delineada. A divisão de Berlim, por exemplo, afetou os serviços que até então supriam toda a metrópole. Os sistemas de eletricidade e telefonia foram separados e cada setor passou a administrar sua rede. O suprimento de água tinha controle independente em Berlim Oriental e Ocidental, à exceção dos subúrbios no extremo oeste de Berlim Ocidental, que eram supridos por uma estação de tratamento da DDR localizada em Groß Glienicke. O sistema de esgoto, porém, que corria por baixo da cidade, independente de fronteiras políticas, era administrado em conjunto; seria caro demais criar túneis e encanamentos separados.

Os ônibus e bondes eram operados separadamente, mas o caso dos trens era mais complicado porque muitas linhas passavam por toda a cidade. A maioria dos trens que antes atravessavam Berlim agora parava na fronteira e fazia o retorno. Os poucos trens que continuavam a operar também em Berlim Oriental não paravam. Mais tarde, os terminais altamente vigiados e desertos onde os trens apitavam ao passar ficaram conhecidos como *Geisterbahnhöfe*, estações fantasma.

Durante todo o período da divisão de Berlim, o sistema de trens subterrâneos, chamados S-Bahn, foi administrado e mantido pelas autoridades de Berlim Oriental. Muitos trabalhadores da manutenção do S-Bahn em Berlim Ocidental moravam na Alemanha Oriental, inclusive em Groß Glienicke. Todos os dias, a caminho da escola, Lothar via as pessoas indo de bicicleta para a divisa em Staaken, dez quilômetros ao norte. Ali seus documentos eram inspecionados, eles atravessavam para Spandau, em Berlim Ocidental, e de lá pegavam o S-Bahn para a estação ou depósito em que trabalhavam.

★ ★ ★

FUHRMANN, 1952

No verão de 1957, a casa do lago fez trinta anos. Na aparência, a estrutura tinha suportado o passar do tempo com elegância. A madeira da fachada estava intacta e bem envernizada, o telhado liso e sem defeitos, e a varanda dos fundos nivelada e sem limo. Um olhar mais atento, porém, descobria sinais de que a casa exigia cuidados. As janelas estavam precisando de uma demão de tinta, os tijolos do topo das chaminés precisavam de rejunte e, para uma família residindo lá todo o tempo, a pequena cozinha era inadequada. E a deterioração tendia a continuar, dado que os Fuhrmann eram praticamente "caseiros", que não tinham nem dinheiro nem competência para reformas.

Desde que tinham se instalado, os Fuhrmann levavam muito a sério as instruções de Will Meisel, ocupando apenas metade da casa e evitando os cômodos proibidos. Os móveis do músico continuavam cobertos com lençóis. Os armários, entupidos de trajes cinematográficos da esposa dele, cheiravam a mofo. As partituras da Edition Meisel sobre o piano tinham as bordas recurvadas para cima devido à longa exposição ao sol que entrava pelas grandes janelas.

A sensação de abandono e vazio reinante na casa tornou-se mais palpável quando a irmã de Lothar foi morar com a tia em Potsdam. Portanto, não foi surpresa que, em vista da escassez de moradia que persistia desde a maciça destruição de propriedades na Segunda Guerra Mundial, a *Gemeinde* tenha decidido encontrar outros ocupantes para compartilharem a casa.

19
FUHRMANN E KÜHNE
1958

Em 16 de setembro de 1958, uma van parou em frente à casa do lago. Eram Wolfgang e Irene Kühne com seus dois filhos e todos os pertences da família.

Irene ficou encantada. Maçãs verdes e vermelhas amadureciam nas árvores do pomar na parte alta do terreno. O jardim estava em flor e a vista para o lago era linda. Ao se aproximarem da porta da frente, Irene viu uma mulher através da janela entreaberta. "Quem é?", ela perguntou ao marido. Ele disse que era Frau Ella Fuhrmann, a mulher com quem iriam dividir a casa.

Naquele verão, Irene dissera que não aguentava mais. Estava morando havia mais de dois anos num apartamento num porão úmido em Potsdam, péssimo para a saúde das crianças, Hartmut, de 3 anos, e Rosita, de 1. Mas apesar de muitas promessas Wolfgang não conseguia um lugar melhor.

O pior era que o pai e a madrasta de Wolfgang, que moravam ao lado, num apartamento maior e mais arejado, estavam insuportáveis. A cada dia pareciam tratá-la com maior crueldade. Era fácil ver quando iriam explodir. Tão logo começavam a beber, geralmente na hora do almoço, se tornavam agressivos, combativos, começavam a gritar e a criticá-la. Para agravar a situação, a irmã de Irene, Ursula, tinha saído de férias com o marido e os filhos para Dortmund, na Alemanha Ocidental. Dias depois,

Irene recebeu uma carta dela dizendo que não voltariam e queriam construir uma nova vida no Ocidente. Irene ficou deprimida, se sentindo não amada e atraiçoada.

Nem sempre fora assim. Quando se conheceram, ela gostava de Wolfgang. E tinha pena dele. Sua mãe tinha morrido quando ele era pequeno e a madrasta batia nele por qualquer transgressão, por menor que fosse. Durante a guerra, ainda menino, Wolfgang passava longas horas barulhentas e cansativas trabalhando como auxiliar no bombardeio antiaéreo. Eles tinham se conhecido num baile em Potsdam, oito anos depois do fim da guerra. Ela era miúda, bonita, estudante de enfermagem. Ele era um jovem alto, anguloso, com queixo quadrado e um sorriso encantador. Como trabalhador de construções, não lhe faltava serviço devido à extensa destruição de Potsdam. Em 1955, após dois anos de namoro, se casaram. Ambos tinham 21 anos.

No ano anterior, o trabalho tinha escasseado e Wolfgang passava mais tempo em casa, bebendo com o pai e a madrasta. Seu humor ficou amargo e ele já não ajudava com as crianças. O dinheiro custava a entrar. Certa noite, depois de uma ruidosa bebedeira, Irene explodiu dizendo que não aguentava mais e que ele tinha que arrumar um emprego. Wolfgang viu que a esposa falava a sério e prometeu dar um jeito. Nos dias seguintes, saiu à procura de trabalho em alguma obra de Potsdam.

Foi então que ouviu dizer que o regimento que patrulhava a fronteira em Groß Glienicke estava recrutando pessoal e se candidatou. Feliz da vida, soube que podia começar imediatamente. Seu trabalho era dirigir um caminhão do regimento, com patente de cabo arvorado e contrato de três anos. Mas esse cargo, disseram, trazia maiores responsabilidades. Antes de começar a trabalhar, ele precisava se apresentar ao Ministério de Segurança do Estado (MfS), mais conhecido como Stasi.

O Stasi foi criado em fevereiro de 1950, cinco meses após a fundação da DDR. Seu slogan oficial era "Escudo e Espada para o Partido", numa indicação clara do imperativo político. Seguindo o modelo da polícia secreta soviética, e formada pelo departamento K5, encarregado da investigação de crimes políticos na Alemanha ocupada, o Stasi se reportava diretamente à liderança do SED.

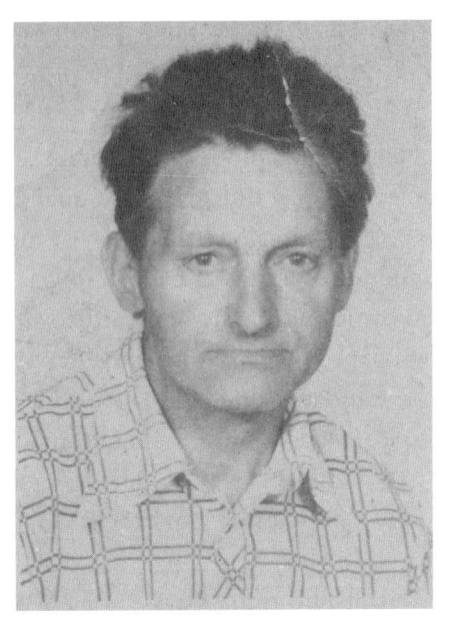

Wolfgang Kühne

Depois dos levantes de 1953, as funções do Stasi passaram a abranger o trabalho de contraespionagem na Alemanha Ocidental e Berlim Ocidental, denunciando e eliminando organizações e atividades "antidemocratas" na DDR, além do patrulhamento de fronteiras e a proteção a funcionários políticos. Em 1958, o Stasi empregou mais de 17 mil pessoas e supervisionava uma rede de 20 a 30 mil informantes não oficiais, o equivalente a um entre cada 450 adultos na DDR.[1] A função deles era espionar a população em geral. Alguns eram fontes ocasionais de informação, enquanto outros tinham uma função mais formal, exigindo que assinassem um contrato. Nessa época, eram conhecidos como *Geheimer Informator* (GI) ou informantes secretos.[2]

Wolfgang chegou a tempo para a reunião de recrutamento no Stasi, em 13 de agosto de 1958. A entrevista teve lugar no escritório do funcionário Helmut Zschirp, baseado no quartel da patrulha de fronteira em Groß Glienicke. Na mesa, à sua frente estavam a ficha e o formulário de candidatura de Wolfgang. Zschirp lera que Wolfgang não falava nenhuma língua estrangeira, não tinha parentes fora da DDR – ele tinha convenientemente esquecido de mencionar sua cunhada em Dortmund – nem parentes que tivessem trabalhado para os nazistas. Portanto, estava politicamente correto. Na ficha constava também a descrição física do candidato: magro, cabelos louros, rosto oval e ligeiramente gago.

Uma frase sublinhada em vermelho chamou a atenção do funcionário: "Kühne participou de educação política. Contudo, se concentra em discussões negativas, revelando que tem pouca confiança na política da DDR. Nesse ponto, há muitas questões a seu respeito." Uma observação mais positiva dizia: "Kühne cumpre suas obrigações satisfatoriamente."

Anexo à ficha vinha um bilhete do superior de Zschirp, primeiro-tenente Hermann, recomendando recrutar Wolfgang apesar de "muitas fraquezas, que apontam para uma confusão ideológica... Kühne tem intelecto suficiente para trabalhar como informante secreto". O objetivo operacional do recrutamento de Wolfgang, segundo o anexo, seria "aumentar o número de informantes no departamento de motoristas de caminhão, pois no momento só conta com um, o que não preenche as normas de segurança".

Zschirp começou perguntando ao "candidato" sobre a situação política vigente. Wolfgang disse temer que o "inimigo reunido em Berlim ameace dominar nossas tropas e comunidades" e não queria que sua família visse "forças inimigas penetrando em nossa terra e começando uma guerra atômica". Zschirp então explicou que Wolfgang iria trabalhar como informante secreto. Ele deveria colher informações com sua família e colegas de trabalho, fazer relatórios orais e por escrito e comparecer a reuniões em datas e locais determinados por seu monitor. O mais importante era que Wolfgang não podia revelar seu trabalho a ninguém, nem mesmo à sua esposa. Em troca, ele teria o apoio do Estado – melhor qualidade de vida e uma casa melhor.

Após concordar com esses termos, Wolfgang escreveu sua "carta de compromisso", cujo conteúdo lhe foi ditado. Comparada à boa caligrafia de sua ficha de inscrição como motorista de caminhão, sua letra nessa carta era irregular, a pressão da tinta azul variava, como se ele vacilasse durante a escrita.

Compromisso

Devido à atual crise política no mundo e à constante ameaça de armas atômicas desenvolvidas pelos militares na Alemanha Ocidental, entendo que é necessário proteger nossas fronteiras e impedir que essas ameaças e atos interrompam nosso progresso pacífico. Com esse entendimento, concordo em informar por escrito ao Stasi tudo o que possa intervir no desenvolvimento do estado pacífico de nossos fazendeiros e trabalhadores. Farei meus relatórios escritos com franqueza e honestidade. Meu trabalho para o Stasi será em bases não oficiais e comparecerei pontualmente às reuniões com o Stasi. Manterei sigilo e não revelarei à minha esposa nem aos meus colegas. Assinarei meus relatórios com o codinome:

Chave de Ignição

Se por algum motivo eu não puder comparecer a reuniões com o MfS, avisarei com antecedência aos meus superiores. Se a conexão for perdida, tentarei restabelecê-la.

Foi assinado "Cabo Arvorado Wolfgang Kühne". Uma vez efetuado o recrutamento, a primeira missão de Wolfgang era trazer uma "descrição detalhada de sua família e suas opiniões políticas", bem como quaisquer "deficiências no departamento de veículos". Marcaram uma reunião para dali a duas semanas.

Depois, a ficha foi lida pelo superior de Zschirp, o chefe do grupo de operações, Beick.[3] No final do relatório, Beick escreveu à mão: "No futuro, por favor convença os candidatos a não escolherem esses codinomes idiotas."

Ao chegar em casa, Wolfgang deu a Irene as boas notícias. Falou que tinha arrumado um emprego dirigindo caminhão para a patrulha de fronteira de Groß Glienicke e o melhor era que tinham um lugar para morar à beira de um belo lago. O que ele não disse é que iriam dividir a casa com outra família e muito menos como tinha conseguido a casa.

Foi assim que Irene Kühne se viu diante da casa do lago, com seus filhos, enquanto Wolfgang cumprimentava Frau Fuhrmann. Irene avaliou a situação: ficariam muito apertados, talvez, mas qualquer coisa era melhor do que morar ao lado dos sogros em Potsdam. Frau Fuhrmann se adiantou para cumprimentá-la. Agradável, amigável, embora um pouco faladeira, ofereceu-se para lhes mostrar o lugar.

Ella Fuhrmann contou que a casa pertencia a Will Meisel, um famoso compositor que morava em Berlim Ocidental. A princípio, ela estava tomando conta da propriedade até melhorar a tensão entre Leste e Oeste. Mas como os Meisel não apareciam havia seis anos, ela supunha que não voltariam mais.

Os Fuhrmann habitariam o lado direito da casa. Teriam os dois quartos junto à porta de entrada, o corredor principal, a cozinha e o banheiro, bem como o quarto com o piano e o teto azul. Os Kühne ficariam no lado esquerdo, com o pequeno quarto com beliche, a sala e o que havia sido o quarto do casal. Poderiam também usar o antigo quarto do chofer e o minúsculo toalete, que só tinha acesso pelo lado de fora. Portanto, não teriam um banheiro dentro de casa, nem banheira, nem água quente. Os Kühne teriam que tomar banho lá fora, fizesse sol, chuva ou neve. Mas isso não era grave. Muita gente não tinha encanamento dentro de casa, e as crianças adorariam crescer junto ao lago. Eles precisariam fazer algumas reformas, mas felizmente seu marido tinha trabalhado em construção.

Wolfgang não tardou a começar. Primeiro construiu uma chaminé de tijolos saindo do anexo do chofer, atravessando o chão, subindo ao sótão e chegando até o telhado. Instalou um armário com bancada para preparar a comida, uma mesinha com quatro cadeiras e um fogão elétrico de duas bocas. Era a cozinha deles. Antes da chegada do inverno, sabendo pelos Fuhrmann que a casa ficava muito fria, Wolfgang retirou as portas envidraçadas que davam para a varanda com vista para o lago e levantou ali uma parede com isolamento e duas janelas grandes. Para embelezar, cobriu o apainelado de madeira com papel de parede com motivo floral. Depois fechou a lareira e, num esforço final para evitar as correntes de vento, cobriu a chaminé com papel de parede estampado de tijolos, escondendo os trinta ladrilhos Delft azuis e brancos. Instalou um fogão a carvão na frente da lareira ligado à chaminé por canos de metal e fita adesiva.

Depois, passou a arrumar o quarto do casal, retirando e guardando a enorme cama de carvalho com o pesado colchão de lã na garagem. Ao tirar o espelho emoldurado em ouro da parede do lado esquerdo da cama, surpreendeu-se ao ver caindo suavemente no chão um montinho de pequenas fotos de mulheres sumariamente vestidas. Irene supôs que tinham sido deixadas por Will Meisel.

Por fim, construiu um puxadinho na frente de sua parte da casa. As laterais eram de madeira compensada barata nas quais Wolfgang inseriu janelas e o chão foi feito de tábuas estreitas de pinho. O objetivo desse *Wintergarten*, ou solário, de dois por três metros, era impedir que o frio chegasse à cozinha. O que havia sido um chalé de madeira simples e simétrico, memorável por suas linhas retas e fachada bonita, se tornou um produto mal-acabado do utilitarismo da Alemanha Oriental.

O conselho da comunidade de Groß Glienicke forneceu todo o material de que Wolfgang precisava. Em troca, disseram aos Kühne que deveriam pagar um aluguel mensal depositado no correio numa conta em nome de "Meisel" – dinheiro que foi devolvido pelo Estado para pagar custos de manutenção. Os Meisel nunca receberam um tostão.

Para se lavar, a família Kühne colocou lá fora uma grande banheira de metal com a água aquecida por uma serpentina imersa. Esse processo demorava mais de uma hora, era desconfortável e trabalhoso, principalmente no inverno. Não estava explícito por que não podiam usar o mesmo banheiro que os Fuhrmann, que afinal tinha água corrente quente, mas isso nunca foi falado e Irene achou melhor não perguntar.

Apesar dos problemas, a vida deles era infinitamente melhor agora. Moravam numa casinha charmosa perto de um lago, as crianças tinham muito espaço para brincar e, mesmo compartilhando a casa, ainda era muito melhor do que ser maltratada pelos sogros. Para completar, seu marido tinha um emprego novo.

20
FUHRMANN E KÜHNE
1959

Chave de Ignição compareceu pela primeira vez a uma reunião com seu monitor da Stasi.

Não sabendo bem o que esperar, sentia-se ansioso e inseguro. Tentou se esquivar o quanto pôde das perguntas do monitor, dizendo que não tivera tempo de executar as tarefas e não via por que colher informações de sua família, já que "não tinha parentes na Alemanha Ocidental".

Chave de Ignição foi questionado sobre seus colegas. Notou se eles tinham cometido algum "delito político"? Chave de Ignição respondeu que era "possível que alguns tivessem usado os tíquetes de gasolina para uso próprio", mas não sabia o nome de nenhum deles especificamente. Para contentar o monitor e ganhar sua confiança, prometeu que no futuro prestaria mais atenção. Mas tinha uma informação: quando estava bebendo na Drei Linden, ouviu alguém reclamando do estado do país. Deliciado pela pequena informação que finalmente Chave de Ignição trazia, o monitor perguntou o nome da pessoa. Chave de Ignição pediu desculpas, dizendo que não conhecia o bêbado.

Em 9 de fevereiro de 1959, Chave de Ignição voltou a se reunir com os monitores. Dessa vez, ele disse que gostaria de relatar algo sobre Herr Gerdner, que morava na vila e era seu gerente no departamento de caminhões. Chave de Ignição disse que quando estava devolvendo uma espingarda de ar comprimido emprestada viu a televisão de Gerdner sintonizada numa estação da Alemanha Ocidental. Recebeu agradecimentos pelo relato e marcaram nova reunião para 19 de fevereiro de 1959, às 12:30, num lugar de codinome "O Celeiro".

Pouco depois, os Kühne eram proprietários de um grande aparelho de televisão, tornando-se uma das poucas famílias na vila a ter esse luxo.

Casa do lago, anos 1960.

Embora morassem lado a lado, as duas famílias não passavam muito tempo juntas.[1] Wolfgang vivia ocupado com as melhorias da casa: construiu uma garagem nova junto à residência, onde guardava as ferramentas, com espaço para proteger o carro que esperava ter algum dia e fez vários abrigos para suas galinhas, gansos e porcos. Não demorou para que ficasse conhecido na vila como *Schwein Kühne*, o porco Kühne.

Irene vivia feliz cuidando dos dois filhos e da casa. Mas, na primavera de 1959, viu que teria menos tempo disponível, pois estava grávida de novo.

Enquanto isso, Ella Fuhrmann cuidava do jardim e da horta, tratando das árvores de frutas e das hortaliças, fazendo o trabalho que fora do filho. Agora com 20 anos, Lothar tinha um emprego fixo instalando máquinas de ordenhar vacas para a companhia estatal KLF. Orgulhava-se não somente de seu salário, mas também da van da companhia. Era uma Wartburg B1000 cinzenta, não nas melhores condições, mas que ele adorava dirigir correndo pelas estradinhas para fazer entregas aos fazendeiros. O horário de trabalho oficial de Lothar era das sete às 16 horas, mas frequentemente era obrigado a trabalhar mais cinco ou dez horas. A van lhe dava também mobilidade para ir a Potsdam, onde se encontrava com amigos nos bares, sempre esperando conhecer garotas.

Na maior parte dos dias, os Fuhrmann e os Kühne não tinham contato. Quando se viam no jardim ou no mercado, cumprimentavam-se, mas não mais que isso. Por duas vezes os Fuhrmann tomaram conta dos filhos dos Kühne, mas por alguma razão isso não se tornou um hábito. Nunca faziam refeições juntos, nem eram convidados para festas de aniversário. Apesar de terem as chaves das duas partes da casa, as duas famílias não eram amigas.

Enquanto a casa conseguia absorver seus habitantes adicionais, o lago não tinha a mesma sorte. No final dos anos 1920, quando as casinhas de veraneio começaram a ser construídas, o Departamento de Planejamento imaginava que seriam usadas com pouca frequência. Consequentemente, as autoridades haviam permitido que os proprietários construíssem fossas sépticas com sistema simples de gravidade junto ao lago. Agora, com todos os chalés habitados em tempo integral, uma grande quantidade de água negra dominava os sistemas rudimentares. Para piorar a situação, o esgoto do quartel do Exército Nacional do Povo (NVA), na periferia da vila, também desaguava no lago.

Começaram a aparecer algas verdes na superfície, a princípio em pequenos aglomerados, depois formando uma cobertura maciça que bloqueava o sol, privando de oxigênio o nível mais profundo da água. As consequências foram dramáticas: a água ficou ácida, as plantas e os peixes morreram. A vegetação das margens – caniços, íris, soveiras – foi desaparecendo, sufocada pelas dormideiras, um mato agressivo cujas sementes amarelas e cor-de-rosa alcançam mais de cinco metros quando as vagens se abrem.

No entanto, Groß Glienicke ainda era considerado um lugar atraente pela mídia de Berlim Ocidental. Em 1959, o *Berliner Morgenpost* noticiou:

Quem viaja para Berlim deve dar uma olhada em Groß Glienicke. Não somente porque a flora e a fauna são muito bonitas e interessantes, mas principalmente por causa de sua situação política. Em poucos lugares a divisão de nossa cidade é tão vívida e evidente... Se você passar por essa região, desligue a música e o futebol! Algo assim deveria constar nos guias de viagem, pois Groß Glienicke é um dos arredores mais bonitos de nossa cidade, um povoado entre a água e a floresta, sob árvores balançando ao vento e um céu enorme.

Em 5 de dezembro de 1959, nasceu um menininho. Irene e Wolfgang o chamaram de Bernd. Mais uma pessoa espremida na casa do lago. Era um bebê tranquilo, dormia a noite inteira e comia bem. No entanto, até o bebê mais angelical chora de vez em quando e seus gritinhos de fome, de ansiedade penetravam no lado dos Fuhrmann. A casa parecia estar cada vez mais cheia.

Em 21 de outubro de 1960, Chave de Ignição recebeu uma mensagem do agente Schneider, do Stasi: comparecer às 17:30 no local secreto de codinome "Garagem 21". Como não tinha escrito nenhum memorando e não havia nada a relatar, Chave de Ignição preferiu ir beber na Drei Linden.

Trinta minutos depois, Schneider o descobriu lá. Claramente decepcionado, o agente tentou envolver Chave de Ignição numa conversa mais geral sobre a situação política da DDR. Mas ficou aborrecido com a falta de interesse do informante, que ficava todo o tempo olhando para o relógio na parede. No fim da conversa, Schneider pediu a Chave de Ignição para investigar um certo Herr L, que morava na vila e também era motorista de caminhão. E que confirmasse se Herr L ou Frau L estava roubando comida da cozinha do regimento. Chave de Ignição prometeu verificar e relatar na próxima reunião.

Chave de Ignição não só deixou de comparecer à reunião seguinte, em 19 de dezembro, no "Clubhouse", como faltou também à segunda reunião marcada para quatro dias depois no "Hall Rental".[2] Em 3 de janeiro de 1961,

Schneider conseguiu localizar Chave de Ignição e perguntou o que ele havia descoberto sobre a família L. Tentando adiar a conversa com o monitor, Chave de Ignição tornou a dizer que não tinha podido colher nenhuma informação. Pressionado, ele confessou que embora estivesse sempre em contato com a família L, não queria dar informação sobre eles, que eram seus amigos. Isso, disse ele, "resultaria em desvantagem ao amigo".

A carreira de Chave de Ignição como informante corria perigo. Num relatório final, escrito em 22 de fevereiro de 1961, Schneider concluiu que Chave de Ignição "não era honesto e não relatou faltas e fracassos". Para que tivesse "*Nutzeffekt*", "uso efetivo", seria preciso "mais adestramento". Pior ainda, Schneider ouvira outro informante dizer que Chave de Ignição estava roubando alimentos, carvão e batatas da carga e usando o caminhão para propósitos pessoais.

Em conclusão, escreveu Schneider, Chave de Ignição era "desonesto e excluído do nosso Órgão". A única ressalva, observou, era que o informante jamais revelou seu trabalho secreto a ninguém. Dias depois, o contrato de Wolfgang com o Stasi foi rescindido.

No fim de março de 1961, uma tempestade de final de inverno desabou sobre a vila. Por mais de uma semana a neve caiu sobre a casa do lago. Sem poder ir à escola, os filhos dos Kühne vestiam roupas quentes e, pegando o que encontrassem – bandeja de alumínio, sacos plásticos, tampa de lata de lixo – como Lothar fazia, escorregavam no barranco gelado abaixo da varanda, parando bem antes da cerca de arame farpado que margeava o lago.

Após meses de temperaturas muito baixas, o lago ainda estava congelado e Wolfgang ajudava as crianças a entrar na vastidão escorregadia. Não era muito difícil passar pela cerca e realmente não corriam risco com os guardas da fronteira, que não prestavam atenção nas crianças. Ali, eles encontravam outras pessoas da vila, patinando, deslizando em barcos de gelo feitos em casa, ou somente andando, aproveitando a tranquilidade monocromática.

Foram três anos bons para os Kühne. Tiveram um terceiro filho e uma vida feliz, embora superlotada, na casa. Wolfgang trabalhara para o Exército e conseguiu entrar e sair em segurança do Stasi. E apesar de seu contrato como motorista de caminhão de três anos viesse a expirar em breve, ele poderia encontrar outro emprego, se não na vila, certamente em Potsdam.

21
FUHRMANN E KÜHNE
1961

No domingo, 13 de agosto de 1961, Wolfgang Kühne acordou com um barulho de obras. Estranhamente, parecia estar vindo da beira do lago.

Em seu quarto, Wolfgang ouvia os chiados e baques de máquinas pesadas junto com um coro de picaretas batendo em pedras e areia. Volta e meia a casa estremecia.

Wolfgang se levantou, abriu a porta da frente, contornou a casa e ficou surpreso com o que viu: entre a casa e a margem do lago, a menos de quarenta metros de onde ele estava, havia uma multidão de soldados trabalhando. A frágil cerca na margem estava sendo empurrada para dentro do lago por escavadeiras. Mais perto da casa, estavam cavando buracos, enchendo de concreto e desenrolando rolos de arame farpado. Mais soldados trabalhavam à esquerda e à direita, ao longo da margem. Ficou abismado. Sem ter sido avisado desses trabalhos, Wolfgang não entendia o sentido do que estava vendo.

Voltando a entrar em casa, Wolfgang ligou a televisão para saber o que estava acontecendo. O apresentador dizia que, para proteção dos cidadãos da DDR, as autoridades haviam decidido levantar uma barreira entre o Leste e o Oeste. Agora era ilegal cruzar esse limite. A patrulha da fronteira tinha autorização para atirar em quem tentasse trespassar. No dia seguinte, os jornais da DDR louvavam a decisão de erigir a barreira, trazendo as palavras de um comentarista do *Neues Deutschland*: "Agora as crianças estão protegidas de sequestradores, as famílias estão protegidas dos espiões chantagistas das centrais de tráfico humano, o comércio está protegido dos caçadores de cabeças, o povo está protegido dos monstros." Sob a manchete "DESAFIO AOS BELICISTAS", o *Tribüne* dizia: "É com enorme satisfação que nós, sindicalistas da DDR, acolhemos a decisão do nosso governo de fechar esse caminho de ratos para Berlim Ocidental."

Cerca da fronteira de Berlim, lago Groß Glienicke, 1961.

Desde o começo daquele ano, Walter Ulbricht, líder da DDR, vinha pressionando Nikita Khrushchev, premier da União Soviética, para dar uma solução à crise de emigração em massa do país. Apesar do fechamento da fronteira externa entre a Alemanha Oriental e Ocidental, mais de três milhões e meio tinham migrado da Alemanha Oriental para a Ocidental entre 1949 e 1961, principalmente através de Berlim Oriental, cuja fronteira permanecera relativamente aberta.[1] Esse êxodo compreendia quase 20% da população da DDR. Esse fluxo preocupava Ulbricht não só do ponto de vista ideológico, minando o orgulho do povo na missão socialista, mas também porque ele sabia que o país não poderia sobreviver se continuasse aquela hemorragia para o Ocidente. Era fácil demais cruzar de Berlim Oriental para Berlim Ocidental. Assim foi que, em 1º de agosto, estando decidido que os britânicos e os norte-americanos não se oporiam à construção de uma barreira, os dois líderes concordaram em construir uma barricada permanente entre Berlim Ocidental e a Alemanha Oriental, tornando a passagem praticamente impossível.

O cercamento teve um impacto profundo em Groß Glienicke. Enquanto havia uma barreira na vila ainda era possível – com uma curta viagem de ônibus até Staaken e depois pegar o S-Bahn – visitar Berlim Ocidental. Agora as famílias não poderiam mais se ver e quem trabalhava em Berlim Ocidental perderia o emprego.

Apesar de não ser membro do Partido Comunista, Wolfgang *acreditava* no socialismo e achava que a experiência da Alemanha Oriental, com sua promessa de maior distribuição da riqueza, tinha mais a lhe oferecer do que o capitalismo da Alemanha Ocidental. Afinal, os Kühne não tinham aquela bela casa junto ao lago? Wolfgang jamais fora afiliado ao Partido Nazista, sempre criticara severamente o que tinham feito, especialmente aos judeus, e ficou aborrecido ao ler nos jornais quantos ex-nazistas eram empregados do governo da Alemanha Ocidental. Não obstante, o inconveniente da barreira e o estorvo das normas de segurança, Wolfgang acreditava que a "política do governo era boa". Se a fronteira servia para protegê-los, tudo bem.

Irene Kühne, menos crédula, discordava da cerca por princípio. Por que o governo queria impedi-la de ir a Berlim Ocidental ou mesmo à Alemanha Ocidental? Embora grata por tudo o que a DDR fizera por eles, Irene agora não podia visitar sua família em Dortmund.

O pequeno Bernd Kühne não entendia nada do que se passava. O dia estava quente e ele, ignorando os trabalhos e os guardas, engatinhou por baixo da cerca até a margem do lago. Horrorizada, Irene viu o menino se debatendo na água, mas era incapaz de chegar a ele por causa da cerca. Por fim, um guarda acudiu, tirou a criança do lago e entregou a Irene, dizendo--lhe que tomasse conta dos filhos.

★ ★ ★

Nas primeiras semanas e meses da Barreira de Proteção Antifascista, como foi chamada no Leste, ou Muro de Berlim, como ficou conhecida no Ocidente, ainda era possível a arrojados berlinenses do Leste atravessar a zona de fronteira para Berlim Ocidental. Eles traziam escadas, pulavam da janela para prédios próximos ao Muro, se escondiam em porta-malas de carros. À medida que a DDR enviava mais verbas para fechar a passagem, essas tentativas eram mais dificultadas.

Da porta dos fundos de casa, a família Kühne via o Muro sendo cada vez mais reforçado. O espaço entre a cerca na beira do lago e a casa foi sendo cada vez mais tomado. Tudo foi retirado: os poucos salgueiros e pinheiros restantes, as macieiras e cerejeiras nos canteiros terraceados, os próprios terraços de canteiros, as cercas que o dr. Alexander construíra ao redor da propriedade, a casa da bomba, os degraus para a margem do lago e até a quadra de tênis.

Depois colocaram uma segunda cerca, de arame farpado encimado por espirais de arame-navalha, a trinta metros de distância do lago e apenas a dez metros dos fundos da casa.[2] Entre as duas barreiras ficou uma "terra de ninguém", conhecida como "faixa da morte" ou "zona mortal". A faixa da morte foi pavimentada com uma passarela de concreto de três metros de largura, por onde a patrulha passava de hora em hora numa espécie de carrinho de golfe verde.

Nos anos seguintes, o Muro foi ficando cada vez mais fortificado. Foram colocados fios de alarme para alertar os guardas caso alguém tentasse fugir. Construíram torres de concreto com quinze metros de altura a intervalos ao longo do Muro, dando aos guardas uma visão para todos os lados e para todo o lago na direção de Berlim Ocidental. A intervalos de poucas centenas de metros foram erigidos postes com enormes luzes *Krieg* acesas noite e dia. Colocaram minas e grandes pinos de ferro em toda a margem. Depois, a cerca de arame farpado junto ao lago foi substituída por um muro externo de blocos de concreto pré-moldado de três metros de altura, tendo no alto um longo tubo de metal e concreto. Em seguida, a cerca de arame farpado perto da casa foi substituída por um muro interno de concreto de 2,5 metros de altura. Agora, estando no jardim, era impossível ver o lago.

FUHRMANN E KÜHNE, 1961

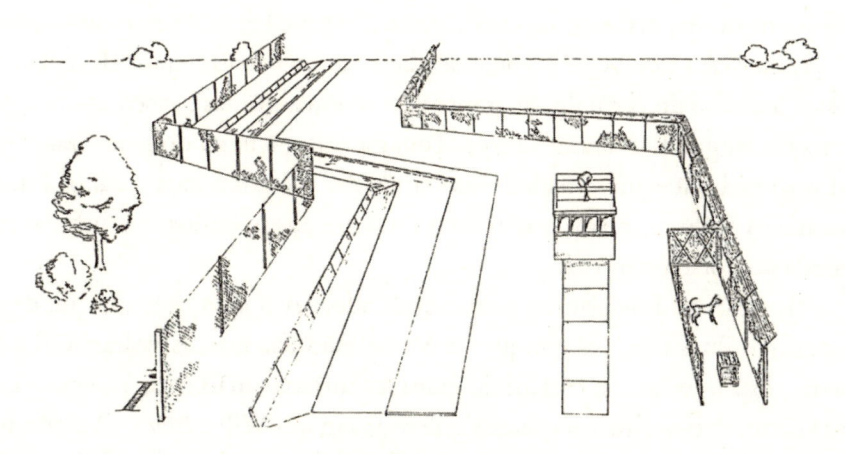

Layout do Muro de Berlim.

Por fim, foi estendido um arame ao longo do muro interno, servindo como guia pela qual os cães pastores alemães podiam percorrer a zona mortal à procura de possíveis fugitivos. Todas as manhãs, os Fuhrmann e os Kühne ouviam o ronco dos caminhões da patrulha vindo pela zona mortal e parando em cada canil para dar comida aos animais esfomeados. Como muitos de seus vizinhos, eles se afeiçoaram a esses cães e lhes atiravam restos do jantar e dos churrascos de verão. Os patrulheiros, porém, atentos a uma possível corrupção canina, faziam um rodízio de cães nos canis para que os animais não se habituassem aos moradores.

Agora que o Muro estava pronto, os habitantes da vila não só ficaram isolados de Berlim Ocidental, mas tinham que viver com a presença física de uma gigantesca estrutura de concreto a poucos metros de casa. Outra consequência imediata foi a criação da *Grenzgebiet*, a zona de segurança da fronteira que corria paralela ao Muro, a uma distância variando de um pouco menos de cinquenta a cem metros. Era preciso ter permissão para entrar nessa zona e o acesso de não residentes era limitado a circunstâncias especiais. As solicitações de entrada podiam levar muitas semanas para serem processadas.

Em Groß Glienicke, a zona de segurança começou no norte da vila, descendo ao longo da Potsdamer Chaussee e pela Dorfstraße, em direção ao sul. Ao longo dessa via foram colocadas placas de metal a cada cem metros, com avisos em inglês, alemão, francês e russo: "ATENÇÃO, AQUI É A FRONTEIRA, NÃO PASSE SEM PERMISSÃO." Todas as placas de sinalização eram afixadas em postes listrados de vermelho e branco, como em algumas barbearias antigas, para que ninguém deixasse de ver. Todas as casas à beira do lago, inclusive a dos Meisel, estavam situadas nessa zona. Ao voltarem para casa, os Fuhrmann e os Kühne tinham que mostrar o passe aos soldados que montavam guarda no Potsdamer Tor.

Agora havia dois pontos bem esclarecidos. A boa notícia no que dizia respeito às duas famílias era que os Meisel não iriam mais voltar. Oficialmente, os Fuhrmann e os Kühne eram inquilinos e não mais caseiros. Em vista disso, deram fim aos objetos que restavam de Will e Eliza. O piano foi para a garagem, as partituras foram para o lixo, as roupas que ainda havia no armário foram divididas entre as famílias e o resto entregue à associação de moradores.

O segundo ponto era mais triste para os filhos dos Kühne e dos Fuhrmann, pois embora morassem na casa do lago, era impossível nadar nele.

22

FUHRMANN E KÜHNE

1962

Sentado a uma mesa, o jovem Lothar Fuhrmann, já com 24 anos, estava aborrecido porque iria passar a noite sozinho. Todos os seus amigos estavam acompanhados, dançando no salão e certamente estavam se divertindo muito mais que ele.

O baile acontecia no posto do corpo de bombeiros de Nedlitz, a vinte minutos de ônibus de Groß Glienicke.[1] Lothar era alto, de boa compleição e tinha se esforçado para ficar apresentável em suas calças pretas de pregas, camisa branca desabotoada no colarinho e os cabelos penteados para trás. Sua aparência era boa, o que tornava ainda mais irritante sua falta de par para dançar.

Foi então que uma jovem veio andando em sua direção. Com uma saia até os joelhos e trazendo duas cervejas, ela lhe estendeu uma garrafa e perguntou se ele queria dançar. Lothar tomou um gole rápido, disse sim, levantou-se e seguiu-a até o salão. O nome dela era Sieglinde Bartel.

Nas semanas seguintes, se encontraram várias vezes. Um de seus lugares favoritos era o bar e salão de dança Badewiese, onde Will Meisel tocara suas músicas nos anos 1940. Agora, a casa pertencia ao Estado e as quatro janelas em arco dando para o lago tinham sido bloqueadas para impedir que alguém tentasse fugir por ali. Em fila com as outras pessoas, quando as portas se abriram às seis horas, Sieglinde e Lothar pagaram dez marcos para entrar. Lá dentro, o aquecimento era bom e, embora a música ocidental fosse proibida, uma pequena banda – guitarra, acordeão e saxofone – num palco ao fundo do salão tocava com ritmo e energia suficientes para os jovens se divertirem.

Como era um dos poucos salões de dança da área, o Badewiese atraía tanto os moradores locais como os soldados do quartel da NVA ao norte da vila e as tropas soviéticas. Às vezes, isso causava problemas porque geralmente havia mais homens solteiros do que mulheres e, se estourava uma briga, não era raro um policial militar soviético brandir a arma. Quando isso acontecia, o Badewiese esvaziava e, após uma breve pausa, tremendo de frio lá fora, os jovens retornavam ao salão para dançar.

Passados alguns meses de namoro, Lothar e Sieglinde decidiram se casar. Mesmo sendo noiva de Lothar, Sieglinde não tinha um passe para entrar na zona de segurança da fronteira ao longo do Muro e era proibida de passar a noite na casa dele. Se transgredisse essas regras, podia ser detida e ir para a prisão. Apesar disso, em 2 de abril de 1963, véspera do casamento, Lothar e Sieglinde convidaram todos os amigos para uma festa na casa do lago. Mais de vinte pessoas conseguiram escapar aos policiais da patrulha de fronteira no Potsdamer Tor.

Alguns trouxeram bolos e vinhos, outros, queijos e frios. Cada um trouxe um prato antigo de porcelana, pois era uma festa de *Polterabend*, tradicional na véspera do casamento. Para não serem ouvidos pela patrulha que passava de hora em hora a menos de trinta metros da porta dos fundos, os convivas mantiveram a festa dentro de casa. Apinhados no Quarto Azul – mais espaçoso sem o piano e a banqueta –, sentaram-se no chão, no sofá, em cadeiras trazidas da cozinha e brindaram ao feliz casal.

Tarde da noite, já alegrinhos com as cervejas e os *schnapps*, Lothar e Sieglinde levaram o grupo para fora da casa. Num momento de frivolidade e descuido, com um grito de *viel Glück!*, boa sorte, todos atiraram os pratos no chão e os cacos de louça se espalharam retinindo no piso de pedra diante da porta da frente. O barulho ressoou no ar silencioso da noite. Sabendo que alguém apareceria para investigar – e ninguém queria ser apanhado sem os documentos necessários –, os amigos se despediram depressa e saíram correndo dentro da noite.

No dia seguinte, a noiva acordou cedo e limpou a bagunça. Por volta do meio-dia, se vestiram. Sieglinde trajava uma saia lilás e jaqueta combinando, enfeitada com cordões de contas prateadas. Nos cabelos penteados para cima como uma coroa, trazia florezinhas silvestres. Lothar vestia um terno escuro formal, com camisa branca e sapatos pretos.

Haviam contratado um táxi para levá-los ao salão comunitário em Seepromenade, mas à uma da tarde, horário combinado para pegá-los, o táxi não tinha chegado. Vendo Sieglinde cada vez mais ansiosa, Lothar pediu a Wolfgang Kühne que os levasse. O casal partiu no velho DKV F7 do vizinho, tão barulhento e engasgando tanto que Sieglinde disse que nem precisavam de latas amarradas atrás.

Ao chegarem ao salão comunitário, encontraram a porta principal fechada. Tomando cuidado para não tropeçar nos saltos altos, a noiva abriu a porta do porão e o casal se esgueirou pela entrada dos fundos. Uma hora depois, casados oficialmente por um magistrado, os noivos seguiram – a essa altura o táxi havia chegado – para a recepção na casa dos pais de Sieglinde.

Dias depois, Sieglinde comunicou à *Gemeinde*, o conselho paroquial local, que tinha se mudado para a casa do lago, na Am Park 2. Lothar teve um choque quando ela lhe revelou, e à mãe dele, que estava grávida. Logo se soube que ela não era a única.

Em 29 de agosto, Irene Kühne deu à luz uma menina, chamada Marita. Dois meses depois, nasceu o filho de Sieglinde e Lothar Fuhrmann, chamado Dietmar. Após um ano, Sieglinde engravidou novamente e, quando uma menina chamada Sabine nasceu, em 26 de janeiro de 1965, todos entenderam que era hora de os Fuhrmann encontrarem outro lugar para morar. Já era gente demais apertada num espaço pequeno.

Em fevereiro de 1965, com ajuda da *Gemeinde*, Ella Fuhrmann e sua família se mudaram para a Rehsprung 23, em Groß Glienicke, na parte sul da vila, a uns quatro quarteirões do lago.[2] Lothar lamentou deixar a casa de sua infância, mas ficou aliviado por ter mais espaço, longe dos olhos bisbilhoteiros dos vizinhos, longe das luzes *Krieg* acesas a noite inteira e longe dos assustadores guardas de fronteira.

A casa dera aos Fuhrmann muitos anos felizes. Agora era hora de mudar.

★ ★ ★

Se os Fuhrmann gostaram de sua nova moradia, os Kühne gostaram mais ainda.³ Agora, tinham a casa inteira só para eles. Irene começou imediatamente a comandar todo o espaço. Cada criança passou a ter seu próprio quarto, com Bernd no Quarto Azul, no canto sudoeste da casa.

Irene assumiu a cozinha e pediu a Wolfgang para demolir a parede que separava a cozinha do quarto de empregada onde Lothar dormia até então. Agora, a família podia se sentar confortavelmente para as refeições nas seis cadeiras em torno de uma longa mesa de pinho. Irene podia descer pelo alçapão ao porão, onde, em filas ordenadas de prateleiras de metal, ela guardava batatas embrulhadas em sacos de papel pardo, vidros de pepinos e cebolas em conserva e compotas feitas com as copiosas coletas de cerejas e peras do pomar.

Muro de Berlim visto do lago de Groß Glienicke.

O melhor de tudo era que a família tinha agora um banheiro com água quente na torneira. Sete anos após se instalarem, finalmente tinham um banheiro dentro de casa. Wolfgang colocou uma chaminé no Quarto Azul para torná-lo mais confortável no inverno e aumentou o banheiro. Por fim, já que não precisavam, ele retirou a pequena cozinha provisória e o banheiro do anexo que havia sido o quarto do chofer e colocou uma porta para o antigo quarto de Ella. Bernd, agora com 6 anos, criou circuitos de corrida no interior da casa: de sua cama no Quarto Azul para a cozinha e o quarto de hóspedes, onde dormia sua irmã, e ao anexo do chofer, onde dormia seu irmão, para a sala, depois para o quarto do casal, e voltando à sala e ao seu quarto. Quando o clamor de passos e portas batendo deixavam sua mãe enlouquecida, ela gritava para ele ir brincar lá fora.

Depois da saída dos Fuhrmann, e com dois quartos bem maiores, a casa do lago parecia muito espaçosa. Finalmente era só deles. Tanto que Wolfgang passou a chamá-la, rindo, de sua *Kleine Villa* e *Villa Wolfgang*.

Parte IV
VILLA WOLFGANG

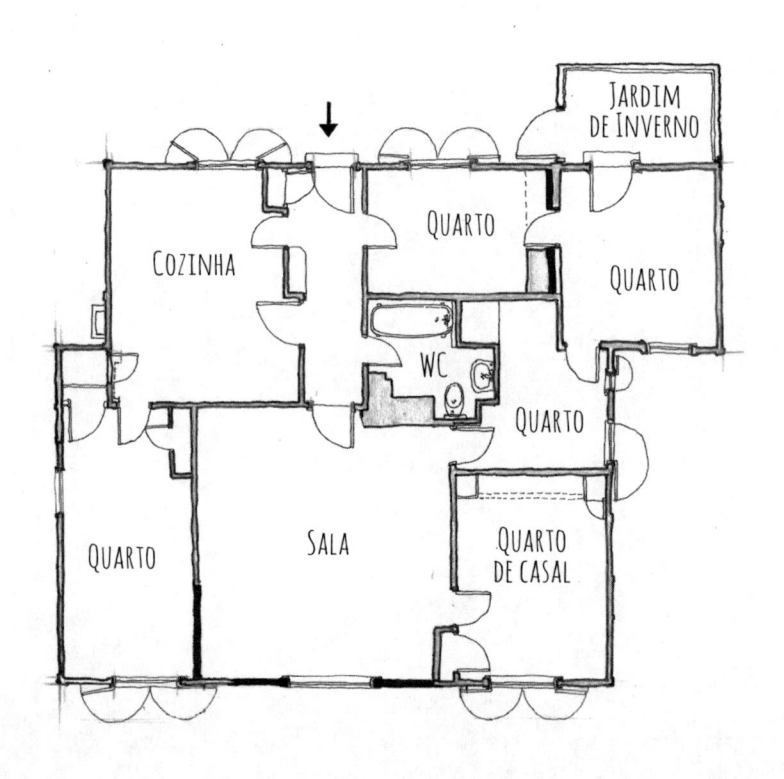

Janeiro de 2014

Estou sentado num pequeno café de Groß Glienicke com Bernd Kühne, filho de Wolfgang. Ele está em roupas de trabalho: calças azuis manchadas de tinta, tênis gastos e agasalho tipo parka azul-marinho. Está animado para conversar, mas cansado. Agora com 54 anos, ele me diz que tem problema nos rins e está vindo do hospital, onde passou por uma diálise, que precisa fazer três vezes por semana.

Falamos sobre sua vida, seus pais e suas lembranças da casa. A cada pergunta ele responde com calma, franqueza, sem parecer desanimado nem ofendido com minha intrusão. Durante nossa conversa, muitos clientes se aproximam para cumprimentar Bernd. Ele é um homem benquisto na vila.

A certa altura, Bernd me conta que na época da DDR sua família era uma das poucas a ter telefone. Pergunto se isso era importante. Ele faz uma pausa e diz que podia ser indicativo de que alguém na casa era informante. "Seu pai?", pergunto. "Meu pai, não, mas talvez minha madrasta, a segunda esposa dele", ele responde.

Esperando não estar ultrapassando os limites, pergunto a Bernd se ele queria ver a ficha no Stasi de seu pai, de sua madrasta e possivelmente a dele também? Falo que pode levar até três anos para se obter uma autorização para vê-las. Ele faz outra pausa. Imagino Bernd avaliando o risco: pode encontrar algo de que venha a se arrepender de saber – uma namorada que o espionou, um colega que o delatou, talvez um parente que tenha dado informações em troca de um ganho? "Sim", ele diz, "eu gostaria de saber, se puder".

Quando pegamos nossos casacos para sair, Bernd fala sobre sua infância na casa, sobre a outra família que tinha morado lá antes deles, os Fuhrmann. Ele acha que eles conheciam os Meisel – a viúva e o filho. O filho talvez ainda morasse na vila.

Agradeço e volto rapidamente ao hotel a fim de telefonar para minha pesquisadora. Nosso conhecimento sobre a casa sempre tivera uma lacuna, um habitante ou habitantes entre os Kühne e os Meisel. Ela retorna a ligação, animadíssima, dizendo que tinha encontrado quem procurava. E essa pessoa sugeriu um encontro.

★ ★ ★

Dias depois, estou indo para a casa do lago com Lothar Fuhrmann e sua esposa, Sieglinde. Já na faixa dos 70 anos, ambos estão vestindo grandes suéteres, calças largas e botas surradas. É o primeiro retorno deles à casa após quase cinquenta anos, apesar de morarem a menos de duzentos metros de distância.

Ao passarmos pelo mato crescido acima da casa, olham pela primeira vez para a construção. "Não, não, não", Sieglinde geme. Ela parece chocada diante do estado dilapidado da casa e lágrimas caem pelo seu rosto: "Isso é tão terrível". Seu marido também está surpreso. "Era tão linda quando morávamos aqui", diz Lothar. "Agora já não é."

A princípio, Lothar e Sieglinde conversam livremente enquanto percorremos a propriedade. Falam de seu namoro, dos tempos que moraram na casa e das mudanças que tinham ocorrido na vila. Para eles, era "normal" morar junto ao Muro, e "se acostumaram". Também dizem que a vida era melhor antes da derrubada do Muro. Pelo menos, as creches e a moradia eram de graça, a comida era barata e havia empregos em abundância. As restrições a viagens e a vigilância do governo eram um preço baixo a pagar pelos benefícios, dizem eles.

Apesar de todos os anos que se passaram, eles ainda são capazes de descrever a casa nos mínimos detalhes. Pelo que dizem, a casa tinha mudado muito pouco desde os dias de infância de minha avó.

A animação deles é contagiosa e faço mais perguntas. Eu havia lido muito sobre o Muro, sua política e construção, e quero entender exatamente como era viver sob a sombra dele. "O que vocês e seus amigos faziam para se divertir?", pergunto. "Como era seu dia a dia? Como podiam ter algum relacionamento vivendo na zona de fronteira?"

Mas quando insisto, os Fuhrmann se calam. "Isso é assunto particular", eles dizem enquanto caminhamos de volta. "E por que alguém vai querer saber da nossa história?"

Ao voltar para a Inglaterra, apesar das frias reações iniciais de minha família, estou ansioso por compartilhar com eles os resultados das pesquisas, os segredos que descobri sobre a casa do lago.

Semanas depois, nos reunimos no apartamento de meus tios, no centro de Londres. À minha frente, sentam-se vinte membros da família: meus pais, tios, tias e primos.

FUHRMANN E KÜHNE, 1962

Estou ansioso. É como lançar uma ideia numa reunião de negócios. Dizendo a mim mesmo para relaxar, começo a falar.

Mostro fotos desde os anos 1930, passando pelos 1940, 1960, até os 1990, contando como a casa tinha mudado ao longo dos anos. Falo de meus encontros com pessoas que se lembravam da casa e das histórias que tinham me contado. Por fim, falo da intenção da cidade de Potsdam demolir a casa.

Eu esperava interesse e até agradecimentos. Só recebi raiva e ressentimento. Um primo diz que estou sendo sentimental, que a família nunca tinha passado muito tempo na casa. Quando menciono o filme do dr. Alexander nos anos 1930 – os meninos risonhos jogando futebol no gramado, Elsie e Bella se esbaldando no lago –, ele ordena que eu me cale. Outro parente levanta questões práticas, dizendo que seria impossível organizar um projeto desses estando nós na Inglaterra. Ouço-me dizendo que só era preciso "fazer fé", sabendo ao mesmo tempo que minhas palavras eram inconvincentes.

Não fico muito surpreso com a resistência. Afinal, temos uma história triste. A raiva e o medo deles fazem eco ao que eu sentia antes de passar aquele tempo no lago, antes de conhecer as pessoas que viveram ali. Mesmo assim, estou decepcionado. Embora sabendo que jamais perdoariam o que acontecera no passado, eu esperava que minha família estivesse aberta a algo novo, que se interessasse em explorar um futuro diferente.

Ao ver que a reunião é um desastre, tento descontrair. "OK, tudo bem, obrigado por terem vindo", digo.

Nesse momento, uma das minhas primas mais novas diz que está muito interessada. Está disposta a ir a Berlim, conhecer as pessoas do local e arregaçar as mangas para arrumar a casa. Outra diz que pode ser uma oportunidade de sanar as feridas e começar do zero. Uma terceira acrescenta que, se respeitamos todas as famílias que moraram na casa, "essa ideia tem muito potencial".

Após duas horas de comunicação franca, às vezes contundente, encerramos a reunião. Parece haver algum apoio ao projeto, mas enfrento igual resistência. Não sei como levar isso adiante se nem mesmo consigo convencer minha família.

23

KÜHNE

1965

Em 27 de maio de 1965, muita gente em Groß Glienicke ficou surpresa ao saber que iria presenciar um voo rasante da realeza.

Quem assistia secretamente à televisão da Alemanha Ocidental viu a transmissão ao vivo de um avião da RAF se aproximando do aeroporto de Gatow. O locutor anunciou que estavam a bordo a rainha Elizabeth II e seu marido, o duque de Edimburgo, na primeira visita dos chefes de Estado britânicos a Berlim Ocidental. Os mais apressados correram para fora de casa a tempo de ver o avião vermelho, branco e azul passar roncando para aterrissar na pista ali perto.

Essa viagem da rainha seguiu-se à visita do presidente John F. Kennedy dois anos antes, que atraiu cobertura maciça da mídia internacional principalmente por sua declaração *"Ich bin ein Berliner"*. Desde então, os países do Ocidente pareciam ter decidido não insistir na questão da divisão de Berlim em duas cidades. Apesar de considerarem o Muro uma afronta à democracia e a tudo o que o Ocidente mais prezava, tinham medo do que poderia acontecer se tentassem furar a barreira. Na mesma medida, a União Soviética, embora aparentemente ultrajada pelo aumento das forças norte-americanas e britânicas em Berlim – e ainda desesperada para ter o controle da cidade inteira –, estava aliviada pelo fato de o êxodo da DDR ter caído drasticamente desde a construção do Muro, evitando o colapso da economia do país. Para os dois lados, a situação estava longe do ideal, mas as tensões pareciam ter diminuído nos anos seguintes à construção do Muro.

Segundo o *The Times*, dois soldados estenderam um tapete vermelho assim que o avião real parou no pátio. Vestindo casaco amarelo-claro e chapéu amarelo combinando, bolsa, luvas e sapatos brancos, a rainha desceu a escada do avião e foi recebida pelo chanceler da Alemanha Ocidental, Ludwig Erhard, e o prefeito de Berlim, Willy Brandt, que lhe deu um buquê de flores vermelhas.[1]

Após passar em revista as tropas britânicas no aeroporto, o casal real seguiu num Mercedes preto sem capota pelas ruas de Berlim Ocidental, que, segundo o *The Times*, estavam "cobertas por uma multidão feliz". Quando os veículos diminuíam a marcha, a rainha e o marido se levantavam e acenavam sorrindo para o povo, que dava vivas agitando bandeirinhas Union Jack, da Grã-Bretanha. Alguns repórteres estimaram que mais de um milhão de pessoas, quase a metade da população de Berlim Ocidental, tinham acorrido para ver a rainha.

Os carros pararam no Portão de Brandemburgo e o prefeito, mostrando o Muro, falou sobre sua história e fortificações. Vendo dois soldados da DDR montando guarda no Muro, o duque de Edimburgo acenou e não teve resposta. Do outro lado, a uns oitenta metros da barreira, mais de quinhentos cidadãos de Berlim Oriental se aglomeravam na Unter den Linden – mas segundo o repórter de *The Times* mais de cem policiais estavam postados à frente deles, bloqueando a vista.

Saindo do Portão de Brandemburgo, os carros seguiram ao longo do Muro até a Potsdamer Platz e pararam na prefeitura de Berlim Ocidental, em Schöneberg, onde um comício reuniu um público de mais de cem mil pessoas. A rainha se sentou num trono no topo da escada de pedra da prefeitura e a multidão gritava "E-li-za-beth, E-li-za-beth".

O primeiro a discursar foi Willy Brandt, agradecendo à rainha e ao seu país pelos anos de apoio. Suas palavras foram recebidas com palmas e vivas do público. Ele prosseguiu dizendo "Hoje podemos nos apresentar como realmente somos, tranquilos e amigáveis. Para isso contamos com a ajuda da dignidade de Sua Majestade, mas também, se me permite dizer com franqueza, o charme de Sua Majestade".

KÜHNE, 1965

Quando a rainha se levantou, o público ficou em silêncio. Ela falou de sua admiração pelo povo da Alemanha. "Nunca a tragédia de um mundo dividido ficou mais evidente do que nesta cidade. Enquanto outras cidades desfrutaram de vinte anos de desenvolvimento e progresso em paz, Berlim jamais deixou de lutar por sua existência."

O último a discursar foi o chanceler. Afirmando que o desejo de reunificação da Alemanha não se deixaria estagnar pelo "muro da tirania", terminou exclamando "Vida longa à rainha". Sua saudação foi ecoada pelo público.

Boa parte da visita real teve cobertura de rádio no Setor Americano (RIAS) e foi ouvida vorazmente pelos habitantes de Groß Glienicke, inclusive Wolfgang e Irene, mas não foi noticiada pela mídia da Alemanha Oriental. Para a família de Bernd, foi mais uma prova de que não se podia confiar na imprensa.

Agora, era visível que os habitantes de Groß Glienicke podiam ser separados em três categorias.[2] A primeira era a dos fiéis, os leais subordinados do Partido chamados *apparatchiks* e os comunistas ardorosos que, apesar de todas as evidências em contrário, continuavam agarrados aos preceitos revolucionários. Depois, havia os que não acreditavam em tudo o que ouviam, que podiam entrever as mentiras dos chefes do Partido, cantavam os hinos obrigatórios e obedeciam a leis que sabiam ser idiotas, ou pior, injustas e perigosas, e mesmo assim ficavam em silêncio. Os membros desse grupo até confidenciavam suas dúvidas, mas nunca em público. O terceiro grupo era dos dissidentes, que rejeitavam bravamente o *status quo* e pediam mudança. Era o menor grupo e muitos de seus membros foram perseguidos pelo Stasi, presos sem julgamento e torturados. As famílias Kühne e Fuhrmann pertenciam ao segundo grupo.

Naquele mês de setembro, Bernd Kühne foi pela primeira vez à Escola Número 2, uma das três na vizinhança.

Como sua família morava dentro da zona de segurança, Bernd tinha que passar pelo posto de verificação do Potsdamer Tor. Os passes dos adultos eram verificados minuciosamente. Somente depois de aprovados, o guarda apertava um botão trocando a luz vermelha por verde e a pessoa podia seguir em frente. Como Bernd era criança, e uma carinha já conhecida, foi liberado rapidamente.

Bernd virou à esquerda na Potsdamer Chaussee, passou pela Drei Linden, virou à esquerda novamente na Dorfstraße, passou pela igreja e chegou à escola. O prédio também estava situado na *Grenzgebiet* e como a grande maioria dos pais não tinha autorização para entrar na zona de segurança, deixavam os filhos a cinquenta metros da porta da escola.

Ao chegar à sala de aula, Bernd foi apresentado aos colegas. Na hora do almoço, as crianças foram levadas à Drei Linden, que agora pertencia ao Estado e fora convertida em cantina. De volta à sala de aula, Bernd perguntou à professora: "Por que não podemos ir à parte ocidental?" Os alunos deram risadinhas, fazendo Bernd se sentir alvo de atenção e idiota. Naquele momento, ele viu que não gostava do prédio da escola, nem dos colegas, nem dos professores. Preferia a familiaridade de sua casa, o jardim, os bichos. Quando a classe se aquietou, a professora olhou para Bernd e respondeu gentilmente: "Não podemos ir à parte ocidental porque não podemos construir estradas." Sem entender nada daquilo, Bernd aceitou o argumento, apesar de continuar pairando uma dúvida incômoda. No fim da tarde, voltou para casa em lágrimas. Foi preciso que sua mãe lhe desse uma dose considerável de encorajamento para que Bernd voltasse à escola no dia seguinte.

As disciplinas básicas de Bernd eram alemão, matemática, história e russo. Ele e seus colegas tinham que fazer parte dos Pioneiros Thälmann, uma organização nacional da juventude assim nomeada em honra de Ernst Thälmann, ex-chefe do Partido Comunista alemão. Uma vez por semana, Bernd e seus colegas frequentavam "aulas" em que repetiam frases do tipo "Nós, Pioneiros Thälmann, somos amigos da União Soviética, protegemos a paz e odiamos quem provoca a guerra".

Na primavera, participavam de atividades ao ar livre à maneira dos escoteiros, aprendendo técnicas de sobrevivência e de orientação básica, com mapas e bússola. Usavam no pescoço um lenço azul como símbolo – segundo o manual da organização – "de nossa dedicação à causa da classe trabalhadora e seu partido, o Partido da Unidade Socialista da Alemanha".

Diziam que sua missão era amar a natureza em toda sua beleza. O ponto alto de cada reunião era o hasteamento da bandeira nacional, quando o líder gritava "Vamos nos preparar para a paz e o socialismo", ao que as crianças respondiam "Sempre prontos!".

Em 13 de agosto de 1966, vestidos em seus uniformes de Pioneiros Thälmann, setenta meninos e meninas saíram da Escola Número 2 para uma excursão no campo.[3] Levavam flores e presentes confeccionados por eles em papel e, acompanhados pelos professores, seguiram pela Dorfstraße em direção ao quartel da patrulha de fronteira do Regimento 34 de Groß Glienicke.

Pioneiros Thälmann cumprimentam soldados em Groß Glienicke.

Ao chegarem, um guarda armado levantou a cancela e as crianças entraram no campo de treinamento, onde foram recebidas por uma longa fileira de soldados da patrulha de fronteira, perfeitamente uniformizados. Juntos, crianças e soldados estavam comemorando o aniversário de cinco anos da construção da Barreira de Proteção Antifascista.

As crianças entregaram os presentes aos soldados e algumas foram convidadas a segurar um rifle. Foram tiradas fotos para o jornal local e a meninada foi nadar na piscina do regimento. Depois, foi exibido um filme mostrando o trabalho da patrulha de fronteira e sua proteção à república.

Segundo o editor do *Chronik*, o periódico local controlado pelo Estado, o evento foi um "grande sucesso". As crianças agradeceram aos soldados por protegerem a fronteira e assim poderem "estudar em paz e tranquilidade", e voltaram às aulas na escola.[4]

Quando maiorzinho, uma brincadeira apreciada por Bernd e seus colegas era juntar gravetos durante o recreio da manhã e atirá-los na cerca da fronteira que corria ao longo do pátio da escola para acertar um fio de alarme. Na maioria das vezes erravam, mas quando o graveto tinha peso suficiente e eles conseguiam acertar o primeiro fio, acendia-se um clarão verde. Se um professor visse, gritava "Não joguem gravetos na Cerca de Proteção Antifascista!".

Nas poucas vezes que conseguiam acertar a segunda fileira de fios, um clarão vermelho se erguia no céu.[5] Em poucos minutos chegavam três ou mais caminhões cheios de tropas à procura do suspeito de fuga. Não achando ninguém, os soldados confabulavam, encarando ferozmente os alunos e religavam os alarmes. Assim que se retiravam, algum colega de Bernd gritava "Vamos lá ver os fogos!" e voltavam a atirar gravetos para disparar o alarme.

Bernd não era fã de esportes coletivos, mas gostava de correr. Mostrou ser bom em corridas curtas, de velocidade, e revelou-se admirável em longa distância. Seus professores notaram seu talento e o selecionavam para participar em competições com outras escolas. Ganhou fama entre os colegas e se orgulhava de ser um atleta.

Embora tivesse muitos amigos na escola, Bernd não podia convidá-los à sua casa, a não ser que tivessem passe para entrar na zona de segurança. Era um dos aspectos mais desagradáveis de morar na casa do lago. Festas de aniversário eram sempre um problema. Às vezes alguns amigos conseguiam se esgueirar e passar pelos guardas, mas era impossível receber todos. E ainda que alguns conseguissem, muitos eram proibidos pelos pais, dados os riscos.

Otto von Wollank e o pessoal em frente ao casarão
(*Groß Glienicke Chronik*)

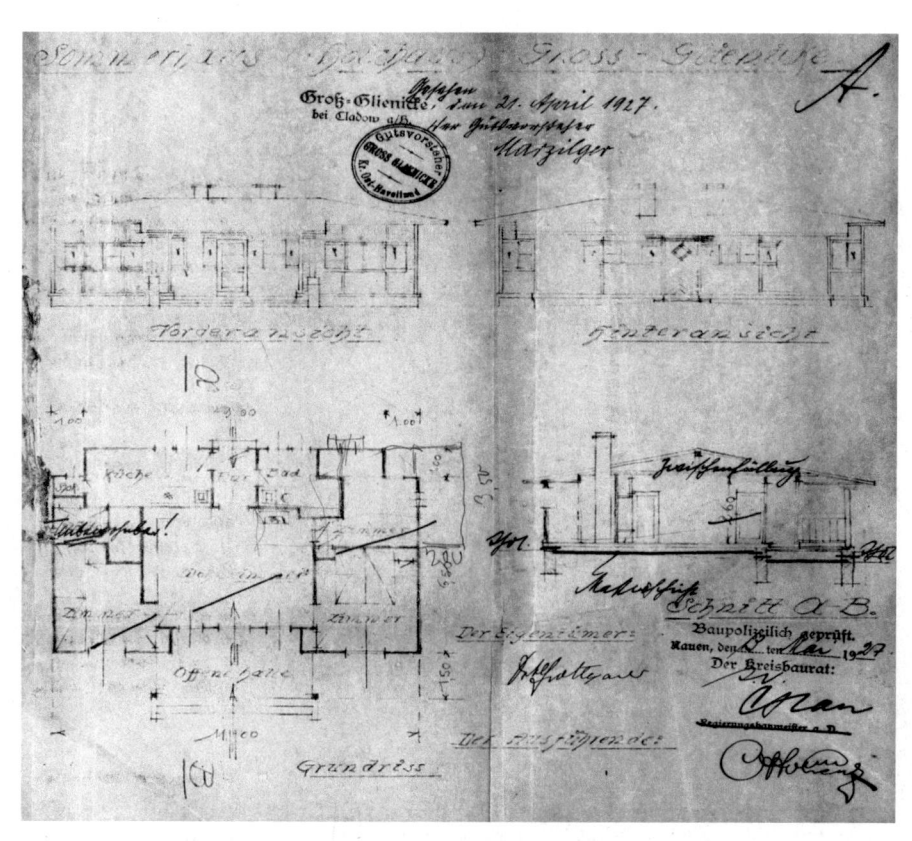

Plantas e projeto de fachada da casa do lago, 1927
(Arquivo da família Alexander)

Família Alexander no apartamento da Kaiserallee (atrás: Ernest Picard, Bella, Alfred, Elsie. No meio: Hanns, Elisabeth Picard, Lucien Picard, Amalie Picard, Henny. Na frente: Paul)
(Arquivo da família Alexander)

Sala de Groβ Glienicke, foto de Lotte Jacobi, 1928
(Arquivo da família Alexander)

Lucien Picard na casa do lago, foto de Lotte Jacobi, 1928
(Arquivo da família Alexander)

Robert von Schultz passando em revista as tropas de Stahlhelm, 1933
(Bundesarchiv, Berlim)

Esquerda: família Meisel na casa do lago, anos 1940 (Edição Meisel GmbH)

Abaixo, esquerda: carta da Gestapo confiscando a propriedade em Glienicke, 1939 (Landesarchiv, Potsdam)

Abaixo, direita: carta de Will Meisel a Hans Hinkel solicitando a compra de propriedades de judeus, 1938 (Bundesarchiv, Berlim)

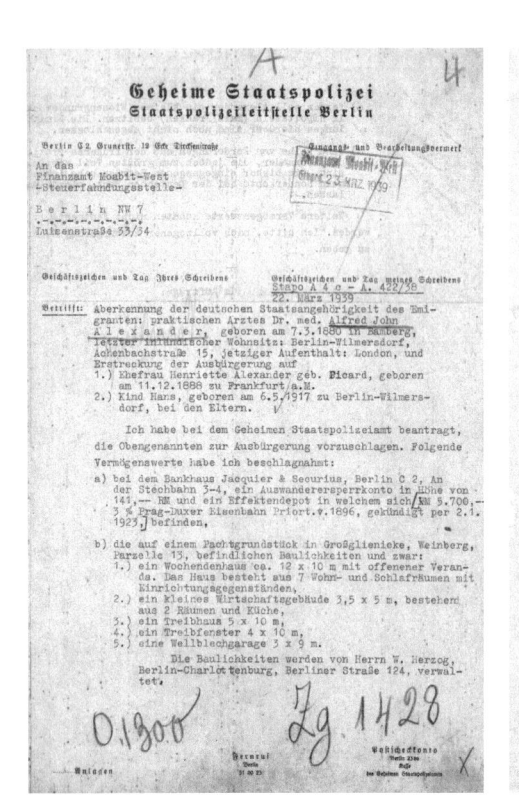

"Volkspolizei são vítimas de assassinos em Glienicke", *Sozialdemokrat*,
18 de outubro, 1949
(Zeitungsabteilung der Staatsbibliothek)

Vista do Muro para o pontão norte do lago Groß Glienicke
(Der Bundesbeauftragte für die Unterlag des Staatssicherheitsdienstes)

Esquerda: página do contrato de Wolfgang Kühne no arquivo da Stasi, 1958. (Der Bundesbeauftragte für die Unterlag des Staatssicherheitsdienstes)

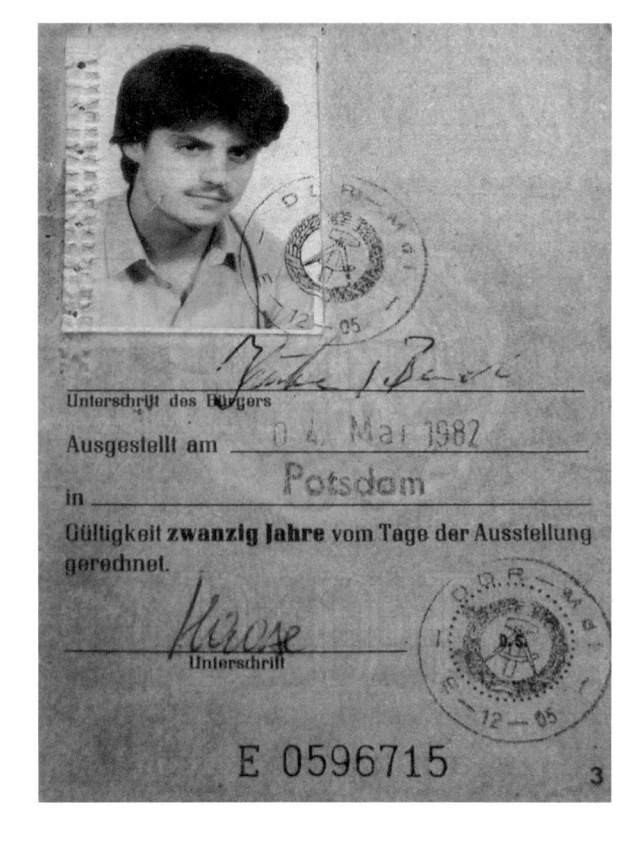

Direita: Passe de Bernd Kühne concedido pela RDA (Bernd Kühne)

Banhistas de Berlim Ocidental no lago Groß Glienicke, tendo ao fundo o Muro,
e a casa do lago oculta pelas árvores (Heinrich von der Becke)

Filhos de Bernd Kühne mergulhando no lago, 1990
(Bernd Kühne)

Dia da Faxina, 2014
(Sam Cackler Harding)

Entrega da chave da cidade de Potsdam ao autor, abril de 2015
(Friederike Gröning)

Apesar das frustrações por morarem tão perto do Muro, os Kühne estabeleceram uma rotina. À noite, depois do jantar, a família se reunia na sala para assistir à televisão.[6] Havia dois canais permitidos, DDR1 e DDR2, nos quais assistiam aos noticiários e ao programa de variedades *Ein Kessel Buntes*. Mais interessantes eram os programas transmitidos pelos canais da Alemanha Ocidental – ARD e ZDF –, que eles conseguiam sintonizar pela torre de antena posicionada cinco quilômetros a sudeste da vila. Seus programas favoritos eram *Am Laufenden Band*, similar ao inglês *The Generation Game*, e *Einer wird gewinnen*, um programa de perguntas e prêmios com participantes de toda a Europa. Assistiam a esportes, principalmente futebol e corridas de Fórmula 1. Quando terminavam os programas da Alemanha Ocidental, a família deixava a TV sintonizada nos canais da DDR, temendo o improvável evento de que alguém chegasse a casa.

No final dos anos 1960, muita gente na vila tinha aparelhos de televisão em casa. Na escola, os professores de Bernd sempre perguntavam aos alunos a que a família deles assistia. Uma pergunta capciosa era qual a forma do relógio no noticiário de TV. Se o aluno respondesse "retangular", o professor sabia que seus pais assistiam a *Aktuelle Kamera*, na DDR, às 7:30 da noite. Mas se a resposta fosse "redonda", o professor saberia que era o *Tagesschau*, o noticiário das oito horas da noite no canal ocidental ARD e a família seria denunciada às autoridades.

E havia o rádio. Assim como a maioria da população de Berlim, a estação predileta de Bernd era a RIAS, que desde 1946 trazia a cultura norte-americana para Berlim Ocidental e adjacências. Ele gostava do programa semanal com as mais pedidas e cantarolava junto as canções populares inglesas e americanas, proibidas na rádio da Alemanha Oriental.

Em 13 de junho de 1967, aos 7 anos, Bernd foi com a família à comemoração dos setecentos anos de Groß Glienicke. Os chefes locais do Partido haviam decidido usar os três dias de duração do evento para enaltecer os benefícios do socialismo. O programa do evento cobria seis páginas de papel brilhante branco. No ginásio esportivo, as crianças competiam enquanto os adultos assistiam a uma apresentação intitulada "Da vila feudal a uma comunidade socialista na fronteira de Berlim Ocidental". Mais abaixo, na Drei Linden, havia um "fórum de inteligência" e, no bar da praia, representantes do Partido entregavam prêmios a "cidadãos notáveis". Mais tarde, havia um baile ao som de um conjunto musical soviético. Havia também um fórum de ensino para mulheres sobre "políticas socialistas de saúde e o desenvolvimento saudável de nossas crianças".

No evento na Drei Linden, um professor de Bernd e editor do *Chronik*, chamado Johannes Sieben, captou o clima do dia. Ao fim de um longo discurso sobre a história da vila, ele disse: "Os líderes da indústria capitalista foram expulsos, não podem mais estender as mãos para agarrar os lucros e, agora, temos essa barreira para impedir a entrada de futuros capitalistas de Berlim Ocidental." As pessoas aplaudiram e Sieben concluiu: "Somos bons cidadãos e fizemos bem porque o povo de Groß Glienicke está muito feliz em conviver com os guardas da patrulha e apoiar seu trabalho de proteção a nossas fronteiras."

Nos anos que se seguiram à construção do Muro, o número de pessoas que cruzou a fronteira de Berlim Oriental para Berlim Ocidental tinha caído de mais de 200 mil nos primeiros sete meses de 1961 para poucas centenas por ano. Em 1965, 77 pessoas com idades entre 18 e 80 anos morreram tentando cruzar o Muro. Na tentativa de fuga, muitos foram fuzilados pelos guardas da DDR. Tipicamente, a mídia controlada pelo governo da DDR não noticiava que pessoas morriam tentando fugir pelo Muro. A exceção era quando um guarda morria em serviço e era exaltado por seu patriotismo. Quando o governo não conseguia ocultar a morte de civis, a mídia da DDR a justificava como defesa legítima da fronteira nacional. Por outro lado, a mídia ocidental dava ampla cobertura a essas mortes, gerando manifestações de protestos que manchavam a reputação da DDR e acirravam a raiva dirigida a seus líderes.

Àquela altura, o Muro se tornara o símbolo mais proeminente da Guerra Fria, um lembrete físico do conflito entre as duas maiores potências globais. Para o governo da Alemanha Oriental e a União Soviética, representava uma asserção de sua independência do Ocidente e uma barreira concreta contra a emigração. Para os Estados Unidos e seus aliados, encarnava a servidão sofrida pelo povo do Leste Europeu, uma afronta aos ideais de democracia e liberdade do Ocidente.

O drama, a complexidade e as pesadas negociações da Guerra Fria eram reduzidos a pequena escala na chamada "Ponte dos Espiões", onde se faziam permutas de agentes soviéticos por norte-americanos e britânicos. A ponte sobre o rio Havel, situada apenas três quilômetros ao sul de Groß Glienicke, formava uma fronteira entre Potsdam, na Alemanha Oriental, e Berlim Ocidental. A primeira troca ocorreu em 10 de fevereiro de 1962, seis meses após a construção do Muro de Berlim.[7] Numa extremidade da ponte, os Estados Unidos libertaram o coronel Vilyam Genrikhovich Fisher, que cinco anos antes fora identificado como chefe de uma rede de espionagem em Nova York. Do outro lado, os soviéticos libertaram Francis Gary Powers, um piloto norte-americano capturado dois anos antes, quando seu avião U2 foi abatido logo ao invadir o espaço aéreo. Uma segunda permuta ocorreu em 1964, quando o agente soviético Konon Molody, infiltrado no serviço de inteligência militar britânico, foi trocado por Greville Wynne, da inteligência britânica, capturado em Budapeste. Essas trocas eram comemoradas no Ocidente, mas não noticiadas na DDR. Oficialmente, as únicas informações acessíveis a Bernd Kühne e sua família eram as versões unilaterais que circulavam nos jornais e rádios da Alemanha Oriental: relatos de que Fisher havia enfrentado o governo dos Estados Unidos e agora era festejado como herói em Moscou, que o avião de Gary Powers fora abatido graças à superioridade dos pilotos soviéticos, que Greville Wynne havia confessado no julgamento em Moscou e fora condenado à morte.

Entretanto, as fugas da Alemanha Oriental e as trocas de espiões não eram as únicas formas de cruzar a fronteira naqueles dias. Para alguns, a vida na DDR parecia mais atraente do que na Alemanha Ocidental.

Estranhamente, talvez, isso era realidade para alguns soldados britânicos baseados em Gatow. No início dos anos 1960, uma seção da base militar em Gatow tinha sido transformada no centro britânico de operações de inteligência mais importante na Europa Central. Oficialmente conhecida como *Royal Signals Detachment RAF Gatow* [Real Destacamento de Sinais da RAF em Gatow], essa unidade monitorava o tráfego de comunicações entre Berlim Oriental e Moscou. Para analisar o enorme volume de dados que precisavam ser traduzidos, os britânicos recrutaram centenas de jovens linguistas através de seu Corpo de Inteligência Russo, a maioria dos quais tinha pouco ou nenhum treinamento militar. Um deles foi o escritor Alan Bennett e outro foi o futuro produtor de TV Leslie Woodhead. As equipes se revezavam em longos turnos em mesas enfileiradas num bunker secreto nos fundos da base, captando as comunicações. Outro desses jovens recrutas era um certo Brian Patchett, um sujeito de 25 anos, aparência suja e cabelos compridos, que tinha crescido em Coventry.

Foi somente em 9 de julho de 1963 que o nome de Brian Patchett apareceu nos jornais ingleses. Sob a manchete "SOLDADO BRITÂNICO DESERTA PARA O LESTE", *The Times* noticiou que Patchett pedira asilo alegando "não estar mais preparado para trabalhar para os revanchistas que se preparavam para a guerra". A notícia dizia que o soldado estava ausente desde o dia 2 de julho e que um porta-voz do Exército confirmara que ele não tinha levado nenhum documento secreto. O Exército Britânico deu início imediato a uma investigação e logo descobriu que Brian Patchett tinha se apaixonado por uma alemãzinha de 21 anos, chamada Rosemarie Zeiss. Ela tinha crescido em Berlim Oriental, mas passara alguns meses fazendo um curso de direito em Berlim Ocidental, antes da construção do Muro. Os pais dela ainda moravam na DDR, trabalhando como gerentes de um restaurante estatal. Patchett conhecera Zeiss em Gatow, onde ela havia trabalhado por pouco tempo numa oficina da base, e ficou arrasado quando ela terminou o namoro porque "estava ficando sério demais". Numa carta a Zeiss datada de 21 de junho de 1963, Patchett confessou que não gostava de trabalhar em Gatow e estava frustrado por suas petições de transferência para outra base terem sido negadas: "O Exército se recusa a me transferir", ele escreveu. Ansioso, com receio de ficar preso àquela base, ele concluiu: "Só vejo um modo de sair daqui."

Num memorando confidencial ao gabinete britânico, o Departamento de Guerra concluiu que Patchett era "um lobo solitário, sem amigos na unidade", e que "não havia evidências de que a deserção fosse uma operação orquestrada". Num relatório final, o diretor da Inteligência Militar, coronel Marshall St. John Oswald, concluiu que o motivo da deserção era fruto da associação de um histórico de instabilidade mental, um ambiente familiar inadequado, insatisfação no posto ocupado, bem como o rompimento do relacionamento partindo da namorada. Em 7 de novembro de 1963, após uma série de inquéritos por parte de um Membro do Parlamento que estava pressionando para devolver os pertences de Patchett à família, Oswald escreveu que "é obviamente desejável do ponto de vista do Exército deixar que o caso de Patchett morra de morte natural, se possível". Os objetos seriam devolvidos à família "e mantidos em nome de Patchett".

Brian Patchett foi um dos 23 membros do Exército britânico baseados em Gatow que desertaram para o Leste num momento em que dezenas de milhares de jovens na Alemanha Oriental desejavam correr para a direção oposta.

24

KÜHNE

1970

Muro de Berlim com vista para o lago e ilhas de Groß Glienicke.

Apesar de viverem à sombra do Muro, com todas as suas características extraordinárias, os habitantes de Groß Glienicke tentavam levar uma vida normal. No começo dos anos 1970, a família Kühne tinha estabelecido uma rotina.

KÜHNE, 1970

A primeira providência nas manhãs de inverno era acender o fogão na cozinha. Era tarefa de Bernd. Às seis da manhã, o menino de 10 anos acordava com o despertador. Saía da cama, vestia um casaco quente e ia lá fora pegar um feixe da lenha guardada no galinheiro. Voltando a entrar em casa, abanava as brasas restantes no fogão para reacendê-las antes de enfiar a lenha. Quando a chama subia, ele acrescentava umas pedras de carvão guardadas num balde junto ao fogão. Lá fora estava escuro e não se enxergava nada através das janelas cobertas de gelo.

Quando o fogão estava quente, Irene vinha preparar a refeição da manhã, geralmente com torradas e ovos mexidos. O cheiro da comida acordava os outros e a família se sentava ao redor da mesa da cozinha. Todos tomavam chá, servido de um grande bule amarelo. Quando dava tempo, Irene dizia aos quatro filhos, ainda em pijamas, que ainda podiam voltar a se deitar um pouquinho antes de sair.

A caminho da escola, as crianças tinham que passar pela barreira no Potsdamer Tor. Bernd, o irmão e a irmã Marita passavam direto, mas a irmã Rosita se demorava dando bom-dia aos guardas. Já que as crianças aprendiam russo na escola, em vez de inglês ou francês, era uma chance de praticar. Às vezes, Rosita levava para os soldados uma fatia de bolo, um ovo cozido ou um pedaço de pão com mel, providenciados por sua mãe. Ela sentia pena daqueles jovens tão longe de casa e recebia como agradecimento um aceno de cabeça ou um sorriso. Uma vez lhe deram uma velha medalha do Exército Vermelho.

Enquanto as crianças estavam na escola, Irene cuidava da casa. Arrumava a cozinha, lavava os pratos e panelas da refeição da manhã, lavava as roupas na banheira e pendurava para secar num varal diante do fogo. Depois, se sentava na sala para tricotar. Todo ano ela fazia novos pulôveres, boinas, luvas e cachecóis para cada um dos filhos, tricotados com a mesma lã vermelha, a única disponível na loja da vila. Bernd e Hartmut vestiam com prazer os agasalhos feitos em casa, mas suas irmãs se recusavam – não queriam que pensassem que estavam vestindo as roupas dos irmãos.

À tarde, Irene ia às compras.[1] Havia duas lojas principais na vila. A Konsum número 422, que fazia parte de uma cooperativa nacional de mercearias e se situava na Wilhelm-Pieck-Straße, a estrada atrás da igreja, renomeada em homenagem ao primeiro presidente da DDR. Ali Irene comprava sabão e farinhas, legumes e macarrão, margarina e cerveja. A gerente da loja era Ingeborg Tauschke, uma mulher alta, amigável, ativista do Partido da Unidade Socialista. Apesar dos rápidos elogios nos jornais – em que os habitantes diziam que Frau Tauschke "mantinha bons horários de funcionamento e atendia muito bem", que "as prateleiras são limpas e bem sortidas", que havia "tanta variedade quanto em Potsdam" –, a verdade é que Irene e os habitantes da vila podiam comprar em qualquer outra loja as mesmas coisas que compravam na Konsum 422. Afinal, só havia uma marca de sabão em pó, uma de papel higiênico, uma de salsichas, uma de cigarros.

A outra grande loja da vila, conhecida como "HO", diminutivo de Handelsorganisation, era um empório situado junto à Drei Linden, na Potsdam Chaussee. Ali, Irene podia comprar pregos e colas, ganchos e tábuas, inseticidas e água sanitária. Na zona sul da vila, havia um açougue aonde Irene raramente precisava ir graças à criação de galinhas e porcos que mantinha em casa. Assim como na maioria das lojas da DDR, o importante era saber o momento de comprar. O melhor horário era quando recebiam as mercadorias, por volta das três da tarde, mas não era garantia de que as prateleiras estivessem cheias.

Quando Frau Tauschke renovava o estoque, os jornais locais davam a notícia em página inteira. Era um sinal, talvez, da importância da loja no dia a dia da vila, e de que não havia nada mais acontecendo – pelo menos nada que as autoridades permitissem publicar. Como parte das comemorações, os alunos tinham que escrever um poema sobre as benfeitorias, e o melhor poema era publicado no jornal:

> As vendedoras estão felizes
> Já não ficam tão cansadas
> Porque não precisam mais atender
> E têm tempo de fumar um cigarro.[2]

À noite, a família se ocupava em preparar o jantar, lavar louças e panelas, assistir a televisão e tomar banho. Como escurecia cedo na maior parte do inverno, as crianças iam para a cama às oito, deixando algum tempo para Irene e Wolfgang ficarem a sós.

KÜHNE, 1970

Frequentemente Wolfgang saía para tomar uma cerveja com amigos ou com um guarda da patrulha, no bar da vila. Certa vez, ele ficou bebendo com um colega que também morava na zona de segurança junto ao Muro. Depois de umas cervejas na Drei Linden, estavam muito bêbados. A caminho de casa, ao passar pela barreira no Potsdamer Tor, ficaram conversando alegremente com os guardas. A certa altura, tomado de exuberância alcoólica, o amigo de Wolfgang pegou o fuzil Kalashnikov de um soldado e ficou brincando, fingindo atirar para o céu.

Em segundos a situação ficou tensa. O soldado tomou a arma de volta e seu parceiro agarrou o amigo de Wolfgang. Os bêbados foram levados para a delegacia de polícia de Potsdam e interrogados separadamente. Wolfgang só foi liberado quando ficou claro que não havia participado da palhaçada etílica. O amigo foi preso e, quando libertado, ele e a família foram expulsos de sua casa confortável junto ao Muro e instalados num povoado longe da fronteira, dos amigos e do trabalho.

Nos meses de verão, as crianças brincavam lá fora enquanto Irene e Wolfgang trabalhavam na horta, plantando e colhendo grandes quantidades de feijão, morangos, batatas, aspargos, pepinos, alfaces e tomates. As galinhas não exigiam muita atenção; quem as alimentava e recolhia os ovos eram as crianças. Colhiam também o mel de abelhas que zumbiam em torno das colmeias perto das macieiras. A quantidade de ovos e mel era tamanha que Irene vendia o que sobrava para o mercadinho local.

A família não era rica, mas raramente passava necessidades. Wolfgang tinha um emprego fixo transportando mantimentos para os soldados do quartel da NVA e, embora não pagasse bem, lhe valia o respeito dos guardas da fronteira – um relacionamento vital para a família continuar morando na casa perto do Muro.

Em 19 de março de 1970, já tarde da noite, Bernd Kühne acordou com gritos vindos da casa ao lado. Enfiando os sapatos e um casaco, correu à cerca e, para seu horror, viu a velha casa de veraneio dos Munk em chamas. Os Wißgott, que lá moravam desde os anos 1950, estavam junto ao Muro, pedindo ajuda aos guardas.

Wolfgang reuniu-se ao filho e, vendo que os guardas se recusavam a ajudar, mandou que ele corresse ao posto de bombeiros, do outro lado do Potsdamer Tor. Em seguida, pegou uma mangueira de jardim e encharcou o telhado de sua casa para evitar que as fagulhas da propriedade do vizinho trazidas pela brisa noturna afetassem sua "villa".

No posto de bombeiros, Bernd tocou a campainha de alarme. Momentos depois, um bombeiro veio lhe dizer que o caminhão estava indisponível devido a problemas técnicos. Mandou avisar ao posto de Potsdam, que levou mais quarenta minutos para chegar ao local do incêndio. Mas já era tarde demais. A casa dos Munk estava totalmente queimada.

Wolfgang e Irene convidaram os vizinhos agora sem-teto para passar a noite com eles. Entre revigorantes copos de *schnapps*, ficaram sabendo que o incêndio começara na chaminé, que havia anos não era limpa. Feliz por ter melhorado a ventilação das chaminés de sua casa, Wolfgang prometeu a si mesmo limpá-las com frequência.

No dia seguinte, a *Gemeinde* encontrou outra casa na vila para os Wißgott morarem. Quando as ruínas esfriaram, Wolfgang foi recolhendo os tijolos que tinham sido a parede da cozinha dos Munk, limpou-os da fuligem e do cimento grudado e os usou para construir uma lavanderia ao lado da casa do lago. Já que os Munk não apareciam havia vinte anos e sem expectativa de sua volta iminente, por que desperdiçar um bom material?

Aos 14 anos, Bernd se formou nos Pioneiros Thälmann e foi recrutado para o movimento sênior da juventude no Partido, o Freie Deutsche Jugend (FDJ), ao qual pertenciam 75% dos jovens da Alemanha Oriental.[3] A maioria dos restantes 25% não era afiliada por motivos religiosos. O novo uniforme dele consistia em calças cinzentas e camisa azul com o emblema de um sol amarelo vivo na manga e lenço vermelho no pescoço. No FDJ, Bernd continuou a frequentar as aulas semanais sobre as virtudes do socialismo, entoando "Membros do FDJ – Amizade!", e aprendendo novos hinos. Um exemplo típico era "Feliz e Cantando":

KÜHNE, 1970

> O partido tudo nos dá,
> O sol, o vento, e sempre generoso
> Onde estiver, vida haverá.
> Graças a ele somos quem somos.
> O partido, o partido, sempre certo está!

O FDJ era constituído por uma casta distintamente militar. Aulas de tiro eram compulsórias, assim como atividades ao ar livre, fazer a limpeza de um parque, por exemplo. Bernd detestava a camisa azul do FDJ e volta e meia não a usava. Os professores desaprovavam sua rebeldia, mas não o castigavam.

Às vezes, os pais de Bernd levavam os filhos a Potsdam. Enquanto Irene e Wolfgang faziam compras ou bebiam num bar, Bernd andava pelas ruas com seus irmãos ou com um amigo. Sua atividade predileta era pegar adesivos dos carros da Alemanha Ocidental estacionados entre os onipresentes carros Trabbis da DDR. Quando ninguém estava olhando, ele puxava o adesivo – de anúncio da Esso, Dunlop, Beck – e escondia no bolso. Ao chegar em casa, ele os acrescentava à coleção na parede do seu quarto. Bernd adorava a Alemanha Ocidental e sonhava em se mudar para lá. Somente uma vez foi apanhado no furto de adesivos e levado pela polícia a interrogatório. Quando seus pais souberam, disseram: "Nunca mais faça isso!" Teve muito menos medo da reprimenda dos pais do que tivera da polícia.

A fim de encontrar artigos de melhor qualidade e pouco disponíveis – jeans, os últimos sucessos musicais –, Bernd passava mais de uma hora na fila para comprar o que fosse possível. Mesmo que não gostasse, comprava, pois sempre podia trocar com um amigo por alguma outra coisa.

Quando Bernd perguntava aos pais – o que fazia frequentemente – por que não tinham fugido para o Ocidente na época em que tinham chance, antes da construção do Muro, pois teria sido só atravessar o lago congelado, sua mãe dizia "Não sabíamos que o Muro iria durar tanto tempo", seu pai complementava dizendo "A vida não é tão má em Groß Glienicke" e aconselhava Bernd a "tirar o melhor proveito".

★ ★ ★

Desde a criação da Alemanha Ocidental, em 1949, seus líderes afirmavam não reconhecer a parte oriental como um país separado. Sua Constituição se baseava numa possível reunião das duas partes. Consequentemente, a DDR também não era reconhecida como um país pelos Estados Unidos, Reino Unido, França e outras potências ocidentais. Isso significava também que nenhuma das duas Alemanhas era membro das Nações Unidas.

Esse impasse começou a mudar em 1969, quando Willy Brandt, ex-prefeito de Berlim Ocidental, foi eleito chanceler da Alemanha Ocidental. Propondo uma *Neue Ostpolitik*, ele argumentou que uma "normalização" entre as duas metades da Alemanha iria beneficiar quem desejasse visitar a família, ajudaria o comércio e diminuiria a tensão internacional.

Em 12 de agosto de 1970, Brandt foi à Rússia assinar o Tratado de Moscou, reconhecendo a fronteira entre a Alemanha Ocidental e a Oriental e renunciando ao uso da força. Poucos meses depois, em 7 de dezembro, ele assinou outro tratado, desta vez em Varsóvia, finalmente reconhecendo as fronteiras entre a Alemanha e a Polônia estabelecidas na Conferência de Potsdam. Esses dois acordos foram ratificados pelo parlamento da Alemanha Ocidental em 17 de maio de 1972.[4] Cinco meses depois, em 16 de outubro, o governo da Alemanha Oriental anunciou que todos os que tinham fugido da DDR antes de 1º de janeiro de 1972 não seriam perseguidos e, o mais importante, teriam permissão para ir à DDR sem risco de serem presos.

Em 21 de dezembro de 1972, Willy Brandt assinou o "Tratado sobre a base das relações entre a Alemanha Ocidental e a DDR", abrindo as relações oficiais entre os dois países apesar da firme oposição dos políticos conservadores. Em consequência, ambos passaram a reconhecer mutuamente seus representantes diplomáticos e foram aceitos como membros permanentes das Nações Unidas em 18 de setembro de 1973. Essa melhoria das relações tornou possível aos cidadãos da Alemanha Ocidental que tinham saído da DDR voltarem a visitar seus parentes lá.

Naquele outono, Irene Kühne ficou perplexa e maravilhada ao receber uma carta de sua irmã Ursula. Havia mais de catorze anos que elas não se viam, desde o dia em que Ursula não voltou do "feriado" em Dortmund. Ela e o marido tinham bons empregos, uma ótima casa com os mais modernos equipamentos, um carro novo e podiam viajar para a França, a Holanda e a Inglaterra sempre que desejassem. Ursula se beneficiara do *boom* econômico da Alemanha Ocidental nos anos 1950 e 1960 e queria aproveitar o recente afrouxamento das restrições de viagens para visitar Irene em Groß Glienicke.

Passadas algumas semanas, Bernd e Wolfgang estavam a caminho das lojas da vila quando viram Ursula, o marido e os filhos esperando ansiosamente num Mercedes preto de alto preço junto ao Potsdamer Tor. Tinham conseguido chegar ao limite da zona de segurança e de lá não puderam prosseguir. Wolfgang abraçou fortemente os cunhados e as crianças, sugerindo que continuassem até sua casa. Ursula disse que não conhecia a casa da irmã e estava disposta a arriscar, mas seu marido estava nervoso por causa dos soldados montando guarda na área de fronteira.

Wolfgang disse a Bernd que ficasse com o tio e os primos, entrou no Mercedes junto com a cunhada, pegou o volante e passou devagarinho entre os guardas. Como ele passava por ali várias vezes ao dia, os guardas acenaram para que seguisse em frente. Não notaram que Ursula estava deitava no banco de trás, coberta por uma colcha. Minutos depois, chegaram à casa e as irmãs se reencontraram.

Embora o casal se mostrasse muito unido diante de Ursula, levando-a para ver o lago e a horta de que tanto se orgulhavam, o relacionamento de Irene e Wolfgang estava se desgastando.

Pouco depois da partida dos Fuhrmann, Wolfgang voltara a beber demais, geralmente sozinho.[5] Bebia principalmente Apfelkorn, composto por 100% de álcool de cereal misturado com suco de maçã, que ele tomava aos golinhos o dia inteiro, sentado na cadeira de balanço em frente à lareira.

Preocupada com o agravamento do alcoolismo, Irene passou a esconder a bebida – uma atitude fútil porque o marido achava lugares cada vez mais remotos para guardar as garrafas: na canoa na garagem, atrás da lareira do porão, debaixo das colmeias.

Mais tarde, Irene recordaria que o humor de Wolfgang se tornava cada vez mais amargo e sombrio.[6] Começou a implicar e a censurá-la, reclamando que ela não conservava bem a casa, não cuidava direito das crianças, não dava atenção a ele. Gradualmente, foi se tornando violento. Atirava garrafas nela, batia, dava empurrões, jogando-a no chão. E foi piorando tanto que Irene não ficava em casa quando ele estava bebendo ou, se descobria tarde demais, se escondia na garagem. Vendo Irene com marcas de pancadas no rosto e braços roxos, suas amigas insistiam para que deixasse Wolfgang. Ela se sentia tentada, dizia, mas... e as crianças? Ela iria deixá-lo quando estivessem crescidos.

A situação dos Kühne estava ficando desesperadora. Ao ser pego bebendo no novo emprego enquanto dirigia um caminhão para o departamento de refugo de Potsdam, Wolfgang foi demitido e proibido de dirigir. Desempregado, passava a maior parte do tempo em casa, o que lhe dava mais oportunidades de beber e de agredir Irene.

Vendo que ficar em casa não era uma opção viável e que a família precisava de outra fonte de renda, Irene passou a procurar emprego. Arrumou trabalho na agência dos correios da vila, situada na Dorfstraße, numa edificação que antes abrigava vacas e cavalos. Eram três cômodos separados por grossas paredes de pedra. No primeiro, havia uma mesa alta onde os clientes embalavam e colavam os selos em sua correspondência. Nas paredes, avisos explicavam ao público como fazer para enviar correspondência à Alemanha Ocidental. Irene trabalhava numa mesa na segunda sala, à esquerda da entrada, vendendo selos e bilhetes de loteria – muito populares entre os jovens – e recebendo cheques. Na terceira sala, funcionários separavam a correspondência.

A Irene foi dada também a incumbência de receber e passar telegramas, o que lhe valeu ganhar um telefone em casa. Para ligar, ela precisava discar 81 e a telefonista, em Potsdam, fazia a ligação. A rede de telefonia era muito lenta e os enganos eram frequentes. Agora, os Kühne eram a segunda família na vila a ter telefone em casa. Dizia-se que a outra família trabalhava para a Stasi.

Quando um telegrama chegava em casa, Irene escrevia o texto e dava a Bernd, que corria para entregar ao destinatário e, às vezes, ganhava uma gorjeta. A princípio, o aparelho de telefone, de plástico branco, ficava na sala, junto ao televisor. Depois passou a ficar num banquinho no corredor.

As crianças eram proibidas de tocar no aparelho. Embora pudesse telefonar para sua irmã em Dortmund, Irene sabia que era perigoso, pois todos os telefonemas eram monitorados pela Stasi. Na melhor das hipóteses, ela perderia o emprego e a família seria removida para longe da zona de fronteira. Na pior das hipóteses, ela acabaria na prisão.

Wolfgang acabou conseguindo, através de suas "conexões", recuperar a permissão para dirigir.[7] Readmitido no trabalho, disse à esposa que parasse de trabalhar, mas a despeito da ordem do marido ela continuou na agência dos correios. Uma espécie de *détente* se estabeleceu na casa, com Irene e Wolfgang recuando cada um para seu canto. Enquanto a situação política melhorava gradativamente, uma outra guerra fria se instalava na casa do lago.

25

KÜHNE

1975

Bernd agora levava a corrida a sério. Não só era mais veloz que todos os outros adolescentes magricelas da escola de Potsdam, mas corria mais rápido que qualquer outro de sua idade também em Brandemburgo. Aos 16 anos, seus tempos eram equivalentes aos cinco melhores do país. Tinha possibilidade até de participar das Olimpíadas.

Diziam-lhe que, para ser campeão, ele precisava continuar treinando a fim de desenvolver a musculatura e vencer competições. Se conseguisse, aos 18 anos poderia entrar para a Academia Esportiva de Jovens e Crianças de Berlim. Seria uma grande realização para Bernd e sua família. Os estudantes que frequentavam a Academia Esportiva tinham benefícios fora do alcance de outros jovens. Recebiam pagamento em moeda estrangeira e tinham permissão para fazer compras nas Intershops, que vendiam artigos de luxo ocidentais – café, material eletrônico, jeans – inexistentes nas lojas Konsum e HO. Se fosse um atleta bem-sucedido, teria privilégios pela vida inteira. Ganharia um carro espetacular e uma casa luxuosa. E o melhor de tudo, na visão de Bernd, era a possibilidade de viajar para o Ocidente.

A distância de corrida ideal para Bernd era 1.500 metros, mas ele era bom também nos 800 e nos 3 mil metros. Treinava todos os dias, fazendo levantamento de peso, flexões e correndo sem parar. Quase todo dia ele fazia um circuito de dez quilômetros, indo e voltando pelo Potsdamer Tor, a floresta de Groß Glienicke e a estrada até a vila de Seeburg.

Aos poucos, Bernd fazia progressos para se tornar um jovem da elite de atletas da DDR. Todos os anos, depois do Natal, ele passava duas semanas num campo de esportes em Tanna, um vilarejo perto da fronteira da Tchecoslováquia. Recebia aulas de saúde e alimentação, higiene e desenvolvimento muscular, assistia a filmes de corredores de fama mundial em ação.

De manhã, Bernd tomava uma pílula marrom do tamanho de um M&M. Vinha tomando essas pílulas desde os 11 anos. Seu treinador dizia que era um suplemento vitamínico. Wolfgang e Irene não só tinham conhecimento desse "suplemento" como lembravam a Bernd que o tomasse todos os dias, acreditando que servia para melhorar seu desempenho e aumentar suas chances de sucesso. Antes das competições, Bernd tomava uma sopa de legumes especialmente preparada pelos treinadores.[1] Diziam que a sopa o ajudaria a correr mais rápido. Além disso, orientavam que não fosse nadar nem tomar muito sol antes de uma corrida.

O sonho de glória de Bernd nas Olimpíadas era parte de uma obsessão que varria o país naquela época. Apesar de ter uma população de apenas 16 milhões, a Alemanha Oriental tinha um lugar de excelência nas competições esportivas internacionais e o atletismo tinha se tornado uma paixão nacional. De 1976 a 1988, a DDR ganhou o segundo maior número de medalhas nas três Olimpíadas de verão de que participou, ficando muito à frente da Alemanha Ocidental. Em cinco jogos de inverno, ficou quatro vezes em segundo lugar e ganhou o primeiro lugar em 1984 nas Olimpíadas de inverno. Esse sucesso era resultado de uma seleção metódica de crianças, aliada a um programa de treinamento ao mesmo tempo rigoroso e científico, e a um amplo uso de *doping*.

Motivado pelo sucesso material, para não mencionar a fama de atleta, Bernd seguia a programação.

Numa tarde de primavera de 1977, Bernd viu vários sacos de trigo abandonados no terreno atrás da igreja da vila.[2] Entediado e querendo dar um passeio, ele decidiu contar ao pai o que tinha descoberto. Afinal, seria fácil roubar os sacos e as galinhas agradeceriam a ração extra.

Bernd montou na moto preta Simson de dois tempos – que seus pais tinham comprado para facilitar sua ida à escola – e seguiu para Potsdam, onde seu pai estava trabalhando.[3] Fazia frio, estava escuro e com o vento batendo à medida que ele aumentava a velocidade, Bernd ficou feliz por estar vestindo uma jaqueta.

Ao chegar a Potsdam, virou à esquerda na Berliner Straße, a estrada principal para o oeste da vila, passando pelo Hospital Bergmann, rumo ao local de trabalho do pai. Subitamente, foi atirado no ar. Tinha passado num grande buraco onde estavam fazendo consertos de trilhos, sem nenhuma sinalização.

Quando recobrou a consciência, a primeira coisa que viu foi sua mãe ao lado da cama. Ela chorava. Ele estivera em coma durante três semanas. Tinha caído de cabeça sobre uma pilha de vergalhões e sofrido fraturas múltiplas. Os médicos o levaram depressa para cirurgia e retiraram seu rim esquerdo, salvando sua vida.

Bernd estava atordoado. Não se lembrava do acidente e ficou confuso com o que ouvia sua mãe lhe dizer. A última coisa de que se lembrava era estar na moto, indo ao encontro do pai. Permaneceu no hospital nas semanas seguintes, sem poder andar e sedado por analgésicos.

Quando seu pensamento clareou, ele se deu conta das consequências do acidente: nunca mais poderia competir. Arrasado, Bernd perguntou aos médicos se poderiam fazer alguma coisa. Disseram que ele tivera muita sorte de ter sobrevivido. Se o acidente tivesse ocorrido longe do hospital, ele não teria resistido.

Um ano depois, tendo se formado na escola, Bernd foi trabalhar dirigindo um caminhão numa companhia estatal baseada em Potsdam. Transportava para Praga peças de carros fabricadas pela Max Reimann, em Groß Glienicke.

Apesar de ter um emprego em tempo integral, Bernd continuava morando com os pais. Costumava ir com os amigos a Potsdam, que se gabava de ter melhores bares e restaurantes do que Groß Glienicke. Um dia, foi com um amigo à Pressefest, uma festa anual promovida pelo jornal de Pots-

KÜHNE, 1975

dam no parque Pfingstberg. Andando pelo gramado do antigo palácio real, Bernd viu um quiosque de venda de cerveja. A fila se estendia por quinze metros. Bernd foi para a frente, parou diante de uma garota bonita, loura de olhos azuis e disse: "Ei, boneca, compra duas cervejas para mim?" Para sua surpresa, ela respondeu "OK". Pouco depois, estavam sentados sob uma árvore, tomando cerveja.

Ficaram conversando até altas horas. O nome dela era Gabriella e todos a chamavam de Gaby. Tinha 17 anos, era simpática, dinâmica e vestida na moda, com uma calça Levi's justinha e camiseta sob uma jaqueta Wrangler. Disse que trabalhava num posto de gasolina e às vezes recebia gorjetas em moeda ocidental, que ela gastava em artigos de luxo na Intershop.

Passaram a sair juntos. Como ela não tinha permissão para entrar na zona de segurança, eles se encontravam na casa dos pais dela ou num dos muitos bares de Potsdam. Às vezes, iam à discoteca de sábado à noite na Badewiese em Groß Glienicke, o mais popular ponto de encontro dos jovens na vila. Pediam ao DJ para tocar músicas ocidentais, como as do AC/DC, Beatles, Queen e Abba, além de bandas da DDR, como City e Puhdys. Sempre atento à presença de informantes do Stasi, o DJ contrabalançava as músicas do Ocidente com as do Leste.

Intershop, Berlim Oriental, 1979.

Quando o namoro ficou mais sério, Bernd quis levar Gaby à casa dele, mas se preocupava com os riscos. Após muita discussão e consumo de álcool, decidiram tentar. Tendo crescido junto à zona de segurança da fronteira, Bernd conhecia a rotina dos soldados da guarda do Potsdamer Tor, especialmente quando estavam mais vigilantes. Tomando a namorada pela mão, Bernd a conduziu pela Potsdamer Chaussee, passou pela entrada para sua casa, para a propriedade dos Munk e entrou no jardim dos Kunow. Assim evitavam que os guardas pedissem seus documentos. Com cuidado para não chamar atenção, foram se esgueirando na direção do Muro, viraram à esquerda, pularam a cerca e atravessaram o jardim dos Munk, dali pularam a cerca para o jardim da casa do lago.

Uma vez lá dentro, rindo de excitamento e alívio, Bernd mostrou a casa a Gaby e apresentou-a aos pais. Wolfgang e Irene não ficaram muito felizes. Disseram a Bernd que, se fosse apanhado, ele não seria o único a sofrer as consequências — prisão, interrogatórios, perda da casa ou pior — que atingiriam a todos eles. Apesar da repreensão, Gaby passou a noite com Bernd, no Quarto Azul da casa do lago.

No dia seguinte, durante a refeição da manhã, Wolfgang foi amigável, perguntando a Gaby sobre seu trabalho e sua família, mas a mãe e as irmãs de Bernd se portaram com frieza. Irene disse, na presença de Gaby, que Bernd não a trouxesse de novo. Bernd respondeu que iria fazer o que quisesse e que a mãe não se intrometesse.

Nos meses seguintes, Gaby frequentaria a casa de Bernd, sempre se esgueirando pela propriedade dos Kunow e com cuidado para não ser apanhada. Mas o relacionamento com a mãe de Bernd não melhorou. Ela implicava com a aparência e os modos da moça. Quando Gaby deixava os sapatos fora do lugar, por exemplo, ela perguntava por que a garota não se comportava adequadamente. Bernd defendia a namorada, mas os comentários de Irene eram implacáveis. Após algumas dessas querelas, Wolfgang chamou Bernd à parte e disse que as coisas iriam melhorar.

Mas para Bernd já era demais. Na manhã de 2 de julho de 1980, ele disse aos pais: "Já que Gaby não é bem recebida aqui, vou-me embora com ela."[4] Arrumou a mala e os dois saíram. No escritório da *Gemeinde*, Bernd falou que tinha mais de 18 anos e precisava de um lugar para ele e a namorada.

A pessoa que os atendeu disse que estavam com sorte. Horas depois, o jovem casal se mudou para um apartamento no segundo andar da Drei Linden, pagando um aluguel de 6 marcos por mês.

Em 14 de agosto de 1981, Bernd e Gaby se casaram numa cerimônia civil em Potsdam. Depois, deram uma festa para mais de cinquenta pessoas no jardim da Drei Linden. Para alegria dos convidados, Bernd pôs uma fita que havia gravado da rádio RIAS. Era uma mistura eclética, desde "We are the champions", do Queen, até o mais lamentoso "By the window", do City.

Quatro meses depois, Gaby deu à luz uma menina, a que deram o nome de Michelle. A vila deu ao casal uma casa deteriorada na Seepromenade, um quilômetro ao sul de onde os pais dele moravam. Era uma casa também de frente para o lago e seu acesso para a margem também era bloqueado pelo Muro. Estava, portanto, situada dentro da *Grenzgebiet* e embora Bernd tivesse passado a vida inteira na zona de segurança, ele e Gaby tinham que obter permissão do Stasi para morar lá.[5]

Demorou cinco meses, mas em 30 de abril de 1982 a permissão foi concedida e Bernd prometeu à esposa que iria transformar a casa numa "joia". Cinco dias depois, antes que pudesse começar a reformar a casa, foi convocado para o serviço militar obrigatório.

Nos anos 1980, todos os homens da Alemanha Oriental com idades entre 18 e 26 anos eram obrigados a passar dezoito meses no Exército Nacional do Povo (NVA). Criado em 1956, sete anos após a divisão da Alemanha, o NVA era a principal força armada da DDR.

Inicialmente, o NVA era uma organização para voluntários, pois o governo temia que o serviço militar obrigatório estimulasse os jovens a fugir para o Ocidente. O alistamento compulsório foi introduzido em 1962, depois da construção do Muro e da total segurança na fronteira. Em 1982, quando Bernd foi recrutado, o NVA já contava com quase 200 mil homens. Singularmente, nos países do Leste Europeu controlados pela União Soviética era possível se recusar por motivos ideológicos, embora essas objeções da consciência geralmente resultassem em discriminação.

A CASA NO LAGO

Como braço principal do aparato de segurança do governo, o NVA era mantido sob um severo controle político. Nos anos 1980, mais de 95% da corporação eram membros do Partido da Unidade Socialista e todos os oficiais eram checados pelo Stasi. Esse controle político era considerado imperativo, dado que a tarefa mais importante era a preparação para uma possível invasão e tomada de Berlim Ocidental pelo NVA. Como parte desse plano, que tinha sido desenvolvido pelo alto-comando do NVA em conjunto com os soviéticos, a principal rota de entrada seria pela cerca em torno da base aérea britânica de Gatow, perto de Groß Glienicke. De fato, em vez da típica barreira de concreto, aquela seção do Muro de Berlim consistia em um alambrado facilmente penetrável. O que o NVA não sabia era que o comandante da base aérea tinha ordens para não oferecer resistência na eventualidade de um ataque e evacuar a base o mais rápido possível.

Ao chegar ao campo de treinamento do NVA, Bernd recebeu o uniforme básico, composto por calça e jaqueta de camuflagem em verde escuro, boné verde e botas pretas. Tendo crescido perto da base do NVA ao norte da vila, Bernd conhecia bem sua cultura de altíssima segurança e soldados extremamente tensos. Seu treinamento não se limitava a ensinar a manejar e limpar uma arma, mas incluía aulas de educação política, decorar slogans como "Pela Proteção do Poder dos Trabalhadores e dos Camponeses". A maior parte do tempo que passou no Exército foi dedicada à preparação para deslocamento rápido em caso de um ataque da OTAN, com intermináveis exercícios em que Bernd tinha que se vestir rapidamente, correr para o campo de manobras e se apresentar ao oficial supervisor. Os recrutas viviam em estado de alerta máximo.

Durante os dezoito meses no Exército, Bernd baixou a cabeça, fazendo o que lhe mandavam, e assim foi considerado militarmente competente e politicamente confiável. Em 28 de outubro de 1983, seu último dia de serviço, Bernd foi chamado para uma entrevista.[6] Tão logo o entrevistador entrou na sala, com um casaco comprido de couro marrom, olhar confiante e intimidador, Bernd soube que ele era do Stasi.

Muitos oficiais do Stasi eram ex-recrutas. Candidatos considerados elegíveis eram os que tinham sido membros do Partido ou alguém de sua família fora afiliada, ou haviam atuado como informantes durante o serviço militar. O fato de o pai de Bernd ter sido informante do Stasi – fato que Bernd desconhecia – deve ter favorecido sua posição.

Os candidatos precisavam ser recomendados pelo chefe político de sua unidade militar, pela Volkspolizei local e pelo chefe local do Stasi. Uma vez aprovados, eram submetidos a uma série de testes para avaliar sua inteligência e confiabilidade política. Passando nesse processo seletivo, cumpriam um rigoroso programa de treinamento de dois anos no colégio da Stasi em Potsdam.

O homem mencionou controle de passaportes e perguntou: "Quer trabalhar para nós?" Não houve conversa, só a demanda de um "sim" ou "não". Bernd sabia que se dissesse "sim" receberia um belo carro e talvez algum dinheiro extra. O que ele não queria, porém, era se tornar uma daquelas pessoas que todo mundo sabia que trabalhava no Ministério da Segurança do Estado, de quem todos tinham medo. Todo mundo na vila sabia quem era do Stasi pelo modo de falar e de agir. Um indício certo era o carro, particularmente um certo tipo de Lada.[7]

De fato, no início dos anos 1980 o Stasi tinha uma forte presença em Groß Glienicke. Valorizando a proximidade de Berlim e apreciando os campos ao redor, muitos altos oficiais do Stasi tinham dachas em Groß Glienicke. Além disso, a seção jurídica do Ministério da Segurança do Estado tinha uma herdade à margem do Sacrower See, um lago cem metros ao sul do lago Groß Glienicke, onde os oficiais podiam passar um fim de semana tranquilo. A seção militar do Stasi também administrava um conjunto de chalés de madeira na Bayerstraße, na vila, onde podiam passar fins de semana, embora com menos luxo que seus colegas do jurídico. Como era de esperar, Bernd estava mais que familiarizado com os costumes e benefícios de quem trabalhava para o Stasi.

Ainda com o oficial sentado diante dele, Bernd tomou a decisão e disse ao oficial que ele não era a pessoa certa para o cargo. Não queria trabalhar para a organização de Segurança do Estado. Dias depois, Bernd estava de volta à casa com sua mulher e filha em Groß Glienicke.

26

KÜHNE

1986

Depois do serviço militar, Bernd retomou seu emprego de motorista de caminhão para a companhia em Potsdam. À noite e nos fins de semana, ele se dedicava a consertar a dilapidada casa em Seepromenade.

Ele e Gaby gostavam de socializar. Sempre que achavam alguém para tomar conta da criança, eles saíam para beber na Drei Linden ou Badewiese (embora tivesse sido oficialmente renomeada Hechtsprung, que quer dizer Peixes Pulando, num esforço para distrair os cidadãos do fato de que não tinham mais acesso à margem do lago, todo mundo continuava chamando de Badewiese). Eles foram também cofundadores do Clube de Carnaval de Groß Glienicke, um comitê local com o objetivo de criar mais eventos para os jovens. Bernd organizou um Mardi Gras, uma celebração de três dias de danças e fantasias extravagantes.[1]

Bernd levou Gaby e Michelle para visitar seus pais na casa do lago. Wolfgang e Irene os receberam bem, mas Bernd viu claramente que a vida na casa tinha se tornado ainda pior. Seus pais sempre discutiam ou ficavam em silêncio em cômodos separados. Mais tarde, Irene recordou que o excesso de bebida e a violência de Wolfgang acabaram por obrigá-la a se mudar. No começo de 1986, eles se divorciaram oficialmente. Separado da esposa e com os filhos indo embora, Wolfgang se viu sozinho na casa do lago.

KÜHNE, 1986

★ ★ ★

Voltando a morar na fronteira da zona de segurança, Bernd estava em frequente contato com as autoridades. Certo dia, por exemplo, a Volkspolizei apareceu perguntando por que ele tinha tantos materiais de construção no quintal. Disseram que, para um olhar de suspeita, era possível que ele pudesse usar tábuas e vergalhões para subir no Muro. Diante da explicação de que estava apenas construindo um barracão, a polícia o deixou em paz. Bernd desconfiou de que alguém tinha feito uma denúncia contra ele.

Pouco depois, um vizinho que estava se mudando da área perguntou se Bernd queria assumir uma função que ele não iria mais exercer. Quando Bernd perguntou o que era, o homem disse que ele ajudava o Stasi "vigiando para ver quem tentava fugir pela fronteira". Bernd agradeceu, recusou e desejou boa sorte ao vizinho no novo endereço.

Mas esse não foi o último contato de Bernd com o Stasi. A organização tinha ficado ainda mais poderosa. Contando com mais de 90 mil membros e 180 mil pessoas atuando como informantes – o equivalente a um informante para cada setenta cidadãos da DDR –, o Stasi estava decidido a manter o povo sob severa observação. Talvez por sua recusa em trabalhar para a organização, Bernd era fichado no órgão de controle. Numa observação datada de 24 de fevereiro de 1986, o Departamento Central de Arquivos relatou que Bernd Kühne, ou "K", "trabalha bem e é confiável. Tem uma atitude positiva e participa de atividades sociais". Acrescentava que "não está associado a pessoas negativas. K mora dentro da zona de segurança. Não há comentários negativos". Não contente com a observação sobre Bernd apenas, a ficha do Stasi tinha um comentário sobre sua família:

> Os K moram em Groß Glienicke. O casamento e a vida em família parecem ser harmoniosos e bem organizados. Ele mantém um bom relacionamento com o pai, que é divorciado e mora em Groß Glienicke. Sua mãe se mudou. A família parece ser normal e vivem conforme sua renda, sem nada digno de nota. Não há informe sobre seus cunhados.

Mesmo não estando ciente desses relatórios, Bernd sabia que tanto ele como sua família – assim como a maioria da população da Alemanha Oriental — eram objeto de vigilância do Stasi. Para lidar com essa intrusão, ele guardava para si qualquer crítica com relação ao Estado, comentando apenas com uns poucos em quem confiava.

Em 1987, aos 53 anos, Wolfgang se casou novamente. Não gostava de viver sozinho e ansiava por companhia, alguém que cuidasse dele. O nome da noiva era Ingeborg Rachuy, que todos chamavam de Inge. Era a chefe de Wolfgang no departamento de limpeza urbana da cidade de Potsdam.

Inge era quatro anos mais velha que ele e tinha seis filhos. Pouco depois de Inge ter ido morar com Wolfgang, o neto dela de 7 anos, Roland, chegou à casa. Roland vivia num orfanato em Potsdam desde os 5 anos, quando foi afastado da mãe drogada que havia passado algum tempo na prisão. Roland teve permissão de escolher seu quarto e como todos os filhos de Wolfgang tinham ido embora havia três quatros à sua disposição. Escolheu o quarto de hóspedes, o primeiro à esquerda da porta de entrada. Depois de passar tanto tempo numa instituição, ele não se interessava em decorar para personalizar seu quarto. Com a mãe na prisão e o pai ausente, com a avó e o avô adotivo cada vez mais incapacitados pela bebida, Roland ficava entregue a seus próprios assuntos.

Alto, magro, com porte atlético, cabelos escuros e olhos tristes, o que ele mais gostava era de jogar futebol no gramado da frente, chutando para um gol sem goleiro, treinando dribles, fazendo embaixadinhas, passando a bola para os joelhos, peito, cabeça e voltando aos pés. Quem lhe fazia companhia era Rex, o cão vira-lata marrom e branco de Wolfgang, que ficava correndo atrás da bola. Mesmo nessa idade, o talento de Roland era visível. Ao notar sua habilidade com a bola, um treinador o convidou para jogar no time da vila, o Rot-Weiß.

Nos anos seguintes, Wolfgang e Inge passaram a maior parte do tempo embriagados, distanciados do mundo. Quanto mais Wolfgang bebia, menos se dedicava à manutenção da villa. Agora com bem mais de 50 anos, a casa do lago estava mostrando a idade. A fachada, as janelas e as venezianas precisavam de uma pintura. O telhado da garagem tinha cedido. As paredes dos barracões dos animais estavam rachadas, a horta cheia de mato e as colmeias vazias.

Segundo Bernd, houve uma exceção a essa inatividade. Uma noite, após um dia de muita bebida, olhando longamente para a lareira da sala, Wolfgang teve uma ideia. Enfiou uma faca afiada no papel de parede imitando tijolos que ainda cobria a chaminé da lareira e retirou cuidadosamente um pedaço de um metro de altura por meio de largura. Lá estavam eles. Os azulejos Delft azuis e brancos, em cinco fileiras de seis: a criança no cavalinho de balanço, o homem regando as plantas, o moinho na colina sobre o lago, o carpinteiro fazendo a caixinha, a mulher com o grande chapéu andando no jardim. Os azulejos despertaram em Wolfgang a lembrança do quanto ele amava a casa. Sentiu-se orgulhoso de seus esforços durante todos aqueles anos para cuidar da propriedade.

Azulejos Delft na sala da casa do lago.

Bernd o visitava cada vez menos; a gradual deterioração da casa de sua infância o deprimia. O pai e a madrasta pareciam estar sempre bebendo ou bêbados e mal davam atenção a Roland, Bernd lhes dizia isso sempre que os visitava. Bernd concentrou-se em sua família – Gaby deu à luz um menino, Christian, em 1987 – dedicando-se ao trabalho, construindo uma nova vida.

Assim como muitos de seus amigos, Bernd estava desesperado para se mudar da vila. Desde menino, queria morar no Ocidente. Nos programas de televisão dos canais ocidentais, ele via oportunidades de ouro logo ali, do outro lado do Muro. Conversava com Gaby sobre seu sonho de uma vida melhor, mas tinha medo. Ouvira falar de pessoas que tinham tentado fugir; umas poucas conseguiram, mas a maioria tinha fracassado.[2] Sabia que uma fuga era tecnicamente possível, mas envolvia riscos reais, para ele e para sua família.

O incidente mais famoso de fuga local acabou mal para um guarda de 24 anos, de Behrenshagen, perto do mar Báltico, chamado Ulrich Steinhauer.[3] Ele estava servindo no Regimento de Fronteira 34, no quartel de Groß Glienicke. Desanimado, contava os dias para seu desligamento.

Cena do assassinato de Ulrich Steinhauer, com seu corpo à esquerda.

Em 4 de novembro de 1980, Steinhauer foi destacado para chefiar a guarda na seção de fronteira Staaken-Schönwalde, seis quilômetros ao norte da vila. Seu parceiro era um soldado chamado Egon Bunge, recém-chegado a Groß Glienicke. Pouco depois das quatro da tarde, estavam caminhando ao longo da barreira quando Bunge girou uma chave para desativar o sistema de comunicação e destravou sua arma. Steinhauer ficou perplexo. "Não faça bobagem", ele disse, já tirando a metralhadora do ombro. Segundo testemunhou mais tarde, Bunge avisou "Estou saindo agora, largue a arma!", e disparou dois tiros por cima da cabeça do colega. Steinhauer não abaixou a arma, Bunge deu cinco tiros em Steinhauer, foi de bicicleta para o Muro, subiu e se entregou à polícia de Berlim Ocidental.

O relatório inicial do Stasi dizia que Steinhauer foi encontrado morto com furos de balas nas costas e no lado: "Eles estavam na área das torres sem guarnição, no percurso da patrulha de fronteira. A arma de Steinhauer não estava carregada. Ele não atirou. O culpado, Bunge, sem dúvida tinha intenção de atirar nele."[4]

A morte de Ulrich Steinhauer tornou-se *cause célèbre* para as autoridades da DDR, que a usaram para construir uma narrativa da vilania do Ocidente e o heroísmo de um jovem soldado da DDR.[5] A história chocou a vila de Groß Glienicke. Nas semanas e meses seguintes, as pessoas não falavam em outra coisa, bombardeadas pelo excesso de matérias na mídia. Em cerimônias póstumas, Steinhauer recebeu promoção a sargento e uma medalha "por serviços prestados ao povo e à pátria", conferida pelo ministro da Defesa da Alemanha Oriental, Heinz Hoffmann. Virou até nome de rua em Groß Glienicke, a Ulrich Steinhauer Strasse.

Mas foi outra escapada, ocorrida em 10 de março de 1988, que mais impressionou Bernd.[6] Naquela noite, alguns ex-colegas dele estavam bebendo num bar local quando a conversa se voltou para o Ocidente e uma ida *dort drüben*, "até lá". Um deles disse saber de um caminhão carregado de cilindros de gás propano que eles poderiam dirigir e passar pelo posto de checagem. Quanto mais bêbados ficavam, melhor lhes parecia a ideia. Pouco depois, entraram no caminhão e saíram a toda velocidade, com a sirene ligada, em direção à barricada na fronteiriça ponte Glienicke, em Potsdam.

Acontece que a barreira não estava bem fechada e, a mais de cinquenta quilômetros por hora, o caminhão arrebentou facilmente a cancela, por pouco os estupefatos guardas não foram atropelados. Ao cruzarem a ponte, alguns cilindros caíram do caminhão e estouraram o vidro de uma cabine da guarda.

Essa última tentativa deve ter inspirado Bernd Kühne, pois na primavera de 1989, enquanto tomavam uns drinques numa festa em Groß Glienicke, Bernd e um primo decidiram ver de perto Berlim Ocidental. Por volta das sete da noite, pegaram uma escada no jardim e a encostaram no primeiro muro interno. Subiram e pularam para o outro lado, às gargalhadas. Antes de chegarem ao muro externo, esbarraram no primeiro alarme, foram vistos e perseguidos por um guarda. Mas antes que o guarda pudesse agir, Bernd e o primo já tinham subido no segundo muro. Depois, vinha o lago, que nesse período da primavera estava muito frio, ainda havia mais cercas e possivelmente minas na água, que eles precisariam contornar. Embalados pelo álcool e a adrenalina, porém, os dois cruzaram a nado até a margem de Berlim Ocidental, uma distância de cerca de quinhentos metros. Aos trambolhões, chegaram ao restaurante Ludwig, onde foram recebidos por um cachorro latindo e o dono intrigado.

Assim que contaram sua aventura, o dono silenciou o cachorro, convidou-os a entrar e lhes serviu salsichas e cerveja. Bem mais tarde, à meia-noite, Bernd disse que era hora de voltar. O dono do restaurante não acreditava que seus convidados quisessem retornar à Alemanha Oriental. "Minha esposa vai ficar furiosa se eu não voltar", disse Bernd, nervoso ante a perspectiva de nadar de novo no lago gelado. O dono do restaurante falou que havia outra rota, pulando o grande portão de metal por onde a patrulha da fronteira atravessava do Leste para Oeste. Assim, após alguns encontros com uma série de buracos grandes o suficiente para caber um urso, ainda rindo com a bebedeira, eles chegaram em casa sem ter visto um único soldado ou patrulha.

Bernd sentira o gostinho do Ocidente e imaginava: como seria morar lá?

27

KÜHNE

1989

Em 7 de outubro de 1989, uma grande multidão se reuniu na Potsdamer Chaussee, em Groß Glienicke. Todos estavam lá: o prefeito, o editor do *Chronik*, membros da FDJ e os Pioneiros Thälmann, moradores, representantes do regimento da patrulha da fronteira e a mídia local. Comemoravam o aniversário da fundação da DDR e o clima era de alegria.

A parada de aniversário fazia parte do "Festival da Liberdade", que durava quatro dias em Groß Glienicke. Segundo a programação que o conselho fizera circular, haveria um "programa de danças para os idosos" na Badewiese, um minicampeonato de futebol na praça de esportes, uma apresentação da banda Take It Easy e um evento de "transmissão de informações" no centro comunitário.

Essas celebrações ocorreram num contexto de crescente insatisfação nacional. Cada vez mais invejosos do sucesso econômico de seus vizinhos na Alemanha Ocidental e inspirados pelos movimentos de protesto que arrastavam vários países do Leste Europeu – encabeçados pelo sindicato Solidariedade, da Polônia –, muitos cidadãos da DDR passaram a ter esperanças de uma mudança política. Muitos dos que marchavam pela rua principal de Groß Glienicke, atrás das bandeiras proclamando quarenta anos de liberdade e desenvolvimento, só o faziam por obrigação.

* * *

A poucos quilômetros dali, no centro da cidade de Berlim Oriental, aprumado sobre um palanque estava Erich Honecker, o líder da DDR, assistindo ao grandioso desfile. À passagem de dezenas de milhares de soldados, voluntários, tanques e mísseis, ele acenava e cumprimentava. A seu lado estava Mikhail Gorbachev, secretário geral da União Soviética, em visita oficial a Berlim para dar apoio ao colega da Alemanha Oriental. A tensão entre os dois líderes era palpável. Enquanto Honecker acreditava que podia simplesmente dominar pela força as crescentes dissensões no país, Gorbachev conclamava o governo socialista a dar ouvidos ao povo. Saudando calorosamente ao líder soviético, alguns na multidão gritavam "Gorbi, Gorbi, Gorbi" e "Gorbi, ajude-nos!".

Em seu discurso, Honecker berrou diante de uma fileira de microfones: "O socialismo é uma sociedade jovem e ainda assim exerce grande influência no desenvolvimento internacional. Trouxe a mudança social e vai continuar a trazer. Sua existência traz esperança, não só para o nosso povo, mas para toda a humanidade."

Mas poucos na DDR ainda acreditavam que o socialismo trouxera uma mudança *positiva* para o país. Dois dias após as comemorações do quadragésimo aniversário da DDR, mais de setenta mil manifestantes saíram em protesto e tomaram as ruas de Leipzig, cidade ao sul de Berlim. Foi a maior demonstração na história da Alemanha Oriental. Furiosos por não poderem sair do país e preocupados com seu futuro econômico, eles clamavam por reformas políticas. A multidão gritava *"Wir sind das Volk!"*, ou "O povo somos nós!", lembrando que a DDR deveria ser governada pelos cidadãos e não por uns poucos chefes do partido. Os manifestantes tinham medo de serem espancados pela polícia, mas nenhuma agressão se materializou. As autoridades municipais foram surpreendidas pelo tamanho da manifestação e, sem ordens claras de Berlim, não recorreram à força. Uma semana depois, em 16 de outubro – no que viria a se tornar uma tradição de protestos de segunda-feira –, mais de 120 mil pessoas participaram da manifestação em Leipzig. No dia seguinte, tendo perdido a confiança de seus colegas, Honecker já não era chefe do *politburo* da DDR. Foi substituído pelo mais moderado, Egon Krenz, que revelou a falência que o país estava enfrentando.

O povo não aguentava mais o governo e os protestos se alastravam pelas cidadezinhas e vilas em todo o país. Enquanto isso, milhares de pessoas tentavam fugir da DDR. Alegando estar saindo de férias, viajavam para a Tchecoslováquia e a Hungria, esperando encontrar uma passagem para o Ocidente. Em Praga, milhares de alemães do Leste pularam as grades da embaixada da Alemanha Ocidental pedindo asilo político. A cada dia aumentava a pressão por uma ação radical do governo da DDR.[1]

Sentados confortavelmente na sala, assistindo ao noticiário da noite, Wolfgang e Inge viam com crescente apreensão o desenrolar dos acontecimentos. Em 9 de novembro de 1989, a matéria principal foi uma entrevista coletiva do governo, encerrada minutos antes.

Durante a entrevista, Günter Schabowski, de 64 anos, líder do partido e porta-voz do *politburo* em Berlim, leu uma declaração e, para incredulidade geral, falou que passaria a ser mais fácil para os alemães do Leste viajar para o exterior. Essa política tinha sido aprovada poucas horas antes e seria efetivada na tarde do dia seguinte para que houvesse tempo de comunicar à guarda da fronteira. Quando um repórter perguntou quando essa regulamentação entraria em vigor, Schabowski fez uma pequena pausa e disse: "Tanto quanto sei, entra em vigor imediatamente, sem demora." Essas observações foram uma surpresa para seus colegas no *politburo* e no serviço de segurança.

Grudados na televisão, Wolfgang e Inge viam com espanto e temor seu mundo virar de cabeça para baixo. No começo, o noticiário mostrou ao vivo centenas, e logo depois milhares, de moradores de Berlim Oriental se aglomerando nas passagens da fronteira da cidade. Às dez da noite, uma fila de sete quilômetros de carros Trabbi tinha se formado junto à passagem em Staaken, ao norte de Groß Glienicke. No Portão de Brandemburgo, no meio de Berlim, uma multidão de mais de dez mil bradava "Deixem passar" e "Derrubem o Muro".

Enquanto isso, Stefan Lorbeer, *kommandant* do Regimento de Fronteira 34 de Groß Glienicke, cujo escritório central ficava a poucas centenas de metros da casa do lago, recebia telefonemas cada vez mais angustiados de seus oficiais. O que deveriam fazer? Deixar o povo passar? Empurrá-los de volta? Usar a força? Desesperado para tomar conhecimento das ordens, o *kommandant* tentava ligar para o escritório central em Berlim, mas as linhas não funcionavam.[2] Tentou o telex e as linhas diretas, mas também não houve sucesso.

Era preciso tomar uma decisão. A princípio, deu ordens para que os guardas da fronteira localizassem os "mais agressivos" reunidos nos portões e marcassem seus passaportes com um carimbo especial, proibindo que retornassem à DDR e revogando sua cidadania. Logo, ficou claro que essa medida não funcionava. Muitos milhares continuavam querendo sair.

O *kommandant* Lorbeer telefonou para a guarda em Staaken dizendo que não usassem a força e que as pessoas podiam sair.[3] Às 10:45, os portões foram abertos e a primeira leva de pessoas entrou em Berlim Ocidental. Lorbeer então ordenou que quarenta oficiais se deslocassem rapidamente para dar apoio nas passagens de fronteira.

À 0:30, o major do regimento de patrulha de Groß Glienicke, Peter Kaminski, recebeu um telefonema em casa ordenando que comparecesse à base "imediatamente". Ao desligar o telefone, se deu conta de que não havia recebido nenhuma outra ordem, nem sabia qual era o contexto, o que o deixou surpreso. Inseguro e um pouco inquieto, ao sair de casa ficou ainda mais perplexo ao ouvir o ronco surdo de tanques vindo da base soviética em Krampnitz. Por que os soviéticos estariam fazendo manobras no meio da noite?

No escritório do regimento, foi informado sobre as atividades da noite e que agora estavam em estado de emergência. Sua primeira tarefa era preencher a papelada necessária relativa ao aumento do nível de ameaça e voltar para fazer o relatório. À 1:30 da madrugada, o *kommandant* Lorbeer se reuniu com sete dos oficiais veteranos, inclusive Kaminski, e lhes disse que "Desse momento em diante, todo cidadão pode viajar para Berlim Ocidental". Ordenou que guardassem e trancassem todas as armas; não queria ninguém baleado.

Na manhã de 10 de novembro, ainda na frente da televisão, Wolfgang e Inge acompanharam a viagem de um repórter da DDR numa transmissão ao vivo diretamente de Berlim Ocidental. Imagens de multidões aplaudindo, lojas modernas e altos edifícios enchiam a tela. Eles mal podiam acreditar no que viam. Como tudo tinha mudado tão rápido e como aquilo iria afetar a vida deles?

Assim que seu neto adotivo acordou, Wolfgang contou-lhe as novidades. Roland perguntou ao *opa* se podiam ir ver o lago. Wolfgang disse que era muito perigoso, a situação política era muito instável. Mas ao ver o excitamento nos olhos daquele menino de 10 anos e após checar mais uma vez as notícias, Wolfgang cedeu.

KÜHNE, 1989

Pegou uma marreta no barracão e, com Roland aos pulos ao seu lado, contornou a casa e chegou ao muro interno. Olhou em volta para ver ou ouvir algum sinal de guardas. Quando se sentiu seguro, ou pelo menos um pouco seguro, e após uma pausa para se estabilizar, Wolfgang deu uma marretada no Muro de Berlim.

O barulho foi assustadoramente alto. Decerto alguém iria aparecer para ver o que estava acontecendo. Mas ninguém apareceu e, entusiasmado com as imagens que vira na televisão, deu outra marretada, e outra, e mais outra. Foi incrivelmente fácil e, dentro de uma hora, o buraco tinha tamanho suficiente para que passassem agachados. Apesar da barulheira que tinha feito, não havia um jipe cheio de soldados raivosos à espera deles, nem um cão pastor-alemão rosnando. Pelo visto, os deveres de patrulhamento tinham sido suspensos.

Agora despreocupados, atravessaram os trinta metros da "faixa da morte" descuidadamente, deixando pegadas na areia, chegaram à parte de asfalto da patrulha e ao segundo muro, mais alto, de concreto. Rex tinha passado pelo buraco no primeiro muro e os seguia, abanando loucamente a cauda. Após umas boas marretadas, uma fresta apareceu no muro externo e logo eles chegaram ao outro lado.

E lá estava o lago, a dois passos do Muro, a menos de cinquenta metros da porta dos fundos da casa, cinzento, frio, a superfície encrespada com a brisa gelada de inverno. Obstruído, mas ainda acessível em 1952, totalmente bloqueado em 1961, inacessível desde então. Wolfgang contemplava a água, ainda atordoado pelos tumultuados eventos das poucas horas anteriores. Roland pegou um graveto e jogou na água. Rex não precisou ouvir duas vezes para pular, espadanando água ao nadar na direção do graveto, pegá-lo entre os dentes e voltar à margem sacudindo a água do pelo em cima de Roland, que dava gritos de alegria.

Sentindo que era hora de ir embora, Wolfgang, Roland e Rex passaram de volta pelo buraco. Agora havia guardas à espera deles do lado de cá do Muro. Os dois foram escoltados até um veículo, deixando Rex latindo furiosamente, e levados ao quartel do Regimento de Fronteira de Groß Glienicke. Numa salinha sem janelas, tiveram que responder a uma série de perguntas. Era verdade que a situação política estava mudando rapidamente, disseram, mas isso não dava aos cidadãos o direito de danificar a propriedade do Estado.

Duas horas depois, severamente advertidos para que não repetissem os atos daquele dia, Wolfgang e Roland foram liberados. Poucos dias antes, teriam sofrido consequências muito mais sérias. Entendendo a sorte que tiveram em vista de seu comportamento, os dois foram a pé para casa, repreendidos, mas exultantes.

Para chegar a Berlim Ocidental, os cidadãos de Groß Glienicke tinham que cruzar a fronteira na passagem de Staaken, dez quilômetros ao norte e esperar numa fila enorme, que às vezes se estendia por muitos quilômetros. Nos dias seguintes àquela primeira travessia em massa de 9 de novembro, as pessoas começaram a manifestar descontentamento por não terem uma passagem diretamente da vila. Afinal, no fim dos anos 1940, eles podiam andar do posto de checagem russo ao dos ingleses e, antes disso, nem havia fronteira.

Hans Dieter Behrendt, o oficial encarregado do posto de checagem da ponte Glienicke, e Peter Kaminski, major do Regimento da Fronteira, receberam solicitação para estabelecer uma passagem temporária na vila.[4] Em conjunto com a polícia de Berlim Ocidental, inspecionaram o terreno e decidiram que o ponto mais adequado seria trezentos metros ao norte da casa do lago, a pouca distância da entrada do aeroporto de Gatow.

Passagem da fronteira aberta em Groß Glienicke, 1989.

KÜHNE, 1989

Foi aberta uma seção de cem metros de largura no Muro que até então barrava os cidadãos e, ali, foi construída uma passagem completa, com torre de vigia e portão de metal retrátil. Bem antes do amanhecer, do dia 24 de dezembro de 1989, duzentas pessoas formaram calmamente uma fila em frente à passagem, cantando com bom humor "Abram o Muro". Foram recebidos por guardas de fronteira sorridentes e mesas enfeitadas com laranjas e bananas.

Às oito horas da manhã, o portão se abriu e os habitantes de Groß Glienicke se apressaram a cruzar o trecho de cinquenta metros de terra batida, que até dias antes era a "faixa da morte", ao encontro de uma multidão de berlinenses ocidentais que os receberam com aplausos, gritos e risos. Equipes de televisão gravaram as cenas: famílias reunidas se abraçavam, desconhecidos dançavam juntos, centenas de homens e mulheres em cima do Muro talhavam simbolicamente o concreto. Mais tarde, essas pessoas foram chamadas de *Mauerspechte*, pica-paus do muro.

Os prefeitos de Groß Glienicke e Kladow discursaram, bandas de metais tocavam canções tradicionais e as pessoas dançavam nas ruas. Assombro e entusiasmo pairavam no ar. Às seis da tarde, a polícia declarou que iriam fechar a fronteira novamente. O governo tinha anunciado que seria aberta em caráter permanente no dia do Ano-Novo, mas pediam que por enquanto todos voltassem para casa.

Tal como seu pai, Bernd não queria esperar. Com a marreta na mão, Bernd Kühne foi aos fundos do jardim de casa e começou a bater naquela seção do Muro. Levou pouco mais de uma hora para quebrar e atravessar. Foi uma sensação extraordinária para alguém que não tinha a menor lembrança da vida antes do Muro. Bernd tinha apenas dois anos quando a primeira cerca foi construída.

Bernd não demorou a se apossar daquele território. Seus filhos levavam o patinete ao fundo do jardim e passeavam para lá e para cá na pista da patrulha da fronteira. A família tirava fotos fazendo pose na frente do Muro, Bernd sorridente debruçado na janela da torre de vigia. Picharam com tinta vermelha, azul e amarela o interior da barricada de concreto – que até dias antes eram proibidos de ver – com slogans como "9.11.1989", "Viva", "Paz" e "*Hier ist nicht*".

O filho de Bernd Kühne na faixa da fronteira, 1989.

Para Wolfgang, Inge e muitos outros de sua geração, as drásticas mudanças foram recebidas com uma mistura de choque e apreensão. O que aquilo significaria para seu emprego, sua casa, sua pensão, sua comida? Achavam que suas conquistas eram providas pela DDR. Se, às vezes, criticavam o Estado pela falta de eficiência e intrusão, pelo menos nunca passavam fome. Agora com cinquenta e poucos anos, sofrendo de doença aguda do fígado por causa da bebida, Wolfgang estava muito preocupado.

Seu filho, em contraste, estava radiante. Para Bernd e seus amigos, a derrubada do Muro significava oportunidade, melhor salário, melhoria do padrão de vida e possibilidade de escolher onde morar, o que ouvir, como direcionar a vida. Bernd pensava também no lago, aquela tentação fora do alcance desde que se lembrava. Pelo menos agora podiam nadar.

Na primavera seguinte, Bernd construiu um pequeno píer na beira do jardim. O dia estava quente e a água convidativa. Sorrindo, ele viu seu filho vestindo o short, tirando a camisa e pulando de alegria no lago Groß Glienicke.

28

KÜHNE

1990

Nos dias que se seguiram ao colapso do Muro, centenas de milhares de alemães do Leste atravessaram para Berlim Ocidental. Alguns foram só passar o dia, maravilhados com as lojas luxuosas e as ruas movimentadas. Outros foram em caráter definitivo, esperando construir uma vida melhor no Ocidente.

Ao mesmo tempo, tão logo o Muro caiu, berlinenses ocidentais começaram a chegar a Groß Glienicke. Os habitantes mal haviam digerido a sísmica mudança política e já tinham que se preocupar com a possibilidade de ficar sem teto.

Residentes de longa data em Groß Glienicke viam desconhecidos pisoteando suas hortas, declarando "essa terra era minha" e "vamos conversar com um advogado para reaver".[1] Mercedes Saloon pretos percorriam as ruas, parando diante de casas onde as janelas eram fechadas às pressas, e tiravam fotos. Essas atividades eram predatórias e desestruturantes. Alguns achavam que seus primos do Ocidente estavam tirando proveito deles.

As quatro décadas desde o fim da guerra tinham sido boas para a família Meisel. Quando finalmente obteve a licença para trabalhar, seis anos após a primeira petição, Will Meisel transformou sua empresa numa das maiores gravadoras da Europa. Seu trabalho foi reconhecido em novembro de 1962, quando o governo alemão lhe conferiu a Cruz de Mérito Federal e, mais tarde, em setembro de 1964, quando recebeu o Anel Paul Lincke.[2] Numa entrevista publicada no *Telegraf* da época, perguntado se tinha ressentimentos, Will respondeu: "Não sou uma pessoa que vive no passado. Contudo, assim como tantos outros, perdemos muito."[3] Após uma pausa, ele disse: "Tínhamos uma grande propriedade em Groß Glienicke à beira da água, com quadra de tênis e um barco. Talvez meus filhos a recuperem algum dia."

Will Meisel nunca esqueceu a casa do lago. Em maio de 1965, ele havia pedido a seus advogados que fizessem uma petição de ressarcimento baseada em dispositivos legais da Alemanha Ocidental para compensar aqueles que tinham sofrido perdas financeiras decorrentes da ocupação soviética da Alemanha Oriental. O argumento de Meisel era convincente: ele havia comprado a casa com tudo o que continha e pago ao Departamento de Impostos, em 1940; tinha comprado a terra do Estado em 1948; em 1952 tinha sido desapossado pela DDR.

Em 16 de dezembro de 1968, um representante do departamento que cuidava desses assuntos, baseado em Düsseldorf, enviou uma resposta escrita dizendo que seu pedido havia sido negado. A investigação demonstrara que o Terceiro Reich havia confiscado a propriedade do médico "racialmente perseguido" dr. Alfred Alexander e depois vendido a Meisel. "Segundo consta nos arquivos", dizia o burocrata, "não há nada relativo ao lote de terra em Groß Glienicke que Meisel diz ter adquirido."

Will Meisel não chegou a ver essa resposta, nem voltou a ver a casa do lago. Em abril de 1967, ele contraiu uma infecção num spa em Badenweiler, perto da fronteira com a França. Foi levado ao hospital Müllheim, mas morreu de ataque cardíaco num sábado, 29 de abril.[4] Tinha 69 anos.

Sua morte foi um choque para a família, pois Will parecia estar saudável e tinha continuado a trabalhar até o fim. Sua esposa e filhos estavam planejando uma festa extraordinária para comemorar seus 70 anos em setembro.

Os jornais trouxeram efervescentes obituários elogiando a vida do grande compositor. Publicaram uma lista de suas canções mais famosas e muitas melodias as pessoas ainda trauteavam, ou cantavam de cor. Entretanto, a morte do pai não reduziu a disposição dos filhos.[5] Nos anos seguintes, eles continuaram a publicar as canções da Edition Meisel dos anos 1930, 1940 e 1950, ainda populares. Ao mesmo tempo, encorajavam e promoviam novos artistas no setor de gravação da empresa. No Concurso da Canção Alemã de 1968, os artistas da Meisel se classificaram nos seis primeiros lugares. Um ano depois, outro de seus artistas, Giorgio Moroder, lançou "Looky Looky", que fez sucesso na França, Itália e Brasil. Passaram a atrair astros de projeção mundial, como Elton John, The Troggs, Boney M e Donna Summer. Pouco depois, o Grupo Meisel tinha a representação de canções tão variadas quanto "Stand By Your Man", "Sugar Sugar" e "Rocky", distribuindo catálogos dos Beatles na Alemanha e gravando superstars como David Bowie.

Haviam realizado o desejo do pai, exceto por uma coisa: reaver a velha casa do lago. Foi assim que, pouco após um ano da queda do Muro, Peter Meisel, aos 55 anos, estava batendo à porta da casa em Groß Glienicke. Peter contou aos assustados Wolfgang e Inge Kühne que ele era filho de Will Meisel, antigo proprietário da casa, e que tinha passado ali muitos fins de semana e verões alegres quando menino. Disse que a propriedade era dele e queria demolir a casa para construir outra maior em seu lugar – um retiro no campo, disse ele, como era para meu pai. Prometendo a Wolfgang um emprego em Berlim, Peter Meisel repetiu: "Tudo isso me pertence."

Peter Meisel deixou seu cartão com os visivelmente abalados Kühne e desceu a rua para a casa de Burkhard Radtke, o garoto com quem ele brincava no lago décadas atrás. Após uma breve conversa, Peter perguntou se Burkhard poderia assinar uma declaração jurando que os Meisel tinham comprado a casa e que eram seus proprietários por direito. Burkhard se negou, dizendo que não era disso que se lembrava. Os Alexander não tinham construído a casa que depois fora roubada pelos nazistas?

Desapontado por não ter conseguido o documento, Peter retornou a Berlim Ocidental e pouco tempo depois deu instruções a seu advogado para descobrir meios de reaver a casa. Afinal, havia documentos provando que sua família tinha comprado a propriedade do Estado, incluindo a terra, a edificação e a mobília. Sua propriedade havia sido tomada injustamente, sem reembolso, pela DDR. Era justo que a família recuperasse a propriedade, ou pelo menos fosse indenizada.

No entanto, os Meisel não foram os únicos a reclamar a posse da casa depois da reunificação da Alemanha. No início dos anos 1990, um advogado entrou com uma ação em nome da família Wollank, argumentando que sua propriedade havia sido transferida ilegalmente em 1939. A ação incluía a posse da terra sob a casa do lago.

Após a morte trágica de Otto e Dorothea von Wollank e o confisco da propriedade pelas autoridades, a família Wollank tinha diminuído muito. Os poucos herdeiros remanescentes tinham se mudado da área, a fim de reconstruir sua fortuna. A questão foi sumariamente recusada: os tribunais alegaram que eles haviam perdido a propriedade devido à má administração. Não havia motivo para ação junto às leis alemãs.

A primavera de 1991 viu também a chegada a Groß Glienicke de Cordula Munk, neta do professor Fritz Munk, uma professora que tinha passado a vida inteira em Berlim Ocidental.

Nascida em 1944, Cordula tinha uma lembrança muito vaga da casa de veraneio da família. Seus pais lhe disseram que ela havia começado a engatinhar no jardim de Groß Glienicke, mas disso ela não se recordava. Seu pai e seu tio a aconselharam a não ir lá; para eles, a casa estava irremediavelmente imersa nas cores escuras de sua história.[6]

Cordula estacionou perto do Potsdamer Tor, abriu o portão e entrou na parte alta do terreno. Ali, ela descobriu quatro homens morando em barracos de no máximo 4 x 4 metros. Disseram ser ex-guardas da patrulha, agora desempregados e, portanto, sem-teto. Ela disse a que viera e foi para o lago, ansiosa para ver a velha casa da família Munk.

Do velho chalé de madeira, ela só encontrou uns restos das lajotas amarelas da cozinha, meio queimadas, espalhadas pelo chão. Os Munk souberam do incêndio por um artigo de jornal que amigos em Groß Glienicke lhes enviaram, mas Cordula ficou surpresa ao ver a extensão do estrago. Não restava nada da casa. O velho limoeiro ainda estava lá, agora tão grande que alguém tinha construído uma casa-na-árvore em seus galhos. Havia lixo por todo lado – pneus velhos, material de construção abandonado, sacos plásticos – e o jardim parecia um matagal.

Ao ver uma pessoa desconhecida no terreno ao lado, Wolfgang Kühne se aproximou, dizendo: "Olá. O que você está fazendo aqui?" Cordula sorriu e disse, brincando: "Tudo bem, eu conheço os donos daqui!"

Cordula disse quem era e ouviu atentamente o relato de Wolfgang do incêndio que começou na chaminé, a demora da chegada dos bombeiros, os Kühne horrorizados vendo o fogo destruir a casa dos Munk.

Para Cordula foi um conflito entre a tristeza de ver a casa destruída e o alívio que sentiu. Já que ninguém morava lá, seria mais fácil reaver a propriedade.

De volta a Berlim, ela tomou a decisão de construir um novo chalé em Groß Glienicke. Nada muito luxuoso, talvez uma casinha de madeira como a de seu avô. Quanto aos quatro ex-guardas e seus barracos na frente do terreno, poderiam ficar morando lá enquanto quisessem. Não achava correto expulsá-los da terra. O terreno era bem grande, podiam ficar desde que não perturbassem sua paz na beira do lago. Podiam morar lá.

No verão de 1991, quase dois anos após os primeiros alemães do Leste terem rompido o Muro e trinta anos após ter acordado com o barulho da construção, Wolfgang ouviu mais uma vez o ronco pesado de máquinas vindo da beira do lago. Embora tivesse se passado mais de um ano desde a queda do Muro no centro de Berlim, ainda restava muito dele em vilas remotas como Groß Glienicke, longe das lentes da mídia estrangeira. Primeiro, o muro interno, mais perto da casa, foi demolido. Os fragmentos de concreto, agora bem despedaçados, foram colocados em caminhões de lixo e levados para Berlim, onde foram jogados numa enorme pilha formada pelo entulho do que fora o Muro.

Depois, foram os postes de luz, as torres de vigia e as linhas de alarme da faixa da morte. Tudo foi metodicamente demolido, com cuidado para não afetar nenhuma casa, não machucar nenhuma árvore. Em seguida, os operários chegaram à mais intimidante de todas as estruturas de segurança, o alto muro ao longo da beira do lago. A escavadeira levantou a caçamba a três metros e meio e foi puxando os longos tubos horizontais do topo da barreira. Cada seção caía com um baque surdo no chão lamacento, formando uma fileira de canos desconectados, como uma tubulação prestes a ser colocada. Quando os tubos foram removidos, os tratores foram desmantelando o que restava do Muro. Surpreendentemente, não foi preciso muita força. As mandíbulas metálicas agarravam firmemente o topo do muro e a máquina arrancava verticalmente as seções de três metros de comprimento. Por fora do muro externo, os operários encontraram filas de afiados espigões de metal e rolos de arame farpado embolado, enferrujados pelo longo tempo na água, empurrados para dentro do lago quando a primeira cerca foi substituída, nos anos 1950.

Em breve, tudo o que restava do Muro de Berlim era a estreita faixa de concreto usada pela patrulha, ao longo de toda a extensão da margem do lago Groß Glienicke. Alguém num cargo de autoridade havia decidido deixá-la ali, talvez como um lembrete das medidas de vigilância e segurança que até recentemente dominavam a vila e o povo que lá vivia.

A casa vista da margem do lago, anos 1990.

Tudo o que restava do jardim da casa do lago – o elegante aterro do terraço, a casa da bomba, a quadra de tênis, o laguinho ornamental e o píer – se tornara um barranco mal definido na paisagem, cheio de arbustos espinhosos, uma faixa de trinta metros de terra enlameada, esburacada por marcas de pneus, um pequeno agrupamento de bétulas esquálidas abraçando a beira do lago e o lago propriamente dito: imutável, calmo, cheio de potencial.

Nas semanas e meses seguintes ao desmanche do Muro, a nuvem de euforia foi se dissipando. Para muitos, especialmente os mais jovens, o efeito mais imediato era a possibilidade de viajar para Berlim Ocidental, onde podiam encontrar empregos mais bem remunerados e diversas oportunidades. Para os demais, principalmente as gerações mais velhas, o impacto era menos significativo.

Em seguida à fusão com a Alemanha Ocidental, as lojas da era DDR – Konsum e HO – que tinham servido Groß Glienicke por mais de três décadas, fecharam, incapazes de competir com a qualidade e variedade de artigos oferecidos em Berlim Ocidental. Em seu lugar, apareceram novas lojas: uma padaria com doces franceses e cappuccinos, um supermercado oferecendo oito tipos de cereal e carnes de primeira qualidade, dois cafés, um restaurante grego e um de kebab. Também significativo foi o fato de que os ônibus voltaram a circular, levando as pessoas desde o ponto de Potsdamer Tor até Spandau, onde os passageiros tomavam o S-Bahn para o centro de Berlim.

Pouco depois da queda do Muro, a vila sofreu outra perda quando a Badewiese acabou totalmente queimada num incêndio. Fora um ícone cultural por mais de cinquenta anos, o local dos mais memoráveis eventos sociais. A causa oficial do incêndio nunca foi determinada, embora muitos suspeitassem que tivesse sido provocado pelos donos a fim de receber o dinheiro do seguro.

Mais premente era o aguilhão do desemprego. Quando a DDR acabou, muitos cidadãos se viram sem emprego. A fábrica de peças automotivas Max Reimann, o quartel da patrulha da fronteira e o escritório central do Stasi foram fechados. Quem trabalhava para as companhias subsidiadas pelo governo em Potsdam, Berlim Oriental e vilas das redondezas também perdeu o emprego. Os que mantiveram o emprego descobriram sua vida de trabalho profundamente alterada. Os sindicatos eram malvistos, exigiam-se mais horas de trabalho e cursos de capacitação e treinamento, o que os jovens aceitavam prontamente, mas contra os quais os trabalhadores mais maduros se rebelavam, achando degradante.

O pior era que muitos benefícios de viver na DDR tinham desaparecido subitamente. Pais que trabalhavam fora e tinham creche de graça agora tinham que pagar. Quem não preenchesse os requisitos para ser atendido pelo serviço social tinha que pagar plano de saúde. E agora que a alimentação não era mais subsidiada pelo governo, o custo da comida subiu, atingindo o pico até nos alimentos mais simples, como arroz e batata.

Com suas belas cercanias, a proximidade de Berlim e as casas relativamente baratas, Groß Glienicke logo ficou conhecida como um lugar atraente para morar. Em resultado, a população aumentou rapidamente. Em breve mais de três mil pessoas estavam morando na vila. A maioria dos recém-chegados tinha nascido na Alemanha Ocidental ou em Berlim Ocidental. Os novos residentes se instalaram em casas construídas logo após a queda do Muro ou em casas perdidas quando a Alemanha fora dividida e, agora, recuperadas.

Como parte do tratado de reunificação, que entrou em vigor em 3 de outubro de 1990, acordou-se que as propriedades expropriadas na vigência da DDR passariam por um processo de *Rückübertragung*, reintegração de posse. As terras confiscadas seriam devolvidas aos antigos donos ou eles receberiam uma indenização. Na prática, havia muitas exceções. Se a propriedade tivesse sido vendida de forma razoável ou se a posse tivesse sido de interesse público, o dono atual estaria livre da reintegração. É significativo que os bens confiscados durante a ocupação soviética – entre 8 de maio de 1945 e 6 de outubro de 1949 – não seriam devolvidos. Naqueles anos pós-guerra, 3,3 milhões de hectares foram redistribuídos, o equivalente a quase um terço de todo o país.

Em Groß Glienicke, numerosas famílias foram obrigadas a se mudar, frequentemente em favor de famílias muito mais ricas que usariam a casa somente para passar os fins de semana. Algumas conseguiam adiar a saída alegando direitos de inquilinato, mas até os aluguéis na DDR eram tipicamente muito abaixo dos preços de mercado no Ocidente, e quando o senhorio aumentava o preço conforme o mercado, muitos não podiam pagar. Da perspectiva dos ocidentais, as casas pertenciam a eles, e como os moradores atuais tinham se beneficiado durante décadas de aluguéis subsidiados, eles acreditavam ter pleno direito de voltar a ocupar suas casas. Em vista da escassez de moradia, muitos residentes da DDR não podiam permanecer nas casas e se mudavam da vila.

Depois da reunificação, os habitantes da vila se viram diante de um líder inesperado. O Partido Social Democrata (PSD), que muitos esperavam ser eleito, divergia-se em disputas internas. Nesse vácuo, entrou o partido que governava a DDR havia cinquenta anos, agora renomeado Partido do Socialismo Democrático (PDS). Embora só tivesse conseguido menos que 5% dos votos nas eleições em todo o país, em Groß Glienicke o partido floresceu. Contando com o apoio de muitos membros das tropas que haviam trabalhado na fronteira, lançaram um candidato jovem que soube articular o mal-estar de muita gente frustrada com as mudanças ocorridas desde a queda do Muro. Para se eleger, ele fazia a promessa de "abrigar" a vila contra o Ocidente e todas as mudanças indesejadas. Foi assim que Peter Kaminski, antigo major do regimento da fronteira, se tornou prefeito de Groß Glienicke em 1994.

Um dos primeiros atos de Kaminski foi anunciar que a faixa da patrulha da fronteira, que corria ao longo do extinto Muro, seria aberta ao público.[7] É claro que os proprietários das casas junto ao lago esperavam que, após a reunificação, seus terrenos voltariam a chegar até a margem. Agora a contenda seria com ciclistas e caminhantes, em vez de guardas e veículos militares. O Muro se fora, mas pelo menos em Groß Glienicke a divisão permanecia.

29

KÜHNE

1993

Numa fria manhã de abril de 1993, uma voz autoritária foi ouvida no fundo do jardim da casa do lago. Caminhando pela areia, passando pelas máquinas de lavar abandonadas, pneus e móveis velhos, apareceu Elsie Harding.

Vestia um casado de mink preto, echarpe em preto e branco, grossas calças pretas e sapatos pretos. Tinha os cabelos brancos encaracolados, cortados curtos, e os lábios pintados de vermelho vivo. Numa das mãos trazia um cigarro aceso e, na outra, uma bolsa de couro preto. Vinha acompanhada por seis de seus netos, todos vestindo casaco longo, chapéu e cachecol de lã, e um deles registrava a chegada com uma pequena câmera de vídeo.[1] Quando se aproximaram do chalé, Rex, o cachorro de Wolfgang, já estava latindo. Segundos depois, Wolfgang apareceu, vestindo macacão azul, suéter de lã grossa e um peludo gorro russo.

— Bom dia! – disse Elsie em alemão perfeito. — Vim mostrar aos meus netos onde moramos antigamente. Não queremos a casa de volta, nem nada.

— Essa casa é sua? – perguntou Wolfgang.

— Sim, era nossa casa... – respondeu Elsie.

— Você é uma dos Alexander? – Wolfgang interrompeu, sua voz se elevando de excitamento.

— Sim, isso mesmo – disse Elsie, entregando-lhe uma grande garrafa de uísque.

KÜHNE, 1993

— Entrem todos, entrem, por favor — disse Wolfgang abrindo o portão e indicando a Elsie e família a porta da frente com a janelinha em forma de losango.

Havia vinte anos desde a tentativa anterior de Elsie visitar a casa, uma tentativa frustrada pelo Muro e as restrições da segurança. Seu marido, Erich, infelizmente havia morrido de infarto em 1981, mas, indomável como sempre, ela logo voltou a trabalhar levando turistas alemães a visitar castelos e catedrais, sempre fumando como uma chaminé, enfatizando os valores democráticos e equitativos da Inglaterra e, quando julgava conveniente, parava o ônibus para que seus clientes idosos descessem e fossem ao toalete.[2] Havia passado os anos seguintes sozinha, morando num apartamento no terceiro andar em frente à casa em que Sigmund Freud tinha morado, no norte de Londres, cultivando suas plantas no terraço e suas lembranças nas horas de folga.

Em janeiro de 1990, Elsie recebeu, com surpresa, uma carta de seu namorado de adolescência, Rolf Gerber, convidando-a a visitá-lo na África do Sul. Sua esposa, Ruth, tinha morrido de câncer no pulmão alguns meses antes e ele, também com a saúde fraca, queria muito ver Elsie novamente. Elsie foi e, dias após sua chegada, mudou-se para a casa dele na Cidade do Cabo. Passados quase sessenta anos de separação, retomaram o relacionamento no mesmo ponto em que o tinham deixado em Berlim.

Agora, tinham tempo para pôr os assuntos em dia, momentos de calma para falar sobre os tempos idos e compartilhar sentimentos mútuos. Ele recordou as temporadas adoráveis que passara com os Alexander em Groß Glienicke nos anos 1930. Ela lhe falou do orgulho que tinha com as realizações de seus filhos e netos. Passearam juntos, foram a museus e restaurantes, e quando Rolf ficou tão doente que não podia mais sair da cama, Elsie se sentava a seu lado, lendo histórias, comentando as notícias do dia. Durante esse tempo, Elsie voltou à sua casa para ver a família em Londres, mas não demorou a retornar à Cidade do Cabo.

A filha de Rolf, Betty, estava contente por Elsie estar lá. Mais tarde ela recordou: "Ela realmente se preocupava com ele e ele gostava muito dela."

Elsie lhe fazia companhia, providenciava para que ele estivesse agasalhado e tivesse a comida de que gostava. "Graças a Deus, por Elsie, é tudo o que posso dizer", disse Betty. Por fim, os médicos queriam interná-lo no hospital, mas Betty não deixou. Elsie estava lá e apoiou a decisão de Betty. Ainda consciente, apesar de sentir muitas dores e definhando rapidamente, Rolf manteve o senso de humor. "Tive uma vida maravilhosa", ele dizia. "Mas se fazem eutanásia em cachorros, por que não em mim?"

Elsie estava ao lado de sua cama em 17 de janeiro de 1993, quando Rolf morreu. Dias depois, sua filha, Vivien, foi à África do Sul para acompanhá-la. O serviço fúnebre foi realizado na sinagoga Reform da Cidade do Cabo. Elsie sentou-se junto com a família de Rolf.

Apesar de triste por não ter passado mais tempo com Rolf, Elsie se sentia grata por estar com ele em seus últimos anos. Semanas depois, deixando a casa de Rolf organizada, Elsie voltou a morar sozinha em Londres.

Talvez tenham sido essas lembranças dos velhos tempos com Rolf em Berlim que motivaram Elsie. Ou talvez o fato de ter completado 80 anos. Seja como for, três meses após a morte de Rolf, Elsie decidiu levar os netos a Groß Glienicke.

Inge Kühne, Elsie Harding e Wolfgang Kühne na casa do lago, 1993.

Na sala, Elsie e os netos conheceram Inge. Vestindo um blusão caseiro estampado de flores, chinelos e grandes óculos redondos, ela os cumprimentou amavelmente, mas com uma atitude resguardada.

Dentro da casa, estava frio e escuro. Nem o lampião comum nem a lâmpada do teto estavam acesos, os vasos de plantas e a cortina bloqueavam toda a luz natural. Um tapete azul gasto cobria o chão, as paredes estavam cobertas por um papel neutro cor-de-rosa e o padrão de quadrados brancos do teto estava amarelado de fumaça. Velas e bugigangas se enfileiravam no peitoril da janela. Onde estivera a grande mesa vermelha com bancos fixos havia hoje um sofá cinzento fofo e uma namoradeira da mesma cor. Contra a parede havia um grande móvel com aparelho de televisão embutido e também cheio de mais quinquilharias, pratos decorativos e vasinhos de plantas.

Elsie voltou-se para a lareira e disse: "Meu pai colecionou esses azulejos e os trouxe da Bélgica." Depois, tirando da bolsa uma fotografia em sépia, chamou Wolfgang, dizendo *Pass auf!*, preste atenção! Ao mostrar a Wolfgang a foto dos azulejos Delft, ela usou o informal *du*, apropriado para família, amigos e crianças.

— Muita gentileza sua, obrigado — disse Wolfgang, sorrindo ao pegar a foto, aparentemente imperturbado pelo jeito mandão dela.

— Aqui é onde nos sentávamos — Elsie prosseguiu, apontando o sofá — e lá era a porta do meu quarto — disse, mostrando o canto agora coberto de papel de parede. — Ali era o quarto dos meus pais e ali o quarto de meus irmãos... e aqui em frente havia uma grande varanda — acrescentou, virando-se para a janela cheia de plantas.

— Construí a parede depois, essa com as janelas — Wolfgang explicou, como se pedisse desculpas.

— Você pode ir ao lago? — Elsie perguntou.

— Agora podemos, mas quando havia o Muro, não. O Muro passava aqui — ele disse, apontando com o dedo da esquerda para a direita entre a casa e o lago.

Voltando à porta da frente, Wolfgang disse:

— Aqui é onde Frau Fuhrmann morava. Você a conhece?

— Não — disse Elsie, seguindo-o.

— Frau Fuhrmann morou aqui com o filho. Depois que se mudaram, derrubamos a parede porque a cozinha era muito pequena.

— Muito inteligente! – disse Elsie. – Aqui era o quarto do meu avô – acrescentou, mostrando o quartinho junto à porta da frente.

— É onde Roland dorme hoje – disse Wolfgang, abrindo a porta.

— Ah, olá, Roland – ela cumprimentou.

Wolfgang fechou a porta, não querendo incomodar o neto adotivo, agora com 13 anos, que nem disse olá nem saiu do quarto para cumprimentar a ex-moradora.

De volta à cozinha, Wolfgang mostrou um pequeno fogão elétrico num canto:

— Estamos renovando no momento, aqui era onde ficava o forno de tijolos.

Em seguida, ele levou o grupo ao lago, mostrando as muitas mudanças no chalé, na casa da bomba e no jardim.

Quando chegou a hora de se despedirem, Wolfgang os convidou a voltar no verão, "quando é mais bonito". Disseram adeus com sorrisos, apertos de mãos e agradecimentos. Wolfgang e Elsie trocaram telefones e se abraçaram carinhosamente. Andando de volta à van, Elsie achou lamentável que onde houvera cerejeiras e pés de framboesa agora era um mato de capim seco e lixo, comentando que seu irmão Hanns teria achado a visita muito interessante, mas não pensaria em reclamar a posse da casa. A respeito dos Kühne, Elsie disse, com tristeza:

— Eles sempre ficaram na dúvida se iriam reformar ou se as pessoas iriam querer de volta.

Na casa, Wolfgang e Inge estavam aliviados. Ficaram surpresos com a visita de Elsie, mas felizes porque, ao contrário dos Meisel, ela não tinha a intenção de despejá-los. Pelo menos por enquanto a casa era deles.

Embora não parecesse haver grandes modificações na casa do lago, a vila passava por mudanças drásticas. No começo de 1994, dado que as forças soviéticas estavam saindo de Berlim e que os britânicos não queriam mais arcar com as despesas de manutenção de Gatow, o novo governo federal alemão anunciou a retomada do aeroporto.

Por quase cinquenta anos o aeroporto fora ocupado por forças soviéticas e britânicas. Durante esse tempo, Gatow foi visitado por primeiros-ministros, políticos e até pela princesa Diana. O fim da administração britânica em Gatow foi marcado para 27 de maio de 1994, com direito a uma visita do príncipe Charles.³ O dia foi comemorado com uma série de cerimônias e discursos cuidadosamente programados, culminando numa parada com "Farewell Britain" no ritmo de um grande bumbo. Segundo *The Times*, o evento marcou "o começo de uma longa despedida da cidade, (...) parte da gloriosa retirada dos exércitos ocidentais e russos da Alemanha unificada". Três semanas depois, em 18 de junho, encerraram-se as formalidades da devolução oficial de Gatow ao governo alemão. Por algum tempo, o aeroporto ficou aberto ao tráfego aéreo, mas, não havendo necessidade de outro campo de pouso na região, foi fechado. Nos anos que se seguiram, o quartel da NVA adjacente a Gatow foi demolido – inclusive o velho *Panzerhalle*, que tinha sido um espaço informal de arte coletiva desde a queda do Muro – e a área foi destinada a um conjunto habitacional.⁴

Os habitantes de Groß Glienicke receberam com prazer o fechamento, livrando-se do barulho e do piscar de luzes dos voos noturnos. Mas logo ficou evidente que o remanejamento da área não os beneficiaria. O preço das novas casas estava fora de seu alcance e eram poucas para acomodar o crescente número de antigos habitantes que tinham sido despejados.

Muita gente se via como vítima da História. Após o colapso da DDR, esperava-se que se adaptassem à cultura e à realidade econômica do Ocidente. Quase nada do que conheciam restava nos anos 1990. Não havia mais partido nem Stasi, nem desfile dos pioneiros, nem emprego e moradia garantidos pelo Estado. Poucos aspectos de sua cultura ainda eram visíveis: a seta verde dos semáforos indicando que os veículos virassem à direita, o *Sandmännchen*, um personagem de programa infantil de televisão da DDR, e o *Ampelmännchen*, o homenzinho de chapéu que se acendia em verde na travessia de pedestres e que só sobrevivera graças a protestos em Berlim.

Essa guerra cultural se expressava em Groß Glienicke num debate sobre os nomes das ruas. Muitos recém-chegados queriam trocar a Kurt-Fischer-Straße, assim chamada em homenagem ao chefe da Volkspolizei, e a Wilhelm-Pieck-Straße, com o nome do primeiro presidente da DDR. Os recém-chegados, com o apoio de alguns "velhos" residentes de Groß Glienicke, ganharam essa batalha, e as ruas foram renomeadas Am Gutstor e Sacrower Allee respectivamente.

Outra batalha foi travada a respeito do monumento a Ernst Thälmann, líder do Partido Comunista durante a República de Weimar. Muitos achavam que deveria ser removido, mas outros, liderados pelo radialista Winfried Sträter, diziam que precisava ser preservado como lembrança da história da vila. No final, a proposta de Sträter venceu. A tensão entre os que tinham nascido na Alemanha Oriental e os da Alemanha Ocidental permanecia.

30

KÜHNE

1999

Casa do lago, anos 1990.

Em 1999, vivendo na casa do lago há quarenta anos – muito mais tempo que qualquer outro habitante – Wolfgang tinha deixado sua marca na propriedade.

Não se limitava a suas roupas no armário, sapatos na porta da frente ou garrafas vazias no porão. Das janelas com esquadrias externas ao papel de parede da cozinha, das chaminés tortas sobre a linha do telhado ao assimétrico *Wintergarten* que ainda avançava pela fachada, do semidestruído galinheiro à horta descuidada, as evidências de seu trabalho podiam ser vistas em toda parte.

Na manhã de 25 de março de 1999, Wolfgang disse a Inge que ia pegar ovos. Da janela da cozinha, Inge o viu atravessando o pátio até o galinheiro. Viu que, ao fechar o portão de metal atrás de si, ele se curvou e caiu. Correndo para fora, Inge encontrou o marido sem fôlego e sem conseguir falar. Meio arrastando, meio carregando, ela o levou para dentro de casa e chamou um médico. Por alguma razão, não chamou o serviço de emergência. Mais de seis horas depois o médico chegou para examinar Wolfgang, que ainda estava incapaz de falar e disse que ele parecia ter tido um derrame, mas só poderia saber com certeza até fazer alguns exames. Wolfgang foi levado ao Bergmann Hospital, em Potsdam, o mesmo prédio em que Bernd tinha saído do coma.

Inge telefonou para a família. "Seu pai não está bem", ela disse a Bernd. "Foi levado pela ambulância. Não sabem bem qual é o diagnóstico." Bernd pegou o carro e foi ver o pai. Wolfgang estava consciente e já conseguia sorrir, mas não falar. Os médicos confirmaram que ele tinha sofrido um derrame. Uma semana depois, em 2 de abril, Bernd voltou ao hospital, onde uma enfermeira lhe falou que o pai tinha morrido. Wolfgang tinha 65 anos.

Seis dias depois, numa manhã fria e chuvosa de quinta-feira, Wolfgang foi enterrado no pequeno cemitério junto à igreja de Groß Glienicke. Foi um serviço secular, com a presença de Inge, os quatro filhos de Wolfgang e uns amigos da vila. Ao todo, compareceram menos de vinte pessoas. O caixão foi lentamente baixado à cova e, a começar por Inge, cada um dos presentes jogou uma pazinha de terra sobre o caixão.

Inge Kühne decidiu se mudar.[1] Sozinha, ela não podia tomar conta da casa do lago. O local ainda não tinha aquecimento central e dificilmente ela conseguiria acender todas as fornalhas necessárias para manter o lugar aquecido. Partes da fachada ainda precisavam de uma demão de verniz, faltavam algumas telhas no telhado e as árvores — agora crescendo perigosamente junto a casa — precisavam ser podadas. Em maio de 1999, Inge disse a Roland que em breve iria morar numa casa de idosos em Potsdam.

KÜHNE, 1999

Semanas depois, Inge começou a retirar a maior parte do que havia na casa. Vendeu as colmeias e os equipamentos de jardim. Levou com ela a cama do quarto de casal, a namoradeira cinzenta da sala, alguns objetos pessoais e enfiou tudo em suas novas acomodações. À exceção da mobília da cozinha, o resto foi vendido ou doado.

Pouco depois do enterro do pai, Bernd é quem foi levado às pressas para o hospital, com mau funcionamento do rim que lhe restava. Ao perguntar ao médico o que poderia ter causado o problema, soube que provavelmente tinham sido as "pílulas de vitamina" que tomara quando criança. Desde a queda do Muro, muitos documentários na televisão traziam investigações sobre o doping de jovens atletas na DDR, e concluíam que eram pílulas de esteroides ou coisa pior.

No mês seguinte, quando Bernd voltou à vila, descobriu que a casa estava quase vazia. Ficou furioso. Seu pai havia prometido deixar uma poupança substancial para os filhos; sua madrasta dissera que ele pegasse as melhores roupas do pai. Foi a última vez que ele esteve na casa onde cresceu. Nunca mais falou com a madrasta.

Bernd consultou seu advogado para saber se tinha direito a reclamar a posse da casa do lago. Afinal, sua família tinha morado ali desde 1958, muito mais tempo que qualquer outro ocupante. Não havia notícias dos Meisel desde a visita de Peter em 1991. Seria uma pena deixar a casa ficar em ruínas.

O advogado não demorou a responder: como sempre tinham sido apenas inquilinos, os Kühne não podiam requerer a propriedade da casa. Quanto aos verdadeiros proprietários, o advogado não sabia quem poderiam ser. Possivelmente, o governo local resolveria essa questão.

Ao sair definitivamente da casa do lago, Inge deu a chave da porta da frente para o neto, dizendo-lhe: "Tome, faça bom proveito."

Roland – conhecido na vila como Sammy – estava com 19 anos e trabalhava como aprendiz de carpinteiro em Potsdam. Quando se deu conta de que a casa era dele, convidou um amigo, Marcel Adam, para morar lá. Dois anos mais moço que Roland e trinta centímetros mais baixo, Marcel também era aprendiz de carpinteiro, mas em outra firma. Ex-colegas de escola, eles se conheciam havia mais de dez anos.

Já que a avó tinha ido embora, Roland e o amigo organizaram a casa à maneira deles. Para o quarto dos avós Roland trouxe seu colchão, um velho aparelho de televisão e uma cadeira de madeira. Marcel ficou com três quartos: o quarto de hóspedes que era de Roland, o anexo do chofer que antes fora a cozinha dos Kühne e o quartinho ao lado. Trouxe uma cama do apartamento dos pais, seus objetos pessoais e se instalou. A cozinha ficou como antes, com a mesa, as cadeiras, a máquina de lavar e o fogão. O Quarto Azul onde dormia Bernd ficou vago.

Transformando a sala de estar em sala de jogos, com dois monitores, um de costas para o outro, dois consoles e duas cadeiras, os garotos passavam horas imersos em jogos como *Command and Conquer*. As prateleiras embutidas instaladas por Wolfgang nos anos 1970 continuavam no lugar, mas os vasos de plantas e as quinquilharias de Inge foram substituídas por pratos sujos, garrafas de cerveja vazias e revistas.

Raramente fazendo comida em casa, os rapazes comiam *döner* em pratos de papelão, comprados na loja de kebab que abrira num canto do velho prédio da Drei Linden. Tinham grandes ambições para a casa. Enquanto jogavam videogames, conversavam sobre as melhorias a fazer: pintar os quartos e consertar as chaminés que estavam desmoronando, pendurar novos lustres e arrumar móveis mais modernos, tapar os buracos do chão do banheiro – um rato chegou a roubar as calças que Marcel tinha deixado na banheira. Planejavam também as festas que dariam e quais as músicas que tocariam. Acima de tudo, falavam de garotas, de quem eles gostavam na vila, o que fazer para que as garotas viessem morar com eles.

Suas fantasias logo se realizaram. Todo fim de semana havia altas festas na casa. Cada garoto tinha sua namorada, bebiam grandes quantidades de álcool e fumavam maconha. A única coisa que não aconteceu foi a melhoria da casa, mas conseguiram que um operário do governo local consertasse as chaminés.

KÜHNE, 1999

Marcel, Matthias e Roland, da esquerda para a direita.

Quando chegou o verão, Roland e Marcel, junto com dez amigos, construíram um acampamento permanente na beira do lago, com uma fileira de tendas de formas e cores variadas. Durante o dia, saíam em dois pedalinhos e dois barcos a remo, levando comida e uma grande caixa de cerveja e seguiam lentamente para as ilhas no centro do lago ou para encontrar amigos em outras partes da margem. Quando não estavam na água, faziam rodízio para descer de bicicleta o barranco atrás da casa, seguir pedalando pelo píer improvisado até cair no lago ou competiam para ver quem dava mais cambalhotas saltando da corda pendurada num salgueiro na margem. No fim da tarde, se reuniam no telhado da casa, fumando, bebendo e contando histórias.

À noite, recebiam trinta ou quarenta amigos e conhecidos no camping. Sentados em volta de uma fogueira, cantavam músicas berradas por um rádio portátil, os últimos sucessos tocados na Fritz e Energy, as novas estações de rádio de Berlim. Às vezes, Roland e Marcel pediam músicas pelo celular que compartilhavam. Uma favorita era "Dark Place", lugar escuro, de Böhse Onkelz, um lamentoso hino punk ao mau tratamento dado aos jovens, com versos do tipo "Esperamos a morte perdendo tempo fazendo o que se espera de nós".[2] Nem todos os pedidos eram tão mórbidos. "Waiting for Tonight", esperando a noite chegar, de Jennifer Lopez, era pedida frequentemente por Matthias, amigo de Roland, e quando a rádio atendia ao pedido todos aclamavam e cantavam como refrão "Waiting for Matthias", esperando o Matthias chegar.

Na vila, a propriedade ficou conhecida como a *Praia* e as pessoas combinavam se encontrar "mais tarde na Praia". Ocasionalmente, os rapazes organizavam um evento maior — mais de duzentas pessoas lotaram a propriedade na festa de aniversário da namorada de Marcel, por exemplo — mas geralmente os encontros eram espontâneos e todos eram bem-vindos, desde que trouxessem a própria bebida e drogas.

Os vizinhos em geral toleravam as festas na *Praia*. Quando o barulho se tornava insuportável, Cordula Munk chamava a polícia, que chegava para pedir aos rapazes que baixassem um pouco o som e ia embora. Somente uma vez houve violência, quando um vizinho idoso ameaçou bater em Marcel e prontamente levou um soco de um amigo dos rapazes.

Em todo esse período, os garotos continuaram a cuidar da casa a seu modo. Marcel fazia questão de manter o espaço habitável. Às vezes, aparava o gramado da frente com um velho cortador de grama que pedira emprestado aos pais. O laguinho cavado por Wolfgang, na frente da casa, ganhou cinquenta peixinhos dourados doados pelo pai de Marcel. Roland ficou responsável pela limpeza do laguinho e a alimentação dos peixes e costumava se sentar à borda numa cadeira de plástico, como fazia seu avô adotivo, vendo os peixinhos nadando para lá e para cá.

Pessoas que foram à casa naquela época comentaram que, embora desarrumada e desleixada, não estava em ruínas. As paredes continuavam intactas, tinha eletricidade, as lareiras eram bem cuidadas, as janelas não estavam rachadas e o encanamento funcionava. Era inevitável, porém, que aquela vida se refletisse no emprego dos rapazes. Frequentemente, convenciam um médico amigo a lhes dar um atestado para justificar suas faltas ao trabalho. Quando apareciam, era com uma ressaca que os impedia de cumprir suas tarefas. No fim do verão de 2000, o patrão de Marcel ameaçou despedi-lo do estágio se seu comportamento não melhorasse. Ao saber que o filho corria o risco de perder a carreira, os pais de Marcel lhe disseram que, se não voltasse para casa, eles cortariam sua mesada.

Marcel entendeu que já era hora de ter um pouco mais de seriedade e voltou para a casa dos pais. Depois de um ano e pouco morando na casa do lago, a festa, pelo menos para Marcel, acabou. Não muito depois da mudança de Marcel, Roland foi mandado embora do estágio. Na falta de uma fonte de renda regular, a casa se deteriorou rapidamente.

As lareiras ficaram em mau estado. O lixo se empilhava no chão de tal forma que era difícil andar pela casa. Roland passava a maior parte do tempo enfiado no quarto, debaixo das cobertas. Mas quando Marcel o visitava, geralmente trazendo dois *döner* da loja de kebab, via que a estrutura da casa ainda estava boa. Só precisava de uma boa faxina.

No início de 2003, Roland recebeu a visita de representantes do departamento de propriedades da cidade de Potsdam. Informaram que, como a cidade havia absorvido oficialmente a vila de Groß Glienicke no começo daquele ano, a casa estava sob a jurisdição deles. Disseram ainda que havia planos de reurbanizar aquela área e Roland podia sair da casa voluntariamente ou seria despejado.

Roland viu que não tinha escolha. A temporada na casa tinha sido divertida, mas era hora de ir embora. Com a ajuda de Marcel e alguns amigos, ele juntou em sacolas todos os trastes espalhados pela casa e providenciou para que o conselho municipal viesse buscar. Vendeu toda a mobília que conseguiu, empacotou seus pertences e fechou as janelas e persianas. Sem saber o que fazer com a chave da porta da frente, colocou-a na prateleira da cozinha e saiu, deixando a porta destrancada.

Parte V
LOTES NÚMEROS 101/7 E 101/8

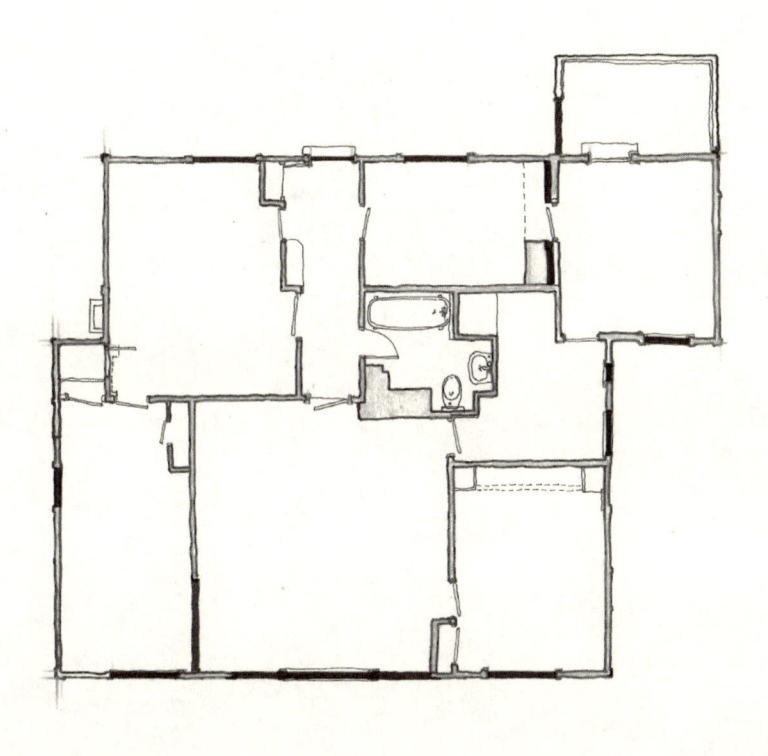

Fevereiro de 2014

Mais uma vez, estou de volta à vila. É uma noite gelada de inverno. Minha pesquisadora e eu estamos no meu carro alugado junto a um campo de futebol iluminado a poucas centenas de metros da entrada do aeroporto de Gatow. Do assento do motorista, vejo um grupo de homens correndo atrás de uma bola branca e espero que, caso queira, um certo jogador venha depois conversar conosco.

Há algum tempo fiquei sabendo que Roland foi a última pessoa a morar na casa. Mas todas as tentativas de encontrá-lo foram em vão. Ele se recusou a responder a minhas mensagens no Facebook; um bilhete deixado em seu endereço em Groß Glienicke ficou sem retorno.

Um contato na vila concordou em falar com Roland em meu favor. Só quero conversar, digo. Dou ao contato o número do meu celular e, dias depois, tenho uma resposta. Roland concorda em me encontrar. Tenho o endereço de um restaurante grego e a hora marcada. Após quatro horas de espera, entendo que ele não virá. Essa relutância em aparecer me faz pensar que Roland é o responsável pelo estado dilapidado da casa.

Agora, no carro junto ao campo de futebol, dou instruções a minha pesquisadora: "Quando for o momento, tente fazer com que ele converse por uns dois ou três minutos." Ainda ressabiada por ter ficado esperando no restaurante, minha pesquisadora está reticente. "Precisamos pelo menos estabelecer os fatos básicos", prossigo.

Pouco depois, o jogo termina e minha pesquisadora se aventura no frio lá fora. Pelo espelho retrovisor, acompanho seu progresso. Chegando ao aramado que circunda o campo, vejo-a parar diante de um homem alto e magro com cabelos escuros cortados curtos, vestindo um moletom vermelho com capuz, short e botas pretas. Espero ansiosamente. Ele concordará em falar?

Eles caminham juntos lentamente pelo pátio de concreto em direção ao estacionamento e param sob um poste de iluminação. Olho o relógio: passa-se um minuto, dois minutos e mais outro. Já se passam cinco minutos. Aos dez minutos, os amigos de Roland, que esperavam pacientemente num carro ali perto, tocam a buzina. A conversa se encerra. Foram onze minutos ao todo. Bem além da minha expectativa.

Minha pesquisadora volta a entrar no carro, fecha a porta e sopra as mãos. "Está muito frio lá fora", ela diz com um sorriso. "E?", pergunto com impaciência. "O que aconteceu?" Ela diz que Roland não estava ávido para contar histórias de seu tempo na casa e disse que passou lá os melhores anos da vida dele.

No final da conversa, Roland se desculpou por não ter respondido a nossas solicitações. "Eu nunca achava tempo para isso", ele disse. Recusou até uma oferta de 50 euros para conversar conosco.

Um ano se passara desde minha primeira viagem de pesquisa à casa da família. Um ano desde que os funcionários públicos da cidade de Potsdam me comunicaram que a casa seria demolida para dar lugar a outras moradias.

Desde aquela época, fiz amizade com muitos moradores, gravando seus testemunhos, recolhendo suas lembranças. Fui a vários arquivos em Potsdam e Berlim. Agora, com a ajuda de historiadores locais, faço uma petição ao registro de imóveis de Brandemburgo, solicitando que declarem a casa Denkmal *um monumento protegido. Na petição, relato o que fiquei sabendo: como a casa foi construída, a história dos que moraram lá, a história que viu acontecer.*

Semanas depois, recebo a resposta. O especialista em imóveis de Brandemburgo foi ver a casa, mas a construção não o impressionou. Rodeada de mato, árvores mal cuidadas e com o terreno cheio de lixo, ele nem entrou para olhar o interior (ele diz que outras pessoas da equipe olharam lá dentro). Numa carta, ele explica que não há muito da estrutura original que justifique a preservação e que a casa propriamente dita não apresenta suficiente interesse. Desculpando-se por ser portador de más notícias, ele informa que a petição para registrar a casa como monumento histórico foi recusada.

Tomado de amarga decepção, busco meus amigos na vila, pedindo conselhos. Eles sugerem que eu recorra ao Groß Glienicke Kreis, o grupo dedicado a preservar a herança cultural e natural da vila. Formado por historiadores, botânicos e artistas, tanto profissionais como amadores, o Kreis já havia demonstrado considerável interesse na história da casa (fico sabendo que três anos antes haviam publicado um folheto sobre a história dos judeus na vila).

Dias depois, estou sentado à mesa de jantar do presidente da Kreis, Dieter Dargies, junto com vários membros do grupo. Conto minhas tentativas e peço o apoio deles.

FEVEREIRO DE 2014

Fico surpreso com a resposta. Eles não só acreditam que a casa tem uma grande significação histórica, como estão dispostos a se empenhar para assegurar sua sobrevivência.

Tomando café com bolo, discutimos várias opções. Dizem que será difícil reverter o relatório oficial. Para isso, temos que demonstrar não só que a casa tem um valor único, mas também que o esforço para salvá-la tem o apoio total e absoluto da comunidade. Temos que fazer algo convincente, algo extraordinário, algo que toque o coração das pessoas. Sugerem que organizemos um dia em que minha família se reúna a habitantes da vila para limpar a casa e o jardim. Chamam a isso o "Dia da Faxina".

31

CIDADE DE POTSDAM

2003

Antes das convulsões de 1989, o conselho municipal teria feito algumas reformas básicas na casa e entregue a novos inquilinos. Talvez para uma família jovem, como os Kühne ou os Fuhrmann ou um casal de profissionais como os Meisel ou os Alexander. Mas era 2003 e o governo federal estava muito ocupado com a reestruturação da economia para se interessar por necessidades de moradia locais.

Para complicar as coisas ainda mais, a casa do lago tinha sido construída por uma família judia e tomada pelos nazistas. Essas propriedades eram consideradas um negócio perigoso. Problemas intratáveis deviam ser evitados. Por enquanto, ninguém se responsabilizava pela casa, conhecida pelas autoridades apenas como lotes números 101/7 e 101/8.

Abandonada, a propriedade estava vulnerável a ocupações ilegais. Em certo momento do inverno de 2003, um grupo de russos, ou talvez de sérvios, ocupou a casa. Ninguém sabe ao certo de onde eles vieram ou como acharam a casa, considerando que estava situada a duzentos metros da estrada principal e não era visível de qualquer lugar público.

Quando Cordula Munk viu os novos habitantes, contatou a cidade de Potsdam. Foi preciso dar dois ou três telefonemas, mas a cidade acabou por expulsar os invasores. É claro que retornaram. No inverno gelado, a casa vazia se tornara um abrigo fácil.

Os invasores, porém, não tinham interesse em melhorar suas condições de vida. Quebraram a pia do banheiro, viraram a banheira de cabeça para baixo, arrancaram o aquecedor da parede e entupiram o vaso com papel e excrementos. O banheiro ficou totalmente inutilizável. Pior ainda, quebraram o vidro da claraboia, deixando a chuva inundar o banheiro. Um rastro fantasmagórico de limo preto se alastrava sob o já descascado papel de parede.

Quarto dos meninos

Destruíram também a cozinha. A máquina de lavar de Inge ficou virada de lado, com a porta arrancada. Havia uma pilha de louças sujas num canto e uma sacola plástica alaranjada cheia de bocais de lâmpadas, em outro. A despensa – prateleiras forradas de plástico amarelado pontilhado de conchinhas azuis e cinzentas – ficou vazia, exceto por umas tampas de potes e um bule de chá florido.

Os invasores adornaram as paredes da sala com pichações em azul e vermelho: "Foda-se, cara", dizia uma, e "Seku é um urso selvagem", declarava outra. Alguém desenhou uma foice e martelo com as letras YPA, sigla do Yugoslav People's Army, o exército do povo iugoslavo, num pedaço de aglomerado de madeira jogado no meio do lixo que cobria o chão.[1] O quarto pequeno junto à lareira estava cheio de garrafas, latas e outros detritos.

Ao lado, no que havia sido o quarto de hóspedes, a janela estava quebrada. Cacos de vidro se espalhavam pelo chão, junto com vários pedaços de móveis quebrados. Numa paródia da família ideal de dois adultos com dois filhos, alguém tinha desenhado duas figurinhas esquematizadas com os dizeres *Kinder T und K*, junto a uma casa com fumaça saindo da chaminé, uma arvorezinha e um carro Trabbi.

Transformaram o quarto do casal numa boca de fumo. No chão, havia uma alta pilha de colchonetes, sacos de dormir, travesseiros, almofadas de sofá e roupas, tudo manchado de cerveja, vinho barato, sangue, cinzas e urina. Sob a janela, uma mesinha banhada em cera endurecida azul, vermelha, amarela e branca, uma jarra contendo pontas de cigarros e uma colher de metal manchada de resíduo oleoso de heroína.

No fundo do armário, perto da porta da frente, três antigos astros de rock olhavam esgazeados em seus pôsteres de pontas curvadas para cima, provavelmente pregados ali por Bernd. Na frente deles, jazia um mar de sapatos sem par, a metade de cima de uma árvore de Natal, mais garrafas de plástico e tiras de papel de parede.

Na primavera de 2004, atendendo a apelos de outros vizinhos, a cidade de Potsdam finalmente tomou providências. Cobriram as janelas e portas com retângulos toscos de compensado, drenaram os encanamentos e cortaram o fornecimento de água a fim de evitar que os canos estourassem no inverno. Por fim, colocaram uma cerca em torno da propriedade e um grande portão de metal com o aviso "Particular".

32

CIDADE DE POTSDAM

2004

A pulsante música eletrônica e a cantoria de bêbados tornavam impossível dormir. A barulheira parecia vir da margem do lago.

Susanne Grunert, que morava numa das modernas casas de tijolos construídas perto do lago, resmungou e se levantou da cama. Dizendo ao marido, Volker, que ia ver o que estava acontecendo, ela calçou os sapatos e foi até a porta. Desde que Roland se mudara, no ano anterior, as festas no lago tinham praticamente cessado e ela esperava que não recomeçassem. Não se incomodava com jovens se divertindo, mas tinha uma reunião de manhã cedo e realmente precisava dormir um pouco.

Abriu o portão que separava seu jardim da casa do lago e foi andando na direção do barulho, com uma fogueira acesa na margem iluminando o caminho. Chegando mais perto, ouvia mais distintamente as canções e conseguia entender algumas palavras. Escutou "Alemanha", "luta" e "Hitler". Em volta da fogueira estavam seis homens de cabeça raspada, todos vestindo calças militares verdes, jaquetas de couro e botas pretas reluzentes.

Ao vê-la se aproximando, eles se calaram rapidamente. Susanne pediu "por favor, diminuam o barulho", eles resmungaram concordando e ela subiu de volta para casa. Minutos depois, o barulho recomeçou, ainda mais alto. Era impossível dormir.

CIDADE DE POTSDAM, 2004

Furiosa, ela se levantou novamente, determinada a pôr um fim naquilo. Dessa vez trouxe seu aparentemente feroz pastor-alemão. Ao se aproximar das árvores, um dos homens gritou "Oh, é a Branca de Neve!" "Sim", respondeu ela, "e o lobo!". Ao ver o cachorro rosnando, os skinheads juntaram suas coisas e saíram cambaleando pela margem.

No dia seguinte, quando Susanne levou o cão para passear, encontrou suásticas brancas pichadas no antigo caminho da patrulha da fronteira.

Os Grunert foram a Groß Glienicke pela primeira vez em abril de 1999. Na época, eles moravam em Mannheim, no extremo oeste do país, perto da fronteira com a França. Volker recebera uma boa oferta de trabalho num banco de Berlim – Susanne podia trabalhar em casa, administrando seu negócio com seguros – e eles procuravam um lugar para morar, de preferência com bastante espaço para o filho de 1 ano e a filha de 3. Vendo um anúncio no jornal, foram à vila conhecer o lote junto à casa do lago. "Achei que era um bom lugar para morar", disse Susanne mais tarde. Contrataram um arquiteto de Berlim, a casa logo ficou pronta e se mudaram no verão de 2000. Era perto de Berlim, e um ótimo lugar para a família passear, andar de bicicleta e correr livremente.

Ficaram relativamente em paz com as festas de Roland e Marcel, tolerando o barulho e a bagunça no jardim. Mas ficaram menos felizes com os invasores que apareceram depois que Roland se mudou. Um homem em particular deixava Susanne com medo. Era alto, emaciado e aflitivamente magro, com uma barba marrom-escura e sempre com uma bolsa plástica meio esfarrapada na mão. Chegava furtivamente tarde da noite e saía de manhã bem cedo.

Assim como Cordula Munk, que morava no outro lado da propriedade abandonada, os Grunert telefonaram várias vezes para a cidade. Ficaram aliviados quando os invasores finalmente foram expulsos. Desde então, Volker via o mato se apoderando cada vez mais do jardim vizinho, que ficava a apenas dez metros de sua porta dos fundos. Um pouco de cuidado não faria mal, pensou ele, e, como o lugar estava abandonado, ninguém se incomodaria se sua família o usasse.

Pouco depois do encontro de Susanne com os neonazistas, Volker tomou a si a tarefa de cortar a grama da casa do lago. A família passou a fazer piqueniques no jardim, deixava o cachorro correr pela horta abandonada e descia para dar mergulhos no lago.

Quando o filho dos Grunert, Chris, fez 4 anos, ganhou uma minimoto – uma Yamaha PV50. Só precisava de uma pista. Volker limpou o barranco entre a casa do lago e a margem. Livre de árvores, arbustos e outros empecilhos, o terreno serviu para Chris aprender a subir e descer o barranco enlameado. Quando Chris dominou o circuito, Volker e ele acrescentaram escorregadores e rampas.[1] O declive era perfeito para suas façanhas *off-road*. Com o tempo, o grande portão de metal entre as duas propriedades, feito de material aproveitado do Muro de Berlim, passou a ficar aberto permanentemente. O jardim ao lado se tornara de fato o playground dos Grunert.

Em pelo menos uma ocasião, Cordula Munk olhou por cima da cerca e viu Chris na minimoto. "Pare com isso!", ela gritou. "Essa propriedade não é de vocês, é dos Alexander." Quando o menino contou à mãe que Cordula tinha gritado com ele, as duas se encontraram de improviso na terra de ninguém no lote de números 101/7 e 101/8. Susanne falou que Cordula não podia gritar com seus filhos. Cordula falou que ela estava sendo antissocial e seus filhos não podiam brincar numa terra que não era deles.

Desse dia em diante, elas passaram a se evitar. Achando que sua família podia se beneficiar daquele espaço adicional e que seria um bom investimento a longo prazo, Volker foi à cidade de Potsdam pedir para comprar a terra. Disseram ser impossível, pois não se sabia quem era o dono do terreno. Apesar dessa recusa e da discussão com a vizinha, ele continuou a cortar a grama e deixar seus móveis de jardim no terreno.

A casa propriamente dita continuava intocada. Foi por essa época que uma nova habitante se instalou lá: uma raposa vermelha, que entrou por uma brecha na fundação e passou a morar no porão de alvenaria. Ali, ela teve uma ninhada de sete e saía à noite para caçar, a fim de alimentar os filhotes, feliz por ter encontrado um esconderijo longe dos humanos e suas confusões.

★ ★ ★

CIDADE DE POTSDAM, 2004

A natureza tomou conta da casa abandonada.

A raposa e a família continuavam a morar no porão. Um casal de guaxinins se mudou para a decrépita garagem de Wolfgang. De vez em quando, uma coruja se empoleirava num alto galho desfolhado da bétula morta que ameaçava cair sobre a casa.

O terreno plano entre a casa e o Potsdamer Tor virou um capinzal com altas flores silvestres. As árvores, bordos de folhas cinzentas e acácias-bastardas se espalhavam pelo declive atrás da casa, invadindo os trinta metros da faixa aberta pela patrulha da fronteira quarenta anos antes. Seus longos galhos agora bloqueavam a vista do lago, as raízes se enredavam na escada, outrora tão bem-cuidada, que levava à margem. Os tijolos atrás da casa estavam emaranhados com as raízes das árvores. A hera serpenteava pelos cantos e por dentro das calhas.

Árvores crescendo entre tijolos do terraço.

A CASA NO LAGO

A casa do lago começou a despencar. O rico tom alaranjado das venezianas estava desbotado, manchado, com a superfície rachada e descamada. O padrão de losangos ficou tão desbotado que só era visível de certo ângulo. A pintura da parte inferior do estreito beiral estava estufada e descascada, expondo a madeira crua da estrutura.

O cume das três chaminés instaladas por Wolfgang nos anos 1960 começava a ruir. O telhado, sem trato por mais de uma década, estava rachado e vulnerável às tempestades de inverno. Quando chovia, uma torrente de água se afunilava nas calhas enferrujadas, infiltrando-se nas fundações, e nos períodos de maior frio formava uma cordilheira invertida de pingentes de gelo.

Certa vez, temeroso de que as raposas morando no porão pudessem transmitir raiva, Volker Grunert chamou um caçador para resolver o "problema". O caçador não teve sorte. As raposas fugiram e ele foi preso porque um vizinho chamou a polícia dizendo ter ouvido barulho de arma de fogo, ilegal na vila.

Na mesma noite, as raposas voltaram à toca no porão e continuaram a ser zeladoras da casa do lago.

★ ★ ★

Enquanto a casa continuava entregue ao desleixo total, a vila ficava mais bonita a cada dia. Inspirados pela ascensão do Movimento Verde, os governos de Berlim e Potsdam concordaram em limpar o lago com o apoio federal. Em 1994, trabalhadores do governo e voluntários começaram a retirar o refugo – tambores de óleo, telhas de amianto, canos de chumbo, arame farpado – que as autoridades da DDR tinham mandado jogar na água. O Exército da Alemanha Ocidental destacou homens-rãs para desativar e retirar as minas ainda espalhadas pelo leito raso do lago. Depois o distrito de Spandau – que se estendia até a margem leste do lago – pagou milhões de euros para a remoção de milhares de toneladas de algas da superfície e bombeamento de oxigênio nas águas por meio de longos dutos de plástico. Mais tarde foram reintroduzidas espécies nativas de peixes, como carpas e lúcios, dando início a uma população saudável num prazo de dois anos. O

CIDADE DE POTSDAM, 2004

resultado foi miraculoso e o lago Groß Glienicke foi declarado um dos mais limpos da Europa.

Esse impulso ambiental foi espelhado em outros projetos. O grande campo de treinamento militar em Döberitzer Heath, uns 3.400 hectares de pântanos, florestas e matagal, que sediou a Vila Olímpica nos anos 1930 e mais tarde o Exército Soviético, foi comprado por um documentarista ambientalista, todo o material militar foi retirado e a área foi transformada num parque. Em 2008, os bisões europeus foram soltos, os primeiros a perambular pelas florestas no entorno de Groß Glienicke em mais de cem anos, assim como uma manada de cavalos de Przewalski, que em 1969 tinham sido declarados extintos.

Para muitos, parecia que o equilíbrio estava retornando à região.

Em 2012, a população da vila tinha crescido para mais de quatro mil habitantes, sendo mais da metade vinda da antiga Alemanha Ocidental.

No início do século XX, Groß Glienicke era dividida basicamente em dois grupos distintos: os fazendeiros independentes e os que moravam e trabalhavam nessas propriedades. Nos anos 1920, surgiu outro grupo: os abastados veranistas de Berlim. Na década de 1960, os habitantes podiam ser divididos conforme sua afiliação política. Meio século mais tarde, era difícil discernir os grupos. Alemães do Leste se misturaram com os de Berlim Ocidental e a nova geração surgiu sem conhecer a complexa história de seu país.

Assim como seus habitantes, as moradias na vila também se diversificaram. Muitas das modestas casas de madeira e prédios de pedra dos anos 1930 ainda permaneciam, frequentemente ao lado das feias torres de blocos de concreto construídas no período da DDR. Agora, ao lado destes, havia gigantescas maravilhas arquitetônicas de vidro e aço se elevando ao longo da margem do lago.

Mais uma vez, Groß Glienicke se tornara uma atração. Milhares de pessoas vinham de Berlim somente para passar o dia, desejosas de sair da cidade para dar um passeio pelo lago. A faixa ao longo da margem criada pela antiga patrulha da fronteira era amplamente usada, muitas vezes congestionada por passeadores de cachorros, ciclistas, corredores, famílias empurrando carrinhos de bebês nos meses de verão.

Foi por essa época que alguns primeiros proprietários de casas no lago se manifestaram.[2] Argumentavam que suas famílias tinham comprado as propriedades nos anos 1920 e 1930, e suas terras se estendiam até a beira do lago. Alguns tiveram as terras confiscadas pelos nazistas. Outros tinham perdido terras quando o governo da DDR construiu o Muro dentro de seus jardins. Para muitos, aquele passeio público dentro de suas terras era outra desapropriação.

Alguns colocaram placas de "propriedade particular" e "proibida a passagem" onde a faixa cortava seus jardins. Foram amplamente ignorados por ciclistas e corredores, pelos que iam fazer piqueniques e alguns chegavam a pegar emprestados os barcos dos donos das casas para passear pelo lago. Em resposta, vários moradores descontentes construíram cercas delimitando sua propriedade, efetivamente cortando-a em duas: a terra acima da faixa da patrulha e a terra abaixo, entre a faixa e a beira do lago. Uns poucos tomaram uma atitude mais agressiva, cavando a faixa da fronteira e construindo barricadas de placas de asfalto, terra e partes da cerca do antigo Muro.[3] Uma dessas barreiras foi construída na casa do lago. Quando os ciclistas e corredores chegavam àquela parte, eram forçados a descer à beira arenosa do lago e contornar os obstáculos para prosseguir.

Em 2012, após anos de papelada e sonhos de construir uma grande casa no local da *Weekend-Haus* de sua infância, os Meisel finalmente receberam o veredito de sua petição: não teriam a posse e nem um único euro de indenização. O Estado não iria ressarcir quem tinha adquirido terras durante a reforma agrária soviética de 1945-1949, nem compensar compradores de propriedades arianizadas.

Ainda naquele ano, o departamento de planejamento da cidade de Potsdam se reuniu para discutir as propostas de desenvolvimento da vila de Groß Glienicke. Dentre as muitas ideias apresentadas, apenas uma foi levada adiante: o *Bebauungsplan* (Pré-Projeto) Número 22. A proposta era simples: demolir a casa do lago e usar o terreno de 200 x 30 metros para a construção de casas baratas para residentes de baixa renda. Sem maiores discussões, o *Bebauungsplan* foi aprovado. Era só questão de tempo para que a casa do lago fosse demolida.

No verão de 2012, um grupo de construtores percorreu a propriedade. As árvores a serem cortadas foram marcadas com tinta. As dimensões do lote foram medidas e anotadas nas pranchetas. O número de casas que caberiam no terreno foi calculado. E os construtores saíram fechando o portão de metal atrás deles.

As raposas teriam que arrumar outro lar.

33

CIDADE DE POTSDAM

2014

Em 5 de abril de 2014, catorze membros de minha família viajaram de Londres para Groß Glienicke.

Começamos a trabalhar às dez da manhã. Removemos as placas de compensado que cobriam as janelas, tomamos energia elétrica emprestada da casa dos Munk para iluminar o interior da casa e enchemos de petiscos mesas montadas às pressas. Logo chegou o pessoal do lugar. Trazendo ancinhos e forcados, pás e luvas, tesouras e podões, carrinhos de mão e bicicletas, eles se uniram a nós. Mais de sessenta pessoas nos ajudaram a limpar a casa e o jardim. Moradores e historiadores, políticos e advogados, contadores e jornalistas, todos se empenhavam em conservar a preciosa história da propriedade.

Essa era a ideia, demonstrar o valor da propriedade através da ação e não das palavras. Já que era importante o esforço de todos nós, habitantes dos dois lados do Mar do Norte e com uma multiplicidade de interesses e histórias de vida, superando lembranças lancinantes e amargos sofrimentos, certamente a casa tinha valor?

Uma enorme caçamba de vinte metros colocada no jardim logo foi se enchendo de lixo. Sem necessidade de instruções, as pessoas trabalhavam juntas. Meu tio e meu primo se esfalfaram tirando a velha máquina de lavar da cozinha. Um vizinho arrastou para fora uns tapetes velhíssimos com a valiosa assistência da filha de 8 anos de meu primo. Meu pai e o prefeito

CIDADE DE POTSDAM, 2014

levantaram um carrinho de mão cheio de garrafas e trapos e jogaram na caçamba. Ajoelhada no chão, com um avental amarrado na cintura e a ajuda de uma vizinha, minha tia limpou uma pilha de potes de cerâmica estampados de flores. As pessoas paravam para admirar os utensílios de cozinha. Diziam que eram peças clássicas da DDR e não deviam ser jogados fora.

Enquanto isso, outra equipe limpava o jardim a golpes de enxada, serrava e podava os galhos e folhagens crescidas demais junto às paredes externas da casa. À medida que esses arqueólogos amadores avançavam, desenterravam tesouros: o portão de metal onde Wolfgang tinha recebido Elsie em 1993, a laje da frente onde Lothar e Sieglinde tinham quebrado os pratos de casamento em 1963, o pátio de pedras brancas nos fundos da casa onde o sogro de Elsie, Lucien Picard, tirava sua soneca nos anos 1930. Havia descobertas dentro da casa também: num buraco no chão da sala encontrei uma foto de Roland, Marcel e seu amigo Mathias, com algo na cabeça parecendo coroas do Burger King. Foi encontrado um jornal de 1927, enfiado na parede do quartinho, e a porta lacrada por Wolfgang Kühne, por onde Will Meisel passava da sala ao Quarto Azul para tocar piano.

Na hora do almoço, todo o lixo havia sido retirado da casa, o chão estava varrido e as janelas abertas. Pela primeira vez, desde 2000, era possível estar na sala sem emanações de roupas velhas e poeira de móveis apodrecidos.

Vazia, a casa de repente parecia cheia de potencial. Podia entrar uma cama aqui, uma cômoda ali. Naquele canto da sala, talvez um sofá e uma estante, mesa de centro e televisão. Uma geladeira pequena na cozinha, junto com um forno elétrico e máquina de lavar. As paredes podiam ser pintadas dessa ou daquela cor, ou talvez raspadas e envernizadas, como nos anos 1920.

Só agora era possível ter uma noção da casa, suas dimensões, sua planta, como seus vários cômodos funcionavam em conjunto. A casa parecia ser maior por dentro do que vista por fora. Mais que isso, trazida de volta à vida pelo esforço coletivo de mais de sessenta pessoas e pela crença no bom resultado, sentíamos a casa subitamente viva de novo.

Depois que os habitantes se foram, meu pai e eu demos um longo passeio na beira do lago. A faixa da patrulha estava cheia de ciclistas, corredores e passeadores de cachorros. Perguntei a meu pai o que ele tinha achado das atividades daquele dia.

— Como você sabe, eu tinha minhas dúvidas — ele respondeu. — Vim aqui para dar apoio a você. Mas devo lhe dizer que achei extraordinário. As pessoas que conheci. O entusiasmo para salvar a casa.

Ele parou, virou-se para mim e acrescentou:

— Pode contar comigo.

Dia da Faxina, abril de 2014.

À noite, mais de cem pessoas se reuniram no grande salão que servia de centro comunitário de Groß Glienicke. O prédio havia sido a escola de onde Bernd e seus amigos atiravam gravetos no Muro para acionar o alarme. Havia muitos habitantes presentes, além dos meus parentes e alguns políticos locais. Fui convidado a falar sobre a casa e sobre o que estávamos tentando fazer. Eu estava nervoso, inseguro, ansioso por dizer a coisa certa.

Ao meu lado estava o vice-prefeito, Winfried Sträter, fazendo uma exposição sobre o destino dos judeus na vila. Vindo dos alto-falantes, ouvimos a voz de Adolf Hitler e de Heinrich Himmler, ambos declarando que os judeus deveriam ser exterminados pelo maior bem da Alemanha.

Ao fim dessas gravações, o vice-prefeito falou que esses fatos haviam sido escondidos nos anos da DDR em Groß Glienicke. As autoridades diziam que somente a Alemanha Ocidental era responsável pelos horrores do Terceiro Reich. Afinal, como poderia a DDR, erigida sobre uma fundação absolutamente antifascista, acolher o nazismo? Fiquei impressionado com sua atitude de divulgar aquelas gravações para uma reunião de ex-cidadãos da DDR e refugiados judeus. Fiquei também chocado por, setenta anos após o fim da guerra, eu ter considerado ousada essa atitude.

Depois, foi a minha vez. Minhas palavras eram traduzidas por um amigo enquanto eu exibia slides: fotos da minha família nos anos 1930, esboços e plantas da casa. Em certo ponto, quando apareceu a foto de uma moça toda de branco – calças brancas, blusa branca, sapatos brancos – alguém gritou "Quem é essa?". Antes que eu pudesse responder, meu pai se levantou.

– É minha mãe, Elsie – disse em alemão.

Ninguém falou por um momento, e então alguém perguntou:

– Você fala alemão?

– É claro – disse meu pai, acrescentando modestamente –, mas não muito bem.

Muitas vozes se elevaram dizendo que ele falava maravilhosamente bem. E encorajaram meu pai a continuar.

Vi então que alguma coisa mudou, alguma coisa real. Uma vibração calorosa percorreu a multidão, uma união. Não havia mais o sentimento de nós e eles: de moradores da vila e o pessoal da cidade, de alemães e ingleses, de perseguidores e vítimas. Pela primeira vez as pessoas no salão reconheciam que todos nós éramos família da Alemanha.

Nos dias seguintes ao Dia da Faxina, apareceram vários artigos, não só nos jornais de Potsdam e Berlim, mas em jornais de circulação nacional, como o *Frankfurter Allgemeine Zeitung*. Por e-mails e telefonemas, os habitantes da vila me diziam que os políticos tinham ficado muito sensibilizados pelo Dia da Faxina, pelo fato de tantos membros da família terem vindo da Inglaterra e tantos moradores terem participado. Mais que isso, eles se interessaram pela história da casa, vendo aí uma oportunidade de comemoração e de reconciliação.

Em 7 de maio de 2014, o poder legislativo da cidade de Potsdam pôs em discussão o que tinham passado a chamar de "Alexander Haus". Após uma abordagem positiva, votaram por unanimidade o apoio à seguinte resolução:

7.23 Alexander Haus

A Assembleia Municipal da Capital Estadual Potsdam reconhece os esforços para preservar a Alexander Haus no lago Groß Glienicke e para revivê-la como local de comemoração da história germano-judaica, de reconciliação e encontro. A Capital Estadual Potsdam dará apoio para manter a Alexander Haus aberta à visitação pública, como local de comemoração às margens do lago Groß Glienicke.

Sabendo que alguém precisaria assumir a responsabilidade pela propriedade – se e quando estivesse a salvo –, um grupo formado por membros de minha família e representantes da vila fundaram uma organização com essa finalidade chamada Alexander Haus. Pouco depois, recebemos uma carta do prefeito de Potsdam comunicando seu apoio ao projeto.

Entretanto, ainda não tínhamos o *Denkmal*, o status de monumento histórico da casa. Sem isso seria impossível garantir a proteção da casa a longo prazo, e quase impossível levantar os fundos necessários para restaurá-la.

Contratamos um arquiteto, que fez um relatório detalhado da história arquitetônica e do contexto da casa, suas características originais e as partes que tinham sido alteradas ou que exigiam substituição. Para surpresa do arquiteto, a casa estava em melhores condições estruturais do que ele supunha. Juntamos a esse relatório artigos de jornais noticiando a participação abrangente da família e da comunidade, demonstrada no Dia da Faxina, além de cartas de endosso da cidade de Potsdam, e levamos às autoridades do Estado de Brandemburgo.

E ficamos esperando.

EPÍLOGO

Meses depois, em 27 de agosto de 2014, voltei mais uma vez a Berlim e à casa. Vestindo terno azul-marinho e camisa branca, fiquei no pátio da frente, agora revelado, aguardando o evento começar.

Reunidos à minha volta estavam habitantes da vila, políticos, representantes do Groß Glienicke Kreis e da mídia de Potsdam e de Berlim. Oficialmente, era uma entrevista coletiva, mas, para mim, significava muito mais. Após as apresentações, fui até a porta da frente levando um martelo e dois pregos. Ao meu lado estava o representante do Departamento de Preservação Histórica de Potsdam. Ambos carecas, queixo barbado, meio atarracados e de terno escuro, parecíamos absurdamente semelhantes, como irmãos.

O preservacionista segurou uma plaquinha quadrada de metal branco contra a parede de madeira e martelei os pregos. Na placa havia um escudo azul e a palavra *Denkmal*, o selo oficial de que o Estado de Brandemburgo havia incluído a casa na lista de imóveis protegidos. A casa estava salva.

A essa altura, eu já havia passado meses na vila, entrevistando dezenas de pessoas e lendo declarações de muitas mais. Eu tinha estudado velhas plantas e projetos arquitetônicos. Tinha entrado na casa e investigado seus cantos mais obscuros, em busca de pistas do passado. Tinha ajudado a remover o lixo de anos de descaso e decadência. Eu já conhecia as paredes muito bem – mas talvez não tão bem assim.

Cerimônia de Denkmal, *agosto de 2014.*

Pouco após a casa ter recebido o status de monumento, em conversa com um vizinho, confessei que nunca tinha entrado no lago. Ele ficou admirado – surpreso. Rindo, ele me ofereceu seu barco. "Você tem que remar, mas vale o esforço", disse.

Na manhã seguinte, minha esposa e eu fomos para a margem. Era um dia lindo, calmo e ensolarado. Gordas nuvens brancas flutuavam na vastidão do céu, lançando reflexos perfeitos no lago. Desenrolamos a corda que prendia o barco a uma árvore e nos lançamos à água. De lá, pude ver a casa do lago – escura, decrépita, ensombrecida pelas árvores. Mais limpa, talvez, mas ainda uma ruína.

Contudo, era mais fácil imaginar como havia sido outrora. O píer de madeira branca se projetando no lago. A areia branca. As crianças brincando na água. Na margem rasa crescia uma pequena floresta de caniços, como nos tempos do meu avô. Chegando a águas mais profundas, vimos uma pata de bico branco levando seus três patinhos para longe de nós. Não havia barcos a motor, nem veleiros, nem jetskis. A água estava cristalina. Dois garotos remavam num bote na direção das pequenas ilhas no centro do lago. Na praia pública, uma família se preparava para nadar. Dois mergulhadores passaram sob nosso barco soltando enormes bolhas de ar para a superfície.

Após remar por vinte minutos, minha esposa e eu paramos num restaurante na beira do lago, o mesmo para onde Bernd tinha "fugido" mais de 25

EPÍLOGO

anos antes. Tomei uma cerveja, minha esposa pediu um café e comemos um prato de frios e picles.

Tornei a pensar na primeira viagem que fiz à casa, em 1993. No avião, minha avó me deu um J preto costurado sobre seda amarela. Na ocasião pensei estar recebendo uma mensagem importante: *Essa é minha história, e essa é sua história. Não esqueça.* Mas quando fui juntando as partes da história descobri que Elsie tinha saído da Alemanha antes que os judeus fossem obrigados a usar aquela faixa amarela e que ela nunca tinha usado aquilo. Minha primeira reação foi de choque por ela ter mentido para mim. Depois dei uma gargalhada por sua descarada tentativa de me manipular. Agora, finalmente, entendo que havia uma diferença entre a verdade e o que é verdadeiro. Minha avó pode não ter usado aquela faixa amarela, mas tinha sido perseguida. Sua família tinha sido arrancada, quase destruída. A família do marido dela perdeu muitos. Meus avós foram obrigados a começar de novo, a construir uma nova vida – na Inglaterra. E mesmo assim Elsie mantinha uma ligação com a Alemanha. A casa do lago era importante para ela – era o que ela dizia – e importante para nós, uma parte da nossa história tanto quanto era uma parte da história dela.

Naquele dia, vendo-a do lago, entendi por que todos os habitantes da casa do lago sempre gostaram tanto dela. Apesar das dificuldades da vida, apesar de todos os tumultos, era de fato um lugar da alma.

Lago Groß Glienicke.

PÓS-ESCRITO

Em abril de 2015, fizemos um acordo com as autoridades: em troca da cidade de Potsdam outorgar a administração da propriedade à nossa organização Alexander Haus, assumimos a responsabilidade da reforma da casa de modo a torná-la acessível ao público.

Agora podemos passar à reforma, consertando o telhado e as calhas, o piso e as paredes, pintando os losangos nas venezianas – restaurando a casa à sua antiga glória.

Cem anos depois da propriedade de Otto von Wollank ter sucumbido aos problemas econômicos com a Primeira Guerra Mundial, depois do colapso da Alemanha Imperial, da República de Weimar, do Terceiro Reich, do comunismo e a da reunificação, depois de cinco famílias terem se perdido de amores por aquela terra e a perderem, depois de doze anos de abandono, por fim a casa tinha um belo futuro.

Seja qual for o final, *A casa no lago* é uma história de esperança. Demonstra que embora nós, humanos, possamos ter sofrimentos terríveis, com o tempo podemos exercer nossa capacidade de cura. E se conseguimos, um século de dor, de alegria e de mudanças drásticas terá um resultado positivo. Um ponto é claro: um novo capítulo da história apenas começou. Será fascinante ver o que os próximos cem anos nos trarão.

É verdade que a casa está oficialmente protegida e não pode ser demolida nem alterada, mas ainda resta muito a ser feito. É preciso levantar recursos para a restauração e a manutenção da casa, para transformá-la num centro educativo e num espaço de exposição para lembrar e louvar as famílias que viveram ali: um espaço de recordação, reconciliação, tranquilidade e alegria. Para isso, precisamos de ajuda.

Para mais informações sobre a casa do lago, visite
www.AlexanderHaus.org

NOTAS

Prólogo

1. O nome da vila foi escrito de várias maneiras ao longo dos séculos, como Groß ou Gross, Glienicke ou Glienicker. Segundo uma notícia de 1961, no *Chronik*, o jornal local, a grafia "Groß Glienicke" foi adotada porque "soava mais oficial".

Capítulo 1

1. De fato, um ano antes do tour de Otto a cavalo pela região, um dos mais renomados escritores alemães, chamado Theodor Fontane, escreveu um poema sobre Ribbeck, que morava numa propriedade vizinha e a pereira de seu jardim. Esse poema exalta o encanto e a generosidade da aristocracia rural e se tornou popular a ponto de ser leitura obrigatória das crianças nas escolas alemãs. O poema conta que, ao morrer, o senhor das terras pede que uma semente de pereira seja enterrada na cova dele, e "No abrigo silente, em três anos germina / A semente da pereira e cresce / Ano após ano, no correr das estações floresce / Deitando sombra na colina".
2. Nos relatos de suas viagens pela região de Brandemburgo, Fontane fala de sua ida a Groß Glienicke, mencionando a população e a igreja da vila.

3. As tropas prussianas contavam com o apoio de outros estados alemães do Norte. O cerco de Paris pelos alemães terminou em 28 de janeiro de 1871 e a guerra franco-prussiana chegou ao fim em maio desse mesmo ano.
4. Mais tarde ficou conhecida como Humboldt University. Desde 1901, mais de quarenta acadêmicos associados à universidade receberam Prêmio Nobel, inclusive Max Born, Hermann Emil Fischer, James Franck, Robert Koch, Max Planck, Erwin Schrödinger e Albert Einstein.
5. Os detalhes dessa compra estão nos arquivos dos registros de terras de Brandemburgo, em Potsdam. Segundo o contrato, na época Otto Wollank morava na Yorkstrasse 5, em Berlin, e o dinheiro foi recebido pela corte em 19 de fevereiro.
6. *"gütig und mitfühlend"*: essa caracterização foi colhida num manuscrito não publicado, *Chronik der Berliner Wollanks*, escrito em 1978 pelo dr. Waldemar Wollank.

Capítulo 2

1. O kaiser Guilherme II interessou-se vivamente pela modernização da agricultura. No ano anterior, antes mesmo de Otto obter seu título, ele ordenara que todos os fazendeiros pasteurizassem o leite, na tentativa de reduzir uma epidemia de febre aftosa. A informação sobre a concessão do título a Otto von Wollank poder ser encontrada no Geheimes Staatsarchiv Preußischer Kulturbesitz. [I. HA, Rep. 176 Heroldsamt, Nr. 10775.] Segundo Harald von Kalm, em seu livro *Das preußische Heroldsamt*, a maioria das pessoas que recebiam títulos na Prússia eram oficiais militares, seguidos por proprietários de terras e servidores públicos/juízes.
2. O nome oficial do império, tanto na Constituição de 1871 como na de 1919, era simplesmente "Deutsches Reich". Esses períodos são geralmente conhecidos como "Segundo Reich" (1871-1918), "República de Weimar" (1918-33) e "Terceiro Reich" (1933-45).
3. No Memorial de Guerra em Groß Glienicke, na Dorfstraße, constam os nomes de vinte soldados nascidos na vila mortos na Primeira Guerra Mundial. Essa lista, porém, não está completa e não inclui os feridos. A população pré-guerra era pouco menor que quatrocentos adultos, aproximadamente 120 homens e 280 mulheres.

NOTAS

4. Segundo a certidão de seu casamento encontrada no Arquivo da Cidade de Potsdam, o nome completo de Robert von Schultz era Carl Robert Christoph von Schultz von Vaschivitz e seus pais eram Christoph Theodor Albert von Schultz (de Rügen) e Anna-Sofie von Schultz von Essen (de Berlim). Na certidão de casamento constava ainda que Schultz nasceu na Sponholzstrasse 1, em Schöneberg, Berlim.

Capítulo 3

1. Naquela época, era extremamente raro para um alemão, e para qualquer médico, apressar a morte de um paciente terminal. A primeira lei tentando legalizar a eutanásia fora introduzida na legislação do Oregon dois meses antes, causando uma onda de protestos em todo o mundo. O *New York Times* trouxe editoriais condenando a lei e o *British Medical Journal* disse que a "América é uma terra de legislação histérica". A discussão sobre a eutanásia médica, mesmo sem tocar na *prática* da eutanásia médica, se espalhou pela Alemanha somente depois do livro de Karl Binding e Alfred Hocke *Permitting the Destruction of Life not Worthy of Life*, publicado em 1920. Portanto, a decisão do dr. Alexander em 1906, para dar fim à vida da mãe, não só ia contra as normas vigentes como poderia ter resultado em sérias punições, tanto por parte da comunidade médica como do sistema judicial do país.
2. Mais de 100 mil judeus-alemães, numa população de 550 mil, participaram da Primeira Guerra Mundial. Em 1916, após acusações antissemitas de que os soldados judeus fugiam à batalha, o Exército Alemão realizou um *Judenzählung*, um censo judaico, mostrando que 78% dos soldados judeus estiveram na linha de frente. Ao todo, 12 mil soldados judeus morreram na guerra e mais de 30 mil foram condecorados.
3. Como parte de sua formação, os aprendizes de carpinteiro precisavam cumprir um *Walz* obrigatório, que consistia em um ano viajando para se aperfeiçoar na profissão. Essa prática dos "viajantes" vinha desde os tempos medievais e continuou até os anos 1930, quando os nazistas em ascensão acharam que as guildas eram uma ameaça.
4. Segundo Jörg Limberg, um especialista em casas de madeira do Departamento de Preservação de Monumentos da Cidade de Potsdam, a exposição *Wochenende* não incluía projetos de Paul Baumgarten, mas ele especula que talvez

Alexander e Munk tenham "se inspirado nas casas na exposição e passado seus detalhes a Baumgarten para projetar suas casas". Vale notar que, segundo Bettina Munk, sua casa (e, portanto, a dos Alexander) foi projetada por Baumgarten. Vale notar também que numa entrevista, Bella, filha de Alfred Alexander, recordou que o arquiteto projetista da clínica de seu pai na Achenbachstasse 15 foi o mesmo contratado para a casa de veraneio em Groß Glienicke.

Capítulo 4

1. Em 1929, Albert Einstein, paciente de Alfred, construiu um chalé em Caputh, uma vila quatro quilômetros ao sul de Potsdam. Embora não estivessem cientes disso, esses profissionais pertenciam ao *Wandervogel*, conhecido como movimento dos pássaros: românticos moradores da cidade, inspirados pelo período da era pré-industrial, quando a vida era mais sossegada e menos estressante.
2. Nascida na Prússia, Lotte Jacobi morou durante muitos anos em Berlim, foi para Nova York em 1933 e ficou morando em New Hampshire. Talvez tenha sido uma das mais renomadas fotógrafas do século XX. Das muitas fotos que fez da casa e da família, só restaram oito. Em todas ela assinou "Jacobi". Alfred fez cartões postais com duas delas e enviou aos amigos. No verso vinha escrito "Haus Dr Alexander".

Capítulo 5

1. Por coincidência, a esposa do motorista de Otto von Wollank era a cozinheira da família Munk em Groß Glienicke.
2. O *Berliner Lokalanzeiger* também noticiou a batida, embora com detalhes ligeiramente diferentes.
3. A fonte de informação dessa reunião no escritório de Koff é o Landesarchiv Berlin (Arquivo A rep 349/1214/a).
4. Isso não aconteceria com os herdeiros de Horst von Wollank. Depois de sua morte, em 1932, sua esposa, e mais tarde seus filhos, contestaram o testamento até na mais alta instância da corte de justiça alemã e acabaram perdendo nos anos 1950. A causa da morte de Horst foi registrada como influenza pelo historiador da família Wollank. Seu filho, Helmut von Wollank, conta uma história um pouco diferente. Segundo Helmut, Horst morreu porque se recusou

a ir ao hospital quando teve uma inflamação no diafragma. Helmut confirmou também que seu pai não participou da Primeira Guerra Mundial, apesar de estar em idade de recrutamento. Embora não existam arquivos para confirmar essas informações, parece lógico supor, dada sua morte prematura, que foi isentado do serviço militar por motivo de saúde.

5. Pouco depois, o mesmo jornal trouxe um cartum sobre Ullstein, a empresa que publicava os principais jornais de Berlim e que pertencia a uma família judia, zombando da covardia dos judeus durante a Primeira Guerra Mundial.
6. Citado em *Anti-Semitism in the German Military Community and the Jewish Response, 1914-1938*, por Brian E. Crim, tirado do artigo do *Der Stahlhelm*, de 23 de maio de 1926. Mais tarde, o Stahlhelm foi criticado pelo Partido Nazista por não ser suficientemente antissemita, permitindo até que alguns judeus fossem membros de sua organização, apesar da proibição explícita da Constituição sobre a participação deles.
7. Esse relato é de Erich Kurz numa declaração entregue em 1º de julho de 1967 ao *Chronik* da vila. Mais tarde foi negada pela filha de Robert von Schultz, Katharina von Kitzing, numa declaração feita em 25 de setembro de 1990 (também ao *Chronik*), em que ela escreve: "A propósito da declaração de que havia '*Prunkgelage*' no casarão, eu teria notado, pois era a filha na casa. Certamente havia festas, mas eram basicamente familiares... Em conclusão, não foram as festas que causaram os problemas de administração da propriedade, mas os baixos lucros da agricultura desde 1934. Além disso, a Wehrmacht alemã tomou parte das terras para fazer treinamento de tropas em Dallgow-Döberitz. No fim, tiveram que vender as terras para o Departamento de Impostos, à exceção do pequeno lago e do parque onde meu avô e minha avó estão enterrados."

Capítulo 6

1. Na cidade natal de Elsie, o *B.Z. am Mittag* e o *Vossische Zeitung* eram publicados pela empresa Ullstein, cujos donos eram judeus, sendo que o *Vossische* era editado por Hans Zehrer, que era casado com uma judia. O *Berliner Abendpost* era editado por Manfred George e o *Berliner Tageblatt* por Theodor Wolff, ambos judeus. Muitos dos que escreviam para revistas e publicações antinazistas, como a *Die Weltbühne*, também eram judeus.

2. Numa entrevista com Hildegard Munk gravada por seu filho Klaus e seu neto Matthias, em 3 de agosto de 1984, dias depois do Ato de Habilitação, ela lembrou que houve uma festa no Leopold Palace comemorando a posse de Franz von Papen como vice-chanceler. A essa suntuosa festa de gala compareceram os vizinhos dos Alexander em Groß Glienicke, o professor Fritz Munk e sua esposa, Hildegard, convidados por Papen. Ao notar um homenzinho parado sozinho no outro lado do salão, o professor se aproximou: era Adolf Hitler. De acordo com o relato de Hildegard, dez anos antes, em 1922, quando Fritz estava de partida para uma conferência no Brasil, uma pessoa do Exército lhe pediu para levar uma pilha de panfletos para distribuir no Rio. Os panfletos diziam: "existe em Munique um jovem líder trabalhista que deseja reunir os ideais socialistas e patrióticos." Agora, uma década mais tarde, surgiu o tema do Brasil e Fritz lembrou ao chanceler a história dos panfletos. Rindo, Hitler disse: "Depois me dei conta de que 60 milhões de alemães são mais importantes que 60 mil alemães-brasileiros." Hildegard recordou também que foi depois dessa festa de gala que eles, como tantos outros, ficaram sabendo das matanças e perseguições e que, em 1934, ela e Fritz perceberam que o interesse deles em Hitler tinha sido um equívoco. "De repente vimos quem realmente era Hitler e ficamos com medo", ela disse. Depois um membro do Partido disse a Fritz: "cuidado, você está na lista negra."
3. De fato, segundo seu filho, Peter Sussmann, Bella e Harold estavam tão ansiosos para receber o passaporte britânico de Bella o mais breve possível que participaram de uma cerimônia civil no Hampstead Town Hall, em Londres, semanas antes do casamento formal em Berlim.
4. Erwin Koch escreveu uma história da vila em outubro de 1935. Sua longa narrativa saiu no *Chronik* de Groß Glienicke: "Em comparação com 1938, há 75% menos terras de fazendas na vila. As terras perdidas foram usadas por colonos e campos de treinamento militar. A maior parte cedida foi de terras improdutivas." Mais tarde, ele escreveu que "os colonos tiveram um forte impacto na vila". Um resultado foi que a vila "passou a ter mais receita e maior orçamento, mas, tendo vendido as terras, os fazendeiros passaram a ter menor renda".
5. Essa lembrança é do filho de Fritz Munk, Peter, que entrevistei em julho de 2014 no jardim da casa de veraneio dos Munk, em Groß Glienicke. Peter disse assim: "Não sei mais nada sobre o resto dessa conversa. Porém, soube mais tarde, por outras entrevistas, que foi uma situação importante para ambos. Mas, como falei, eu só tinha 12 anos na época."

NOTAS

Capítulo 7

1. O relatório sobre os tempos de Robert von Schultz na SA e seu julgamento pode ser encontrado no Bundesarchiv Berlin (Arquivo: VBS/4001006331).
2. O atual Museu da Luftwaffe no aeroporto de Gatow mantém uma exposição permanente substancial sobre a história do campo de pouso desde os anos 1930 até os dias de hoje.

Capítulo 8

1. Em 2013, eu estava ouvindo uma entrevista com Bella, conduzida por seu sobrinho John Alexander e, em certo ponto, ela se referiu a uma filmagem feita por seu pai em Berlim. Enviei um e-mail para meus parentes perguntando se eles sabiam alguma coisa sobre isso. Recebi uma resposta do filho de Bella, Peter Sussmann, dizendo que "deve ter umas latas velhas no sótão". Semanas depois, o conteúdo das latas estava transferido de 16mm para formato digital. O resultado foi extraordinário: três filmes do começo dos anos 1930 com a família em Groß Glienicke, com qualidade quase perfeita, mostrando os Alexander aproveitando a vida antes do terror do Terceiro Reich.
2. O jornal *Berliner Börsenberichte* publicou o obituário de Lucien: "Morreu Lucien Picard, 80, benquisto banqueiro e conselheiro suíço em Frankfurt, em 22 de dezembro de 1935, em Basel, Suíça. Nascido em 25 de outubro de 1855, em Hegenheim, na Alsácia, filho de Sophia Dreyfus, filha do fundador do banco suíço Dreyfus. Quando se aposentou, em 1922, como diretor administrativo do Commerz & Diskont Bank em Berlim e sócio do Lazard Speyer-Ellisen em Frankfurt, era 'decano do sistema bancário alemão'."
3. Acontece que o pai de Erich era um maçom da mesma loja que Adolf Abraham, um dentista judeu que, juntamente com sua esposa, Anna, tinha comprado um terreno em Groß Glienicke, na Seepromenade 41, cerca de um quilômetro ao sul da casa dos Alexander. Dada sua intenção de morar lá quando se aposentassem, os Abraham construíram uma casa mais substancial que a dos Alexander. O resultado foi uma casa espetacular, com jardins criados pelos famosos paisagistas Karl Foerster e Hermann Mattern, com destaque em revistas de arquitetura. A pressão sobre os Abraham aumentou com a ascensão do Partido Nazista. Em 1936, seu filho único, Hans, fugiu para a Inglaterra com a família.

Em março de 1939, Adolf Abraham morreu de doença cardíaca e sob o regime nazista em setembro de 1940. Após ser obrigada a abrir mão de suas propriedades em Berlim, Anna vendeu a casa em Groß Glienicke para um conhecido da família chamado Friedrich Wintermantel. Em 4 de março de 1943, Anna foi retirada de seu apartamento na Georg-Wilhelm-Straße 12 em Berlim e deportada, primeiro para Theresienstadt e, depois, em 18 de março de 1944, para Auschwitz, onde foi assassinada. Hans Abraham morreu em 1950 e sua viúva se mudou para Nova York, onde morreu em 2004. Depois da guerra, a casa foi ocupada por habitantes da vila e guardas soviéticos e, em seguida, utilizada como clínica de cirurgia. Mais tarde, a escritora Helga Schütz morou lá com o cineasta Egon Günther. Nos anos 1990, a viúva de Hans Abraham fez um pedido de restituição, mas acabou concordando que a casa deveria permanecer com os herdeiros de Fritz Wintermantel. A casa e os jardins foram lindamente restaurados pelos descendentes de Fritz Wintermantel e constam como *Denkmal*, monumento histórico. Em abril de 2015, foi colocada uma placa na Georg-Wilhelm-Straße 12, em Berlim, uma *"Stolperstein"* em memória de Anna Abraham.

4. Segundo Vivien Lewis, filha de Elsie, Rolf foi a Londres antes da guerra. Levou Elsie ao Café Royal, na Regent Street, e pediu-lhe que deixasse Erich. "Decidi que amo você", ele disse. "Venha morar comigo na África do Sul." Elsie recusou.
5. Numa entrevista feita em sua casa, em Londres, em 1993, Elsie me disse que o Austin fora seu primeiro carro, um presente de casamento, e que o chamavam de "Charlie". Mais tarde, levaram o carro para Londres, mas, quando a guerra estourou, eles, como estrangeiros vindos do inimigo, foram obrigados a vendê-lo. "Conseguimos quatro libras esterlinas, que gastamos num ótimo jantar", ela disse.
6. A taxa de saída do Reich foi instituída durante a Grande Depressão, em 1931, antes de os nazistas chegarem ao poder, para evitar evasão de capital. O governo nazista usou essa taxa para forçar os emigrantes judeus a deixarem a maior parte de suas riquezas. Os nazistas colocaram ainda outra taxa pesada sobre transferência de bens para o exterior (arrecadação *Dego-Abgabe*), que aumentava cada vez mais. Com a taxa de saída do Reich, a *Dego-Abgabe* e outras medidas impostas pelos nazistas, os emigrantes judeus perdiam mais de 90%, até mesmo 95%, de seus haveres no final dos anos 1930.

NOTAS

7. A Vila Olímpica ainda é preservada, inclusive o quarto onde Jesse Owens dormiu, a enorme piscina, a pista de corrida e a praça de alimentação podem ser visitados.
8. Essa máquina de escrever está hoje com o neto de Elsie, James Harding, chefe da BBC News.
9. Mais tarde, Elsie disse que, se não tomasse a decisão unilateral de sair da Alemanha, seu marido teria morrido em Auschwitz.
10. Em Londres, a família tentava assimilar a nova cultura. Apesar de seu renome internacional, Alfred precisou refazer provas de medicina, forçando-o a se mudar temporariamente para Edimburgo, a fim de frequentar o curso. Enquanto o marido estudava, Henny tentou reconstruir uma vida social com a comunidade de imigrantes, Hanns e Paul foram contratados como aprendizes em Londres. Bella, que saíra de Berlim havia quatro anos, muito antes do resto da família, vivia como uma feliz dona de casa inglesa. Elsie foi quem achou mais difícil se adaptar. Morando num apartamentinho gelado no centro de Londres, ela sentia falta do eficiente sistema de aquecimento do apartamento em Berlim. Lá, a cada poucos minutos, a chama do gás apagava e só reacendia quando ela enfiava moedas no medidor. Achava os ingleses frios e sem emoção. Para piorar, não se acostumava ao clima úmido, deprimente, e a comida não lhe apetecia. Pior ainda era que, apesar de seus esforços para falar inglês, ela mantinha um forte sotaque berlinense e era evitada pelas pessoas, que discriminavam estrangeiros, principalmente alemães. Sua saudade de casa, especialmente da paz e tranquilidade de Groß Glienicke, só era amenizada pela crescente beligerância de seu país natal. Ela temia que seu país adotivo e o de nascença entrassem em guerra. Em 20 de setembro de 1937, Elsie deu à luz Frank Alexander Hirschowitz, meu pai. Mais tarde, o sobrenome dele foi mudado para Harding. Em 19 de julho de 1940, Erich foi preso devido à política do primeiro-ministro Winston Churchill de deter todos os "estrangeiros inimigos" em potencial. Convencida de que a solução mais segura seria mandar Frank para longe com a babá, Elsie escreveu a Erich sugerindo que ele comprasse passagens de navio para os Estados Unidos. A princípio, Erich resistiu, mas acabou cedendo. Numa carta de 26 de julho de 1940, ele escreveu: "Dê infindáveis beijos no Frank, vamos rezar para que chegue bem aos Estados Unidos, esperando que com a ajuda de Deus logo o vejamos de novo em casa." Uma semana depois, em 4 de agosto, Elsie respondeu colocando-o a par das providências

para a viagem: "Espero sinceramente que estejamos fazendo a coisa certa. Corta meu coração, mas ainda acho que é o melhor." Dividida entre proteger o filho e mantê-lo a seu lado, Elsie não sabia o que fazer. A relutância do menino agravava seu tormento. Quando ela começou a fazer as malas, Frank disse: "Eu não quero ir no navio, mami." Foi de "rasgar meu coração", ela escreveu a Erich. O navio sofreu um atraso e, após "passar o dia chorando", ela devolveu as passagens à Cunard, dizendo a eles que "não consigo fazer isso" e recebeu o dinheiro de volta. Uma vez decidido que Frank não seria mandado para os Estados Unidos, Elsie queria levá-lo para ver Erich, para que ele soubesse que o filho tinha ficado na Inglaterra. Como era muito difícil conseguir permissão para visitar os campos de internamento, Elsie pediu a seu médico que lhe ensinasse a fingir convincentemente um desmaio. Quando achou que tinha dominado a técnica, ela foi ao Home Office, deu demonstrações de seu estado de fragilidade e conseguiu o documento necessário para visitar o marido. Após uma longa viagem de trem, um trecho de ônibus e uma árdua caminhada, ela e Frank chegaram à cerca do campo em Prees Heath, perto de Crewe. Erich apareceu e, entre lágrimas e agradecimentos, conseguiu tocar os dedinhos do filho através do arame farpado.

Capítulo 9

1. Detalhes sobre Will Meisel estão no *Fragebogen* preenchido por ele em 1945, disponíveis no Landesarchiv de Berlim.
2. Uma cópia desse contrato, juntamente com o inventário e outros documentos legais, referentes a Alfred Alexander e à casa, podem ser encontrados no Landesarchiv de Potsdam (Arquivos: Rep 36A/G52, Rep 36A/nr 430 e 2aIII/F18613).
3. Vários arquivos sobre Will e Eliza Meisel existem no Bundesarchiv de Berlim (Arquivos: R55/20207, R/9361/V Signature 81419, R/9361/V Signature 147724, R/9361/V Signature 110383, R/9361/V Signature 128869).
4. Essa conversa foi relatada na publicação da Edition Meisel intitulada *100 anos de Will Meisel*.
5. Otto Wallburg (também conhecido como Otto Wasserzug) foi um dos mais famosos atores da Alemanha na era dos filmes mudos e início do cinema falado. Em 1933, ele fugiu para a Áustria. Segundo o Yad Vashem Victim Database,

NOTAS

em 1940, ele foi preso nos Países Baixos e deportado para o campo de trânsito de Westerbork, depois para Theresienstadt, em 31 de julho de 1944, e para Auschwitz em 29 de outubro de 1944, onde foi assassinado aos 55 anos.

6. O que aconteceu com os músicos judeus de Meisel? Willy Rosen fugiu para os Países Baixos e depois foi deportado e assassinado em Auschwitz em 29 de setembro de 1944. Kurt Schwabach fugiu para a Palestina. Jean Aberbach emigrou para os Estados Unidos, onde criou uma gravadora chamada Hill and Range, que gravou artistas famosos, inclusive Elvis Presley. Harry Hilm fugiu para os Países Baixos, se escondeu durante a guerra e continuou compondo quando a guerra terminou. Mais tarde, Hilm entrou com uma ação judicial contra Meisel por falta de pagamento de royalties. Os arquivos sobre essa ação estão no Landesarchiv de Berlim (Arquivo: C Rep 120/899). Numa entrevista por telefone, Charlie Hilm, filho de Harry Hilm, me disse que seu pai havia saído da Alemanha sem ajuda de ninguém, "era cada um por si". Friederich Schwartz fugiu para a França, onde escreveu a canção "I Have No Homeland", como subtítulo "Tango Judeu". Hans Lengsfelder mudou-se para os Estados Unidos em 1932 e adotou o pseudônimo de Harry Lenk. Harry Waldau foi deportado de Berlim em 2 de março de 1943, no Transporte 32, e assassinado em Auschwitz no mesmo mês. Hans May fugiu de sua nativa Áustria e foi parar na Inglaterra, compondo mais de cem trilhas sonoras para cinema. Robert Gilbert fugiu primeiro para a Áustria, depois para a França e para os Estados Unidos, retornando à Alemanha depois da guerra como tradutor musical.

7. Numa entrevista no *Telegraf*, em 8 de agosto de 1965, com Rudolf Brendemühl, Will Meisel recordou os músicos judeus que trabalhavam para sua empresa nos anos 1930 e disse: "Meu amor ainda pertence ao palco e à música, mas não temos mais compositores para óperas; o armário está vazio por causa do destino dos judeus." Em seu artigo sobre Will Meisel, o musicólogo Raymond Wolff critica o compositor pelo uso da palavra "*Schicksal*" – destino – por ser muito neutra, como se o ocorrido fosse acidental.

8. Outras pessoas famosas entraram para o partido em 1º de maio de 1933, inclusive os filósofos Martin Heidegger, Arnold Gehlen e Erich Rothacker. Segundo Raymond Wolff – o musicólogo escreveu um capítulo chamado "Will Meisel: Das Allroundtalent" num livro sobre músicos de Noukölln, em Berlim –, a entrada de Meisel no partido, em maio de 1933, "não era atípica para um compositor musical, mas ele não era político, nunca escreveu uma canção

política". Ele acrescenta que Will Meisel entrou para o partido porque "sentia-
-se inseguro".
9. Na ocasião havia uma queda generalizada na produção de música popular. De acordo com o levantamento feito por Sophie Fetthauer (e interpretado para mim pelo historiador de música Michael Haas), as quantidades de lançamentos de músicas populares, dançantes, tango, jazz etc. foram, por ano: 1928 (1.503), 1929 (2.011), 1930 (1.563), 1931 (1.159), 1932 (1.023), 1933 (1.031), 1934 (888), 1935 (1.070) e 1936 (1.182). Pode-se notar uma drástica redução após o domínio nazista, seguida de uma recuperação presumivelmente porque foram liberadas novas obras aprovadas pelo partido.
10. Isso foi extraído de uma entrevista de Will e Eliza Meisel em 1965 conduzida pela Deutsche Kinemathek – Museum für Film und Fernsehen, em Berlim, onde consta um volumoso arquivo de artigos sobre o casal. Ainda no mesmo artigo, Eliza fala sobre aquele primeiro encontro: "Tivemos sorte e depois tivemos sorte."
11. É possível ver pelo menos dois filmes de Eliza Illiard na Deutsche Kinemathek, além de fotos de Eliza e Will Meisel.
12. Eliza Illiard era o nome artístico de Elisabeth Pieper. Em 18 de setembro de 1934, o líder político do Departamento de Teatro e Filmes do Partido Nazista escreveu uma carta ao presidente da guilda de filmes à qual Illiard pertencia: "Não quero perder a oportunidade de dizer-lhe que Miss Eliza Illiard está empregada no Teatro Metropol, [onde] a *premiére* de *Lauf ins Glück* será apresentada em 18 de setembro de 1934. Miss Illiard nasceu na Tchecoslováquia e foi casada com o judeu Mertens, sobre o qual nós lhe informamos em 30 de janeiro deste ano. Achei que gostaria de saber." Essa carta pode ser encontrada nos arquivos do Bundesarchiv Berlin (Arquivo: R/9361/N assinatura 110383). Como estrela de filmes e operetas, Illiard era obrigada a demonstrar a pureza de seus genes. Uma carta de 21 de setembro de 1934 de sua guilda de filmes ao Partido Nazista confirmava que ela o havia feito, já que "Ela trouxe suas provas de ancestralidade ariana. Em seus documentos, pode-se ver que ela nasceu Pieper, de Colônia, seu pai e sua mãe nasceram alemães".
13. De acordo com o índice de registros do Landesarchiv de Berlim: "Elisabeth Mertens nasceu em 25/3/1906, em Colônia. Casou-se. Veio de Dresden para Berlim em 2/8/1934 e morou na Emserstrasse 37/38. Em 1/11/1934 mudou-se para a Kastanienallee 21, em Charlotemburgo." O Landesarchiv de Dresden

NOTAS

não encontrou certidão de casamento de Elisabeth Pieper com Herr Mertens, mas encontraram seu nome mencionado num livro indicando que ela morou na Zeschaustrasse 4, em Dresden, em 1933. Contudo, não havia nenhum registro de Herr Mertens nesse endereço. Apesar de consideráveis esforços, não consegui descobrir o primeiro nome nem o destino de Herr Mertens.

14. Grande parte das informações desse trecho vem dos arquivos da West German Broadcasting (WDR). O pai de Hanns Hartmann, Joseph Hartmann, era serralheiro. A mãe, Elisabeth Kohlen, era dona de casa.

Capítulo 10

1. Os itens em cada cômodo foram cuidadosamente registrados; por exemplo, no quarto de Elsie constavam 2 camas, 1 cadeira, 2 mesinhas cor-de-rosa, 1 mesa dobrável com um tinteiro, 1 banco estofado e 1 espelho. O inventário está guardado no Landesarchiv de Potsdam (Arquivo: "Dr. Alfred Alexander" – Rep 36A/nr 430).
2. O dr. Alfred Wolff-Eisner era reconhecido internacionalmente por seu trabalho em imunologia, especialmente o desenvolvimento de um diagnóstico para tuberculose, a reação Calmette Wolff-Eisner. A pesquisa sobre a família de Wolff-Eisner foi conduzida pelo *Kreis* de Groß Glienicke, fazendo parte de um levantamento de famílias judias que moravam na vila antes da guerra.
3. Günther Wittich, nascido em 1927 e criado numa casa em frente ao *schloss*, lembrou-se da casa de Wolff-Eisner na Seepromenade incendiando na Kristallnacht do progrom. Foi sua primeira experiência com o antissemitismo. Ele recordou que a SA estava presente na vila, muitas pessoas fardadas. Ele se lembra também de Robert von Schultz no Stahlhelm, de brincar com os filhos dos Schultz, de andar em volta do *schloss* e de nadar no lago. Numa entrevista exclusiva, outro residente da vila me contou que sabia os nomes dos envolvidos no incêndio da casa de Wolff-Eisner, mas não iria me revelar esses nomes e me pediu que mantivesse seu anonimato.
4. Em carta enviada em 12 de maio de 1939, pelo dr. Lücker, do escritório de impostos de Wilmersdorf North, lia-se: "Alfred Israel Alexander, nascido em 7/3/1880 em Bamberg, e sua mulher Henny Sara, *née* Picard, nascida em 11/12/1888 em Frankfurt am Main, com última residência na 15 Achenbachstrasse, W 15, emigrou para Londres em 25 de março de 1937 [*sic*]. Em

1/1/1937 seu total de ativos montava a 145 mil reichmarks. 36.250 reichmarks foram pagos pela taxa de saída do Reich. A avaliação dos ativos é baseada numa estimativa. (...) Alexander também possui uma casa de madeira em Groß Glienicke localizada num lote de terreno que não lhe pertence. Avaliada em 12.200 reichmarks (Nauen Aktenz. III/26A)." O arquivo está no Landesarchiv de Potsdam (Arquivo: Rep 36A/nr 430).

5. O Landesarchiv de Potsdam tem os arquivos da Gestapo sobre o dr. Alfred John Alexander. Esses arquivos contêm muitas correspondências entre a Gestapo e os antigos pacientes do dr. Alexander, escritas depois que os Alexander saíram do país. Não contente em coletar meros ativos físicos, a Gestapo tinha escrito aos antigos pacientes para coletar quaisquer débitos pendentes. Embora essas contas chegassem a apenas 300 reichmarks, as autoridades estavam determinadas a pegar até o último centavo. Deve ter sido um grande choque receber esse tipo de carta, pois os pacientes ficavam cientes de que a Gestapo agora sabia que tinham sido tratados por um médico judeu. É interessante ver as diversas respostas dos pacientes. Um promete saldar imediatamente seu débito. Outra envia páginas de documentos detalhando a pureza de sua linhagem ariana. Um terceiro argumenta que seu débito não tem validade, já que o médico judeu não o curou.

6. Esse encontro foi documentado em um memorando interno: "A cooperação do proprietário de terras Wollank seria desejável, de modo que na eventualidade de o sr. Meisel falhar com o aluguel no futuro, o Reich não seja considerado responsável. Contudo, as repetidas cartas a Wollank não foram respondidas. Agora o sr. Meisel explicou que Wollank morreu. A propriedade está sendo gerenciada por administradores. Além disso, a propriedade de Groß Glienicke foi adquirida pela Luftwaffe. Como o acordo de arrendamento só vigora até 31 de março de 1942, o risco que o Reich corre com a venda é menor que o valor da venda. Além disso, o risco associado a Meisel é muito pequeno (compositor famoso)."

7. O memorando de J.A. prosseguia dizendo que a propriedade e os direitos dos Alexander confiscados pelo Reich incluíam, "entre outras coisas, os direitos do acordo de arrendamento de 30/3/27 entre Alexander e o proprietário de terras Wollank em Groß Glienicke referente ao lote número 3 no vinhedo da propriedade de Groß Glienicke. O Reich também possui os direitos de propriedade das edificações construídas nesse lote (casa, casa de veraneio, gara-

NOTAS

gem, estufa com duas sementeiras), além de diversos itens de mobiliário (móveis de quarto, mesa de jantar, conjunto de jardim, pequeno fogão portátil, móveis de hall, duas camas adicionais, alguns móveis de área externa usados e parcialmente quebrados e outros bens da casa)".

Capítulo 11

1. As discussões ocorridas naquele dia estão preservadas no Wannsee Conference Museum, no sudoeste de Berlim. Em minha opinião, é a exposição mais informativa do mundo sobre o Holocausto, fornecendo uma visão abrangente e convincente do histórico, da administração e execução da chamada Solução Final.
2. Ao longo dos anos, moraram na vila muitos judeus dignos de nota. Segundo a pesquisa conduzida pelo *Kreis* de Groß Glienicke, dentre algumas dessas famílias que moraram em tempo integral ou parcial na vila estavam o dr. Adolf Abraham (dentista), Rudi Ball (astro do hóquei no gelo), Max e Wally Blaustein (exportadores de perfumes), dr. Rudolf Leszynski (intelectual e corretor de seguros), dr. Richard Samson (clínico geral), Josef Schmeidler (comerciante e diretor administrativo), Robert Salomon Weitz (pai de John Weitz, romancista e designer de moda, e avô de Chris e Paul Weitz, que produziram os filmes *American Pie* e *Um Grande Garoto*, entre outros), Fritz Wertheim (executivo) e Alfred Wolff-Eisner (médico e pesquisador).
3. O compositor húngaro Béla Bartók, por exemplo, professava opiniões fortemente antifascistas e fugiu para os Estados Unidos em 1940. Ralph Benatzky, Karl Rankl e Robert Stolz eram casados com judias, o que apressou sua decisão de deixar a Áustria ocupada pelos alemães. Outros, como Karl Amadeus Hartmann, viviam num exílio interno, recusando-se a trabalhar com os nazistas ou permitir apresentações de suas obras na Europa ocupada pelos nazistas. Também houve quem se juntasse ao Partido Nazista e depois declarasse não simpatizar com nazistas. Nos anos após a guerra, alguns, nesse caso, como Max Butting e Eduard Erdmann, foram banidos, enquanto outros, como Will Meisel, não.
4. Conforme uma nota manuscrita na lateral de sua certidão de casamento, mantida nos Arquivos da Cidade de Potsdam, Robert von Schultz morreu em 13 de setembro de 1941, em Voranova (que hoje fica na Bielorrússia), enquanto servia no front do Leste. Abaixo dessa nota foi acrescentado que a certidão de

óbito 3/1942 tinha sido "enviada para um endereço em Rügen, no mar Báltico". E mesmo ele sendo o último senhor de terras na propriedade de Groß Glienicke, não houve serviço fúnebre nem memorial na igreja da vila. Outra morte provocou maior reação. Em 14 de maio de 1943, Georg, o príncipe coroado da Saxônia, afogou-se enquanto nadava no lago Groß Glienicke. Segundo as fofocas na Drei Linden, por causa das declarações públicas do príncipe contra o Terceiro Reich a Gestapo tinha algum envolvimento naquela morte.

5. Embora a canção fosse registrada em 1950 na GEMA, órgão alemão responsável por direitos autorais de músicas, é provável que tenha sido escrita muito antes. Meisel passou pouco tempo na vila após a guerra e, dada a brutal ocupação russa, é improvável que ele tivesse motivação para escrever a canção depois de 1945. Além disso, um dos coautores da canção, Georg Wysocki, deixou a vila em 1948, conforme relato de sua filha, Gisela Wysocki. Segundo Sven Meisel, é bem possível que a canção tenha sido escrita nos anos 1930.
6. A correspondência referente ao serviço militar de Meisel pode ser vista no Bundesarchiv Berlin (Arquivo: R55/20207).
7. Em 6 de agosto, Will Meisel escreveu a seguinte carta ao prefeito Buge, de Groß Glienicke: "Caro prefeito. Devido à ordem do *Gauleiter* Goebbels para todos saírem de Berlim, minha família (sete pessoas) está passando o inverno em minha casa em Groß Glienicke, lote 3, Weinberg. A casa tem seis cômodos e o aquecimento vem do porão. Preciso de 250 *Zentner* de carvão e 100 *Zentner* de *Brikette* para a lavanderia, a banheira e a cozinha, bem como para o preaquecimento 1 metro cúbico de madeira. *Heil Hitler*." Esta carta está guardada no Landesarchiv de Berlim (Arquivo: C rep 031-01-02 Número 1281/2).
8. Em carta ao editor do *Chronik* da vila, Peter escreveu que passou dois anos na escola primária da vila de Groß Glienicke. Havia mais 48 alunos que tinham aulas com uma só professora. "A educação não era muito bem organizada nem estruturada", escreveu, mas ele obteve "um vasto conhecimento geral".
9. Peter tinha menos de 10 anos, a idade típica para ingressar na escola. Era membro da liga de menos idade na Juventude Hitlerista, conhecida como *Pimpfe*, que é o termo para um menino antes de sua voz mudar.
10. No Teatro Metropol hoje funciona a Komische Oper, na Behrenstraße, em Berlim.
11. A lista de convidados ao Teatro Metropol foi baseada em uma de 23 de agosto de 1938, que foi anexada a uma carta enviada pelo diretor do teatro, Heinz

Hentschke, ao ministro da Propaganda; entretanto, é improvável que haja diferença substancial. A lista pode ser encontrada no Bundesarchiv Berlin (Arquivo: R55/20.204, p. 338).
12. Segundo outro crítico, Theo Fürstenau, enquanto espetáculo típico, incluía "um pouquinho de sentimentalismo, algumas piadas, moças bonitas cobrindo só o suficiente de sua beleza em nome do bom gosto e um pouco de música agradável, [*Königin einer Nacht*] tem polimento recente para brilhar e ofusca os olhos da plateia". E prossegue dizendo que "Will Meisel deu a todo o espetáculo um ar leve, com suas melodias fáceis de se gostar, que... ficam na cabeça".
13. De acordo com o *Fragebogen* de Hanns Hartmann, escrito em agosto de 1945, o depósito da Edition Meisel na Passauer Straße, em Berlim, incendiou completamente em 23 de novembro de 1943. A casa da família na Wittelsbacherstraße 18 foi bombardeada em fevereiro de 1944 e só então os Meisel passaram a morar em Groß Glienicke. Na verdade, a família já estava passando grande parte do tempo na casa do lago. Hartmann prossegue dizendo que a empresa voltou à Wittelsbacherstraße 18, em Berlim, em 7 de junho de 1945 – mesmo que ainda precisasse ser reconstruída.
14. Até 1942, a Áustria era conhecida pelo Partido Nazista como *Ostmark*. Em seguida, foi chamada de *Donau und Alpen Reichsgaue*. Em 10 de maio de 1945, Bad Gastein foi libertada pelos norte-americanos e esse dia é lembrado por um compositor refugiado com os Meisel: "A guerra pode ser totalmente exagerada; não é ruim se você se mantém longe dela, em Gastein. Porque aqui, com muito talento, você consegue levar uma vida civilizada e livre, com final feliz. Os maus tempos acabaram, para nunca mais voltar; podemos respirar fundo, falar inglês."

Capítulo 12

1. Esses detalhes vêm de uma biografia de Hanns Hartmann publicada na *Fernsehen Information* em 1º de novembro de 1960 (nr 31/1960).
2. Quem relata é Hans Joachim Bartels, que ainda mora na fazenda da família em frente à igreja em Groß Glienicke. Ele tinha 5 anos no dia da explosão e estava escondido com os irmãos no estábulo atrás da casa. Sua família morava na vila desde 1800, quando seu bisavô se mudou para lá. "Estava tudo em chamas", recorda ele, "a casa de meus pais ficou totalmente destruída." Outra bomba tinha caído no lago antes daquela; ele se lembra de catar pedaços de vidro de cima da

cama. Mais tarde, quando chegaram os russos, ele ficou muito amedrontado. Eles bateram na porta da casa com baionetas e pelo menos dez tanques ficaram na vila durante duas semanas ou mais. A família se mudou para a adega e os russos tomaram a casa principal. Os russos obrigavam a mãe dele a provar a comida, para garantir que não estava envenenada. "Para nós funcionou bem, porque tínhamos bastante comida", ele disse.
3. Esse caso foi lembrado por Burkhard Radtke numa entrevista com o autor, em agosto de 2014.

Capítulo 13

1. Muitos detalhes nesse trecho e seguintes vêm de um diário anônimo escrito em abril de 1945, quando as tropas soviéticas chegaram a Groß Glienicke. Achei uma cópia do diário transcrita no *Chronik* da vila. Eis uma passagem: "Sobrevivemos ao primeiro ataque de aviões em voo rasante. Mas o alvo não é Glienicke, estão mirando nas tropas que se reuniram nos arredores. Durante o dia houve mais ataques, um atrás do outro, aparentemente também atacando o campo de pouso e as estradas em volta... Acabaram de ocorrer ataques por aviões, um atrás do outro. E dá para ouvi-los voando para longe. Agora, quase nenhuma artilharia, no momento está quase silencioso. Podemos ouvir os passarinhos lá fora. O que trarão o dia e a noite?"
2. As lembranças de Hildegard Munk constam de uma entrevista gravada com seu filho, Klaus, e seu neto, Matthias.
3. Um dos que chegaram ao Berlim-Gatow logo antes do fim da guerra foi Albert Speer, arquiteto e ministro de Armamentos e Produção Bélica. Em 23 de abril, Speer foi de avião de Hamburgo para Gatow e dali foi de carro, um BMW preto, para Berlim, onde seria um dos últimos a falar com Adolf Hitler em seu bunker.
4. O que Gerda Radtke passou durante a ocupação soviética foi descrito por seu filho, Burkhard, que ainda mora em Groß Glienicke. Sobre a ocupação soviética, Burkhard disse que "foi quando começou a infelicidade. Pensei que não poderia piorar (...) mas piorou".
5. Esse caso é contado por Hildegard Munk. Em suas recordações, Hildegard insinua que Hartmann estava escondido num buraco no chão – provavelmente ela se referia à casa da bomba, construída no barranco entre a casa e o lago. Nas memórias escritas por Hartmann, com a data de 9 de setembro de 1950, "My

NOTAS

Life's Path", o caminho da minha vida, tendo uma cópia guardada no arquivo da WDR, ele confirma que estava morando na casa em Groß Glienicke quando os soviéticos chegaram: "a partir de 1944 (outono) dificuldades cada vez maiores até os russos chegarem marchando em 26 de abril de 1945 (Groß Glienicke)."

6. A hora exata da assinatura foi pouco depois da meia-noite de 8 para 9 de maio de 1945, em Berlim. Negociações a respeito do texto tinham atrasado a assinatura. Nos países ocidentais, 8 de maio tornou-se o Dia da Vitória na Europa. Na União Soviética, o Dia da Vitória é comemorado em 9 de maio, porque a rendição se deu às 00:43 no horário de Moscou.

7. Wilhelm Bartels, com 36 anos, proprietário da fazenda em frente à igreja, tinha sido membro do Partido Nazista e durante a guerra ficou responsável por uma comissão agrícola. Quando chegaram à vila, os russos o acusaram de utilizar trabalho escravo de poloneses e ucranianos. De acordo com seu filho, a família não teve notícia de sua morte até o início dos anos 1950 e não ficaram sabendo ao certo onde nem como ele tinha morrido. Durante as duas décadas seguintes, tentaram desesperadamente encontrar informações. A NKVD sugeriu que ele poderia ter sido levado para os campos de prisioneiros soviéticos em Buchenwald e Saschsenhausen; a família viajou até esses locais, mas não descobriu nada de novo. Só em 1996, quando caiu o Muro, a família soube pela Cruz Vermelha que Wilhelm Bartels tinha morrido de infecção pulmonar num campo perto de Ketschendorf e fora enterrado numa vala comum perto de uma fábrica de rodas. Centenas de milhares de alemães prisioneiros de guerra e civis foram deportados para Ketschendorf, inclusive 1.600 crianças e adolescentes com idades entre 12 e 16 anos. Mais de 4.600 pessoas morreram durante a existência do campo entre 1945 e 1947.

Capítulo 14

1. Depois da morte de Roosevelt, em 12 de abril de 1945, Harry Truman assumiu e, depois de alguns dias da conferência, Churchill foi substituído por Clement Attlee, que tomou posse em 26 de julho. Uma descrição da chegada dos dignitários e dos primeiros dias da RAF em Gatow está nos Arquivos Nacionais em Kew (por exemplo, AIR 29/461).

2. Mais de um milhão de berlinenses estavam sem moradia. Churchill ficou "muito comovido" com a devastação, as pessoas com o olhar extenuado e as roupas surradas, como lembrou Martin Gilbert em *Churchill: A Life*.

3. Os números de mortes que podem ser atribuídas a essas bombas, resultantes de efeitos a longo prazo da radiação, geralmente são estimados em 135 mil em Hiroshima e 50 mil em Nagasaki. Alguns dizem que esses números podem chegar a 150 mil e 75 mil.
4. Em 1º de agosto, havia cinco oficiais e 61 de outras patentes sob o comando do capitão Smeddle. No fim daquele mês, o Gatow da RAF contava com 2.479 pessoas, incluindo 697 civis. Nessa época, o campo de pouso era usado por aviões britânicos, franceses, norte-americanos e soviéticos, que faziam cerca de vinte pousos e decolagens por dia. No primeiro livro de registros, foi anotado que a lavanderia do Exército não era suficiente e os soldados deveriam "tomar providências por conta própria" com as mulheres das redondezas. Em uma reunião em 22 de agosto, ficou acordado que a base trocaria seu nome de "Staging Post 19" para "RAF Gatow" e o oficial comandante afirmou: "A AOC não queria nenhuma briga com os russos, mas estava convicta de que, para evitar pilhagens e incidentes, o melhor era mostrar logo de saída que tínhamos força, estávamos interessados e sempre prontos e logo se espalharia que esse seria um mau lugar para tentarem qualquer bobagem." A comida no campo não agradava muito, como evidenciou um poema publicado na *Airline*, a revista da base, intitulado "Mixórdia dos Aeronautas": "Segunda, terça, quarta / De manhã é sempre igual / Feijão, feijão, feijão / E a gente passa mal / Quinta, sexta, sábado / A manhã não muda não / Sim! Adivinhou! / É a praga do feijão." Para saber mais sobre os primeiros dias das forças britânicas em Gatow há um grande número de documentos nos Arquivos Nacionais em Kew (por exemplo, Arquivos: AIR 28/296 e AIR 55/52).
5. A segurança era frágil nesses controles, até que a fronteira foi oficialmente fechada, em 1952. Numa entrevista, o pastor Stintzing se lembrou das partidas de futebol em 1948 e 1949 entre guardas alemães orientais e soviéticos de um lado, britânicos e alemães ocidentais do outro, na floresta perto do *schloss* abandonado. Havia também, na fronteira, um quiosque não oficial que fornecia comida e bebidas quentes aos guardas. Sempre que algum oficial graduado visitava a fronteira, o dono do quiosque se escondia até ele ir embora. Mais tarde, esse empresário foi preso por continuar a trabalhar com o quiosque.
6. Quando criança, Günther Wittich tinha brincado com Carl Christoph, filho de Robert von Schultz. Naquela noite do incêndio do *schloss*, em 1945, quando ouviu a sirene, ele correu até a estação do corpo de bombeiros e voltou no ca-

NOTAS

minhão, como membro da brigada. Chegando ao *schloss*, encontrou um grupo de russos bloqueando a passagem; eles não estavam armados e não falavam alemão. Günther ficou chocado com a falta de ação dos russos e acredita que eles começaram propositalmente o incêndio. "Os moradores da vila se reuniram e ficaram vendo as chamas", ele recorda. "Estavam muito tristes, pensando nos velhos tempos."

Capítulo 15

1. Está disponível no Landesarchiv Berlin (Arquivo: C Rep 120/899).
2. De acordo com os relatos da família Meisel – contidos no livro *100 anos de Will Meisel* –, setembro de 1946 foi o começo da "fase seguinte" do renascimento do editor e a terceira vez em que Will Meisel teria que construir a empresa a partir do zero: a primeira foi nos anos 1920, quando ele era um jovem iniciante; a segunda vez foi nos anos 1930, quando os nazistas o forçaram a se separar de seus artistas judeus e a empresa entrou em colapso; e, agora de novo, nos anos 1940, com a guerra e a destruição do negócio da família pelas bombas dos Aliados. De fato, Will Meisel só recuperou o controle de sua empresa em 1951.
3. Mais tarde, Hartmann se tornaria o primeiro diretor da rádio nacional WDR.
4. O arrefecimento das perseguições pode ser observado comparando-se os números de dezembro de 1947 com os da primavera seguinte. No final de abril de 1948, 2.326.357 pessoas tinham sido verificadas dentro da zona britânica (exceto Berlim), das quais 358.466 foram retiradas dos escritórios e 2.456 tinham sido processadas por terem feito declarações falsas em seus *Fragebogen*. Em abril de 1948, havia 308 bancas revisoras de desnazificação operando dentro da zona britânica. Naquele mês, dos 37.797 apelos pendentes só 2.428 tinham sido revistos, dos quais 2.209 foram suspensos. Ver Arquivos Nacionais em Kew (Arquivos: FO 1006/126, FO 1056/268 e FO 1032/1057).
5. Os norte-americanos também se saíram mal, apesar das intenções, oficiosas. Em março de 1946, a Lei de Liberação do Militarismo e Socialismo Nacional entrou em vigor, entregando a responsabilidade pela desnazificação aos alemães. Para implantar essa lei, foram estabelecidos 545 tribunais civis sob administração alemã, com uma equipe de 22 mil pessoas. Mesmo assim, era um número pequeno demais para lidar com o enorme volume de casos. Em fevereiro de 1947, dos 11.674.152 *Fragebogen* encaminhados na zona norte-americana só a

metade tinha sido processada, menos que 168.696 tinham ido a julgamento, 339 tinham sido classificados como ofensas graves, 13.708 como ofensas menores e, desses, apenas 2.018 tiveram sentenças condenatórias.

6. Em 1951, o governo da Alemanha Ocidental concedeu anistia para as ofensas menores e terminou o programa. Os documentos britânicos sobre desnazificação estão nos Arquivos Nacionais em Kew (Arquivos: FO 1012/750 e FO 1056/268).
7. O julgamento de Furtwängler, em dezembro de 1946, foi supervisionado por algumas das mesmas pessoas que atuaram no caso de Meisel: Alex Vogel, dr. Loewe, dr. Flören, Wolfgang Schmidt, Mühlmann, Neumann, Müller-Ness e Rosen. Por alguma razão esse painel contava com oito pessoas, o de Meisel apenas seis. Para um relato cinematográfico do julgamento de desnazificação, ver *Taking Sides*, com Harvey Keitel e Stellan Skarsgård.
8. No esforço para entender melhor Hanns Hartmann, falei com Birgit Bernard, arquivista na WDR. A dra. Bernard disse que Hartmann era considerado pelos colegas "um homem muito honesto", que "não se interessava pelo passado das pessoas". Diferentemente de muitos contemporâneos seus, ele contratou para o rádio muitas pessoas que tiveram ligações com os nazistas. Por e-mail, Petra Witting-Nöthen, outra arquivista da WDR, declarou: "É difícil dizer qual o relacionamento entre Hartmann e Meisel. [Hartmann] conhece a família Meisel. Mandou cartão de saudações aos pais de Will Meisel. Mas o relacionamento era formal, sem o uso do *Du* alemão. Acho que Will Meisel era chefe dele, proprietário da firma, e Hartmann era apenas o diretor financeiro. As cartas após a guerra mostram um relacionamento reservado entre eles." Vale acrescentar que, em suas memórias não publicadas, Hartmann não menciona a assistência que Meisel declarou ter prestado à esposa de Hartmann: ajudou-a a fugir da Alemanha e obter permissão de trabalho.
9. O registro do julgamento pode ser encontrado no Landesarchiv Berlin (Arquivo: C 031-01-02/1281/1-3).
10. Alex Vogel foi comunista desde os 18 anos. Foi preso nos meses seguintes à tomada do poder pelos nazistas e depois fugiu da Alemanha, mas retornou em 1935. Durante a guerra, serviu na Wermach, depois num batalhão penal, e, em 1944, desertou. Houve rumores de que Vogel trabalhou para a Gestapo espionando a embaixada da Rússia.
11. Dezoito meses antes do julgamento de Meisel, um dos membros da comissão de desnazificação, dr. Flören, entrevistou Paul Fago, em 30 de dezembro

de 1946, sobre o relacionamento entre Will Meisel e Hanns Hartmann. De acordo com uma nota arquivada, escrita pelo dr. Flören: "Quanto a ter havido ódio entre Hartmann e Meisel, Fago disse sim e não. Sem dúvida, Meisel estava fazendo muito por Hartmann simplesmente por permitir que ele e a esposa ficassem em Groß Glienicke durante os piores tempos. Por outro lado, Hartmann dava assistência a Meisel em questões profissionais. A questão é saber se Meisel o ajudava apenas por essas razões. Meisel sempre foi o homem das ideias, mas precisava de ajuda para colocá-las em prática. Ele contava com o apoio de Hartmann e Fago a seu lado. A maioria das brigas era sobre visão artística, porque Hartmann queria atingir um alto nível e Meisel queria simples operetas. Sr. Fago também teve problemas com Meisel, mas Meisel tinha um jeito de nunca romper relações necessárias para seu trabalho profissional." Esse arquivo consta do Landesarchiv Berlin (Arquivo: C 031-01-02/1281/1-3).

12. Meisel tinha um histórico de não ser muito franco nos questionários. Por exemplo, em seu primeiro questionário para o Partido Nazista, em 1941, ele declarou que a esposa era protestante como ele, mas em documentos posteriores disse que ela era católica. Ele não era o único a faltar com a verdade em documentos oficiais. No curriculum vitae, anexado ao seu questionário britânico, em 9 de outubro de 1947, Eliza Meisel escreveu que sua carreira artística terminara em 1935. Na verdade ela estrelou, em 1941, um filme intitulado *Ehe man Ehemann wird* (ver Bundesarchiv Berlin, Arquivo: R/9361/V, assinatura 128869).

13. Os arquivos da Gestapo e do Departamento de Impostos a respeito do dr. Alfred Alexander são mantidos pelo Landesarchiv de Potsdam. Vogel não teve acesso a eles durante o julgamento, porque não faziam parte dos registros tomados da Câmara de Cultura do Reich.

14. Como parte dos procedimentos do Judiciário, em 13 de fevereiro de 1947, Will Meisel escreveu um extenso depoimento. Junto com uma carta em que pedia "total desnazificação", ele incluiu um questionário preenchido, um livro intitulado *Will Meisel: Life and Songs*, uma fotocópia de um artigo e atestados juramentados de amigos e colegas sobre seu bom caráter. Havia também um testemunho escrito pelo próprio Will, cobrindo nove páginas e com subtítulos como "Por que aderi ao partido" e "História política". A declaração de Will concluía com a seguinte passagem: "Apesar de reinar o terror por doze anos, permaneci fiel a meu sentimento democrático e modo de operar – e esta com-

posição prova que me comprometi, na medida em que os modestos poderes de um artista o permitiam, a trabalhar contra o partido e a máquina da guerra. Não preciso baixar os olhos diante de ninguém. Eu fui, sou e continuarei sendo um democrata! Uma assinatura desatenta e apressada de forma alguma me identifica com as práticas nazistas de terror... Os últimos doze anos têm sido muito difíceis por causa de minha atitude "anti". Na posição de empresário, tive que representar os interesses de meus autores diante das autoridades competentes. Embora rangendo os dentes, tive que mostrar uma máscara para o mundo externo. Podiam ser encontrados delatores entre meus melhores amigos. Eu poderia erigir um monumento a mim mesmo hoje – considerando minha falta de cautela – por ter escapado tão habilmente do campo de concentração. Tive que representar não só os interesses de meus clientes autores como também os meus, como compositor. Ainda por cima, tinha que finalizar os compromissos de apresentações de minha esposa, Eliza Illiard. Afinal, era preciso ganhar a vida nesse estado. Entretanto, acredito que ninguém no mundo das artes me condenaria. As testemunhas que listei a seguir atestarão meu sentimento "anti" e as medidas que tomei contra o Partido Nazista." Ver Landesarchiv Berlin (Arquivo: C 031–01-02/1281/1-3).

15. Em 1º de setembro de 1947, Hartmann tornou-se diretor da rádio em Colônia. Em 25 de maio de 1955, foi eleito para a bancada da recém-formada WDR e foi seu primeiro diretor de criação, trabalhando na companhia até 1960. Ele recebeu a Bundesverdienstkreuz, Cruz Federal do Mérito, em 1959. Morreu em 5 de abril de 1972, em Mindelheim, na Alemanha. Sua esposa, Ottilie, morreu no apartamento do casal, em Colônia, em 26 de julho de 1966.

16. A Universal Edition foi fundada em Viena, em 1901, e dirigida pelo proprietário Emil Hertzka até sua morte. A empresa lançou muitos dos maiores compositores do mundo, inclusive Strauss, Mahler e Bartók. Depois de sua morte, em 1932, a propriedade da Universal Edition passou para a viúva de Emil, Jella Hertzka, que fugira da Áustria depois da ocupação pela Alemanha, em março de 1938. A empresa foi arianizada pouco depois e retornou à posse da família depois da guerra. Em 1800, a Peters Edition foi fundada em Leipzig, compondo uma das principais distribuidoras da Europa. Seu catálogo continha Brahms, Bruch, Dvořák, Liszt e Wagner. No final dos anos 1930, a empresa passou a ser dirigida pelo proprietário Henri Hinrichsen, até ser arianizada, em 1939. Em 1940, Hinrichsen fugiu para a Bélgica, mas foi capturado e deporta-

NOTAS

do para Auschwitz, onde foi assassinado, em 17 de setembro de 1942. Após a reunificação da Alemanha, a empresa foi devolvida à família.

Capítulo 16

1. O campo de pouso de Berlim foi usado principalmente pelos Estados Unidos e o Reino Unido, como pode ser visto comparando-se os números de voos – Grã-Bretanha (85.870), Estados Unidos (189.963) e França (424) –, bem como as toneladas de cargas transportadas – Grã-Bretanha (541.940), Estados Unidos (1.783.573) e França (896). Mesmo não trazendo tantas toneladas quanto seus dois aliados, a França permitiu que seu aeroporto, Tegel, em Berlim, fosse usado, em parte, para transporte de cargas e supervisionou sua reconstrução para permitir maior tráfego aéreo. Na ocasião, a França estava atenta à Guerra da Indochina, que tinha começado em 9 de dezembro de 1946. Outros voos eram operados por outros países, inclusive Nova Zelândia, Canadá e África do Sul. Os britânicos transportaram 23% das 2.325 mil toneladas e tripularam 31% dos 277 mil voos. Os detalhes podem ser encontrados nos relatórios F540 nos Arquivos Nacionais em Londres (Arquivos Air 28/1034 e Air 28/1207).
2. Responsável geral pelo caso de Will Meisel, o major Sely era conhecido entre os britânicos por ser especialmente determinado. Na carta enviada em 28 de maio de 1948, do quartel britânico em Hamburgo para o Serviço de Informações em Berlim, o brigadeiro Gibson escreveu que estava cansado da "caça às bruxas de Sely" e queria que ele parasse de "inventar as regras" quando se tratava de desnazificação. Ver os Arquivos Nacionais em Londres (Arquivo: FO 1050/603).
3. Esse documento está arquivado no Bundesarchiv Berlin (Arquivo: R/9361/V, assinatura 147724).

Capítulo 17

1. Esse relato é de Burkhard Radtke, que entrevistei no verão de 2014.
2. O filme tinha duas partes, comissionado por Joseph Stalin, dirigido por Mikheil Chiaureli, com duração de 167 minutos. Havia mais de 10 mil figurantes na produção, que aconteceu no oeste de Berlim, perto de Groß Glienicke. O Exército Soviético pôs à disposição cinco divisões, inclusive quatro bata-

lhões de tanques e quase duzentas aeronaves. Em certo ponto, as manobras militares foram tão realistas que alarmaram o campo de pouso de Gatow, nas proximidades, segundo consta nos relatórios dos Arquivos Nacionais em Kew. Classificado como documentário, o filme foi lançado em 21 de janeiro de 1950 e teve público de 38 milhões na União Soviética. O filme foi apresentado também na DDR e todos os membros da Volkspolizei tiveram que assistir.

3. Os assassinatos continuaram até meados dos anos 1950, embora não esteja claro se os culpados tinham conexões além de serem ligados ao Exército Soviético. Hans Dieter Behrendt, que mais tarde ficou a cargo da travessia de fronteira na ponte Glienicke e morou em Groß Glienicke desde os anos 1970, se lembra do caso de um casal assassinado por soldados soviéticos em 1955, enquanto faziam uma transação no mercado negro em Kemnitz, a poucos quilômetros da vila. A Volkspolizei chegou para investigar, trazendo cães farejadores. A cena do crime ficava a apenas 800 metros da base soviética. Os cães seguiram a pista até a base, diretamente até os saguões onde centenas de soldados estavam dormindo. O *kommandant* da base não deixou a polícia entrar, gritando "*Schluss! Hier nicht mehr!*", "Pare! Não entre!". O *kommandant* entrou no saguão e disse aos seus homens que se o culpado não se apresentasse imediatamente todos seriam punidos. Poucos momentos depois, dois suspeitos se adiantaram. "Não sei ao certo o que aconteceu a eles, talvez tenham sido mandados de volta para a Rússia", disse Behrendt. Ele acrescentou que tinha ouvido de outros oficiais que o escritório de imprensa da DDR não cobria esses casos, eram "tabu" porque "os russos queriam manter a imagem positiva do país e do socialismo". Ele achava que esses abafamentos de casos aconteciam com frequência. Com o passar dos anos, as coisas "melhoraram e ficaram mais seguras", disse ele. Os russos tomaram providências para acabar com os abusos, evitando que os soldados saíssem da base. Investigaram os crimes de que tinham ouvido falar e aplicaram punições com maior constância. Ele recorda que os russos vieram à sua porta, em 1945 e 1946, quase sempre exigindo joias, dinheiro e mulheres. "A maioria das pessoas odiava os russos", acrescentou. Nos dias anteriores à ocupação da cidade, a família dele correu para as forças norte-americanas que chegavam. "Todos tinham pavor dos russos", disse ele. "Ninguém tinha pavor dos norte-americanos."

4. Burkhard Radtke me contou que sua mãe tinha visto o assassino com queimaduras nos braços andando por Groß Glienicke nos dias após o evento. Ao passar

NOTAS

por Burkhard, o russo balançou a cabeça, querendo dizer que ela não deveria revelar a identidade dele a ninguém. Apesar disso, Gerda o denunciou à polícia. A princípio, a polícia não acreditou nela, mas acabaram prendendo o homem. Quando o soldado viu Gerda no julgamento, gritou que os amigos dele iriam feri-la e os filhos. Por causa dessa ameaça, a família teve permissão para morar de novo na vila, onde ficariam menos isolados. Em minha entrevista com Burkhard, ele relatou que sua mãe era cáustica a respeito da cobertura dos assassinatos pela imprensa de Berlim Ocidental. E observou que, embora as vítimas fossem atacadas com um machado, isso não era o mesmo que serem mutiladas.

5. Em 1955, Leo Bauer foi libertado do campo de prisioneiros na Sibéria e deportado para a Alemanha Ocidental. Durante algum tempo, trabalhou como jornalista, redigindo muitas publicações, depois passou a conselheiro de Willy Brandt. Morreu em Bonn, em 1972. Seu arquivo pode ser encontrado no Stasi Archive (Arquivo: MfS HAIX 24458).

6. Os assassinatos e invasões de casas não eram os únicos crimes que ocorriam na vila. Em 8 de outubro, o jornal *Tagesspiegel* reportou que, no domingo anterior, às 8 horas da manhã, algumas pessoas estavam num ponto de ônibus em Groß Glienicke quando ouviram gritos de socorro, depois viram russos uniformizados saindo de bicicleta. Dois dias antes, continuava o artigo, várias pessoas vestindo uniformes russos invadiram um apartamento na Tristanstraße e roubaram joias e móveis no valor de milhares de reichmarks. Essa foi a décima segunda invasão na vila que foi noticiada desde o início daquele mês.

Interlúdio: Dezembro de 2013

1. De acordo com uma lista publicada no website da Jewish Claims Conference em 2015, 25 propriedades em Groß Glienicke que tinham pertencido a famílias judias ainda não tinham sido reclamadas.

Capítulo 18

1. Ella Fuhrmann chegou da Pomerânia, em 1947, com os dois filhos. Dois irmãos dela moravam em Groß Glienicke na época, perto da casa do lago.
2. O pastor Stintzing tornou-se o pastor da vila em 1947, mantendo a posição até 1967. Quando a vila foi dividida, depois da Conferência de Potsdam, ele con-

tinuou o trabalho pastoral nos dois lados da fronteira. Durante todo o tempo que passou na vila, teve permissão para ir e vir com sua bicicleta. A respeito do Muro, ele me contou que "foi paralisante, aos poucos percebemos que não podíamos ir até o outro lado" e que "lentamente, as pessoas foram se acostumando". Ele me contou que muitos na congregação lhe falavam sobre o Muro e sobre a fuga para a parte ocidental, mas sempre em particular. Em junho de 2014, houve uma recepção para o pastor Stintzing na igreja de Groß Glienicke comemorando seu aniversário de 100 anos.

Capítulo 19

1. Esse número aumentou para 45.500, em 1971, e, em 1989, eram 91.015 operando em tempo integral. Esse dado representa uma razão de 5,5 pessoas da MfS para cada 1.000 cidadãos, muito mais que na União Soviética (1,8 por milhar) e na Tchecoslováquia (1,1 por milhar). Em 1968, o número de informantes do Stasi chegou a 100 mil, aumentando para 180 mil em meados de 1975, com um pico de 189 mil, em 1989. Muitos informantes mantinham apenas um breve relacionamento com o Stasi e cerca de 10% iniciavam ou encerravam o contato a cada ano.
2. Depois de 1968, os informantes do Stasi eram conhecidos como *Inoffizielle Mitarbeiter* (IM), equipe informal.
3. O arquivo sobre Wolfgang Kühne pode ser encontrado no Stasi Archive (Arquivos: MfS AIM 1768/61 B e P e MfS AIM 1768/61 B e A). Os documentos do Stasi referentes às atividades do regimento da fronteira em Groß Glienicke estão mantidos no seu arquivo em Berlim (Arquivos: MfS HA IX 1096, HA I 19543 e HA IX 5529).

Capítulo 20

1. Os vizinhos tinham recordações diferentes quanto à estreiteza de suas relações. Segundo Lothar e Sieglinde, eles não compartilhavam ocasiões sociais e, além de cuidar dos filhos de Irene Kühne uma ou duas vezes, não interagiam de nenhuma forma. Irene se lembra da história de modo diferente. Ela recordou que "fazíamos festas de aniversário juntos, nos convidávamos reciprocamente para comer e tomávamos café com bolo na sala de jantar de um ou outro. Sempre

tínhamos visita dos Fuhrmann". Ela também disse que Ella Fuhrmann "era muito falante, muito calma, amigável e falava muito sobre o marido". Irene acrescentou que o marido de Ella tinha morrido na guerra, mas Lothar disse que o pai tinha morrido de câncer em 1951.

2. Por essa ocasião, estava em curso uma causa jurídica em Berlim Ocidental sobre a casa do lago. Em 12 de dezembro de 1960, o caso Alexander *versus* Deutsches Reich ocupava a Sala do Tribunal 149, na Am Karlsbad, em Berlim Ocidental. Abertos ao público, os procedimentos foram presididos por um juiz civil, dr. Kiworr. Com a ajuda de um advogado de Berlim, Henny Alexander estava exigindo que o governo alemão pagasse uma indenização pelos bens que tinham sido roubados de sua família, inclusive ouro, prata, depósitos bancários, além das edificações que tinham construído em Groß Glienicke e os objetos nelas contidos. Will Meisel apareceu como testemunha no caso e, lendo uma declaração preparada, explicou que tinha alugado a terra do dr. Alexander antes da guerra e depois diretamente dos Wollank. Só restavam uns poucos documentos para comprovar aquelas transações, disse ele, pois a maioria tinha desaparecido quando sua casa foi bombardeada durante a guerra. Declarou que em algum momento depois de 1940 pagara 3.000 reichmarks aos Alexander por meio do advogado deles, dr. Goldstrom, pelas edificações e inventário. Depois, "impossibilitado de pagar a quantia restante aos Alexander, pois o dr. Goldstrom também tinha saído do país", ele pagou 3.000 reichmarks ao Departamento de Impostos de Berlim. Não lhe pediram provas dessa aquisição, nem foi oferecida ao representante dos Alexander uma oportunidade para refutar que tivesse sido feito algum acordo entre os Meisel e os Alexander. Quanto aos itens contidos na casa, Meisel acrescentou que "grande parte da mobília era embutida e, portanto, não podia ser retirada. Deixamos tudo como estava; portanto, deve estar ainda lá". Concluiu dizendo: "também quero observar que não trouxemos nenhum objeto constante do inventário para Berlim Ocidental. Tivemos notícia de que a terra estava sendo administrada pela comunidade de Groß Glienicke e, baseado no que sei, está alugada agora." Em seguida, foi a vez de Eliza Meisel. Fez o juramento, disse o nome, data de nascimento e endereço de residência. Depois confirmou que a declaração do marido "deve ser verdadeira", mas não conseguia "se lembrar dos detalhes das transações". Um mês depois, em 3 de janeiro de 1961, a corte pronunciou o veredicto: O governo teve ordem de pagar aos Alexander 90,35 marcos ale-

mães (cerca de 300 libras esterlinas em moeda atual) em compensação pelas edificações e os objetos constantes do inventário. Entretanto, nada seria pago aos Alexander pelos móveis que tinham sido deixados na casa, com base na afirmação de Meisel, de que não tinham removido nenhum deles para sua casa em Berlim Ocidental. Essa foi a última vez que os Meisel e os Alexander tiveram qualquer forma de comunicação, até eu encontrar Sven Meisel, em 2013.

Capítulo 21

1. Até ser erguida a barreira permanente em agosto de 1961, um número significativo de berlinenses orientais podia viajar para Berlim Ocidental. Muitos iam e vinham do trabalho, mas outros cruzavam a fronteira por motivos diferentes. Ursula Dargies, por exemplo, estudava num colégio interno em Berlim Ocidental, já que era proibida de frequentar escolas da Alemanha Oriental porque o pai era ministro religioso. Todo fim de semana ela voltava para Berlim Oriental e podia levar quase qualquer coisa, exceto literatura da Alemanha Ocidental. Em 1960, ela se mudou com os pais para a Alemanha Ocidental.
2. Parte da descrição do Muro sendo construído em Groß Glienicke no decorrer dos anos 1960 foi relatada por Helga Schütz, que se mudou para uma casa a duzentos metros da casa do lago, seguindo a margem até a Seepromenade. Ao descrever a fortificação do Muro em meados dos anos 1960, quando a cerca foi substituída pelo muro de concreto, Helga recordou que "Por um momento parecia uma praia, uma praia achatada". Ao responder sobre como se sentia com o Muro sendo construído entre sua casa e o lago, ela disse que "o Muro não era o problema, a situação era o problema", e acrescentou "Nós não acreditávamos que aquilo estava acontecendo, foi um passo, depois outro".

Capítulo 22

1. O relato foi feito por Lothar e Sieglinde Fuhrmann, que encontrei em 2014.
2. As datas de residência na casa do lago no período pós-guerra podem ser encontradas nos arquivos da cidade de Potsdam.
3. O relato dos primeiros dias dos Kühne na casa é de Irene, que entrevistei em seu apartamento em Potsdam no verão de 2014.

NOTAS

Capítulo 23

1. Os detalhes dessa visita foram noticiados no *The Times*, de 28 de maio de 1965, sob o título MULTIDÃO EM BERLIM APLAUDE A RAINHA.
2. Essa análise é de Sylvia Fiedler, que nasceu em Groß Glienicke em 1963, morou lá até 1982 e depois foi editora executiva de um jornal local. Ela disse: "As pessoas se adaptaram à situação. Alguns diziam 'não me venha dizer bobagens, já que temos mesmo que conviver com eles'."
3. Segundo o *Chronik*, em 1966 a população da vila consistia em 1.719 residentes, dos quais 501 eram homens adultos com idade para trabalhar, 628 eram mulheres adultas com idade para trabalhar, 215 pensionistas, 87 adolescentes e os demais eram crianças com menos de 14 anos. Desse total, 104 trabalhavam para a Volkspolizei, 282 trabalhavam em Potsdam, 10 em Berlim, 110 na fábrica Max Reimann, 51 eram fazendeiros, 35 no comércio varejista e o restante estava distribuído em várias profissões (como taxistas, cabeleireiros e eletricistas).
4. O *Chronik* de Groß Glienicke foi fundado em 1056 por Johannes Sieben, um professor de Bernd e Lothar. A meio caminho entre álbum de recortes e jornal local, o *Chronik* se tornou a história oficial da vila nos quarenta anos seguintes. Como iniciativa aprovada pelo Partido, a publicação veio com seu próprio manual de instruções de capa amarela. Considerado politicamente confiável e respeitado pela comunidade, Sieben foi escolhido a dedo pelos representantes do Partido para editar o jornal. Numa nota, Sieben divulgou sua opinião sobre o *Chronik*: "Nestas páginas pode-se ver o reflexo do desenvolvimento socialista da educação do povo." Num artigo para o jornal *Potsdamer Blick*, ele esclareceu o objetivo do *Chronik*: captar a "época histórica" em que viviam e "No futuro, a juventude sedenta de conhecimentos o lerá, trará acréscimos, aprenderá sobre as origens do socialismo e será grata por tudo isso". Cada vez que Sieben comparecia a um evento que ele considerava de importância histórica – o discurso de um chefe do Partido, o aniversário de 70 anos da vila, um aniversário do próprio *Chronik* –, escrevia uma nota e colava no *Chronik*. A essa nota, ele acrescentava matérias sobre a vila publicadas nos jornais de Potsdam. Por exemplo: a visão de Sieben sobre o Muro era de que "nosso governo tomou as medidas necessárias para proteger nossa liberdade e nossas fronteiras contra Berlim Ocidental. Certamente essas medidas são penosas para os cidadãos, para

os habitantes dessa bela paisagem rural. Essa fronteira nos protege de agentes e sabotadores, permitindo-nos construir nossa república pacífica". Após a queda do Muro, o *Chronik* foi editado de forma mais liberal, os moradores podiam contribuir com artigos e até com material anterior a 1989. Em 2015, havia 47 edições do *Chronik*.

5. Bernd não era o único a gostar dessa brincadeira. O chefe do regimento de patrulha da fronteira, major Peter Kaminski, disse que seus filhos também faziam isso. Quando o alarme era acionado, era enviado um sinal à torre de vigia mais próxima, e uma luz vermelha iluminava o ponto da cerca que fora atingido. Kaminski e os guardas chamavam de *"disco lights"*.

6. A recepção do sinal da televisão ocidental em Groß Glienicke era forte, tal como em várias partes da DDR. As áreas em que o sinal era fraco eram conhecidas como *Tal der Ahnungslosen*, "Vale dos Desinformados". As duas principais áreas de sinal fraco eram o extremo nordeste, perto do mar Báltico, e o extremo sudeste, perto de Dresden.

7. Houve duas outras trocas na ponte de Glienicke. Em 1985, 23 norte-americanos que foram presos no Leste Europeu foram trocados por um agente polonês e três soviéticos. Em 1986, o dissidente Anatoly Sharansky e três agentes ocidentais foram trocados pelo infiltrado Karl Koecher e mais quatro agentes ocidentais.

Capítulo 24

1. A descrição das lojas de Groß Glienicke foi colhida em minhas conversas com vários residentes, inclusive Burkhard Radtke, Günther Wittich, Irene e Bernd Kühne, além de artigos do *Chronik*.
2. Esse poema está num artigo arquivado no nº 3 do *Chronik*, p. 50.
3. O FDJ foi fundado em 7 de março de 1946, como partido da liga jovem. Em 1989, tinha 2,3 milhões de membros, quase 90% dos jovens entre 14 e 25 anos na DDR.
4. Foi por essa época que Elsie Harding levou sua filha, Vivien, para ver a casa do lago. Porém, como foi impossível chegar até lá devido a sua localização na fronteira da zona de segurança da Alemanha Oriental, elas foram de carro ao lado ocidental do lago Groß Glienicke para ver a casa de longe. Mais tarde, Vivien recordou que a mãe colocou um binóculo nos olhos dela e, apontando

para uma casa velha mal visível do outro lado do Muro, disse: "Aquela é Glienicke, é a casa. Veja como era perto do lago, que beleza é tudo em volta." Frustrada por não poder visitar a casa, e inspirada pelas histórias contadas pela mãe, Vivien sentiu um misto de fortes emoções. Sua mãe, em contraste, parecia ter uma atitude fria e direta. Queria mostrar a casa – era um objeto físico, um fato da história – e não expressar emoções.
5. Irene Kühne me relatou essas lembranças em conversa com ela e seu filho, Bernd, no apartamento dela em Potsdam, no verão de 2014.
6. Os Fuhrmann não se lembram de ocorrências de abusos ou violência enquanto moraram na casa, entre 1958 e 1965. "Era uma casa de madeira", disse Lothar. "Teríamos escutado qualquer coisa dessas." Se as lembranças de Irene estão corretas, os abusos devem ter começado depois da mudança dos Fuhrmann, em 1965.
7. A palavra "conexões" era comumente usada na DDR como eufemismo para contatos com indivíduos poderosos, secretos ou criminosos. Esses indivíduos atuavam como autônomos no mercado negro ou oficialmente, respaldados pelo Exército, o Stasi ou outra agência do governo.

Capítulo 25

1. Esteroides anabolizantes eram amplamente distribuídos aos atletas na DDR, inclusive a crianças. Os atletas os ingeriam oralmente, em pílulas, sem saber o que estavam tomando. Embora particularmente prevalentes em esportes como natação, essas drogas eram ministradas também a outras categorias, como corrida e atletismo. Mais tarde, as notícias do doping vieram à tona e muitos ganhadores de medalhas foram destituídos dos prêmios. Segundo o Instituto de Bioquímica da Universidade de Esportes Alemã de Colônia, o esteroide anabolizante sintético tem numerosos efeitos colaterais, inclusive o risco de ataque cardíaco, doenças do fígado, masculinização de mulheres (engrossamento da voz, aumento de pelos, infertilidade), e em homens, disfunção erétil, doenças de próstata. Há estimativas de que cerca de 10 mil atletas da DDR foram alvo de doping.
2. Por essa época, em 28 de janeiro de 1977, uma criança que frequentava a escola de Groß Glienicke, situada perto do Muro, foi atingida por uma bala perdida. Segundo o boletim do Stasi, o tiro partiu de um rifle a pequena distância. A criança foi levada ao hospital e se recuperou. Ver Stasi Archive em Berlim (Arquivo: MfS ZAIG 23717).

3. A Simson era uma empresa alemã que fabricava armas, bicicletas, motocicletas e carros populares. Durante o nacional-socialismo, a empresa foi tomada dos Simsom, que eram seus proprietários, judeus. A Simson foi uma das maiores vendedoras de bicicletas motorizadas no período da DDR. As bicicletas foram fabricadas em Suhl até 2002.
4. A data da mudança do casal para a Drei Linden está registrada no arquivo do Stasi sobre Bernd. Ali consta que Gaby se mudou oficialmente para o apartamento em 27 de maio de 1981, meses antes de seu casamento, mas, na prática, ela morou com Bernd desde o começo.
5. O pedido de se mudar para a zona de segurança foi registrado nos arquivos do Stasi de Berlim, com a observação: "Não há restrições para que ele se mude para a zona de fronteira." Uma anotação sobre Gaby no arquivo de Berlim diz: "Não há indicação contrária de seu histórico de trabalho."
6. No arquivo do Stasi sobre o serviço militar de Bernd consta: "Exército – 2STK – soldado – 4.5.1982-28.10.1983." Ver Arquivo Stasi Berlim (Arquivo: MfS BV PDM, Abt XIX, ZMA 3218).
7. O carro Lada a que Bernd se refere é provavelmente o Lada 2107, um modelo de luxo frequentemente dirigido pelos membros do Stasi.

Capítulo 26

1. Segundo o editor do *Chronik*, o carnaval aconteceu em 5 de março de 1987 e Bernd "o levou muito a sério e por isso o evento teve tanto sucesso".
2. Houve outras tentativas de fuga na vila, algumas das quais chegaram ao conhecimento de Bernd, e outras não. O Stasi mantinha relatórios detalhados de cada tentativa. Aqui vão dois exemplos. Em 23 de junho de 1971, um tipógrafo desconhecido, casado e com dois filhos, dirigiu-se ao Muro na floresta ao norte da vila. Largou a motocicleta e foi em direção à "Torre B", chegando ao Muro às 20:38. Atiraram imediatamente, com 54 disparos. Ele não foi ferido. Às 21:20 ele foi detido e depois ficou preso. Segundo o registro, a tentativa foi provocada por "uma cisão em sua família e desgosto no trabalho". Outra tentativa de fuga ocorreu em 3 de agosto de 1987, dez quilômetros ao norte da vila, às 02:15. Três pessoas, entre 20 e 24 anos, subiram no Muro por uma escada. Foram disparados sete tiros pelos guardas, mas ninguém ficou ferido. Mais tarde foi encontrada uma carta de despedida na casa de um dos fugitivos. Dizia: "Um

pássaro na gaiola não pode ser feliz." Esses registros podem ser encontrados no Stasi Archives em Berlim (Arquivos: MfS HAII 4647 e MfS HAI 14441).
3. Detalhes desse caso podem ser encontrados no Stasi Archive, em Berlim, inclusive uma valiosa coleção de artigos de jornais, bem como uma cópia do relatório preliminar do Stasi (Arquivos: MfS HAIX 5529 e MfS ZKG 1477).
4. Esse relatório pode ser encontrado no Stasi Archive [Arquivos: MfS HAIX 5529 e MfS ZKG 1477].
5. O caso passou anos nos meandros do sistema judiciário da Alemanha Ocidental com a sentença de Bunge, para grande espanto da Alemanha Oriental, sendo gradualmente reduzida de assassinato para homicídio culposo na medida em que os tribunais tentavam contrabalançar seu direito à liberdade e o direito de Steinhauer à vida. Para complicar as coisas, o depoimento de Bunge foi considerado questionável quando uma equipe forense descobriu que Steinhauer tinha sido baleado nas costas. Mas houve problemas também com as evidências da DDR, pois a patrulha de fronteira havia retirado o corpo logo após os tiros e o devolvido ao local no mesmo dia para que as câmeras de televisão da Alemanha Oriental o filmassem. Além de tudo, a patrulha de fronteira não se lembrava de onde tinha encontrado as armas dos dois guardas.
6. Detalhes desse evento foram relatados por Bernd Kühne e pelo general Hans Dieter Behrendt, responsável pela ponte Glienicke no momento da escapada e a quem entrevistei no verão de 2014.

Capítulo 27

1. Segundo Hans Dieter Behrendt, "A situação na DDR estava uma merda! E todos nós sabíamos. Sabíamos que Honecker era fraco, algo tinha que acontecer, todo mundo sabia que as coisas não podiam continuar como estavam, todas as instituições – Stasi, forças armadas, governo, estatuto, polícia –, todos brigando uns com os outros".
2. Peter Kaminski suspeita de que essa quebra de informação foi causada por alguns membros do alto escalão do Stasi com o intuito de deter o andamento da revolução. Hans Dieter Behrendt nega veementemente, dizendo que o Stasi nunca interrompeu as comunicações.
3. Segundo Hans Dieter Behrendt, o *kommandant* do regimento de fronteira de Groß Glienicke deu permissão para pedestres atravessarem a fronteira, mas não

para carros. Ele discorda do major Kaminski e diz que naquele dia quem estava em serviço era o guarda de fronteira Horst Wieting, que pediu instruções ao controle central de passaportes em Berlim quando os carros chegaram, dizendo que "não sabia o que fazer". A resposta foi simples: "Abra a fronteira."

4. Nos dias seguintes à queda do Muro, Behrendt foi a uma passagem recentemente aberta na fronteira e encontrou guardas da Alemanha Ocidental e Alemanha Oriental tomando café juntos. Ao verem o oficial chegar, perfilaram-se, dizendo "Pedimos desculpas". Behrendt lhes disse para ficarem à vontade. "Não se preocupem, comam e bebam." Mais tarde, relatou o ocorrido a seu superior, que o censurou pela falta de disciplina, ao que Behrendt respondeu: "Você não pode mais me dar ordens."

Capítulo 28

1. A mídia da Alemanha Ocidental fervilhava de artigos dando conselhos para reconquistar terras na Alemanha Oriental. Uma manchete de 9 de fevereiro dizia: "DEZENAS DE MILHARES QUE PERDERAM TUDO NA DDR PERGUNTAM 'COMO REAVER MINHA PROPRIEDADE CONFISCADA?'" Outra, dizia: "CORRETORES IMOBILIÁRIOS DO LESTE JÁ AGUARDAM INSTRUÇÕES PARA AGIR!" Outra: "A METADE DA ALEX [ALEXANDERPLATZ] COM O MASTRO NOS PERTENCE!" Esses artigos advertiam os leitores que "Empresas da Alemanha Ocidental podem comprar terras na DDR" e "cidadãos da Alemanha Ocidental podem herdar terrenos de filhos, pais, irmãos".
2. Seu antigo diretor de criação, Hanns Hartmann, recebeu a mesma honraria em 30 de janeiro de 1959.
3. Nessa mesma entrevista, ao ser perguntado sobre seu trabalho atual, Will Meisel disse: "Ainda tenho ideias para musicais, mas ninguém mais se interessa." Dirigindo-se a Eliza, o jornalista perguntou sobre sua carreira, observando que quando ela era uma jovem atriz, ao atuar no filme *Paganini*, havia recebido mais correspondência de fãs do que o arrebatador de corações Iván Ptrovich e, em outro filme, *Petersburg Nights*, um crítico usou as palavras "beleza cegante" para descrevê-la. "Agora estou totalmente dedicada ao meu marido", disse Eliza modestamente. "Ele prefere que seja assim, porque sempre quer ser o centro da família." Meisel acrescentou que, como presente de aniversário, dera à esposa uma coleção das canções gravadas por ela, mas então, um pouco pesaroso, tivera "sentimentos mistos" sobre o passado porque lhe recordava que o tempo era "volátil" e "transitório".

NOTAS

4. Will Meisel foi enterrado no cemitério Wilmersdorf, em Berlim Ocidental, e foi realizado um culto religioso em Neukölln, no sudoeste da cidade. Quando seu testamento foi lido, ficou claro que seus negócios, inclusive suas canções dos anos 1930 e 1940, permaneceriam na família, herdados igualmente por Peter e Thomas Meisel. Em setembro de 1967, perto do que seria seu aniversário de 70 anos, houve uma exposição dos trabalhos de Meisel, incluindo fotos, filmes e canções, na prefeitura de Wilmersdorf.
5. Em 22 de janeiro de 1977, a *Billboard* – a revista sobre música de maior vendagem nos Estados Unidos – fez uma edição promocional de 31 páginas em homenagem aos cinquenta anos da Edition Meisel, com uma pequena biografia de Will Meisel, a história da empresa e entrevista com seus filhos. Essa edição trouxe mais de cinquenta anúncios de congratulações e votos de sucesso de gravadoras do mundo inteiro, inclusive EMI, CBS e Warner (WEA), e mensagens pessoais de executivos judeus da área musical, como os lendários Don Kirshner e Morris "Mo" Levy. Um desses anúncios foi pago por Aaron Schroeder, um empresário judeu da área e compositor de dezessete músicas gravadas por Elvis Presley, sendo que cinco delas ficaram em primeiro lugar. Em página inteira, Schroeder deixou a mensagem: "Queridos Peter e Trudi, Meisel-tov!"
6. Em 21 de outubro de 1995, Klaus Munk (tio de Cordula) escreveu a Frank Harding (filho de Elsie). Nessa carta, Klaus deixa claro que, no que lhe diz respeito, a casa do lago ainda pertencia aos Alexander, referindo-se a ela como "a sua casa". Porém, apesar de propor uma "troca de informações" e desejar saber a "visão" dos antigos vizinhos, Klaus Munk não teve resposta dos Alexander. Acreditando que eles estivessem tentando reaver a casa, Klaus Munk supôs que a família estava brigando com o sistema judiciário alemão e não tivera tempo de lhe responder.
7. O Conselho de Groß Glienicke decidiu, em 20 de junho de 1990, que a área junto ao lago seria destinada ao uso público. Só algum tempo depois essa decisão foi efetivada.

Capítulo 29

1. Éramos oito na viagem a Berlim: meus primos James, Alexandra e Deborah, minhas irmãs, Amanda e Kate, minha noiva, Debora, eu e Elsie. Gravei a visita com uma câmera de vídeo, mas perdi a fita na volta. Vinte anos depois, pesquisando essa história, encontrei-a.

2. Os clientes de Elsie vinham através da Globetrotters, uma agência de viagens baseada em Hamburgo. Sua maior satisfação era ciceronear idosos alemães, em parte porque tinha poder sobre eles, em parte porque ganhava dinheiro com eles e, em parte, porque podia ficar horas lhes falando do orgulho que sentia de seu país adotivo, da tolerância cultural e religiosa da Inglaterra, do respeito dos ingleses pela democracia e da generosidade com que deram à família dela refúgio da Alemanha nazista. Quando lhe perguntavam como ela aprendera a falar tão bem o alemão, Elsie dizia: "Frequentei a escola em Berlim." E eles sempre perguntavam: "E você não tem saudades?", ao que ela respondia: "Vocês só podem me expulsar uma vez." A meio caminho entre Londres e Edimburgo, Elsie gostava de parar na Coventry Cathedral – onde passou a ser chamada de "rabino e Coventry" – e dar uma aula aos turistas alemães sobre os terríveis bombardeios que haviam destruído a cidade e o estoicismo que o povo havia demonstrado ao reconstruir a vida. Se algum alemão argumentava que os britânicos haviam feito uma devastação similar em Dresden e Berlim, aproveitava a deixa para lhes lembrar da tirania do Estado nazista e dos milhões assassinados no Holocausto. Outra satisfação que o trabalho lhe proporcionava era que, sendo os grupos compostos tipicamente por homens e mulheres idosos, Elsie falava incessantemente ao microfone na frente do ônibus, retardando assim a parada para os passageiros irem ao toalete. Assim, suas pequenas vinganças recaíam sobre os turistas alemães.
3. Em 27 de maio de 1994, *The Times* trouxe a manchete DESFILE DE PRÍNCIPE EM BERLIM MARCA RETIRADA BRITÂNICA. Segundo o artigo, os britânicos haviam tomado Gatow quando Berlim ainda era "um labirinto de ruas bombardeadas" e para os soldados que agora saíam, "a retirada não era uma grande tragédia". Mas – o artigo concluía – o fechamento da base era significativo porque "uma conexão vital entre a Grã-Bretanha e Berlim está sendo cortada. Os antigos nomes e edificações eram marcos de um poder, não somente de ocupação, mas de proteção, destacados nos transportes aéreos em Berlim nos anos da Guerra Fria".
4. Estabelecido em 1992, o *Panzerhalle* tornou-se um espaço privilegiado para artistas, escultores e ilustradores. O estúdio abrangia quinhentos metros quadrados de andar térreo, teto da altura equivalente a dois andares e portas imensas, que permitiam a passagem de obras de arte de qualquer tamanho. Em 2008, o desmanche desse espaço gerou protestos consideráveis e atraiu ampla cobertura da mídia local e nacional. Hoje existe um espaço menor de estúdios e exposições de arte, situado num prédio de tijolos do antigo quartel. Em 2015, foi

NOTAS

anunciado que os prédios remanescentes do quartel seriam usados para abrigar refugiados da Síria.

Capítulo 30

1. Em agosto de 2014, Sylvia Fiedler, moradora de longa data e jornalista em Groß Glienicke, enviou-me um e-mail dizendo que os habitantes de lá deveriam ser perdoados por não terem cuidado melhor da propriedade e que, em certos aspectos, a vida era melhor antes da reunificação. "Na DDR não podíamos comprar nas lojas materiais de construção, bombas hidráulicas, pregos, tábuas, torneiras e coisas assim", ela escreveu. Apesar dos problemas, "muitas casas e propriedades mantiveram uma boa aparência até 1990". Depois da reunificação, os moradores passaram a ter dificuldades para manter suas casas porque muitos perderam o emprego da noite para o dia. "Certamente, os antigos residentes da casa do lago não tinham a intenção de destruir a casa." Ela acrescentou que, para muitos, a DDR oferecia benefícios que a Alemanha Ocidental não proporcionava, como creches e serviços de saúde gratuitos, comida a preço baixo e emprego para todos.
2. A banda de rock Böhse Onkelz foi motivo de muita controvérsia, principalmente em seus primeiros anos. Fundada em 1980, era associada à cultura skinhead e acusada de promover violência e nacionalismo. Nos anos 1990, foi banida das grandes lojas de discos alemãs Media Markt e Saturn. No fim da década, o grupo recompôs sua imagem, denunciando repetidamente o extremismo. Até o momento, produziram mais de vinte canções de classificação ouro e nove de classificação platina em vendas.

Capítulo 31

1. O Exército do Povo Iugoslavo – YPA – era o serviço militar da República Federal Socialista da Iugoslávia, fundado em 1945 e extinto em 1992 com a divisão desse país.

Capítulo 32

1. Chris Grunert continua a participar de campeonatos de motocross e espera vir a competir como profissional.

2. Em 15 de julho de 1996, membros do fortalecido Bundestag passaram a *Mauergrundstücksgesetz*, a Lei das Terras do Muro, possibilitando aos proprietários comprar as terras que lhes haviam sido confiscadas, por 25% do preço de mercado. Alguns moradores de Groß Glienicke compraram as terras de volta. Muitos nem souberam que podiam. Os que viviam por mais tempo junto ao lago reclamaram por ter que comprar as terras duas vezes, uma nos anos 1930 e outra em 1996.
3. Um desses foi Peter Daniel, um professor de medicina que morava a duzentos metros da casa do lago. Dias após ter bloqueado a pista que passava atrás de sua casa, houve protesto, com um grupo de pessoas carregando faixas com dizeres do tipo "Bloquear a passagem é violência" e "Libere a praia do lago Groß Glienicke". Daniel ficou tão nervoso que chamou uma firma de segurança, que colocou dois guardas junto à cerca de sua casa. Na semana seguinte, segunda-feira de Páscoa de 2010, mais de trezentas pessoas se reuniram em protesto diante da casa de Daniel. Dessa vez, houve a presença de policiais testemunhando um político local gritando por megafone: "O lago é nossa pérola!" Peter Daniel saiu para falar com os manifestantes. Não se sabe bem o que aconteceu depois, mas Daniel acredita que foi atingido na cabeça com um objeto duro, talvez uma garrafa. Ferido, foi levado ao hospital, onde foi diagnosticada uma concussão. O suspeito foi detido pela polícia e em seguida liberado. Após o incidente, a questão foi levada à justiça e os protestos ficaram menos intensos. Daniel retirou a barreira, mas continuou a dizer aos passeadores e aos ciclistas que estavam invadindo sua propriedade.

BIBLIOGRAFIA

Agee, Joel. *Twelve Years*. O escritor norte-americano descreve a vida em Groß Glienicke de 1948 a 1953.
Alexander, John. *A Brief Measure of Time*. Uma publicação independente contando a história da família Alexander.
Anônimo. *Woman in Berlin*. Brutal descrição da vida durante a ocupação soviética.
Applebaum, Anne. *Iron Curtain*. Uma obra marcante detalhando a história da Europa Oriental de 1944 a 1956.
Ash, Timothy Garton. *The File*. Uma extensa investigação pessoal com foco no arquivo do próprio autor no Stasi.
Biddiscombe, Perry. *The Denazification of Germany: A History 1945–1950*. Visão geral do processo de desnazificação pelas forças norte-americanas, francesas, soviéticas e britânicas.
Clare, George. *Berlin Days, 1946–1947*. Memórias que cobrem a Berlim do pós-guerra e inclui uma passagem em que Clare trabalhou para a comissão britânica de desnazificação na Schlüterstrasse.
Clark, Christopher. *The Sleepwalkers: How Europe Went to War in 1914*. História impressionante dos passos para a Primeira Guerra Mundial.
Fallada, Hans. *Alone in Berlin*. Brilhante relato de ficção sobre a vida em Berlim durante a Segunda Guerra Mundial.

Fesel, Anke e Keller, Chris. *Berlin Wonderland*. Retratos de Berlim após a queda do Muro, de 1990 a 1996.

Fontane, Theodor. *Wanderungen Durch die Mark Brandenburg*. Clássicas recordações de viagens em Brandemburgo de um dos mais apreciados escritores da Alemanha. O terceiro volume descreve sua visita a Groß Glienicke.

Fulbrook, Mary. *The People's State: East German Society from Hitler to Honecker*. Uma elucidativa introdução à vida na DDR.

Funder, Anna. *Stasiland: Stories from Behind the Berlin Wall*. Introdução ao mundo do serviço de segurança da Alemanha Oriental pelo olhar de um estrangeiro.

Gerber, Rolf. *Recollections and Reflections*. Publicação independente com memórias de um amigo de Elsie Harding.

Gilbert, Martin. *Churchill: A Life*.

—. *Kristallnacht: Prelude to Destruction*. O que aconteceu em 9/10 de novembro de 1938 na Alemanha.

Groß Glienicker *Kreis*. *Jüdische Familien in Groß Glienicke. Eine Spurensuche*. História das famílias judaicas em Groß Glienicke pesquisadas por residentes da vila. Livreto disponível no Groß Glienicker *Kreis*.

Hass, Michael. *Forbidden Music*. Levantamento sobre os compositores judeus durante o período nazista.

Haupt, Michael. *Villencolonie Alsen am Großen Wannsee*. Uma apresentação das várias casas e vilas próximas ao Wannsee; inclui fotografias interessantes.

Kalesse, Andreas e Duncker, Ines. *Der Gutspark von Groß Glienicke*. História da propriedade de Groß Glienicke, livreto publicado pela cidade de Potsdam.

von Kalm, Harold. *Das preußische Heroldsamt*.

Kempe, Frederick. *Berlin 1961*. Um ano no coração da Guerra Fria.

Kershaw, Ian. *The End: Germany 1944–1945*. Detalhes da história do fim da guerra.

Ladd, Brian. *The Ghosts of Berlin*. Levantamento das mudanças na arquitetura da Berlim moderna.

Laude, Ernst e Annelies. *Groß Glienicke – Geschichte und Geschichten*. História da vila pelos antigos editores do *Chronik*. Livreto disponível no Groß Glienicker *Kreis*.

Lehmberg, Otto e Toreck, Renate. *Groß Glienicke im Wandel der Zeit*. Uma história de Groß Glienicke através dos tempos. Livreto disponível no Groß Glienicker *Kreis*.

Leo, Maxim. *Red Love: The Story of an East German Family*. Fornece uma visão da vida cotidiana por trás do Muro.

BIBLIOGRAFIA

Naimark, Norman. *The Russians in Germany*. Uma história da Alemanha durante a ocupação soviética de 1945 a 1949.
Nooteboom, Cees. *Road to Berlin*. Memórias do jornalista holandês no retorno a Berlim.
Peukert, Detlev. *The Weimar Republic*. Uma história da Alemanha de 1918 a 1933.
Richie, Alexandra. *Faust's Metropolis: A History of Berlin*. Relato decisivo da cidade capital da Alemanha.
Schmidt, Bernhard. *Ein Interesse weckt nur noch das Altarbild*. História da igreja de Groß Glienicke por seu pastor.
Schrader, Helma. *The Blockade Breakers*. Introdução ao bloqueio de Berlim e ao campo de pouso de Gatow.
Schroeder, Rudi. *100 Years of Will Meisel*. Publicação independente com a história de Will Meisel e da Edition Meisel, incluindo CDs com músicas do compositor.
Taylor, Frederick. *The Berlin Wall*. Introdução à vida antes, durante e depois do Muro.
—. *Exorcising Hitler*. Descrição do processo de desnazificação, incluindo julgamentos pós-guerra.
Walters, Guy. *Berlin Games: How Hitler Stole the Olympic Dream*. Substancial levantamento sobre os Jogos Olímpicos de verão em Berlim e seus antecedentes.
Woodhead, Leslie. *My Life as a Spy*. Memórias do cineasta de documentários, incluindo sua época como coletor de dados de inteligência em Gatow.
von Wysocki, Gisela. *Wir machen Musik: Geschichte einer Suggestion*. A filha do produtor musical Georg von Wysocki fornece uma visão da vida em Groß Glienicke de 1940 a 1948.

AGRADECIMENTOS

Minha pesquisa realmente começou com os habitantes de Groß Glienicke e uma pessoa em especial, Sonja Richter. Sonja foi a primeira a me dizer que a casa estava em más condições. Foi Sonja quem me ajudou a encontrar os arquivos da Gestapo sobre o dr. Alexander, que estavam enterrados nos depósitos de Potsdam. E foi Sonja quem me apresentou ao contato inicial na vila, desencadeando uma série de entrevistas. Primeiro, encontrei Burkhard Radtke, que morava atrás da casa do lago e por sua vez arranjou um encontro com Bernd Kühne. Por meio de Bernd encontrei a mãe dele, o irmão, as irmãs e Roland Schmidt. Sonja também me apresentou ao clérigo da vila, que por sua vez deu os telefonemas para Wilhelm Stintzing, o clérigo de 100 anos que tinha trabalhado ali durante décadas, e também entrei em contato com Günther Wittich, o homem que se lembrava de brincar no *schloss*, nos anos 1930, e do dia em que o paraquedista canadense caiu perto do lago durante a guerra. A cadeia de conhecimentos foi aumentando: o prefeito da vila, o presidente e os voluntários do *Kreis*, os atuais editores do *Chronik*, o fazendeiro que teve a casa bombardeada na guerra. A rede de contatos e entrevistas cresceu, mas nada disso teria acontecido sem Sonja.

Enormes agradecimentos são devidos a Moritz Gröning. Conheci Moritz na casa de sua família em Groß Glienicke, que eles restauraram lindamente e ganhou status de *Denkmal*. Desde aquela época, Moritz tem encaminhado petições a políticos, arquitetos e membros da comunidade para ajudarem a proteger a casa do lago, além de ter ajudado pessoalmente na restauração. Moritz e sua mulher, Friederike, juntamente com os filhos, Ferdinand, Helene e Johann, me receberam bem em inúmeras ocasiões e me fizeram sentir como se fizesse parte da comunidade. A casa do lago não teria sido salva sem Moritz.

Não foi fácil achar membros da família Wollank. As pessoas na vila se perguntavam se haveria mesmo algum descendente vivo. Para rastreá-los, contratei um pesquisador. Depois de algum tempo, ele descobriu um primo distante que tinha compilado uma história da família. A partir dessa fonte consegui localizar Helmut von Wollank, filho de Horst e neto de Otto von Wollank. Agora residente em Kirschroth, uma cidadezinha no Oeste da Alemanha, Helmut mora sozinho desde a morte da mulher em 2014. Numa série de telefonemas, mesmo não inclinado a falar do passado, Helmut compartilhou sua história.

Alguns dias depois, encontrei o filho de Helmut von Wollank, Markus, num café ao norte do parque Tiergarten, em Berlim. Markus é um repórter de celebridades, tem contato social com pessoas como Kylie Minogue, Uma Thurman e Paris Hilton, e me contou que sua família não voltou a Groß Glienicke durante décadas. "Voltar lá iria trazer ondas de alegria e tristeza", ele disse entre golinhos de chá de menta. "Eu ficaria melancólico." Ele prefere viver no presente. A despeito de suas hesitações acerca da vila, Markus disse que gostaria de ver a casa do lago restaurada.

Foi muito mais fácil fazer contato com os Meisel. O negócio da família, a Edition Meisel, ainda funciona e as informações estão disponíveis em seu website. Após uma série de e-mails, encontrei o neto de Will Meisel, Sven Meisel, que trabalha na sede em Berlim cuidando da empresa. Dessa e de outras conversas pude construir uma história da família. Eliza Meisel morreu dois anos depois do marido, em 8 de julho de 1969. Ambos estão enterrados no cemitério Wilmesdorf, em Berlim. Seus filhos continuaram a trabalhar no negócio de música da família até morrerem: Peter em 2010 e Thomas em 2014. Sven é filho de Thomas Meisel. Embora não tenha lembranças da casa, Sven me acompanhou numa visita à casa do lago com sua mulher, a fi-

AGRADECIMENTOS

lha e o cachorro. Ele ficou surpreso com o tamanho. "É muito maior do que parece vista de fora", ele disse. Ele e a família apoiam a restauração da casa.

Quando eu soube que Hanns Hartmann tinha trabalhado para a rádio da Alemanha Ocidental, consegui fazer contato com a firma e me indicaram o arquivista que cuida dos papéis pessoais de Hartmann. Assim foi possível reconstruir a história da vida dele. O arquivista foi extremamente prestativo e me mandou uma cópia das curtas memórias não publicadas de Hanns Hartmann, além das correspondências que manteve com Will Meisel.

Lothar e Sieglinde Fuhrmann ainda moram a meros duzentos metros da casa do lago. Após a queda do Muro, Lothar trabalhou como cuidador num abrigo para crianças na vila e Sieglinde trabalhou no correio. Agora aposentados, passam os dias cuidando do jardim e vão visitar os netos. Ficam preocupados com os custos da restauração, mas gostariam de ver a casa do lago voltar à sua glória original.

Conheci Bernd Kühne no pátio da Drei Linden (que agora se chama Hotel Hofgarten). Ele ainda mora em Groß Glienicke com a esposa. Quando lhe falei sobre a casa, ele chorou, lembrando a infância maravilhosa que teve no lago. Ele só quer voltar à casa quando estiver totalmente restaurada, mas apoia a reforma e a ideia de transformá-la num centro cultural para a comunidade.

Conheci a mãe dele, Irene Kühne, agora Irene Walters, no apartamento dela em Potsdam. Diferente da desarrumação da casa do lago quando Inge Kühne morava lá, a casa de Irene estava impecavelmente limpa e bem organizada. Ela mora sozinha desde a morte do segundo marido, Klaus Walter. Não está preparada para visitar a casa do lago, pode ser uma experiência forte demais para ela. Mas gostaria de ir lá depois da restauração. Foi a casa dela por mais de um quarto de século.

Inge Kühne está morando em uma casa para idosos em Potsdam. Sofre de mal de Alzheimer e infelizmente é impossível conversar com ela. Roland "Sammy" Schmidt ainda mora na vila. Agora nos seus 30 anos, ele não tem emprego fixo e às vezes trabalha em construções. Segundo seu perfil no Facebook, ele gosta de jogar pôquer, apoia o Manchester United e entre seus filmes favoritos estão *Rambo*, *Rocky* e *Transporter*. Ele ainda joga futebol pelo time da vila, SG Rot-Weiß, frequentemente obtendo vitórias. Roland me apresentou a Marcel Adam, que morou com ele na casa do lago por mais de um ano entre 1999 e 2000. Encontrei Marcel num café em Potsdam. Ele me disse que conhecia Roland desde a quinta série, quando tinha 10 anos. Marcel agora trabalha no Potsdam Boat Club consertando barcos para competições a remo. Quando perguntei sobre o estilo de vida libertário no fim da sua adolescência, Marcel me disse que aquele foi "o melhor período de minha vida, eu gostaria de repetir, mas talvez não por tanto tempo". Em abril de 2015, Marcel participou do segundo Dia da Faxina na casa e passou horas tirando arbustos e mato do laguinho que Wolfgang Kühne tinha cavado lá décadas antes.

Para meu grande alívio, consegui entrar em contato com a família Munk logo de início. Numa carta escrita nos anos 1990, achei o número do telefone e liguei para Klaus, filho do professor Fritz Munk. Uma mulher atendeu. Era a viúva de Klaus. Quando disse quem eu era, ela respondeu que sabia tudo sobre os Alexander e me recomendou falar com a filha dela, Bettina Munk, que ainda morava no lago. Poucas semanas depois, eu estava jantando com Bettina e sua prima Cordula, ambas com casas no lote vizinho à casa do lago. Fiquei admirado com a facilidade com que logo ficamos à vontade, e apesar de uma ausência de setenta anos e um lapso de duas gerações, as duas pareciam minhas vizinhas. Foi por intermédio de Cordula e Bettina que descobri a história da família Munk. Foi também por meio dos Munk que encontrei Chris Partsch, a formidável advogada de Berlin, que ajudou a desenterrar os arquivos sobre Wolfgang no Stasi e estruturou para nós as doações para a Alexander Haus.

Desde o início, minha família tem sido muito generosa com papéis e objetos. O diário de minha avó, as fotografias da casa, as gravações com as vozes de meus tios-avós, as memórias do dr. Alfred Alexander, as memórias de Max, tio de Erich, as cartas entre Bella e Harold, Elsie e Erich, bem como os objetos dentro da casa, todos foram inestimáveis para auxiliar a compor esta história. São muitos membros da família a mencionar; desejo estender meus agradecimentos do fundo do coração a minha família inteira, por confiarem em mim neste projeto e por darem seu apoio constante.

Elsie morreu em 2004, em sua cama, na casa no norte de Londres. Eu estava ao lado dela na hora, a única pessoa no quarto. No último instante eu

AGRADECIMENTOS

disse a ela num sussurro: "Eu amo você, vovó, eu amo você." Ela apertou minha mão e deu o último suspiro. No testamento, Elsie deixou algumas coisas para os netos. Eu recebi um envelope contendo dois passaportes verde-oliva e um retalho de pano bordado com a letra "J".

Eu gostaria de agradecer a todos os que me ajudaram nos muitos setores de arquivamento onde pesquisei, inclusive: Zeitungsabteilung der Staatsbibliothek em Berlim, Stadtarchiv Potsdam, Grundbuchsachen em Potsdam, Brandenburgisches Landeshauptarchiv em Potsdam, Landesarchiv Berlim, Geheimes Staatsarchiv Preußischer Kulturbesitz em Berlim, Potsdam Planning Department and Monument Authority, Bundesarchiv Berlin, National Archives em Londres. Hauptstaatsarchiv em Dresden, Historisches Archiv des Westdeutschen Rundfunks em Colônia, arquivos da Stasi mantidos pelo Der Bundesbeauftragte für die Unterlagen des Staatssicherheitsdienstes der ehemaligen Deutschen Demokratischen Republik em Berlim, Militär Historisches Museum Flugplatz em Gatow, a Deutsche Kinemathek – Museum für Film und Fernsehen em Berlim, Yad Vashem em Jerusalém e o Imperial War Museum em Londres. Também recorri aos arquivos particulares da família Alexander, da Edition Meisel e da família Wollank.

Quero agradecer aos meus assistentes de pesquisa, árduos trabalhadores, Johanna Biedermann, Julia Boehlke, Daniel Bussenius e Maren Richter. Agradeço a Dabney Chapman, Catherine Dring, Sheridan Marshall e Kirsten Ackermann-Piëch por sua ajuda com traduções. Também sou grato a muitos outros que me ajudaram, incluindo: Joel Agee, John Alexander, Patrick Bade, Peter Benjamin, Birgit Bernard, capitão Jan Behrendt, Bettina Biedermann, Dieter Dargies, Alexandar e Robert Datnow, Heribert Dieter, Albrecht Dümling, Sophie D. Fleisch, dr. Thomas Gayda, Marion Godfrey, Peter e Michael Goldberger, Michael Haas, Martin Luchterhandt, Astred Möser, Mareike Notarp, Julia Riedel, Kate Weinberg, Chris Weitz, Rose Wild e Raymond Wolff.

Agradeço também aos entrevistados ainda não mencionados: Wilhelm Bartels, Hans Dieter Behrendt, Peter Daniel, Peter Kaminski, Sylvia Fiedler, Suzanne e Volker Grunert, Frank Harding, professor Christoph e

Dorothea Kleßmann, Annelies Laude, Vivien Lewis, Peter Munk, Andreas Potthoff, Betty Rajak, dr. Bernhard Schmidt, professora Helga e Rochus Schütz, Malte Spohr, Wilhelm Stintzing, Winfried Sträter, Peter Sussmann, Günther e Heinz Wittich e dra. Gisela von Wysocki.

Minha gratidão também à cidade de Potsdam e ao estado de Brandemburgo por sua fé em nossos esforços para salvar a Alexander Haus, para transformá-la num lugar de recordação e reconciliação. Em especial, meus agradecimentos a Jann Jakobs, Matthias Klipp, Frank Scheffler, Saskia Hueneke, Birgit Morgenroth, Klara Geywitz e Pete Heuer. E também a Andreas Kalesse e sua equipe no Departamento de Monumentos Históricos da cidade de Potsdam, Jörg Limberg, Sabine Ambrosius e Matthias Kartz.

Aos meus primeiros leitores, sou sempre grato: Lucy e Zam Baring, Rupert Levy, Angela e Michael Harding, Amanda Harding, James Harding, Jane Hill, Dominic Valentine e Amelia Wooldridge.

Com a publicação, percebo que é verdadeiramente um esforço de equipe. Assim, começo exaltando os que raramente são reconhecidos: os vendedores de livros, os executivos de vendas, designers, contadores, administradores e todos os outros que ajudaram a levar este livro às mãos dos leitores. Em seguida, um "muito obrigado" realmente enorme para meu editor, o sempre bem-humorado e incansável no trabalho Tom Avery (William Heinemann), que contou com a nobre ajuda de Anna-Sophia Watts. Para Anna DeVries (Picador, EUA), que ofereceu conselhos substanciais sobre o manuscrito, e Andrea Woerle (DTV, Alemanha) por toda sua entusiástica assistência. Para Glenn O'Neill pela capa soberba, Emma Finnigan pela publicidade brilhante, Darren Bennett pelos mapas, Neil Cunning pelas ilustrações e, por seu tão apreciado apoio, Tom Weldon e Gail Rebuck. Agradeço especialmente a meu incrível agente Patrick Walsh e sua excelente equipe de agentes internacionais. Eu realmente vi um texugo correndo pelo caminho da patrulha de fronteira.

Por fim, para minha filha, Sam, foi uma alegria ver o quanto você gostou de passar um tempo em Berlim, e minha mulher, Debora, por seu apoio constante, brilhantes contribuições editoriais e o mais importante, por seu amor.